商务部十二五规划教材

中国国际贸易学会十二五规划教材

全国职业院校新兴专（职）业、教学改革实验教材

全国职业院校国际贸易实务专业"双证书"教学指导用书

外贸跟单操作实务

邵作仁　编著

中国商务出版社

图书在版编目（CIP）数据

外贸跟单操作实务/邵作仁编著．—北京：中国
商务出版社，2012.12（**2018.8 重印**）

商务部十二五规划教材　中国国际贸易学会十二五规
划教材　全国职业院校新兴专（职）业、教学改革实验教
材　全国职业院校国际贸易实务专业"双证书"教学指导
用书

ISBN 978-7-5103-0807-9

Ⅰ.①外…　Ⅱ.①邵…　Ⅲ.①对外贸易－市场营销学
－高等职业教育－教材　Ⅳ.①F740.4

中国版本图书馆 CIP 数据核字（2013）第 000942 号

商务部十二五规划教材
中国国际贸易学会十二五规划教材
全国职业院校新兴专（职）业、教学改革实验教材
全国职业院校国际贸易实务专业"双证书"教学指导用书

外贸跟单操作实务

邵作仁　编著

出　版：中国商务出版社
发　行：北京中商图出版物发行有限责任公司
社　址：北京市东城区安定门外大街东后巷 28 号
邮　编：100710
电　话：010—64269744　64218072（编辑一室）
　　　　010—64286917（发行部）
　　　　010—64263201（零售、邮购）
网　址：www. cctpress. com
邮　箱：cctp@cctpress. com
照　排：嘉年华文图文制作有限责任公司
印　刷：北京密兴印刷有限公司
开　本：850 毫米×1168 毫米　1/16
印　张：21.5　字　数：523 千字
版　次：2013 年 1 月第 1 版　2018 年 8 月第 7 次印刷
书　号：ISBN 978-7-5103-0807-9
定　价：40.00 元

前　言

随着中国的出口贸易额超过德国成为世界第二，经济总量超过日本成为第二大经济体时代到来，贸易大国向贸易强国转变不仅被更多人们所关注，也摆到了政府的议事日程之中。越来越多的人认识到要实现贸易大国向贸易强国的转变，重要的途径是提高外贸人才素质和技能，而将适度的理论融入实践操作中正是提高素质和技能并实现"零距离"上岗的有效手段。为了达此目的，许多高校重新调整并优化传统外贸专业课程设置，将外贸跟单课程列为国际贸易/国际商务专业的骨干/核心课程。通过课程建设，不断完善外贸跟单课程的知识和技能体系，并努力将其打造成一门理论与实践相结合的精品课程。

基于上述的认识，在中国国际贸易学会培训部和中国商务出版社选题策划部的关心和指导下，笔者筚路蓝缕，经过两年多的笔耕，一本高校国贸专业——外贸跟单操作实务的教材终于成稿了。本书采用了"模块、项目、任务和解决途径"的方法，通过分析每个模块项下的工作过程，将每个项目分解为若干个任务，围绕完成这些任务铺设相应知识，使读者学习这些知识后，能够掌握跟单操作技能。鉴于外贸跟单是一门综合性的专业课程，具有很强的操作性，在内容选取方面遵循"够用、必需、实用"的原则，组织围绕外贸跟单工作过程中所必备的知识，如：货物运输、保险、商品及其检验、进出口通关、国际结算及我国外贸实务的最新发展等，并特别融入了近几年外贸行业典型订单。此外，本书还特别注意知识循序渐进原则，以培养外贸跟单从业者的职业素质和职业能力为目标，使读者通过阅读相关跟单专业知识后，提高运用跟单知识解决外贸跟单过程中问题的能力。同时本书还可以作为学过国贸专业并要参加外贸跟单员岗位考试的人员的培训教材。

在本书写作过程中，除中国国际贸易学会、中国商务出版社外，还要特别感谢为本书写作提供资料的相关外贸企业及从业者（如谢檬丹、尹佳佳、周殷、欧小雪、胡福桔、陈卓、傅晓刚等），是他们给我提供了近几年来典型的海外订单，作为本书写作资料的一脉源头活水。同时，还要感谢许国梁和庞婷婷二位老师对书稿中的英文内容所提出的宝贵建议。

虽然本人有十余年外贸企业工作和十余年高校国贸专业教学经历，但限于国际贸易实务操作的飞速发展、自身知识结构和水平等因素，本书不足之处在所难免，恳请各位使用者提出批评或建议（邮箱为 STY＿25@163.COM）。

邵作仁

二零一二年十二月

Zhejiang Business College

（HANGZHOU）

目　　录

绪论　认识外贸与外贸跟单

【绪论导读】外贸跟单是外贸活动中不可缺少的一个环节。本绪论在简单介绍了外贸及其活动形式后，着重阐述外贸企业岗位设置，进而引出了跟单岗位与外贸跟单员的关系，外贸跟单分类，跟单员工作地点和内容以及生产企业跟单和外贸公司跟单的异同点。通过本绪论，使未来的外贸跟单工作的从业者，能够做好做实自己的职业规划。

【绪论目标】通过本绪论的学习，了解外贸跟单分类和外贸跟单岗位在外贸活动中的作用，熟知外贸活动中各种岗位设置及其职责，掌握外贸跟单从业者所必备的知识结构和素质要求，从而为做好跟单工作打下扎实的基础。

＊　　＊　　＊

一、外贸及其活动形式

（一）什么是外贸？

外贸也称"对外贸易"、"进出口贸易"或"国际贸易"等，是一个国家/地区与另一个国家/地区之间的商品、劳务和技术等交换活动的总称。

按货物流向分，有出口贸易和进口贸易。前者是指将本国所生（出）产的产品卖到外国去，得到了外国所支付的外汇。出口贸易不一定是货物，有可能是技术、专利或知识等。后者则是指从外国买进他国生（出）产品。进出口贸易活动具有二面性或相对性，以我国而言，对我国的出口贸易就是他国的进口贸易；以他国而言，他国对我国的出口贸易，就是我国的进口贸易。

按货物形态分，可以分为有形贸易和无形贸易，前者是指有体积有重量、看得见的有形货物，例如衣物、食品、鞋类、五金产品、圣诞礼品等，该类货物的贸易都必须在相关国家/地区办理海关通关手续；后者是指一方向另一方提供劳务或服务，例如运输、保险、金融等无形的货物。

按照贸易途径分，可以分为直接贸易、间接贸易和三角贸易。直接贸易是指买卖双方就某种货物直接进行交易，无中间人或第三者介入，货物或货款也不经过第三地。间接贸易是指买卖双方并非直接进行贸易，而是通过第三者完成交易，当事人除了卖方（出口方）、买方（进口方）外，还有中间商（也称代理商），中间商是以其服务换取佣金。三角贸易是指第三国的中间商分别以卖方和买方身份与进口商和出口商签订购货合同，并指示出口商直接将货物运送至进口国（见图 0.1），该中间商以赚取差价来获取利润。

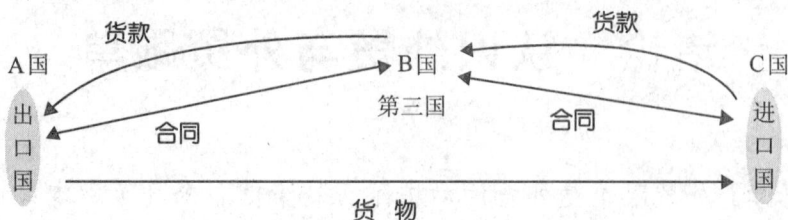

图 0.1　三角贸易示意图

传统上，国际贸易基本形式是有形货物贸易，这种有形货物贸易具体体现为商品进出口，随着全球经济与科技一体化发展，国际贸易作为国际经济发展的"引擎"，其形式和内涵发生了新变化，最明显特点是国际贸易形式出现了多元化特征，国际贸易形式也不再是单一的商品贸易，在商品买卖过程中伴随着国际服务贸易、技术转让贸易等活动的展开。需要说明的是，尽管现代国际贸易涉及国际货物贸易、国际技术贸易以及国际服务贸易等方面内容，但本书所涉及的跟单内容均围绕货物贸易为中心展开。

另外，按照我国现行的规定，凡是内地与我国港、澳、台间的贸易都视为国际贸易，其贸易额列入对外贸易统计范畴。

在实践中，往往将从事对外贸易活动的企业统称为"外贸企业"、"对外贸易企业"或"进出口贸易企业"等，并将"外贸企业"或"对外贸易企业"中不同工作岗位的人员称为"外贸从业者"。

按《中华人民共和国对外贸易法》的相关规定，在货物的进出口环节，从事外贸活动的企业必须具备相应的资质（如外贸企业的对外贸易经营、货物进出口报关、货物进出口检验检疫、外汇以及相应税务等），并遵守我国相关法律和法规。此外，外贸跟单员是外贸活动的参与者，虽然在外贸企业所起的作用不同，但是其承担的外贸跟单工作必须在法律、法规允许的范围内进行，并成为执行法律、法规的楷模。

（二）外贸活动形式

依照我国《外贸法》的规定，外贸企业可以以多种形式或身份参与对外贸易活动，这里透过外贸活动类型，选择几种与外贸跟单有关的外贸活动和经营范围进行介绍。

1. 外贸活动的企业类型

在我国，流通型外贸企业和生产型外贸企业是从事外贸活动的主要企业类型。这些企业，在国家允许范围内，从事着与人类生活或生产息息相关的商品、原材料的进出口活动。其中外贸生产企业是指有专门的生产场地和设备及生产工人、专业生产或制造某类产品[1]并销售境外的企业；而通常所说流通型外贸企业就是指外贸公司，其本身不生产或加工产品，大都

---

[1]　严格说，商品与产品是有区别的，本书为了叙述方便，不再刻意区别。

是采购其他企业（如生产企业）产品并销售境外的贸易型企业，习惯上被称为"外贸公司"。当外贸生产企业被赋予外贸权而直接从事原材料/产品的进出口贸易时，则该票业务被称为"自营进出口"业务；当外贸生产企业的产品通过外贸公司报关出口时，则该外贸生产企业就成为"供货者"，外贸公司成为"收购者"。

2. 外贸企业的活动形式

外贸企业获得进出口权后，就可以从事对外贸易活动了。这些获得进出口权的企业，只要在国家允许范围内，既可以从事货物贸易，也可以从事技术、服务贸易。就业务范围而言，流通型外贸企业要大于生产型外贸企业，生产型外贸企业的业务范围只涉及与本企业生产经营相关的贸易活动，如进出口本企业需要的原材料及本企业生产的产品，这种情况被称为"自营进出口业务"。当然，生产型外贸企业需要的原材料及该企业生产的产品也可以委托流通型外贸企业办理进出口手续，此时生产型外贸企业委托流通型外贸企业办理货物进出口手续的现象被称为"外贸代理"。

3. 外贸企业的经营范围

依据我国现行的法律规定，生产企业的经营范围要小于外贸流通企业。无论货物通过"自营"还是"代理"方式从事进出口活动，其业务经营范围都必须严格限定在工商机关核定的经营范围内。比如，一家从事服装生产加工的企业，在获得进出口权后，只能从事与本企业有关的服装（含服装相关的原辅料）进出口贸易，不得超越范围从事经营活动，也不得从事国家禁止类别项下的货物贸易。

（三）外贸的一般流程

就一票货物的流向而言，对外贸易可以分为进口贸易和出口贸易。不管是进口贸易还是出口贸易，均涉及众多的业务环节，各个业务环节之间有着密切的联系。就基本业务环节而言，进口贸易和出口贸易的流程可以概括为三个主要阶段：交易前的准备阶段、交易中的磋商及签约阶段和交易后的履约阶段。图 0.2 以出口贸易为例，简单展示了一般流程及相应的外贸岗位。

1. 交易前的准备阶段

该阶段主要有两个方面工作：市场调研和进出口相关手续办理。其中，市场调研主要包含国内市场调研和国外市场调研。

（1）市场调研

内地货源基地调查。就外贸跟单员的工作内容而言，国内市场调研是其主要职责，即：获取原材料和出口商品生产基地信息。专家/学者称这些生产基地为"产业集群地"①，在这些产业集群地，具有发达完善的上下游产业和成熟的生产技术。外贸跟单员获取这些基本信息后，会对其外贸跟单工作带来极大方便，容易找到质优价美的原材料或商品的"货源"信

---

① 有些政府部门称其为"出口基地"，如浙江省商务厅、财政厅公布的 109 个涉及机电、纺织服装、茶叶、箱包、汽配、阀门、生物药业、化工、玩具、鞋类、户外休闲用品、文具制品、新能源、电线电缆、低压电器、紧固件、机床及配件等大类商品出口基地。

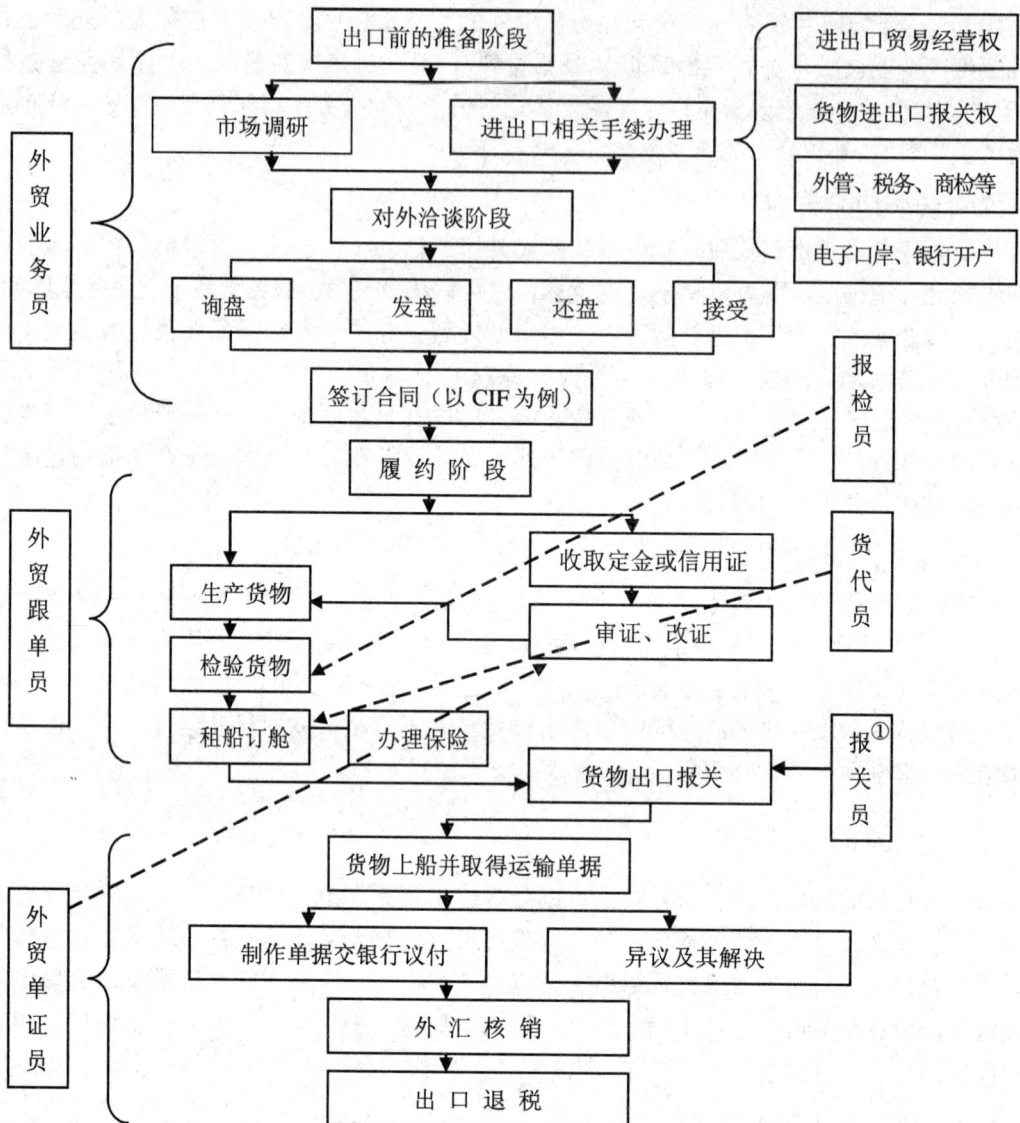

图 0.2　出口贸易流程及相应外贸岗位

息，方便展开外贸跟单工作。此外，这些信息可以帮助外贸企业降低交易成本和经营风险，获得低成本"货源"，提升外贸企业在国际市场上的核心竞争力。那么，在实际调研过程中哪些主要内容是应该了解的呢？主要有货源的主产地及产业集群特点、交通状况（如附近的港口/机场）等。因此在很早以前，有人将这一类外贸从业者称为"货源员"，即外贸跟单员的原始"雏形"，当被赋予新时代的新内涵后，便产生了外贸跟单员一词。

　　表 0.1 以我国内地为例，罗列了部分商品的主产地。外贸跟单员也可以调研本地区

----

　　① 2013 年 8 月海关总署决定，取消报关员从业资格考试（2014 年起不再举行报关员考试），因而"报关员"应改为报关人员。

的"产业集群地"，分类整理绘制本地区或相邻地区的产业集群分布图表，以便供跟单工作使用。

表 0.1　　　　　　　　　　　　国内部分产业集群地区分布

商品名称	主要产业集群地	附近的交通枢纽
文具	宁波、杭州桐庐	上海港、宁波港
纺织服装	绍兴、宁波、湖州、杭州、嘉兴、吴江、盛泽、苏州、南通、江阴、东莞、石狮等	上海港、宁波港、南通港、盐田港、黄埔港
泵业	台州	上海港、宁波港
五金	永康	上海港、宁波港
汽摩配件	宁波、金华、温州、台州	上海港、宁波港
小家电（含厨具）	宁波慈溪、余姚、顺德	上海港、宁波港
工业电器（低压）	温州乐清	上海港、宁波港、温州港
皮革及制品	海宁	上海港、宁波港、温州港
船舶及修造	台州、舟山	上海港、宁波港、温州港
箱包	平湖、温州、广州、	上海港、宁波港、温州港、盐田港、黄埔港
帽子（纺织，草编）	温岭、宁波慈溪	上海港、宁波港、温州港
眼镜	温州、丹阳	上海港、宁波港、温州港
玩具、工艺品	云和（木制）、黄岩、仙居、深圳、扬州	上海港、宁波港、温州港、盐田港、黄埔港
毛巾、浴巾	淮安、邹平	上海港
鞋	汕头、揭阳、东莞、泉州	汕头港、盐田港、黄埔港
床上用品	杭州、叠石桥	上海港、宁波港
家具	顺德、三河、南康、东莞、湖州	上海港、宁波港、盐田港、黄埔港
陶瓷	景德镇、唐山、北流市、佛山等	青岛港、盐田港、黄埔港

注：部分城市有航空枢纽。

国外市场调研。虽然并不是外贸跟单员的主要工作范围，但就其工作性质而言，外贸跟单是一项涉外性工作，其产品销售在国际市场。因此，跟单员需要了解国际市场中不同国家或地区不同商品的种类、需求、包装要求、商品内在质量标准等，以便能够应对潜在客商的订单。实际上，对国内外市场的基本了解，不仅体现了跟单员知识范围，也体现了跟单员对本职工作的敬业精神。

（2）相关进出口手续的办理

进出口相关手续主要涉及对外贸易经营权备案（外贸权）、海关许可登记（报关权）、电子口岸登记、外管局备案登记、进出口商品检验检疫备案登记（报检权）、税务登记（退税权）、原产地证书办理等，此外还有银行外汇账户的开立等。上述手续是开展进出口贸易的基本条件，可以通过上述政府部门或机构的官方网站，查询办理手续、步骤及所需资料。表 0.2 归纳了外贸企业办理进出口手续的机构名称及其工作内容。

表 0.2 外贸企业办理进出口手续的机构名称及其工作内容

序号	进出口手续内容	办事机构及名称	主要工作内容
1	对外贸易经营权	商务部门（外经贸）	境外参展、许可证管理、企业备案管理、展会管理、外经贸等
2	报关权许可登记	省会或直辖市电子口岸办事处隶属海关	报关人员、减免税、企业备案、加工贸易、货运等管理、通关管理、商品归类等
3	电子口岸登记	当地	电子口岸 IC 卡办理、企业备案等
4	外管局备案登记	当地外管局	外债、资本项目、经常项目、国际收支、企业备案等
5	进出口检验检疫备案登记	进出口检验检疫局	货物通关单办理、企业备案、产地证办理、熏蒸等
6	税务登记	国税局	出口退税、涉外税收、税务登记、企业所得税、税收法制、综合税收政策、税务稽查、进出口税收、企业备案等
7	银行外汇账户开立	商业银行	国际结算、货币兑换、票据交换等
8	一般原产地证书	贸促会	知识产权、涉外商标、原产地证办理、仲裁调解、ATA 单证、国际商事证明、涉外商业单据认证等

2. 交易中的磋商及签约阶段

交易磋商（Business Negotiation）是指买卖双方通过直接见面洽谈或往来函电等形式，就某项商品买卖主要条款及交易细节进行协商并达成协议的整个过程。交易磋商是货物买卖的重要环节之一，商品的国际交易能否顺利签订合同，主要取决于交易双方条件磋商的结果。从国际贸易过程来看，交易磋商是一项交易的开始，应该具备该项交易的相关知识，并对该项业务充分调研，充分准备。

一般而言，交易磋商的过程可分成询盘、发盘、还盘和接受四个环节，其中发盘和接受是必不可少的，是达成交易所必需的法律步骤。

对于出口贸易而言，跟单员虽然不是谈判的主体，但外贸跟单员在交易磋商环节中起到了非常重要的作用。首先，外贸跟单员在国内市场调研基础上，将商品的原材料组成及价格、起订量、包装等相关信息一一分类整理，一旦交易磋商中买方提出更换原材料或包装等要求，能够迅速核算成本并上报给谈判人员，不仅为谈判赢得了主动，还为顺利签约创造必要条件。因此，在本阶段外贸跟单员除了具备相应外贸及商品知识外，还要有细致踏实的工作态度和工作责任心。

3. 交易后的履约阶段

就出口商而言，交易后的履约涵盖了商品组织生产、检验、运输、报关、办理保险以及发出装船通知等相关操作环节，每个操作环节不光关系到出口企业的信誉，还需要按一定的内在联系及先后顺序才能顺利完成，为安全收汇打下基础。

在该阶段，外贸跟单员需要综合运用所掌握的知识体系，并能独立处理跟单过程中出现的问题，可以说是最能体现个人职业技能的关键环节。这些职业技能主要归纳为表 0.3。

表 0.3　　　　　　　　　　履约阶段外贸跟单员的职业技能

项目　序号	主要工作及过程	履约阶段
		主要职业技能
1	组织生产	依据合同或信用证的要求，知晓原材料采购、供应商选择、样品确认、大货生产、包装等与订单项下生产相关主要环节要求的技能
2	检验	依据合同或信用证要求及商品特性，选择合适检验手段、地点、时间和检验机构，并根据检验情况，基本判断出口商品质量优劣的技能（含读懂并理解检验证书/报告中各项内容及含义）
3	报关	遵守海关法律法规，收集和处理货物出口环节所需单证，并能妥善处理出口货物中通关过程中问题的技能
4	运输	依据合同或信用证要求及出口商品性质，合理选择运输方式、承运人/货运代理人和线路、运输单据的技能
5	保险	结合运输方式和线路选择，选取恰当保险险种以规避运输风险的技能
6	结汇	依据合同或信用证要求，制作或审核不同结算方式下结汇单据的技能

（四）外贸岗位

从图 0.2 可以看出，随着我国国际贸易额的不断扩大，外贸企业中岗位分工也越来越细。就目前而言，与国际贸易相关的从业岗位主要有：外销、跟单、单证、报关、报检、货运代理等，即：外销员（外贸业务员）、外贸单证员、外贸跟单员、报关员、报检员和国际货运代理员。这些人员虽司责不同岗位，但其工作内容会涉及磋商谈判、货物运输与保险、商检与报关、制单结汇、争端解决、理赔索赔、仲裁诉讼等与进出口贸易业务有关的部分或全部事宜。其中：

（1）外销员，也称外贸业务员，主要从事国际市场开拓、贸易磋商、签订合同和履行合同及业务后期操作全过程的从业者；

（2）外贸跟单员，主要负责外销员（经理）交办的涉及外贸业务操作全过程的相关事务，是侧重于订单获取后对货物生产、检验、运输、报关和结汇等合同执行情况跟踪和操作的从业者；

（3）外贸单证员，负责订单获取后对报检、运输、保险、报关、结汇等环节的单证事务的从业者；

（4）报关员，负责货物、运输工具、物品进出境时向海关办理进出口报关纳税等海关事务的从业者；

（5）报检员，负责办理货物、运输工具、物品进出境时的商检事务的从业者；

（6）国际货运代理员，主要负责办理货物进出境运输、储存等事务的从业者。

需要指出的是，外贸企业根据本企业实际情况灵活设置外贸岗位。有的外贸企业会设置所有岗位，各个岗位工作职责分明，协同完成海外订单。有的外贸企业，为了节省人力资源成本，只设置部分岗位，如设置外销、外贸跟单、国际商务单证岗位，将涉及货物报关、报检和国际货运岗位等相关事务外包给属地或进出境口岸的国际货运代理公司或报关行等专业从事该项业务的企业，由这些企业帮助外贸企业完成相应工作，使外贸企业节省了一部分人力资源。

进出境口岸云集了一大批能够提供国际货运代理、报关报检代理的企业，这些企业为外贸企业提供了专业的货运代理、报关报检代理等服务，提高了外贸企业在进出口环节报检、报关和货运等方面效率。但是，外贸跟单员在与这些货运代理、报关报检代理联系业务时，必须考察其资质，防范缺乏资质的境内外代理公司给本公司带来的潜在风险。

二、外贸跟单员与外贸跟单岗位

无论在生产型外贸企业还是在流通型外贸企业，为了按时、按质、按量完成订单，需要专业人员跟踪订单的执行情况，及时协调相关人在执行订单中的行动，保证外贸企业的产品能够满足客户的要求，这名专业人员便是外贸跟单员。要想成为一名专业的外贸跟单员，需要从不同视角认识外贸跟单，区分外贸跟单员与外贸跟单岗位，明白外贸跟单分类以及外贸跟单员在整个外贸活动中所起的作用。

（一）外贸跟单与外贸跟单员

外贸跟单员是指在进出口业务中，在贸易合同签订后，依据相关合同或单证对货物生产、加工、装运、保险、报检、报关、结汇等部分或全部环节进行跟踪或操作，协助履行贸易合同的外贸从业人员。"跟单"中的"跟"是指跟进、跟随，跟单中的"单"是指合同项下的订单[①]，而外贸跟单中的"单"，则是指企业中的涉外合同或信用证项下的订单。对于业务（经理）员来说，外贸跟单员是协助他们开拓国际市场、推销产品、协调生产和完成交货的业务助理。

外贸跟单是外贸行业一个细分的从业岗位，也是外贸公司内部各部门之间、外贸公司与生产企业、外贸公司与客户、生产企业与客户之间联系与沟通的桥梁。

跟单员的英文表达方式有多种，主要有 order supervisor、quality controller、documentary handler、merchandiser、order follower、order production coordinator 和 order tracker 等，常见于报刊招聘广告中的 QC 就是 quality controller 的简称。

（二）外贸跟单分类

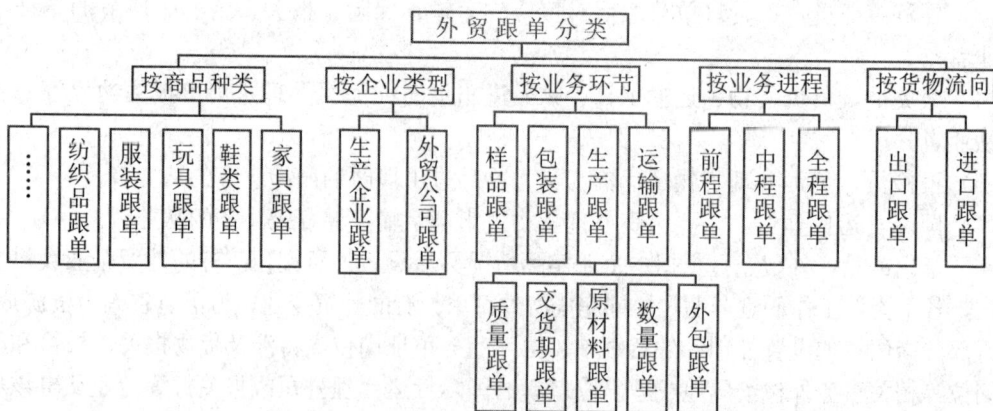

图 0.3 外贸跟单分类

---

① 本书中的"订单"是指合同或信用证项下的货物贸易订单。

如图 0.3 所示，外贸跟单可以按业务进程、商品类别、货物流向、业务环节等进行分类。按业务进程可分为前程跟单、中程跟单和全程跟单，其中前程跟单指"跟"到出口货物交到指定出口仓库为止，中程跟单指"跟"到装船清关为止，全程跟单指"跟"到货款到账，合同履行完毕为止；按商品类别可分为纺织品跟单、服装跟单、鞋类跟单、玩具跟单、家具跟单等；按企业性质可分为生产型企业跟单和贸易型企业跟单；按具体业务环节可分为运输跟单、原材料（辅料）跟单、包装跟单、生产跟单、样品跟单等，其中生产跟单项下有质量跟单、数量跟单、交货期跟单、外包跟单等与产品生产有关跟单；按货物流向可分为出口跟单和进口跟单。

图 0.3 是基于不同视角下的外贸跟单分类框架。需要特别指出的是，在外贸业务操作中，外贸跟单虽然有原（辅）材料采购、（样品）生产、包装、运输等块状跟单环节，但是这些与外贸业务有关的跟单环节并不相互独立，工作内容交叉复合，你中有我，我中有你（见图0.4）。以服装跟单为例，跟单员在面辅料采购、打样与寄样、服装生产与包装、成衣检验与运输等各个跟单过程中，采购合乎要求的面辅料是打样的基础，也是服装生产前必需环节，寄送样品和大货出运都涉及运输知识，从而折射出另一个话题，外贸跟单员需要具备复合型的知识结构和素质。

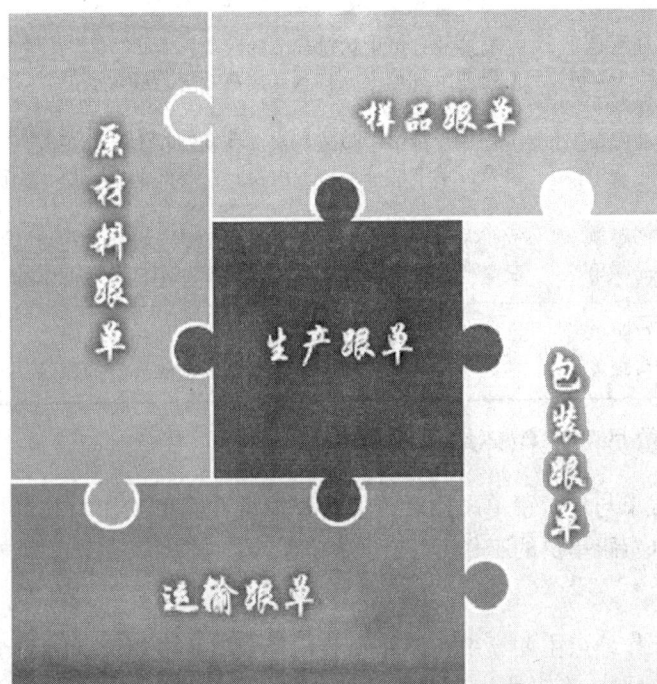

图 0.4　外贸跟单工作的交叉复合

表 0.4　　　　　　　　　　　　　外贸跟单分类及内涵

外贸跟单分类	类　别	内　涵　描　述
按业务进程分	前程跟单 中程跟单 全程跟单	"跟"到出口货物交到指定出口仓库完毕 "跟"到装船清关完毕 "跟"到货款到账，合同履行完毕
按商品类别分	纺织品跟单	对诸如各类面料、毛巾、纱线、床上用品等纺织品订单项下生产与贸易的跟踪
	服装跟单	对诸如 T 恤衫、衬衣、童装等服装订单项下生产与贸易的跟踪
	玩具跟单	对诸如毛绒玩具、芭比娃娃、布绒玩具、遥控玩具、积木等订单项下生产与贸易的跟踪
	家具跟单	对诸如钢制家具、医疗家具、藤木家具、卧室家具、户外家具等订单项下生产与贸易的跟踪
	鞋类跟单	对诸如运动鞋、休闲鞋、拖鞋、皮鞋、童鞋等订单项下生产与贸易的跟踪
	家电产品跟单 ……	…………
按企业性质分	生产型企业跟单 贸易型企业跟单	专业生产某一类产品并直接或间接出口国际市场的企业的跟踪 专业从事某些产品并直接出口国际市场的流通性的企业跟踪
按具体业务 环节分	运输跟单 原材料（辅料） 跟单 包装跟单 外包跟单 生产跟单 样品跟单	主要涉及订单中运输环节的跟踪 主要涉及订单中原材料（辅料）采购或生产的跟踪 主要涉及订单中包装材料选择和制作方面的跟踪 如果订单中部分环节（内容）需要外部企业协作完成，则是对协作企业的跟踪 主要涉及订单中生产环节（如质量、数量、交货期等）的跟踪 主要涉及订单中有关样品收集或制作、寄送的跟踪
按货物流向分	出口跟单 进口跟单	对订单中货物出口过程的部分或全部环节的跟踪 对从境外采购货物过程的部分或全部环节的跟踪

（三）外贸跟单员的工作环境

在认识了外贸跟单与外贸跟单岗位后，外贸跟单员在哪里工作？其工作内容和特点是什么？以下就来介绍外贸跟单员的工作环境。

1. 工作地点

外贸跟单员的工作地点主要集中在涉外企业，有专门从事销售的外贸流通型企业（如山东××进出口有限公司），有专业生产并外销某一类产品的外贸生产企业（如××制衣有限公司、××鞋业有限公司、××玩具制造有限公司等）。另外，境内的某些城市，还有一些外商驻华机构（俗称"办事处"），这些机构专门负责寻找国内供应商、查验货物、安排仓储或运输、认证、协调境外采购商订单等商务事宜，是维系境内外采购商和供应商的"桥梁"，因此这些机构也是外贸跟单从业者的工作场所。当然，在"内外贸一体化"的今天，跟单员不仅可以在外贸企业中找到自己的位置，也可以在内贸企业中找到自己的位置。

【知识链接 0.1】自营出口和代理出口

对于"自营出口"和"代理出口",可以简单分析如下:对生产企业而言,当其生产的产品卖给境外买家,并办理报关、运输等出口手续时,该出口行为便属于"自营出口";如果该产品是委托外贸公司销售给境外买家并办理报关、运输等出口手续时,该行为便是"代理出口",此时生产企业需要支付一笔代理费给外贸公司。如果外贸公司买入生产企业的产品后出口至境外,外贸公司就成为"收购者",生产企业成为"供货者",该出口产品是一种"买断"与"卖断"的关系,应由外贸公司办理出口报关和退税,也属于一种自营出口。

比较项目 企业类型	产品所有	签约进口商	报关运输	出口退税归属	出口类型
生产企业	生产企业	生产企业	生产企业	生产企业	自营出口
外贸公司	外贸公司	外贸公司	外贸公司	外贸公司	自营出口
	生产企业	生产企业/外贸公司	外贸公司	外贸公司	代理出口

2. 工作内容

笼统地说,对涉外订单的跟踪是外贸跟单员的主要工作内容。具体而言就是按合同/采购单、信用证的要求,跟踪订单项下产品生产过程及与之相关的其他环节,其中生产环节主要指原辅材料采购、产品品质、数量和交货期等,其他环节就是指商检、海关、运输、外管、保险、外经贸、银行和税务等部门,使订单能够按时、按质、按量将产品交付给境外采购商或其指定收货人。另外,外贸跟单员还要协助或参与商务谈判以及合同签订前后的样品准备与整理、成本核算、理赔索赔、争端解决、仲裁诉讼等事宜。

3. 工作特点

(1) 较高的责任心

外贸跟单员的工作是建立在订单与客户基础上的。订单是企业的生命,没有订单企业无法生存,客户是企业的上帝,失去了客户,企业就不能持续发展。而订单项下的产品质量,是决定能否安全收回货款、保持订单连续性的关键。因此,执行好订单、把握产品质量需要跟单员的敬业精神和认真负责的态度。

(2) 协调与沟通

在跟单员的跟单工作过程中,对内需要与多个部门(如生产、计划、检验等部门)打交道,对外要与商检、海关、银行、物流等单位打交道,协调处理在跟单工作过程中遇到的问题,因而跟单员的协调与沟通能力直接影响工作效率。

(3) 节奏快、变化多

跟单员的工作方式、工作节奏必须适应客户的要求。由于客户是来自世界各地,他们有不同的生活方式和工作习惯,因此跟单员的工作节奏和工作方式必须与客户保持一致,具有高效率和务实性,能吃苦耐劳。另外,不同的客户需求也不同,而且这种需求又随着产品不同而有区别，这些都需要跟单员有快速应变能力。

（4）工作的综合复杂性

跟单员工作涉及企业所有部门，由此决定了其工作的综合性、复杂性。对外执行的是销售人员的职责，对内执行的是生产管理协调。所以跟单员必须熟悉进出口贸易的实务和工厂的生产运作流程，熟悉和掌握商品知识和生产管理全过程。

（5）涉外性和保密性

跟单员工作是围绕着外贸订单进行的，订单不仅具有涉外性，而且在跟单过程中要与国外客户沟通，理解并贯彻他们对合同履行的要求，从而保证订单的顺利执行。

在跟单员的跟单过程中，跟单员会接触到一些涉及商品技术规格、标准、生产工艺、销售价格、生产厂家和海外客商的信息资料，对企业来说这些都是商业秘密，对外必须绝对保密。因此，跟单员必须忠诚于企业，遵守保密原则。

4. 两种跟单的差异

如前所述，外贸跟单员的工作地点主要集中在外贸流通企业和外贸生产企业，除了这两类企业工作地点不同外，还有其他差异。下面是从跟单目标、知识构成、跟单范围、跟单要领和工作侧重等方面进行分析比较，得出相应的异同点（见表0.5）。

表 0.5　　　　　　　　　　生产企业跟单与外贸公司跟单差异分析

异同点 项目	比较角度	内　涵　解　释
相同点	跟单目标	都是以外贸订单为中心，进行生产进度、产品质量和数量的跟踪，以保证订单项下的货物能够按时、按质、按量抵达合同或信用证要求的地方
	知识构成	需要具备外贸知识、海关知识、商检知识、运输知识、保险知识、商品知识及语言沟通能力，还需要具备使用计算机应用软件（如 WORD、EXCEL 等）的能力；
	跟单范围	涉及前程跟单、中程跟单和全程跟单，各种商品跟单；
	跟单要领	具备某类商品的专业知识，精通该商品的生产操作要领，能分析和解决生产过程中出现的问题，协调各方（部门）的利益，妥善处理商品的质量问题，满足和达到工艺单和客户的要求。
不同点	所处企业	外贸生产企业　专业生产或制造某类产品并销售的企业； 外贸流通企业　本身不生产或加工产品，主要采购商品后从事境外销售的企业
	工作侧重	生产企业跟单员的跟单工作大部分侧重于生产跟单，即以生产过程的商品质量、数量和交货期跟踪为主；外贸公司跟单除了具备生产企业跟单外，还侧重于全程跟单，因此对跟单员个人素质要求更加高

三、外贸跟单员知识、能力与素质要求

从外贸跟单分类来看，跟单员无论是从事运输跟单、生产跟单，还是前程跟单、中程跟单、全程跟单等与跟单工作相关的活动，都需要从业者有一定的知识体系支撑，并具备一定素质。

（一）跟单知识与能力

从事外贸跟单工作，必须具备一些外贸基础知识（如：国际贸易实务、货物运输、通关、商品检验和风险转移、金融外汇与银行结算等）以及商品知识，此外跟单员还要具备商品生产与管理方面的知识。表0.6归纳了外贸跟单员的主要知识结构及能力要求。

表0.6　　　　　　　　　　　　外贸跟单员知识与能力要求

知识类别	主要内容	能力要求
外贸基础知识	外贸企业从业必备条件、贸易术语、合同形式及条款、价格换算、出口成本、外汇、运输、通关、出口退税、佣金与折扣等。	初步具备取得、利用、整合和评估商务信息的技能，会核算出口商品成本，能够根据商品性能或订单要求选择承运人/货运代理人、运输方式、集装箱类型及核算集装箱装箱量等。
工厂生产与管理知识	货源基地、生产工厂的组织构架、生产计划、原材料采购管理、仓库管理、生产管理、品质管理、客户管理等。	了解生产工厂组织构架，熟悉工厂生产运作规律，熟悉生产计划制定和仓库管理规则，掌握搜寻国内货源基地集群主要途径和方法，建立与外商、供应商等方面良好关系，能够简单处理彼此间纠纷等。
商品知识	样品及其材料构成、商品品质要求、包装及包装标志、计量单位、检验标准、检验时间、检验地点、检验方法、检验证书、销售国家的风俗要求等。	掌握原材料选择、包装材料选择、商品检验方法，初步知晓商品价格组成，能够依据合同/订单和商品检验要求进行报检和检验等。

外贸跟单员具备了上述基本知识，加上跟单员需要的素质及实践中所不断积累的经验，就能够实现"零距离"上岗目标。

（二）跟单员素质

作为一名合格的外贸跟单员，需要具备一些基本综合素质，这些素质主要指职业素质、能力素质、知识素质和管理素质。现将上述基本综合素质归纳为表0.7。

表0.7　　　　　　　　　　　　外贸跟单员素质及要求

素质项目	主要内容	素质要求
职业素质	①热爱祖国，维护外贸企业、国家的利益，关注国内外的政治经济形势，能正确处理国家、集体和个人之间的利益关系，为对外经济贸易事业勤奋工作。②遵纪守法、廉洁自律，不行贿、索贿、受贿，在对外经济交往中珍视国格和人格。③遵守保密制度、外事纪律和企业的各项规章制度。④忠于职守、努力学习、积极开拓和进取。	熟悉外经贸法规和制度，了解国际和国内经济现状及国家外外贸政策变化趋势，熟悉对外交往礼仪，掌握国际商务的保密制度和外事纪律，树立终身学习的信念。

素质项目	主要内容	素质要求
能力素质	①综合外贸业务能力 ②市场调研和预测能力 ③推销能力 ④语言文字能力和口头表达能力 ⑤社交协调能力	具备搜索/寻找商品生产货源地（产业集群）的能力，了解商品的海外主要销售市场，熟练掌握书写各种商务信函，掌握一定的对外沟通技巧。
知识素质	①外贸知识 ②生产管理知识 ③部分商品知识 ④商品的包装知识 ⑤商品的运输知识 ⑥商品的营销知识 ⑦商品的知识产权和原产地规则等知识 ⑧外贸跟单专业知识	了解我国外贸方针、政策、法律（规）以及有关国别/地区贸易政策，了解主要贸易国家/地区的政治、经济、文化、地理及风俗习惯、消费水平等，初步具备一定的学历水平及外语基础，会使用常用软件，了解合同法、票据法、经济法、外贸惯例和法规等，熟悉常见商品的基本性能、品质、规格、标准、包装、用途、生产工艺和所有原材料等知识，熟悉本地区常见出口商品的主要海外销售地区、国内生产地，掌握该商品定价的基本原则，熟练掌握外贸基本知识，懂得商品营销和有关国际惯例等专业知识。
管理素质	工厂管理和团队管理	具备良好的合作精神，一定的组织、协调、决策能力。

　　【小结】本绪论从分析外贸与外贸活动形式入手，主要介绍了外贸活动中企业外贸岗位设置、外贸跟单分类和工作特点、外贸跟单员的工作范围、外贸跟单岗位与其他外贸岗位的关系，同时还介绍了跟单员应该具备的基本素质和知识构成。

　　【关键词或概念】外贸经营权及其他相应权　外贸跟单员与外贸跟单岗位　外贸跟单分类　外贸工作地点　外贸跟单知识结构与素质　外贸流通企业　外贸企业　外贸生产企业　外贸岗位　货源员与跟单员　自营进出口业务　外贸收购　外贸代理

复习思考题

一、单项选择题

1. 根据我国的相关规定，对于"从事与外贸活动相关工作"的正确理解是（　　）。

　　A. 必须获得进出口权

　　B. 如果是直接从事对外贸易，则必须获得进出口权

　　C. 在外贸流通企业和外贸生产企业中，前者需要获得进出口权，后者视情况而定

　　D. 在外贸生产企业和外贸流通企业中，前者需要获得进出口权，后者视情况而定

2. 对于"外贸跟单"的理解，以下理解错误的是（　　）。

　　A. 这是外贸行业一个细分的从业岗位

　　B. 这是外贸从业人员的岗位设置

　　C. 这是一个外贸从业人员

　　D. 这是"一座桥梁"，在外贸公司内部各部门之间，外贸公司与生产企业之间，外贸

公司与客户之间，生产企业与客户之间起到沟通的作用

3. 根据《2010 通则》规定，如果以航空运输方式运送货物，则外销合同中贸易术语应该采用（　　）。

A. FCA　　　　　　B. CIF　　　　　　C. CFR　　　　　　D. FOB

4. 如果外贸企业要招聘跟单员，则该企业在办理了相关审批手续后，可以在报纸杂志中刊登招聘"跟单员"启事，一般使用的英文表达词语有（　　）。

A. DJ　　　　　　B. QC　　　　　　C. UPS　　　　　　D. L/C

5. 跟单员小刘在山东鸣凤家具制造有限公司从事跟单工作，从跟单的分类来看，该跟单属于（　　）。

A. 生产型企业跟单　　　　　　　　B. 全程跟单

C. 出口跟单　　　　　　　　　　　D. 商品跟单

二、多项选择题

1. 企业直接从事外贸业务，需要办理一系列备案登记或注册手续，其中有些涉及政府部门和非政府部门。以下属于政府部门的是（　　）。

A. 海关　　　　　　B. 电子口岸　　　　C. 外管局　　　　　D. 中国银行

2. 根据《2010 通则》规定，如果以公路运输方式运送货物，则外销合同中贸易术语应该采用（　　）。

A. CIF　　　　　　B. EXW　　　　　　C. DAP　　　　　　D. FCA

3. 福建泉州阳明鞋业有限公司是一家从事鞋业生产企业，2011 年 5 月前其产品面向国内市场销售，少量被外贸公司收购出口，从该年 6 月起该公司董事会决议拟直接开拓国际市场，则该公司跟单员应该去下列部门办理相关手续（　　）。

A. 工商局、外经贸局、外管局、海关、电子口岸

B. 外经贸局、外管局、海关、商检局、电子口岸

C. 外管局、海关、商检局、电子口岸

D. 海关、商检局、电子口岸、银行

4. 江苏淮安浴衣企业生产加工了一批浴衣，被江苏立业进出口公司收购后出口，以下正确的说法是（　　）。

A. 在浴衣产品出口过程中，相应的报关手续应该由江苏立业进出口公司办理

B. 在浴衣产品出口过程中，相应的收汇手续应该由江苏立业进出口公司办理

C. 在浴衣产品出口过程中，相应的托运手续应该由江苏立业进出口公司办理

D. 在浴衣产品出口过程中，产品质量应该直接由江苏立业进出口公司负责

5. 对于"货源员"的不正确理解是（　　）。

A. 是检验外贸商品质量的从业者

B. 是跟单员的"雏形"，随着对外贸易的发展，被赋予更多内涵后就成为跟单员

C. 是现代外贸企业的一个从业岗位

D. 从名义上而言，是专业受理货物来源地的人

三、简答题

1. 如何区分"自营出口"和"代理出口"？

2.2011 年 5 月，上海四海进出口公司将 5000 只上海奉贤电器开关有限公司生产的"飞雁牌"低压电器出口法国市场。按我国有关规定，该商品出口后所获得的"出口退税"应该归谁所有？

四、案例分析题

徐某是浙江安吉某电子科技公司的跟单员，她的工作内容是根据客户的订单，寻找生产工厂，并跟踪产品的质量、数量和交货时间。工作初期，工作勤奋，成绩卓越，受到了公司重用，被赋予更多的权力，很多与订单业务沾边的工厂（公司）都要通过徐某的审核。2007 年春节始，徐某利用这个权力，让做物流生意的李老板为其吃喝玩乐买单。后来她又提出要按每件货物 1 元的比例拿提成，否则就把该业务交给别的托运部做。李老板无奈地接受了。就这样，在半年多时间里，徐某共非法收受贿赂 90700 元。其行为被当地检察院发现，并以涉嫌非国家工作人员受贿罪对徐某提起公诉。

请根据本章的相关知识分析此案例，跟单员应该从中吸取哪些教训？

上篇　出口跟单操作实务

模块一 样品跟单

【模块导读】样品跟单是外贸活动中必不可少的环节。本模块围绕样品跟单过程中所涉及的样品种类、样品费用测算与承担、样品寄送与跟踪等基本知识，叙述了与样品跟单有关的操作流程，期望初学者能够掌握确定样品要求、核算样品费用、跟踪样品等方面的操作流程，从而提高样品跟单能力。此外，本模块还选取部分与样品跟单有关的操作实务案例，这些案例可帮助巩固并熟练掌握样品跟单的基础知识，了解在样品跟单过程中如何解决问题。

【模块目标】通过本模块学习，掌握样品跟单所涉及的样品成分分析、样品费用核算、样品制作、样品寄送和样品跟踪与存档等内容，并能够运用上述已经学过的商品和快递知识，正确处理样品跟单操作过程，从而提高运用相关知识解决样品跟单过程中的问题的能力。

＊　　　＊　　　＊

"只要有了样品就有客户，有了客户就有订单的可能"，这是外贸从业者对外贸样品重要性的评价。因此，无论外贸流通企业还是外贸生产企业都愿投入大量的人力物力来筹集、研发并制作能够吸引客户的样品，通过建立品种多样的样品展示室（厅）或携带各种样品参加展览会等途径，来展示本企业业务范围，拓展国际市场，实现企业的可持续发展。跟单员在样品准备工作中，一定要高度重视并精心准备样品，不能因为样品存在小瑕疵，而丢了订单和客户。

样品跟单的主要工作过程如图 1.1 所示。

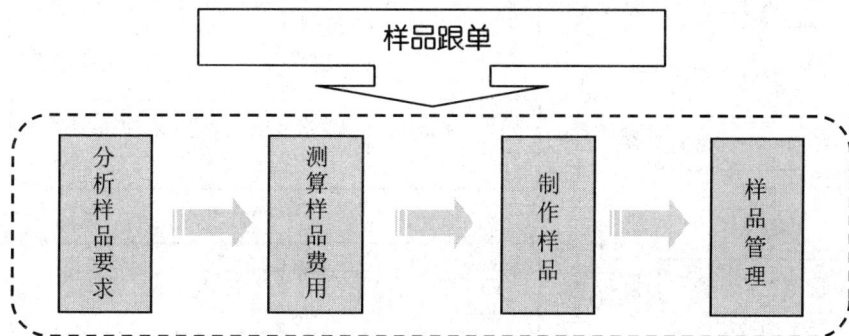

图 1.1 样品跟单的主要工作过程

项目 1.1　分析样品的要求

如前所述，样品对于进出口贸易是非常重要的。许多外贸公司和生产企业都愿花较大的人力、物力筹集和准备样品，合适的样品是引发客商下单兴趣的主要因素之一。从样品的来源来说，有些样品是企业自行开发的，有的样品是境外客商提供的，从两种不同来源的样品看，极大部分都是客商提供，跟单员需要对境外客商提供的样品进行分析，找出其中的技术要求，然后按照这些要求复制样品。那么，通过何种途径来分析样品呢？以下几种途径可供跟单员参考。

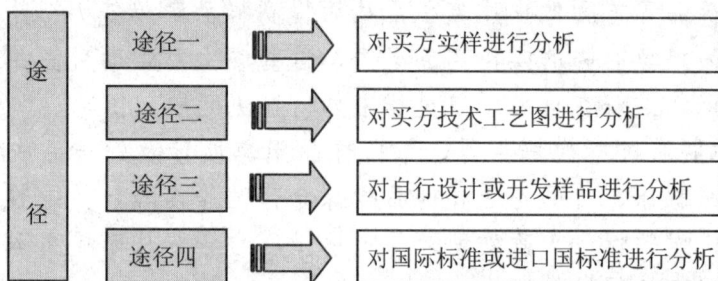

途径		
途径一	➡	对买方实样进行分析
途径二	➡	对买方技术工艺图进行分析
途径三	➡	对自行设计或开发样品进行分析
途径四	➡	对国际标准或进口国标准进行分析

从上述分析样品要求的途径来看，至少有四种途径可以对样品进行分析。首先，确定样品要求，这是复制样品的关键，也是制作样品的依据。通常，样品要求涉及材料要求、数量要求、时间要求、寄样要求、测试要求等，跟单员可以分解为以下步骤进行操作：

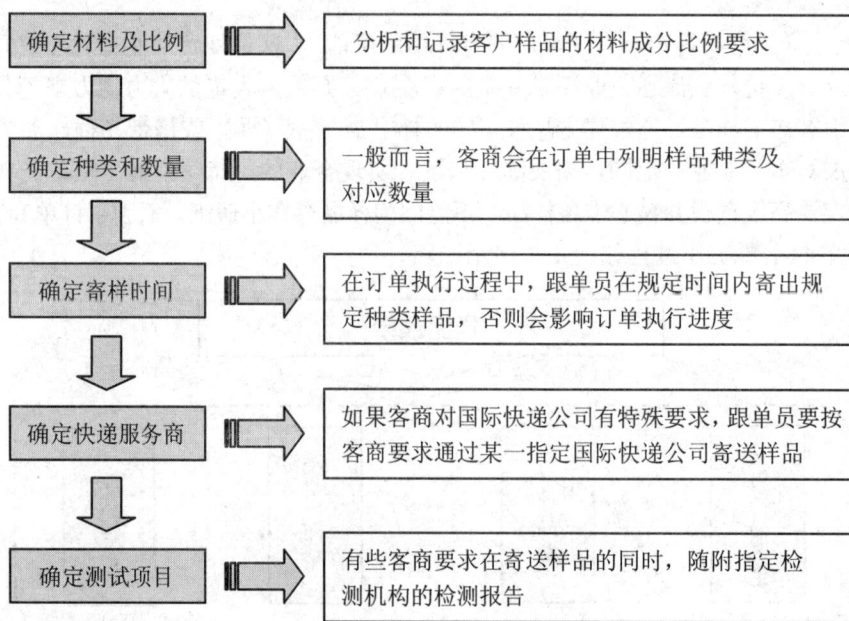

确定材料及比例	➡	分析和记录客户样品的材料成分比例要求
确定种类和数量	➡	一般而言，客商会在订单中列明样品种类及对应数量
确定寄样时间	➡	在订单执行过程中，跟单员在规定时间内寄出规定种类样品，否则会影响订单执行进度
确定快递服务商	➡	如果客商对国际快递公司有特殊要求，跟单员要按客商要求通过某一指定国际快递公司寄送样品
确定测试项目	➡	有些客商要求在寄送样品的同时，随附指定检测机构的检测报告

任务 1.1.1　分析样品材料及比例

样品制作会涉及原材料名称和比例，以下是两种不同情况：客商提供实样或图纸。跟单员应该按照不同情况，分别对待操作。

步骤一：分析原材料种类及成分比例，得出样品要求

当客户提供实样时，跟单员在收到样品后，首先要认真测量样品尺寸，分析样品的原材料名称及比例、辅料组成、数（重）量组成和包装材料及要求，一一做好记录，并围绕这些信息核算出制作成本。一旦需要破坏实样才能获得原材料种类及成份比例，则要提前征得客商同意，并与制作人员核对和落实技术要点，发现有难以理解或需要改进的地方，要及时与客商沟通，获得客商书面认可后，才可以下达书面打样任务书，在该任务书中一一详细注明样品的原料种类及配比、尺寸、颜色搭配、辅料组成、完成时间、客商编号/本公司编号、样品数量和包装方法等。

步骤二：对照客户提供图纸及要求

当客户提供图纸或打样要求时，跟单员首先要认真分析并理解图纸（见图 1.2）所要求的主要原材料（成分）、辅料组成和数（重）量组成及包装要求，同时读懂各项要求，理解各项信息，并与技术人员一一落实。如果遇到疑问，也要立即与客商沟通，获取客商的进一步解释直至完全理解；如果遇到修改或者只能用替代材料制作样品的，需要将修改方案和材料使用情况通报给客商，取得客商的理解和支持后，方可进入打样阶段。

O'SUMMRE　　　　　欧赛美兰贸易有限公司

　　　　　　　　　　　　　　　　　——福州办事处

地址：福建省福州市嘉德广场 E 座 1588 室

Tel：0591-12343258（8 线）　　　　　　Fax：0591-12343283

样版制作要求

我司客商：PPM 公司

款　　号：OPW-1072-2009

××红蜻蜓服饰有限公司：

请按我司提供尺寸规格与以下要求，制作款式样。

➤ 面料为 100％polyester，220 克/M^2 黑色，2009 款的女式吊带背心，辅料由我司提供，具体尺寸另给，款式图见附件，送样时随附价格和适用时间；

➤ 大货尺码为 S/M/L/XL 或 8/10/12/14/16 码的，样品制作数量为 2 件 L 码/款或 12 码/款；

> ➢ 所有主唛（商标）、价格牌、洗唛/尺码唛、纽扣、橡筋及特殊辅料均由我司免费提供（包括大货），请不要将这些计算在成衣价格之中；
> ➢ 订单数量一般是每款 600 件左右，包装为 1 件/衣架外套 1 个胶袋，15 件/箱；
> ➢ 如果样品已经得到客商批办，后续没有订单的，由我司支付打样费；
> ➢ 样品的原材料必须符合环保/生态纺织品的要求，提供样品时要随附面料的检测报告（我司提供的面辅料除外），检测费用贵司自行承担。
> ➢ 所有样品费用、测试费及所有的快递费用，均由供应商承担。如果我司同意支付样品费用时，则供应商必须出具签字的正式发票，并注明开户银行和账号、款号和数量。

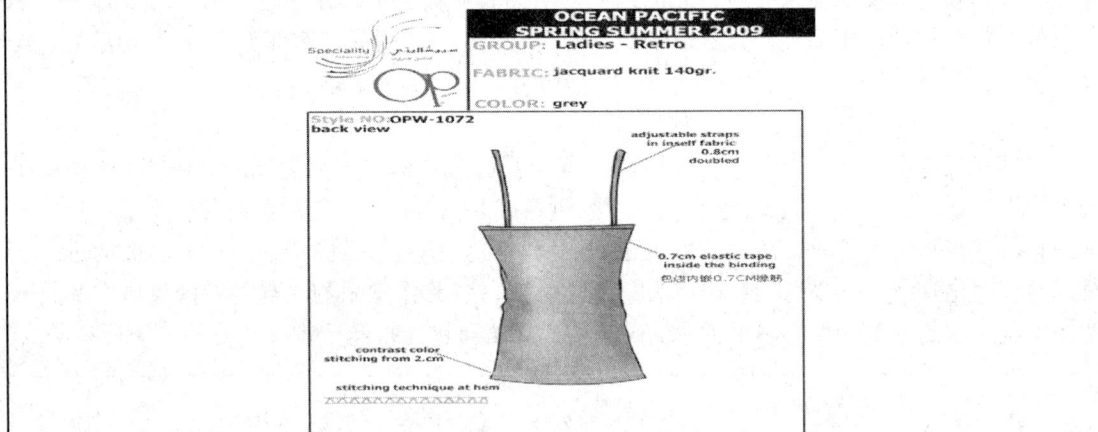

图 1.2　客商打样要求

现在再通过以下两个实例简单说明有关样品成分要求。

【例一】纺织服装订单

订单要求：

    Fabric：75％ WOOL　17.5％ VISCOSE

         7.5％ NYLON

    Lining：230T 100％ POLYESTER

释义：

    面料成分及比例：75％ 羊毛　17.5％ 粘胶纤维

              7.5％ 尼龙

    里料成分及比例：230T 全涤

【例二】生料带（PTFE THREAD SEAL TAPE）实物样品图片及要求

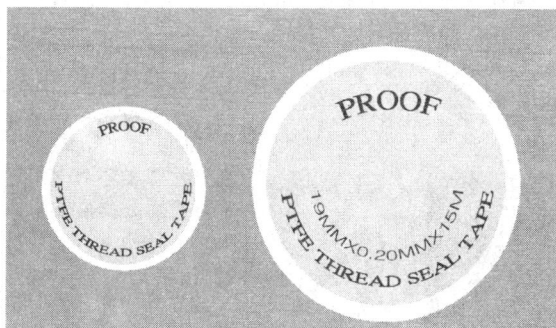

【解释】在实物样品上印有牌号、宽度、厚度和长度

牌号：PROOF

宽度：19 毫米

厚度：0.2 毫米

长度：15 米/卷

跟单员在制作样品的同时，还要测算单件样品生产制作时间（俗称"工时数"），以便为日后实际生产消耗时间提供依据，预测实际的交货时间。

在国际贸易洽谈中，客商可能会认为卖方所报价格不适宜在海外特定市场销售，考虑到原材料价格和人力资本等因素都不存在降价的空间，眼看洽谈陷入僵局，此时跟单员要主动与客商沟通，建议适当改变原材料性质或比例，使价格适合海外市场，并通过实际样品来说明建议是可行的。跟单员的这一改良建议就像"催化剂"，使成交机会大大增加。在客商确认成交价格后，跟单员就可以按新原材料制作样品，提供满意的样品。

任务 1.1.2　确定样品种类和数量

生产样品时，跟单员首先要确定样品种类，其次是对应的数量。就样品种类而言，由于样品种类繁多，不同样品在不同时期提供，如"确认样"需要在订单执行前就必须完成，否则是无法投料生产的；"船样"则应该在装船前向客商提供。就样品的数量而言，则要结合样品种类来确定，如"色样"、"辅料样"、"测试样"等样品数量要求是不同的，如：一般而言，确认样或产前样需要至少 3 个/款，色样也需要 3 个/色，即同一种颜色色样至少要有 A、B、C 三种最小尺寸为 10cm×10cm 的色版，以便客户从中选择最接近的颜色（见图 1.3），辅料样需要 3 份/种辅料，船样需要至少 3 个/款。

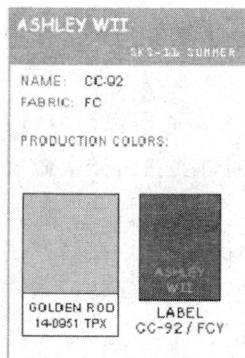

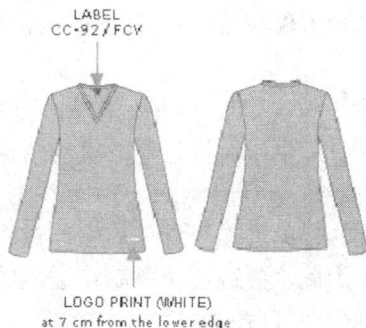

说明：左图是客商提供的色样，种类分别为大身面料色样和 LABEL 色样。跟单员需要按客商要求制作不少于 3 个相同颜色、色调略有差异的色样供客商选择确认。

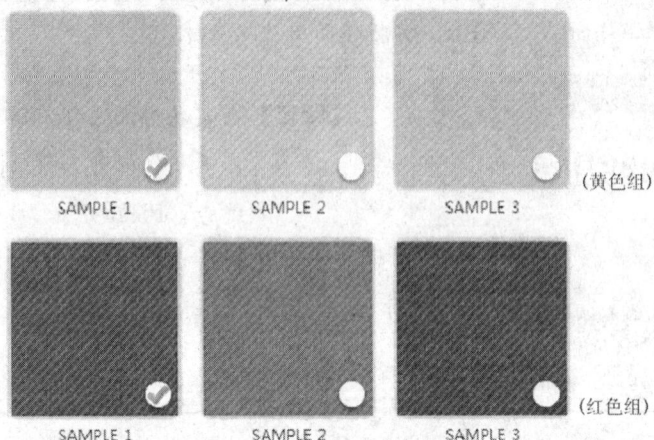

说明：左图是跟单员按照客商所提供的大身面料色样和LABEL色样，分别制作二组不同色样，客商分别在各组中选择一个（见打钩）。

（黄色组）

SAMPLE 1　　SAMPLE 2　　SAMPLE 3

（红色组）

SAMPLE 1　　SAMPLE 2　　SAMPLE 3

图1.3　色样制作与选择

同样，样品的数量还随客商类型不同而不同。对于中间商，会需要更多样品，以便向其客户推销获取更多订单；对于最终销售商，当对新产品面市后的市场反映没有把握时，也会需要较多样品在商场中试销。表1.1归纳不同样品种类和数量，以便在跟单时参考之用。

表1.1　　　　　　　　　　　　　　部分样品送样种类和数量

序号	样品名称	数 量
1	推销样、广告样	较多，依客商要求
2	参考样	至少3个/款
3	确认样	至少3个/款
4	测试样	至少3个/款
5	产前样	至少3个/款
6	生产样（大货样）	至少3个/款
7	色样	3个色/颜色
8	船样	至少3个/款
9	绣（印）花样	至少3个/款
10	辅料样	至少3个/每种辅料
11	水洗样	至少3个/款

从上表中，不难看出样品品种不仅与数量有关，还与提供时间有关，跟单员在跟单过程中需要注意。

另外，在制作确认样时，除了按客户要求的数量外，还要将本企业留样数量计算在内。留样至少需保留一件以上，作为日后生产大货订单的实物依据，同时要在留样上做好相应的编号和记录。

需要指出的是，由于制作确认样的过程与订单的生产过程具有相似性，在制作确认样的过程中，会发现其隐含的问题，因此，要特别注意制作过程的难易性和时间性，生产工艺达不到的样品，千万不能做，否则会在日后的大货生产中留下"隐患"。

【知识链接1.1】样品种类与对应含义

样品有许多种类和对应含义，表1.2罗列了各种样品，并加以简单解释。

表1.2　　　　　　　　　　　　　样品种类与对应含义

样品		含义
中文名称	英文名称	
初样	Initial/proto Sample	指根据客商设计图而制作的样品
推销样	Salesmanship Sample	指企业用于境内外参展、对外展示的样品
参考样	Reference Sample	指卖方向买方提供的仅作为双方谈判参考用的样品
测试样	Test Sample	指专供买方客商自己或指定机构测试，从而确定卖方产品品质优劣程度的样品
确认样	Approval Sample	指买卖双方认可的样品
回样	Count Sample	指卖方按买方提供的样品复制的样品
产前样	Pre-production Sample	指生产之前需寄客户确认的样品，简称"PP样"
生产样	Production Sample	指从大货生产中所获取的样品
大货样	Bulk production sample	指订单即将完成并已经做好出货准备之前的样品
款式样	Pattern Sample	指给客户看产品的款式和工艺水平的样品
广告样	Advertisement Sample	指用于扩大宣传，增加销售量的样品
齐色齐码样	Size/Colour Set Sample	指按客户的工艺要求所提供的所有颜色/尺寸的样品
水洗样	Washed Sample	指经过水洗工序后的样品
船样	Shipping Sample	指代表出口货物品质水平的样品
色样	Lab Dip	指按客户的原"色卡"要求，对面料或辅料进行染色后的样品
绣（印）花样	Embroidery Sample Printed Sample	指对面料、成衣等进行绣（印）花图案后的样品
辅料样	Accessory Material Sample	指订单中通过外购或代工生产获得的主要原材料以外的其他原料的样品。

任务1.1.3　确定送（寄）样时间

在样品跟单过程中，跟单员要依据不同样品性质来确定完成时间和寄样时间。例如，在确认样、款式样、色样、辅料样、绣（印）花样、水洗样、大货样、船样、齐色齐码样、生产样、测试样等诸多样品中，确认样、款式样、测试样的制作必须在大货生产前完成，并及时送交海外客商，否则没有得到客商确认或通过检测机构检测前，大货生产就无法开启；同样，色样、辅料样、绣（印）花样、水洗样的制作也必须在大货生产前完成，并及时送交海外客商；而大货样、船样、齐色齐码样、生产样都必须从大货生产线上获取，并在大货未上船前寄往海外客商，以便得到客商签发的"检验证书"[①]。

———————————

① 有些客商不赴生产工厂验货，而是通过检验大货样、船样等任一样品，来判断大货质量优劣，并据此签发"检验报告"。

有关订单中主要样品制作及寄样时间归纳如表 1.3。

表 1.3　　　　　　　　　　　　　　　　主要样品制作及送样时间

项目进程（时间顺序）		样品种类	备注
下单前		参考样、推销样、广告样、测试样	获得订单
打样确认	初期	初样、款式样	客商未确认前，无法采购或投产
	中期	色样、辅料样、绣（印）花样、水洗样等	
	后期	确认样	
大货生产	前期	产前样	
	中后期	大货样、销售样、齐色齐码样	
大货运输阶段		船样	客商未确认前，无法出运

任务 1.1.4　确定快递服务商

一般而言，客商的寄样要求，主要包括样品品种及数量、快递样品服务商和寄样时间要求等，其中有关样品品种、数量和寄样时间要求等内容已经在前面叙述，本部分主要叙述选择快递服务商方面的操作事宜。

目前，常见的国际快递服务商主要有 DHL、FEDEX、UPS、OCS、TNT、EMS，这些国际快递服务商所提供的服务细节不尽相同，跟单员可以咨询有经验的外贸业务前辈或者直接咨询快递服务商，汇总各个国际快递服务商的特点和服务水平情况，为寄送样品做好准备。

例如，有些外贸业务前辈告诉跟单员，在美国或欧洲线上，DHL、FEDEX、UPS、TNT 有明显优势，OCS、EMS 则在日本线上有明显优势，而"顺丰快递 SF"是一家国内民营快递服务商，其港澳台线上有明显优势，且近期正大力开拓日本、新加坡、马来西亚和韩国等国际快递市场业务。在分享了上述信息后，外贸跟单员就可以根据目的地来选择合适的快递服务商。

与海运或航空运输一样，快递费可采用"预付"或"到付"支付，也可由第三方在第三地支付。在实际操作中，如果采用"到付"或"第三方"支付，需要支付方或寄件方的担保，承诺一旦收件人或第三方拒付，则仍由寄件方支付。当然，寄件人能够提供有效的"到付账号"（一种快递服务商易于识别的数字编号）时，快递服务商也会提供服务，例如 DHL "到付账号"为 96 开头的数字编号（详见后续知识）。

跟单员在熟知国际快递服务商的操作方式后，要结合客商要求，灵活操作。即：如果客商指定某快递服务商来传递样品时，要及时联系该快递服务商，及时将制作完成的样品交给该快递服务商；如果由我方选择快递服务商时，要选择信誉好、服务质量高、运价适宜的快递服务商。

【知识链接 1.2】特快专递的 ABC

➤ 特快专递的分类

按投递区域分，主要有国际特快专递和国内特快专递（含同城和城际间特快专递）；按企业类型分，主要有国际跨国企业、中外合资企业、国有企业和民营企业。像 DHL、FEDEX、UPS、OCS、TNT 等运营商为中外合资企业或跨国企业，像顺丰、天天、申通等运营商为民营企业，EMS 则是国有快递运营商。

➤ 产生与发展的背景

A. 市场经济体制的建立与不断完善；

B. 对外开放力度的加大，大量商务活动需要由快递业支撑；

C. 电子商务的迅速发展，形成了对快递业的依赖；

D. 原有的邮政体系不能满足市场增长与时限的需求；

E. 外贸活动迅速发展，需要与之配套的国际快递。

➤ 服务方式

A. 上门揽收件和送件，相当于"DOOR TO DOOR"、"DESK TO DESK"；

B. 通过多种途径查询与跟踪快件；

C. 一般情况下，邮寄费用采用"月结"方式与寄件人结算；

D. 有些快递公司（如 DHL、FEDEX、UPS 等）已经涉足航空货运业。

任务 1.1.5 确定样品测试项目

在一些海外订单中，买家会要求卖方的样品必须经过指定机构的检测，并随送检测报告。这样做旨在保护消费者利益，另外也是考察供应商所提供的商品能否符合法律或当地市场要求，以免消费者在使用该商品过程中受到伤害。

途径一：依不同商品确定测试项目

不同商品有着不同的安全使用要求，衡量是否到达要求只有通过各项指标检测后综合判断才能证明。例如：对于家电订单，一般是检测泄漏电流、升温测试、耐压、稳定性、潮湿及某些化学元素/成分等项目；对于化学品订单，一般要求成分及含量、纯度、熔点、沸点、PH 值、毒性等测试项目；对于家具产品订单，一般要求进行甲醛、重金属、阻燃性、稳定性、耐久性等测试项目；对于玩具产品订单，一般要求甲醛、增塑剂、偶氮含量、可溶性重金属（铅、镉、铬、砷、钡、汞、硒、锑等）含量、阻燃性、安全性能、噪声、色牢度、有害化学成分（邻苯二甲酸酯等）、包装物料等有毒元素等测试项目；对于农产品订单，一般要求进行农药残留量、卫生指标、重金属含量等测试项目；对于瓷器订单，一般要求表 1.4 测试项目；对于鞋类（含皮革）订单，一般要求进行甲醛、五氯苯酚、四氯苯酚及其盐、酯类、过敏性染料、有机挥发溶剂、包装纸盒的原材料（含塑料袋原材料）等测试项目；对于文具类订单，一般要求表 1.5 测试项目。

表 1.4　　　　　　　　　　　　　　瓷器产品的测试项目

序号	商品名称	测试项目
1	日用陶瓷	外观质量、铅/镉溶出量、吸水性、热稳定性、釉面硬度、光泽度、白度等项目测试
2	陈设艺术瓷器	外观质量、吸水性等项目测试
3	建筑陶瓷	放射性、表面质量和规格尺寸、吸水率、破坏强度和断裂模数、抗冲击性、表面耐磨性、线膨胀性、抗釉裂性、抗热震性、湿膨胀、耐化学腐蚀性、耐污染性铅/镉溶出量、色差、光泽度等项目
4	卫生陶瓷	外观质量、规格尺寸及变形、吸水性、抗龟裂试验、水封深度、污水排放试验、冲洗功能、放射性等

表 1.5　　　　　　　　　　　　　　文具类产品的测试内容

序号	商品名称	测试项目
1	笔	尺寸检查、功能性及寿命测试、书写质量、特殊环境测试、笔套和笔帽的安全测试
2	纸张	克重、厚度、平滑度、透气度、粗糙度、白度、抗拉升强度、撕裂强度、PH 测定等
3	胶粘剂	黏度、耐寒耐热性能、含固量、剥离强度（90°剥离和180°剥离）、PH 值测定等
4	订书机、打孔机等	尺寸、功能性的验证和金属部件的硬度、防锈能力、整体抗冲击能力等

　　此外，对于服装、纺织品一类的商品，测试项目也是不同的。如服装订单，一般要求检测服装的外观特性，如格条对色、破洞、漏针、跳线等缝纫质量及各部位尺寸（见表 1.6），而面料订单，却要求测面料规格、克重、成分、色牢度、缩水率等使用性项目，有些客商还根据面料的特性检测阻燃性、透气性、防水性、防绒性、防紫外性、撕裂强度、保暖性等功能性项目。对于上述检测项目，供应商只能配合，并在大货交货前完成测试。

表 1.6　　　　　　　　　　　　　　服装或面料的测试项目

序号	性能名称	测试项目
1	外观性能	主辅料和格条对色、疵点（如破洞、漏针、跳针等）
2	使用性能	面料规格、克重、成分、匹长、幅宽（门幅）、厚度、起毛起球、缩水率、色牢度（日晒、水洗、干/湿摩擦、沾色）、撕裂强度、耐磨强度等
3	功能性能	阻燃性、透气性、防水性、防绒性、防紫外性、保暖性等

　　上述这些测试与测试条件密切相关，如纺织服装中的缩水率指标在悬挂干燥、桌面平摊和滚筒干燥等不同情况下的结果是不一样的。不仅如此，色牢度、缩水率等指标还与测试温度有关。另外，测试项目所引用的测试方法和标准也要求跟单员格外注意，规范的测试报告都会在每一个测试项目后面标注测试条件和方法。

　　需要指出的是，在以上一些产品的测试项目中，有些是属于我国国家强制检测的项目[①]，有些是进口国或地区指定机构检测的项目，跟单员只有熟知某类产品的检测项目，并严格按检测标准进行跟踪，才能使客商满意。

———————————

① 也称"法定检验"，我国海关凭商检部门出具的合格检测报告予以通关放行。

【知识链接1.3】纺织纱线ABC

1. 分类

按纱线结构分，有单纱、单丝、变形纱、高/低弹丝、膨体纱（即开司米）、花式纱、股纱。在股纱中，股线还可按一定方式进行合股并合加，得到复捻股线，如双股线、三股线和多股纱线；按纱线的原料成份分，有全棉纱、涤棉纱、全涤纱、麻纱等；按纱线的粗细分，有粗纱支、中纱支、细纱支、特细纱支等；按纺纱系统分，有精纺纱、粗纺纱、废纺纱等；按纱线用途分，有机织用纱（经纱和纬纱）、针织用纱、其他用纱等。

2. 简易鉴别方法

可通过感官法、燃烧法、显微镜法、溶解法、药品着色法以及红外光谱法等方法鉴别不同种类的纺织纤维。在实际鉴别时，常用感官法和燃烧法，并附以其他方法进一步综合分析、相互印证来确定是何种纤维组成，而各种纤维的含量需要采用定量分析。纤维燃烧后现象归纳如下表：

纤维种类	近焰现象	在焰中现象	离焰后现象	燃烧时气味	灰烬或剩余物颜色
棉	近焰即燃	燃烧	续燃，有余辉	烧纸味	灰烬极少，柔软黑灰
毛	熔离火焰	熔并燃	难续燃，自熄	烧毛味	易碎、脆蓬松黑
丝	熔离火焰	丝丝声	难续燃，自熄	烧毛味	易碎、脆蓬松黑
涤纶	近焰熔缩	滴落	起泡，续燃	弱香味	硬圆，黑淡褐色
腈纶	熔，近焰灼烧	熔并燃	速燃，飞溅	弱香味	硬圆，不规则或珠状

3. 主要技术指标

纱线质量的指标主要有细度和均匀度、强度和伸度（伸长率）、捻度和捻向等。

纱线有粗细之分，可以用定重制和定长制来表示。

定重制是指规定重量的纱线所具有的长度，而定长制是指规定长度的纱线所具有的重量。无论是定重制还是定长制，都与纱线的重量有关，而纱线重量又与纱线的含水量或含水率（%）有关。一般而言，含水率（%）＝商品中的水份重量/商品重量。

——纱支数，纱线粗细的指标，常用于衡量短纤维纺制纱线的粗细程度。它有公制支数（公制）和英制支数（英制）之分。

公制支数（Nm）：1克纱（丝）所具有的长度米数。公式：$Nm=L/G$

英制支数（Ne）：1磅（453.6克）纱线所具有的840码长度的个数。

公式：$Ne=L/(G\times840)$

纱支高低用数字表示，数字越大，纱的长度越长，也越细，反之纱就越粗。另外，纱支由二组数字表示，第一组数字表示单纱的支数，第二组数字表示合股的根数。如$16^s/1$表示十六支单纱；$32^s/2$表示三十二支双股纱。

此外，生丝或化学纤维用旦尼尔（Denier，简称"旦"）表示，简写为"D"。如300D涤纶长丝，含义是指9000m长的涤纶丝，质量为300克。而100D涤纶长丝，是指9000m长的涤纶丝，其质量为100克。旦尼尔数值有二组数字，第一组数字表示旦数（粗细），第二组数字表示长丝的单丝根数。如150D/96F，含义为长丝粗细为150旦，由96根单丝组成。对于同样旦数的长丝，根数越多表示组成长丝的单丝越细，反之根数越少单丝越粗。

途径二：依客商要求选择测试机构

为了确保样品内在质量符合设计和市场要求，有些客商还会要求出口商将样品寄往某一指定测试机构进行测试，测试合格后加贴某种特殊的标志。实质上这是一种对产品的认证，如针对美国和加拿大市场的 UL 认证，针对欧洲市场的 CE 认证、RoHS 认证，针对沙特市场的 SASO 认证，针对纺织服装的生态纺织品认证（Oeko-Tex Standard 100）等，这些认证必须是在对产品进行一系列严格测试合格后，才给予加贴认证标签的。

目前，在我国开设分支机构的国际检测机构主要有天祥集团公司（ITS）、通标标准技术服务有限公司（SGS）、上海胜邦质量检测有限公司（STR）、莱茵检测认证服务（中国）有限公司（TUV）和必维国际检验集团（BV）等。这些国际检试机构不仅能够为样品（或产品）做某个项目进行单项测试，也可以对样品（或产品）做整体性能测试。

当客商指定测试机构时，跟单员应该按客商要求，事先联系该测试机构，了解检测工作程序和相关费用，否则检测结果客商是不予认可的。一般而言，联系检测机构时，最好找国内相近城市的分支机构，减少在途时间，提高送样检测时间利用率，另外其检测结果也会得到客商的认可；当客商没有指定测试机构时，跟单员可以根据测试费用和服务质量等几方面因素，综合考虑选择一家机构进行检测。

需要跟单员注意的是，国际检测机构是按项目数和耗用时间向委托人收取不菲的检测费用。检测项目越多，耗用时间越长，检测费用越高。如果委托人要求在短期内进行检测并出具检测证书（报告），国际检测机构需要收取"加急费"（见表 1.7）。如上海胜邦质量检测有限公司的送检申请表"服务类型"栏，凡以"加快件"、"特快件"、"特急件"名义送检的测试项目，在"普通件"基础上分别加收"40％"、"70％"、"100％"的附加费。

表 1.7　　　　　　　　　　　　测试机构的服务类型与收费

Type of Service (If Applicable) /服务类型（如果可行）		* Min Charge Per Report RMB 200/报告最低收费为人民币 200 元	
□ Regular/普通件	□ Express/加快件	□ * Shuttle/特快件	□ * Immediate/特急件
（5 working days/5 个工作日）	（40％ Surcharge/40％附加费）	（70％ Surcharge/70％附加费）	（100％ Surcharge/100％附加费）
	（3 working days/3 个工作日）	（2 working days/2 个工作日）	（1 working days/1 个工作日）
* Upon Telephone Confirmation by Laboratory Manager / 需经实验室经理电话确认			

途径三：依客商要求选择测试时间

如前所述，样品类型众多，随着提供给客商时间的不同，外贸企业的跟单员需要在提供样品前，完成样品的成分和性能等方方面面的测试，以便向海外客商提供合格的样品，顺利完成样品跟单的第一步。

综上所述，作为跟单员，要针对不同商品，主动与客商沟通，提前获知其对样品检测项目和检测机构的要求，为检测留出充裕时间，尽量省去不必要的"加急费"。

【知识链接 1.4】几家主要的国际检测机构简介

➢ Intertek Testing Services

简称 ITS，总部设在英国伦敦。1988 年进入中国大陆市场，主要为各行各业的客户提供测试、检验、认证及各类产品的其他相关服务，检测产品范围涵盖纺织、鞋类、玩具、电子电器、医药品、石油、食品、化学品、轻工产品和化妆品等，并为产品、货物和体系提供包括测试、检验、认证在内的一系列服务。目前已在上海、深圳、广州、北京、天津、无锡、杭州、宁波、绍兴、厦门、青岛、香港和台湾等地设立了分支机构。

官方网站：http://www.intertek.com.cn/default.aspx

➢ Societe Generale de Surveillance S. A.

简称 SGS，全名为"瑞士通用公证行"。其总部设在瑞士日内瓦，是世界最大、资格最老的民间第三方从事产品质量控制和技术鉴定的跨国公司。目前已在上海、深圳、广州、北京、天津、大连、秦皇岛、防城港、南京、青岛、常州、苏州、唐山、钦州、杭州、宁波、安吉、武汉、重庆、福州、泉州、厦门、东莞、蛇口、珠海、湛江、镇海、长春、西安、南昌、长沙、成都、柳州、南宁、海口、张家港、江阴、南通、惠州、营口、云南、顺德、新疆、武汉、中山等地设立了分支机构，检测范围覆盖农产品、矿产品、石化产品、工业品、消费品、汽车产品、生命科学产品等多个行业的供应链上下游产品。具体有金属及非金属材料检测分析、可靠性检测、玩具认证、有害物质检测、食品接触材料测试、纺织品/皮革的化学成分检测等。

官方网站：http://www.cn.sgs.com/zh/

➢ Specialized Technology Resources，Inc.

简称 STR，是一所成立于 1944 年的国际性和独立性商检机构，总部设在美国。全球有 9 间独立的实验室，分别位于美国、中国香港、中国台湾、中国上海和深圳、意大利、土耳其、英国和瑞士，为全球市场提供专业产品性能评估、生产原料的质量保证、实验室测试、商检及 ISO 顾问等服务。就服务地域而言，范围已经覆盖 40 多个国家，就其覆盖的测试项目而言，主要涉及成衣及纺织品、玩具、厨具及烹饪用品、家具、鞋类及百货类商品以及包括 UL 产品认证和 RoHS 测试等。

官方网站：http://www.strcn.com/

➢ Bureau Veritas

简称 BV，全名为"必维国际检验集团"，成立于 1828 年，是全球知名的国际检验、认证集团，其服务领域集中在质量、健康、安全和环境管理以及社会责任评估领域，总部在法国。分别从事船舶检验、进出口商品检验、工业产品检验、集装箱检验、工程监理、体系认证、产品认证及航空航天检验等。

官方网站：http://www.bureauveritas.cn/wps/wcm/connect/bv_cn/Local

——摘编自上述检测机构官方网站（数据截至 2011 年 12 月 30 日）

【知识链接 1.5】纺织品测试中常见的英文词汇

MACHINE WASHING 机洗　　　　DRY CLEAN 干洗

APPEARANCE RETENTION AFTER WASH 洗后外观

COLOUR FASTNESS 色牢度　　　　HAND WASH 手洗

LIGHT FASTNESS 光晒色牢度　　　WASHING FASTNESS 水洗色牢度

RUBBING/CROCKING 摩擦色牢度　　PERSPIRATION FASTNESS 汗渍色牢度

TENSILE STRENGTH 拉伸强度　　　PHYSICAL/CHEMICAL TEST 物理/化学测试

WATER RESISTANCE 抗水性　　　　WATER REPELLENCY 拒水性（喷雾测试）

FABRIC WEIGHT 布面（织物）克重　YARN COUNT 纱支数

TEARING STRENGTH 撕破强度　　　FORMALDEHYDE CONTENT 甲醛含量

BURSTING STRENGTH 顶破强度　　AZO DYE 偶氮染料（有害）成分

SEAM STRENGTH 接缝强度　　　　FLAMMABILITY 燃烧性能

FIBRE COMPOSITION 纤维成分组成　PILLING RESISTANCE 抗毛球性能

ABRASION RESISTANCE 耐磨牢度　DIMENSIONAL STABILITY 尺寸稳定性(缩水率)

HEAVY METAL 重金属　　　　　　CHROMIUM（VI）　Cr^{+6}

ACCESSORIES TEST 辅料测试　　　ZIPPER STRENGTH 拉链强度

APPEARANCE RETENTION 外观稳定性 AIR PERMEABILITY 透气性

THREADS PER INCH/STITCH DENSITY 织物密度（每英寸）

RAIN TEST 雨淋测试　　　　　　CARE INSTRUCTION 养护建议/指示

NICKEL RELEASE 金属镍的释放度　BURSTING STRENGTH 顶破强度

CADMIUM RELEASE 金属镉的释放度 PH VALUE 酸碱度值

HYDROSTATIC PRESSURE TEST 静水压

FABRIC CONSTRUCTION 面料（织物）结构（主要是指面料经纬密度）

PILLING RESISTANCE/ANTI-PILLING 抗起毛球性能

PCP 五氯苯酚（纺织品、皮革制品和印花色浆等中使用的一种防霉防腐剂）

练一练

1. 2011 年 3 月初，山东卡甫外贸公司接到国外客商订单，其中有关样品的要求如下：

Pre-production sample：two pairs per style must be submitted before production. The Lab dip must be submitted before MAR. 15.

Shipment sample：five pairs per style must be submitted 10 days before shipment by OCS.

请将上面的英文翻译成中文并回答以下问题：

（1）如果该订单涉及多少种类样品？各是什么样品？

（2）如果该订单项下的货物已预配了 8 月 20 日船期，跟单员应在何时寄出什么样品？

（3）跟单员应该选择哪一家国际快递公司寄送样品？

2. 浙江平湖瑞风箱包有限公司接到法国客商的来函，对该公司网站上一款编号为ATR11-8拉杆包（trolley bag）颇感兴趣，要求提供样品并有如下要求：

The sample must comply with EU general safety standards（2001/95/EC）and no toxic or dangerous substances must be used. We will arrange a test of AZO free，cadmium free（EN 1122），migration of heavy metals（EN 71-3），formaldehyde free，color fastness（washing /light / rubbing fastness，etc），PCP，tearing strength，REACH 53SVHC on finished items.

（1）对该样品而言，法国客商有哪些测试项目？

（2）对该样品而言，必须符合何地区要求？

项目 1.2　测算样品费用

如前所述，样品在获得订单或订单执行过程中起到非常重要作用，但是样品费用也同样受到外贸从业者关注。如何核算样品费用呢？以下是样品费用核算途径，可供参考。

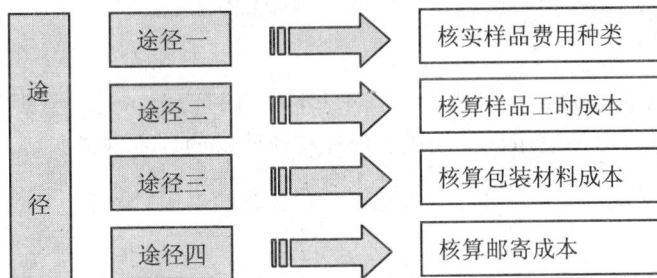

途径		
途径一	▶	核实样品费用种类
途径二	▶	核算样品工时成本
途径三	▶	核算包装材料成本
途径四	▶	核算邮寄成本

任务 1.2.1　核实样品费用种类

从企业管理角度来看，样品费用除了关系到企业的管理成本外，还直接决定了是否有订单。因此，跟单员要关注样品的成本构成，回避打样后无订单和无法形成生产力的风险。

制作样品，除了大小不一的费用外，还伴随一定的风险。其中费用主要涉及生产阶段的模具费、原材料费、加工费、邮寄费等。

1. 模具费

俗称"开模费"，模具费主要由材料费、设计费、加工费、利润、税费、试模费、包装费和运输费组成。按经验法，各部分费用占总费用比例大致为：材料费 30%，加工费与利润 20%，设计费 10%，试模费 5%，包装运输费 5%，税费 20% 和其他费用 2%。

模具费的高低是随样品结构的复杂程度而变化的，样品结构程度越复杂，模具也就复杂，模具费用就高。另外，模具费还与模具使用材质有关，使用高质量模具材质只会导致模具费用增加，如五金产品、汽车配件的模具要求使用优质钢材，不仅结构复杂，而且材质要求高，因此，模具费用通常较高（如图 1.5）。图 1.4 则是普通拉杆箱的模具，其结构简单，材质要求不高，模具费用也不会太高。

图 1.4　箱包的模具

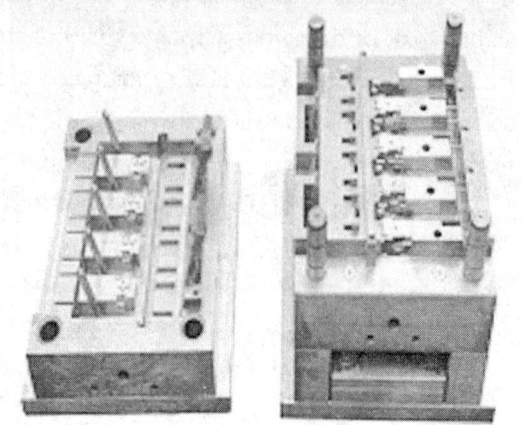

图 1.5　汽车配件的模具

应当指出的是，模具费是生产厂商开发新产品的主要成本，鉴于模具属于科技含量较高的专用产品，跟单员应当将模具的质量、精度、寿命放在首位。

2. 原材料费用

是指按照客户的要求试制新产品所消耗的基本材料的费用。为了直观反映新产品是否符合市场或客商的要求，必须使用设计图或客商原样所要求的真实材料，势必采购新的原材料。一般而言，由于采购原材料量比较少，往往不容易控制其价格成本。

3. 加工费

是指试制新产品时所消耗的能源（如水电消耗）、人工工资成本和机器设备折旧及使用费用等。一般而言，较少的生产量往往会使加工费用和管理成本增加，这是直接导致生产成本居高不下的主要原因。

任务 1.2.2　核算样品工时成本

简单地说，工时是指一个劳动者完成某一项工作所消耗的时间；工时成本则是指完成某项工作应该得到的报酬；标准工时则是指在正常条件下，一位受过训练的合格工作者，以规定的作业方法和用具，完成一定的质和量的工作所消耗的时间。就样品制作而言，不同的样品有着不同工时成本，且工时成本对样品价格影响较大。

1. 测算工时数

测算工时数时，可以采用以下方法。

方法一：直接观测法

这是一种利用秒表对工时数进行直接测量的方法，具体做法是选择一名一般熟练员工在正常环境下作业，跟单员手持计时器对时间进行记录。为了比较准确测量耗时，可以取多次测量值的平均数为最后工时数。如果样品是由多道工序组成，则跟单员需要测算每一道工序的工时数后，再进行叠加，从而计算出总的工时数。

方法二：模特法

这是将人体在完成某一工序的各种基本动作进行分解，测算每一个动作所耗费的时间，将每一个动作所耗费时间之和，作为制定工时数的主要依据，将员工作业的动作分解成模特法中对应的动作，并根据对应动作相对应的时间来制定标准工时。模特法中最基本的动作单元时间为 0.129 秒，可以根据熟练度等条件不同而加以调整。

方法三：经验估计法

这种方法适应于同类样品的工时测算，如 T 恤中的不同款式，由于先前对本公司生产的相同类型产品有着比较深入的了解，利用这种工时数计算方法比较简单易行，在现实中被广泛运用，其主要缺点是凭经验，一些刚入行的跟单员难以适应。因此，跟单员要在平时多看多学，积累更多的经验。

2. 样品费用核算

跟单员收到客商样品或工艺图纸后，要迅速弄清样品费用种类并进行测算，遇到不清楚的地方要及时与客商联系沟通，并将最终核算后的价格上报公司或业务员。

途径一：摸清客商对样品的要求

为了应对激烈的市场竞争，海外客商不仅要求机械、塑料、文具、玩具和家电等产品的内在功能等方面进行改良，还要求在产品外观设计和包装进行改善，以迎合更多市场和消费者的青睐。如图 1.8，客商对包装用纸提出了新要求，这种情况下，跟单员要根据客商要求核算成本，仔细核算各项相关费用后上报公司，供公司业务员对外报价参考依据。

途径二：仔细核算

能够初步核算样品制作成本是跟单员的一种技能。对于本已经生产过或较为熟悉的样品，只要凭经验就可以迅速核算出价格；对于本公司从未生产的新开发的样品，跟单员需要仔细一一罗列并核算，过高的价格会使订单落空，过低的价格会使本公司出现损失，因此过高或过低样品价格都是不可取的。一般而言，样品价格计算公式可以按下式表示：

样品成本＝原材料价格＋工缴＋包装费用＋利税＋运输费用＋管理费用（含营销费用）

其中：原材料价格＝材料用量×采购价格×（1＋损耗率）

工缴＝生产工时数×人工工资

上述生产工时数就是标准工时数，是标准作业时间与辅助时间之和。需要说明的是，跟单员在核定标准工时数要考虑可能产生的误差，因而最好顺加一定余量（俗称"放宽率"，如生理放宽、疲劳放宽、管理放宽和特殊放宽。有人经过数理统计后认为放宽率应该为 10％～20％），以免出现误差。另外，随着我国《劳动法》实施，结合国际上有关劳工标准（如 SA8000）要求，劳动力成本呈现逐渐上升趋势，工人工资递增是一个不容忽视的因素。

途径三：及时调整价格

由于商品价格具有特殊的敏感性，没有得到客商确认前，是不能投料进行打样的。一旦得知客商目标价格时，就需要及时调整作价策略，跟单员可以按客商目标价实施"成本倒推法"，结合本企业预期利润目标，重新核算。一旦发现本企业利润目标是主要原因时，则应该会同公司领导或者业务员，重新审视该客商在海外市场影响力和未来发展趋势，及时调整利润目标。

除了上述涉及样品方面的费用外，邮寄费用也是不可忽视的方面，有关邮寄费用核算过程和计算方法，将在本模块项目 1.4 中详细叙述。

任务 1.2.3　核算包装材料成本

这里指包装商品的材料费用，是狭义的彩盒包装内盒、玻璃粘胶纸等（见图 1.6 和图 1.7），主要用于一些日用品。包装费用的多寡，与包装材料种类与消耗量、印刷费用有关。当商品用彩盒包装时，彩包装费用就要比普通非彩盒包装高，因为费用不光与材料有关，还与颜色数量（也称"套色数①"）多寡有关，颜色数越多，印刷成本越高，包装费用也就越高。此外，有的客商还要求在彩盒包装表面覆盖一层塑料薄膜，以便使彩盒颜色更加艳丽且不容易褪色，这种"后处理"方法都会引起包装成本增加。

图 1.6　牛奶锅彩盒

图 1.7　玻璃粘胶纸

现在以图 1.8 和图 1.9 为例，比较二者的印刷成本。从颜色数看，图 1.9 是由 5 种以上颜色组合而成，图 1.8 却只有二种颜色；从颜色的印刷面积看，图 1.9 印刷面积大；从印刷难度看，图 1.9 工艺复杂。综合分析后不难得出，图 1.9 印刷成本高于图 1.8。另外，跟单员还要关注印刷材料是否有特殊要求，图 1.8 中客商对印刷纸张做了明确规定，要求用 $300G/M^2$ 的未涂层纸卡，显然成本要比同样克重的普通纸卡要高。

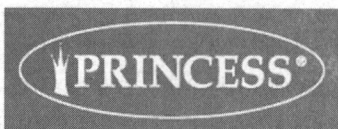

客商要求：

THE PRINCESS LOGO CONSIST OF RED, WHITE, PLEASE USE PANTONE COLOURS.

THE PAPER MUST BE USED $300G/M^2$ UNCOATED PAPER.

图 1.8　二套色的包装图案及客商要求

---

①　计算套色数时，只要数一下图案中由几种颜色组成。按惯例底色不算色，因此将总的颜色数减去 1，就得出"套色数"了。

44.2x14cm

44.2x14cm

图 1.9　家用毯子的包装纸（彩色）

任务 1.2.4　确定样品费用承担者

在国际贸易实务中，通过寄送本公司的样品宣传资料（如公司的 Catalog）和向客户提供实样获取订单，前者费用比较低，后者的费用比较高。另外，还可以依据客户设计资料，为特定的客商专门制作样品，其费用更高。由于样品具有广告的效应，外贸企业在寄送样品获得订单同时，也为此支付了不菲的费用，这些费用在获得订单后，可以从利润中冲抵，可是，一旦没有订单则外贸公司的管理成本大大增加。因此，针对样品费用管理，一些外贸企业制订了制度，明确规定样品费承担方法。

由于在国际贸易中涉及大量的样品，样品费用的承担形式有一定的处理技巧。一般来说，样品费用可以由国外客户、生产厂家、外贸出口企业（如外贸公司，下同）独自承担，也可以通过商谈由多家共同分担。常见的处理方式有：

1. 国外客户支付模具费用，外贸出口企业承担原材料费，生产工厂承担加工费

这种方式是待收到国外客户的模具费用后，将客户提供的样品和工艺要求、完成时间等资料信息交生产工厂或生产车间，由其在规定的时间内完成样品制作，原材料费由外贸出口企业承担，加工费由生产工厂承担。

2. 模具费、加工费、原材料费均由生产厂家承担

这种方式是外贸出口企业在收到国外客户提供样品后，选定某一生产厂家制作样品并承担一切相关的费用。此时生产厂家为了维护自身的利益，一般会提出由外贸出口企业先全额垫付样品制作费，待达到一定生产约定量（起订量）后，生产厂家退还所有的样品制作费。

3. 国外客户支付模具费用，生产厂家承担原材料费和加工费

这种方式是外贸出口企业待收到国外客户的模具费用后，将国外客户的样品和工艺要求一并交生产厂家，生产厂家承担原材料费和加工费，并在规定的时间内完成样品制作。

4. 外贸出口企业承担原材料费、模具费和加工费

这种方式的特点是国外客户和生产厂家均不承担所有费用，而是由外贸出口企业承担。外贸出口企业为了维护自身的利益，往往要求生产厂家妥善保管样品。

此外，样品费的承担还与起订量有关。在实务操作中，外贸公司或生产厂家会要求国外客商先支付全额或部分样品费用，待日后实际订单数量达到起订量后，再将先前支付的样品费退还给国外客商，这种方法一方面鼓励客商多下订单，同时防止有些客商（主要为中间商）只有打样却没有订单的情况发生，另一方面也能够控制我方样品费用的"无谓"支出。

需要指出的是，样品的制作不仅涉及制作费用，而且还涉及"知识产权"和所有权。因此，一般应该由买卖双方事先进行约定。

任务 1.2.5　样品费用收取

前已述及，样品费用是外贸企业运营成本之一，在是否收取样品费用的问题上要视客商情况而定。

一般而言，样品费是判断客商是否有真实需求的依据。只要费用合理，有真实需求的客商，是不会介意样品费的，并会在很短时间内支付。在样品跟单中，跟单员不必担心向客商收取样品费会引起客商的不满而导致采购意向降低。有人做过统计，支付样品费的潜在买家最终转化为有效客人的概率高达80%～90%，而免费提供给客人的成功率不到20%～30%，而且很多时候，连快递费都不愿意支付的客商，指望以后会落单是一种幻想。因此，对于那些比较在意样品费的客商，跟单员可以做出承诺：一旦有了订单并达到一定数量时，返还样品费。另外，从下单采购意愿而言，如果客商支付了样品费，说明客商下单的意愿较大，就等通过查看样品质量来考察生产水平和履行订单能力。

收取样品费用的途径有以下几种：

途径一：银行电汇

鉴于涉及普通商品的样品费用数值较小，银行电汇方式是收取样品费的最常用方法。在客商汇款前，跟单员要制作一份形式发票，连同本公司银行资料（如公司全称及账号、开户银行名称及 SWIFT 号、银行地址等）通知客商，以便客商及时汇款。

除了利用银行电汇和支票外，还有其他一些方法，如西联汇款（Western Union）、银星国际速汇。前者是西联国际汇款公司通过遍及全球近 200 个国家或地区的代理网点进行汇款，内地的光大银行、农业银行、中国邮政储蓄银行等银行都是西联汇款业务的中国代理行。后者是中国建设银行与银星国际速汇公司合作推出的一项汇款业务，实现了内地与银星国际速汇公司遍布全球的代理机构之间实时跨境汇款。上述业务内容包括了汇入汇款解付和汇出汇款。需要说明的是，不管西联汇款还是银星国际速汇，目前仅限于国内个人与国外个人间的汇款往来。

由于通过银行电汇来支付样品费的银行都将扣除手续费，手续费高低与银行和转汇行次数有关（汇款人全额支付汇款手续费除外），而通过西联汇款、银星国际速汇的，汇款手续费均由汇款人支付，收款方不必支付手续费。

【案例分析】客商少汇钱了？

有一德国客商，从某外贸企业订购一些样品，共计 USD 980.00。该客商通过银行汇款 USD 980.00，但我方只收到 USD 930.00，经查询，是银行扣了手续费 USD 50.00。

点　评：实际收到的金额比客商汇出的金额少几十美元是正常的，因为银行一般都会扣手续费，如果汇出行与汇入行没有直接业务往来，则钱款需要经过第三方银行中转，此时必将产生转汇手续费，随着转汇次数增加，被收取的费用越高。因此，在核算样品费用时，要将银行费用考虑在内。

另外，汇款手续费承担有三种方式：汇款人全额承担（也称"全额到账"）、收款人全额承担和汇出国以外费用由收款人承担（也称"共同承担"）。

途径二：使用支票

这也是通过银行收取样品费的方法。例如，客商会邮寄一张支票给公司，此时跟单员要与公司财务人员核对金额，并一同前往银行填写相应委托书，办理光票托收手续，在等待若干天后才能收到样品费。需要指出的是，通过光票托收来收取样品费会产生一定额度的银行费用，况且银行支付是有前提条件的，如出票人账户有足额存款、支票是在有效期内、正确的书写和签章等。

途径三：直接外币现钞

在各类交易会或外贸洽谈中，有些客商求购心切，直接将外币现钞支付给外贸企业员工，从金额数值上而言，只要汇率得当，外贸企业并没有吃亏。从外汇管理角度而言，这样的操作模式不仅违反企业财务制度，也违反我国外汇管理规定，涉嫌扰乱金融次序，容易为假币流通开通渠道，因此，跟单员要避免接受以外币现钞方式收取样品费。

【知识链接 1.6】重视知识产权是跟单员的"份内"事

随着我国与世界各国交流的不断深入，知识产权在国际贸易中的地位日益凸显，各类企业遵守、尊重并保护商标权、著作权和专利已经成为对外交流重中之重的话题。然而，我国一些企业在对外贸易中常常被订单中知识产权所困扰，有些不知不觉落入订单中知识产权"陷阱"之中，归纳并分析近几年被海关、商检等部门查获的侵犯知识产权的案例，我们不难发现有以下一些明显特点：

1. OEM 订单是知识产权案频发区

不少出口企业认为按外商要求加贴外方规定的商标是"正常"的贸易习惯，对其中隐含的知识产权陷阱没有引起足够重视，一旦遇到优异价格，更是将订单中的知识产权问题抛到九霄云外。例如，2011 年 3 月，宁波海关查获了一起记号笔加贴"BIC"

商标案，这是一起典型的 OEM 订单项下侵犯知识产权案件。2011 年 1 月，某生产企业接到一批 20 万支，价值 20 多万元人民币的记号笔订单，并按客户要求加贴"BIC"商标，直到货物出口报关被海关查获时才明白需要授权证书。这样"稀里糊涂"侵犯知识产权的案件在 OEM 订单中是比较常见的。

2. 知识产权的隐蔽性是一种障眼法

由于知识产权具有隐蔽性，加上长期以来的知识产权观念淡薄，使相当多出口企业在完成订单之时，便是"落马"之时。例如，2010 年，宁波海关对浙江某企业一票出口尼日利亚扬声器进行检查时，发现该产品上加贴"Pionear"商标，在出口商不能出具"Pionear"商标注册证书的情况下，海关按《中华人民共和国海关知识产权保护条例》相关规定认定其侵犯了"Pioneer"商标权，Pioneer 与 Pionear 一字母之差属于"近似侵权"，这种障眼法式侵权行为具有相当隐蔽性。

3. 巨大购销差价是"麻痹剂"

外商在下达订单时，往往会将采购价格抬高 20% 左右，诱惑和麻痹国内生产或贸易商，使其放弃应该坚持的原则，优先安排生产，优先出运。例如，2006 年 9 月，天津海关查获一批非法使用"National"商标出口至阿联酋的电池，该案值达 3.6 万美元。天津海关调查后发现，该订单系阿联酋外商向合作多年的外贸公司订购，并明确要求使用"National"商标，尽管该公司向外商推荐使用出口商自有品牌，但在该外商高出普通电池价格 15% 的诱惑面前，不再坚持自己的原则。这种在高额利润面前的"俘虏"，最终也将成为订单中知识产权的"牺牲品"。

4. 日常生活商品订单成为"重灾区"

从海关总署公布的涉案商品种类来看，侵犯知识产权的案件大部分集中于吃、穿、用等日常生活息息相关的产品，如：文具、玻璃产品、视频音响、纺织服装、鞋类、汽车配件、炊具、药品、烟草、电池、散热器、体育用品、日化用品、小家电、灯具和手表等。

5. 中小企业成为侵犯知识产权的"常客"

据不完全统计和分析，商检、海关公布的涉及侵犯知识产权案例中，不难发现中小企业涉案占比较大，有的企业还屡次落入知识产权陷阱。究其原因，这可能与市场经济发展过程中大量中小企业是海外订单生产加工的主力军，缺乏相关知识产权方面的人才有关。

6. 海洋运输、邮递及快件是侵权货物的主要运输渠道

据 2012 年 4 月海关消息称，2011 年海运渠道扣留侵权货物 2 171 批，涉及侵权货物 9 600 余万件，侵权货物数量约占全部的 93.45%；邮递和快件渠道扣留的侵权货物占比也较高，共计 13 978 批，占全部扣留批次的 76.85%。

7. 侵权货物涉及口岸相对集中

综合海关公布的侵权案件，2011 年全国共有 33 个直属海关在进出口环节查获了

侵权货物，涉及的口岸主要有长三角和珠三角地区，如深圳、上海、杭州、广州、天津 5 个海关就查获了 1.3 万余批侵权货物，占全部查获批次的 73.14%；从扣留的侵权货物数量看，宁波、深圳、杭州、黄埔、厦门、上海等以海运为主的口岸居前，上述 6 个海关截获的侵权货物数量就占全国海关的 92.26%。

随着国家有关部门打击力度的加大，跟单员在跟单过程中要具备敏锐的知识产权意识，自觉维护权利人的知识产权，用过硬手段或方法来识别订单中隐含的知识产权陷阱。

项目 1.3　样品制作

该阶段俗称"打样"。一笔贸易过程中，都会伴随着打样。比如客商洽谈业务初期，需要制作确认样、款式样或测试样等样品，这些样品都是获得客商订单的首要步骤，一旦获得客商认可样品，订单也就有了七八份着落了。一般而言，获得样品的主要途径有：委托他人制作、工厂自身制作、直接采购、采购与组装结合。前二种途径分别为外贸流通企业和生产企业所为，与企业是否具备生产能力有关，后面两种途径虽然比较省事，但是遇到客商的特殊要求就会显得无能为力，因此，基本不会采用。

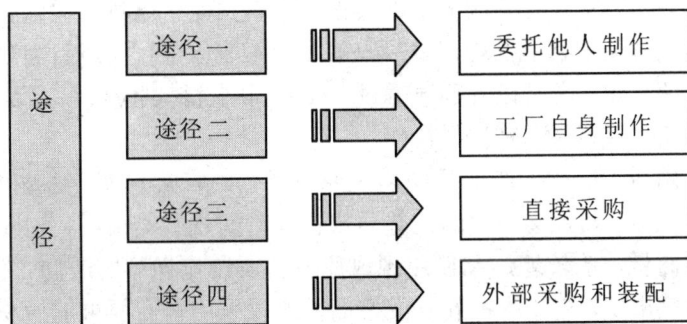

跟单员整个订单跟踪过程中，要依据不同阶段提供不同的样品，例如，以服装生产为例，在大货生产前，跟单员需要制作色样、辅料样、绣（印）花样、水洗样、款式样、确认样等样品；在订单执行过程中，跟单员制作大货样、船样、齐色齐码样、生产样等。以大货生产前确认样制作为例，跟单员可以按以下步骤进行样品制作：

| 客商确认样品价格 | ⇒ | 跟单员将样品费用核算结果告知客商，待其确认并落实样品费用承担者后，才能进入原材料采购和样品生产阶段 |

| 原辅材料采购 | ⇒ | 待客商确认样品价格和落实样品费用承担者，跟单员着手安排原材料采购 |

| 样品生产 | ⇒ | 当制作样品的原材料采购入库后，跟单员将样品制作工艺要求和数量及完成时间一并告诉生产车间 |

| 样品检验 | ⇒ | 遵循"先自检，后专业检测"原则，即跟单员首先对照工艺图，初步判断样品是否符合客商要求，随后将样品送交检测机构进行进一步检测 |

| 样品测试 | ⇒ | 按客商的要求，将样品送往专业机构进行检测，并将样品和合格检测报告一起寄给客商检测（也可以由客商自行检测） |

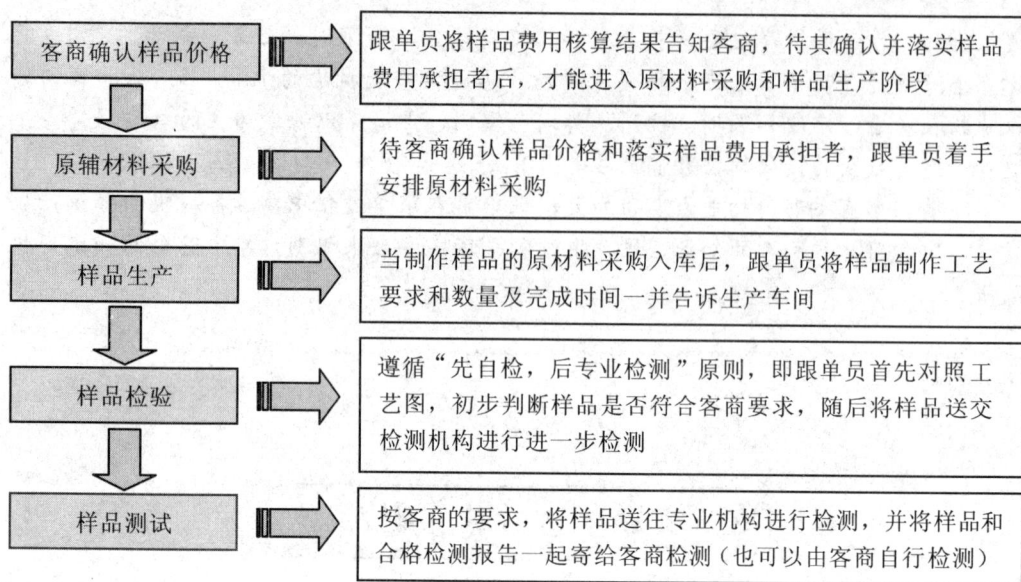

任务 1.3.1　采购原（辅）材料

跟单员对于那些刚刚结识的客商，打样前要核算样品费用，待其确认并落实样品费用承担者后，才能进入原材料采购和样品生产阶段，这样做既能减少无谓的样品制作，防止订单落空，同时也是降低企业管理成本有效途径。

一般而言，客商所要求的样品数量是不会很大的，因此，原材料采购数量比较小。这些数量有限的原材料供应关系到是否有订单，跟单员绝不能大意。从原材料供应角度而言，可以直接用工厂现成原材料，也可以外购原材料。样品的原材料供应可以有以下途径：

途径一：利用工厂库存原（辅）材料

如果样品是使用与工厂所生产商品同类的原材料，则直接从库存原材料中提取。但是，尽管是相同成份及规格，可能会出现颜色差异或存放时间较久等情况，对于前一种情况，跟单员要及时与客商商量，比较外购和使用现成原材料所制作样品的时间，由客商自行决定。从订单的可得性角度出发，对于那些新开发客商，建议采用客商要求的原材料，否则会使客商失去合作的信心。对于那些存放时间过久的原材料，需要跟单员对这些原材料仔细清理和甄别，千万不能将质量发生变化或不合格的原材料用于样品制作。

途径二：外部采购

首先，填写样品原材料采购单，由于用量较少和严格规格的要求，采购成本会居高不下，此时跟单员采购的同时，还可以完成另外一项工作……价格与数量信息采集工作。跟单员在采购同时，问清楚各种数量对应的价格及交货时间，可以为大批量采购打下基础。

在样品跟单中，有经验的跟单员将原材料对样品质量的影响程度分为 A、B、C 类，其中：

——A 类会直接影响最终样品主要性能；

——B类只是影响加工质量；

——C类对最终样品质量无直接影响。

根据上述分类方法，只要对各个途径所得的原材料进行测试，将符合要求的C类原材料供应商列为一类合格供应商，B类原材料供应商列为二类备选供应商，直接淘汰A类原材料供应商。

任务 1.3.2　判断样品质量优劣

在样品制作完成后，如何判断样品制作是否成功？也许有人会认为，外贸活动的终极目标是获得订单，只要获得订单就是意味着样品制作成功。但是，影响客商下订单的因素众多，跟单员提供什么外力促使客商下订单呢？答案是：样品使客户满意。这就是说，跟单员拿到样品后遵循"先自检，后专业检测"原则，首先对照工艺图，初步判断样品是否符合客商要求，随后将样品送交检测机构进一步检测。

样品合格与否，除了通过技术检验部门予以判断外，跟单员也可以通过以下步骤来简易判断或评估：

步骤一：是否使用符合要求的原（辅）材料

样品的材料是否符合客商要求，与供应商所选的原（辅）材料有关。就是说供应商必须用完全相符的原（辅）材料来制作样品，所谓完全相符就是指成分规格、颜色、性能和包装等方面与客商要求完全一致，没有使用替代品。对于那些传统产品，供应商能够在市场上找到相符的原（辅）材料，能够制作出与客户要求完全一致的样品，但是对于那些新开发的产品，使用成分、规格、颜色、性能完全一致的原材料制作样品是有一定难度的，此时跟单员必须与客商说明情况，获得客商确认后才能进行打样。

步骤二：制作工艺是否符合要求

一般而言，客商要求打样时，会随附工艺制作要求，这种情况下，客商会将样品各个部位的尺寸以图形形式一一标注，跟单员只要按照其工艺要求打样即可；当客商提供了实样时，跟单员需要仔细分析和剖析实样，从而得出工艺要求，为最终完成打样做好铺垫基础。只有围绕工艺，按工艺要求才能制作出完全符合客商要求的样品。

步骤三：样品的种类与数量是否与要求完全一致

如前所述，跟单员在样品跟单过程中，首先弄清客商的样品种类和数量。如果弄错样品种类，不仅浪费了制作和邮寄费用，还浪费了宝贵时间，轻则客商会怀疑跟单员的工作能力，重则直接导致客商对公司管理能力信任程度下降，直至撤单或停止下单。

判断样品质量优劣状况，除了上面所述的简易方法外，最好送专业机构进行检测。这种"先自检，后专业检测"是判断样品质量的有效方法，可避免浪费检测费用。另外，鉴于有些检测需要进行成份测试，再进行产品整体性能测试，费用也较高，因此有经验的跟单员会在样品打样前，先对原材料检测，选取合格的原材料制作样品，一旦样品完成后再对样品整体性能测试。至于测试项目则需要跟单员事先与客商联系，遵照客商要求进行测试，符合国际标准或进口国质量标准，如果将样品和合格检测报告一起寄给客商，获得订单的可能性将大大增加。

【知识链接 1.7】样品的重要性

样品是外贸活动中非常重要环节，也是获得客商订单的主要途径，其重要性在于：

①样品代表生产企业或外贸流通企业的形象。样品不仅间接体现外贸企业的经营范围，还直接反映外贸企业的产品设计能力、生产制造能力和售后服务能力。

②样品是产品品质的代表。每一个样品都能具体反映或体现企业经营的产品面对消费人群的分类，这种例子可以举不胜举。例如，女士手提包中的 LV 包就是针对奢侈品消费人群的。

③样品是价格的代表。很多时候同样的产品图片在不同的工厂生产其价格有较大差别，只有看到了样品，才能决定产品的定价。

④样品是生产的代表。订单都是根据确认的样品来生产的，确认样品的难度、工艺要求、结构，直接关系到生产的难度、时间、进程。

⑤样品是验货和索赔的依据。对于凭样成交的订单，通常情况下，验货是根据确认样来验的，索赔也是根据确认样来进行的。

任务 1.3.3　样品跟单操作实践

2011 年 3 月 5 日，德国 Miver Rsland 客商欲从山东武宁进出口公司采购针织成衣，双方进行数次协商后就价格、交货期、数量、支付、运输方式和包装等事宜达成一致并签订了合同。现就样品操作具体操作过程，具体叙述打样过程。

【业务背景】山东武宁进出口公司接到了德国 Miver Rsland 客商采购 MANS KNITTED Y/D T-SHIRTS，100% COTTON，$21^s/2$，220 克/平方米，1800 DOZS，4 个颜色，共有 S、M、L、XL 尺码。为了加快前期样品确认进程，尽快进入生产期，德国 Miver Rsland 客商向山东武宁进出口公司发来了"致供应商函"，该公司跟单员小王仔细阅读，理解了其中含义及要求，在不同时期提供了不同样品。

Dear Supplier,

············

Required Samples

The supplier must provide the following samples in addition to the final approval sample：

□ Initial sample for quality of make and specification before purchase orders are raised.

□ Lab-dips for approval before bulk fabric is dyed and/or finished.

□ Bulk fabric swatch and trims and accessories for approval before manufacturing commences，（with the bulk test report）.

□ Pre-production samples in the bulk fabric for approval before manufacturing commences. This sample must have the correct labels and trims attached，be made in the factory where production will take place，and be representative of production in every way.

☐ Production/Shipment sample from bulk production for approval <u>before</u> merchandise leaves the factory. This sample must include all labels and packaging，and be representative of bulk delivery in every way. Some buying departments will require more than one sample.

【操作步骤】

步骤一：	仔细阅读客商要求	⇒	理解客商有关样品的要求
步骤二：	选择合适成分的纱线	⇒	全棉纱线供织布之用
步骤三：	选择合适规格的纱线	⇒	$21^s/2$全棉纱线供织布之用
步骤四：	纱线染色	⇒	4 个颜色，每个颜色分别打 A、B、C 色，通过专用灯箱与客商"原色"进行比较
步骤五：	织布	⇒	规格：220 克/平方米的针织布
步骤六：	成衣	⇒	"M"码色织 T 恤 3 件

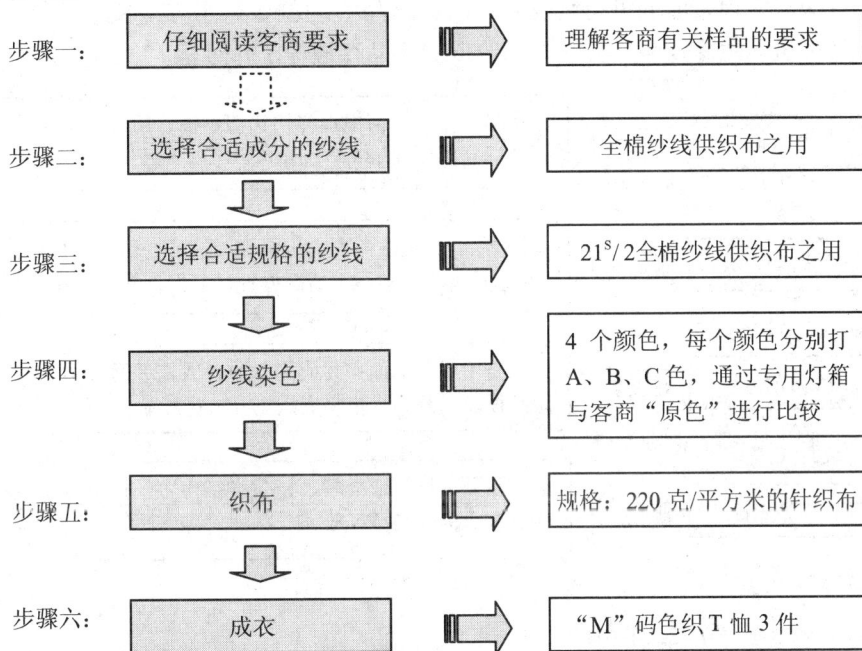

根据客商要求和本订单实际情况，山东武宁进出口公司跟单员小王需要提供 Initial sample、Lab-dips、Bulk fabric、Pre-production samples、Production/Shipment sample，并列表如下。

表 1.8　　　　　　　　　　　　　　样品及操作简介

序号	样品名称	操作与内容
1	Initial sample	初样。在订单下达前，主要看样品制作水平和规格
2	Lab-dips	色样。在大货染色前需由客商确认
3	Bulk fabric	大货面料样。提供面料样 1 米/色，并随附检测报告
4	Pre-production samples	产前样（也称 PP 样）。用已经确认的大货面料生产并用真正商标和辅料制作
5	Production/Shipment sample	大货样/船样。取之于大货生产产品，并有完整正确的商标和包装

从上面的操作过程和客商的要求来看，显然客商并没有告知具体检测机构和检测要求。因此，跟单员需要与客商联系，进一步索取有关检测机构和检测项目及要求。

另外，我们从客商的"致供应商函"得知，打样过程中所选择的原材料和辅料必须与客商要求严格一致，如果辅料采用替代品，要事先征得客商的同意。

项目 1.4　样品管理

样品管理是企业管理的重要组成部分。对于外贸企业而言，既然样品是获得订单的重要途径之一，有助于实现企业的可持续发展，因此样品管理就显得十分必要。总的来说，样品管理涉及样品寄送、跟踪样品、样品费用收取、样品存档等工作过程。

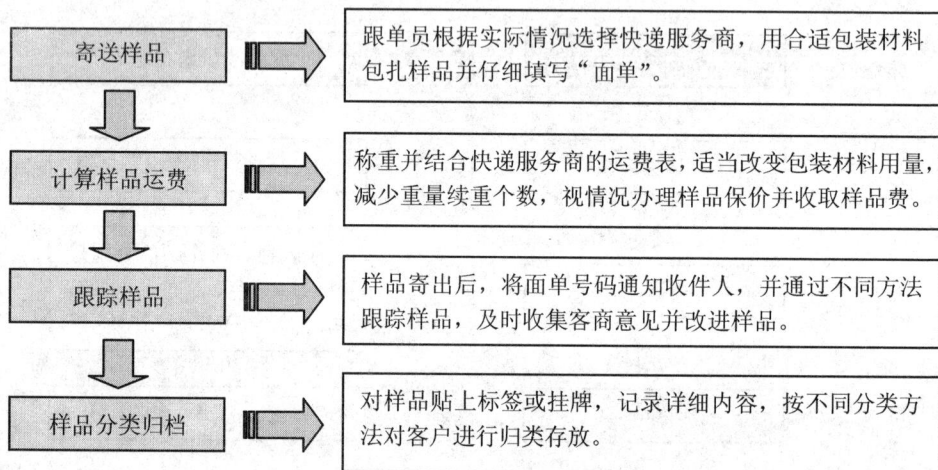

寄送样品	➡	跟单员根据实际情况选择快递服务商，用合适包装材料包扎样品并仔细填写"面单"。
计算样品运费	➡	称重并结合快递服务商的运费表，适当改变包装材料用量，减少重量续重个数，视情况办理样品保价并收取样品费。
跟踪样品	➡	样品寄出后，将面单号码通知收件人，并通过不同方法跟踪样品，及时收集客商意见并改进样品。
样品分类归档	➡	对样品贴上标签或挂牌，记录详细内容，按不同分类方法对客户进行归类存放。

任务 1.4.1　寄送样品

在完成了样品的制作或收集后，需要考虑采用何种方式及选择何种快递服务商寄送。就寄送样品的方式而言，主要是依靠邮政和国际特快专递。前者是跟单员前往各地邮政部门，主要有航空包裹、水陆路包裹、空运水陆路（SAL）包裹等运输方式，邮资费用较低但途中耗时较长，后者针对交付时间急，采用特快专递途径寄送，其服务商主要有 EMS、FEDEX、DHL、TNT、UPS、OCS 等。

步骤一：选择快递服务商

快递服务商是样品及时送达客商的传递者，其服务质量优劣至关重要。通常而言，服务质量主要指传递速度与价格，对于相同目的地和重量的样品，不同快递服务商的价格和速度是不同的；就速度而言，有的快递服务商是利用自己的专用飞机运送，有的快递服务商则利用与其他航空公司合作的方式，通过快件在第三地中转，然后利用自身网络系统进行快件传递。因此，寄往不同国家或地区的快递，途中耗费时间是不相同的。总体而言，寄往近洋国家/地区的中心城市（大城市）的文件类只需要 3～5 天即可到达（节假日除外），寄往远洋国家/地区的边缘地区（如非洲的部分地区），则耗时相对较长。

另外，在选择快递服务商时，跟单员还要考虑快递服务商的运营网络系统对快件递送速度的影响。如，EMS 利用万国邮政联盟的网络体系，在日本等地有着明显优势，寄往该地区的快递耗费时间会相对较少；再如，FEDEX、UPS 等快递服务商在美洲地区有着完善的网络系统，寄往美国国内的快递就会相对快一些。另外，鉴于 DHL、TNT 等已经融入欧洲一些国家的邮政系统，因此寄往欧洲境内的快件就会相对快一些，而 OCS 获得了日本 ANA（全日空）公司的注资，成为 ANA 集团的一员，寄往日本等地的快递有着明显优势。需要说明的是，影响快件递送速度的因素很多，需要外贸跟单员通过实践积累，并在实践中灵活运用，最终选定某一国际快递服务商。

步骤二：选择包装材料

为了保证样品在寄送过程中符合运输和装卸等作业环节的要求，跟单员要配合快递企业依据样品性质选择合适的包装材料，并正确捆扎样品，确保快递将样品安全、准时派送到客商手中，降低样品在递送过程中受损或丢失的可能性。

如何选择样品包装材料？有哪些选择原则？这些都是跟单员需要考虑的。在运输中，防止和避免样品受外力冲击或震动的破损、兼顾防潮及防盗等原则是跟单员选择包装材料的总原则。此外，对于不同样品，应该选择不同的包装材料：

➢ 普通样品，选择单瓦楞或双瓦楞纸板包装盒和高质量的封箱带，贵重样品则要选择耐磨损双层板包装盒；

➢ 易碎样品，选择具有防震性能的双瓦楞纸板材料，并在箱内四周填塞满气泡泡沫材料（或者严密包裹），避免箱内样品的移动所导致的破损；

➢ 液体样品，选择不会泄漏和破碎的容器（如塑料制品容器），并使用轻便、强力的内包装材料（如泡沫聚苯乙烯），并用塑料袋进行密封包装，所有包装材料小能污染或损坏周围的其他物品；

➢ 粉末或颗粒状样品，选择高强度塑料袋密闭包装，并使用坚硬的纤维板包装盒；

➢ 胶状、油脂或有强烈气味的样品，使用胶带密封，再用防油纸包裹，所有包装材料不能损坏周围的其他物品；

➢ 图纸、字画等样品，必须使用三角形筒包装材料（一般不可使用圆形筒包装材料）；

➢ 数据盘、磁带和录影带等样品，选择具有防水、防潮和防震的包装材料，并在包装材料内四周填塞满气泡泡沫材料。

从事国际快递的公司都有各种规格包装材料可供选择，托运人可以根据样品体积大小和形状向快递公司索要。一般而言，快递企业不接受有破损或污渍的重复利用包装盒，对于可接受的重复利用包装材料，必须去除包装材料外侧所有标签、号码、地址信息及一切有可能影响快递企业操作人员识别的粘贴物和信息，尤其是红色的字体或标识。

总之，外贸跟单员要依据样品的性质，合理选择包装材料。此外，纸袋、编织袋、草包、麻布和棉布等材料都不能被选作为样品的包装材料。

步骤三：样品包扎

跟单员选择合适的样品材料对样品进行包装，其基本原则有：

——适度包装。对样品进行包装时，要根据样品尺寸、重量和运输特性选用大小合适的包装箱及包装填充物，要尽量避免不足包装造成的样品破损和过度包装造成的包材浪费，并兼顾防潮和防盗功能；

——包装材料与样品融为一体。在对样品进行包装时，外包装要和快件的保护材料、缓冲材料和内容物成为一体，内容物之间（一个外包装内含有多个内容物时）要加缓冲材料，样品物体与外包装内壁之间不应留有空隙；

——包装重心和样品中心合一。样品的重心和包装后的几何中心应融合为一或比较接近，避免快件在运输过程中由于车辆起动、转弯和刹车给样品造成破损；

——方向一致。对于有放置方向要求的样品，在包装箱外要有明显标志或警告语，告知快递公司操作人员在储存和运输过程中，必须严格按照外包装上的箭头标识正确放置样品，杜绝侧放和倒放。

为了保证样品在运输、装卸中的安全，跟单员必须在快递公司收件员的指导下，按其要求对样品进行捆扎，以确保样品能够安全、准时地派送到收件人手中。对样品进行捆扎的常用方法，首先要先用强力封箱胶带对样品外包装盒/箱进行封闭（见图1.10），并使用一定强度的打包带予以加固（具体参见图1.11）。

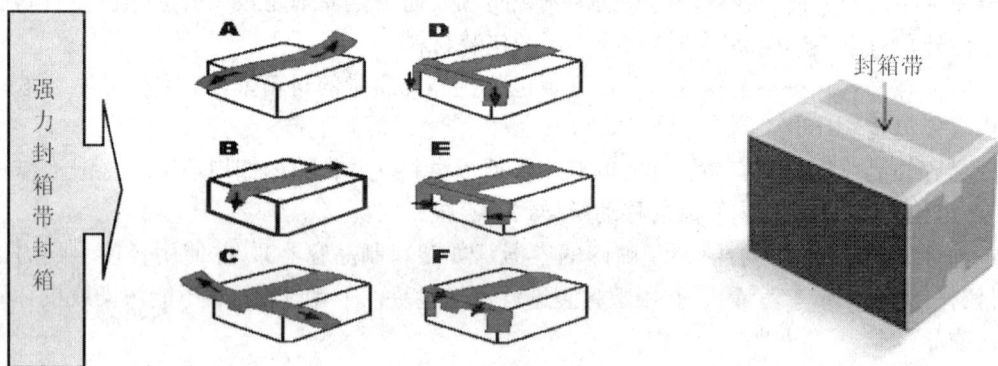

图 1.10　用强力封箱带对样品外包装盒/箱封闭

图 1.11　打包带对箱体进行加固　　　　图 1.12　禁止使用绳子或带子直接捆扎箱体

跟单员在捆扎外箱时，不能使用绳索或带子直接捆扎施封的包装箱（见图1.12），因为绳子的接触面积小而可能嵌入纸板箱内而毁坏外箱，进而伤害样品。

【知识链接 1.8】邮政与特快专递

1. 邮政

(1) 航空包裹：采用全航空的运输方式，航程大约在两周左右，其费用较高。

(2) 空运水陆路（SAL）包裹：采用航空、水、陆路联合运输方式，耗时较长，其费用较航空包裹低一些。

(3) 水陆路包裹：采用水、陆路联合运输方式，耗时最长，其费用较低。

采用邮政方法，可适用于大宗的低值产品寄送。一般商品（非危险品）可正常寄送；如系普通化工品，仅需要出具一般的品质证书（证明其无毒、无害、无爆破性等），便于海关查验核实。如系危险化工品或者疑似危险化工品（如：钛白粉），需要出具特殊的证明，以及特殊托运。需要注意：最小邮寄重量是 2 公斤，20 公斤为一个限重单位。超出部分，需要另行打包计费。

2. 特快专递

特快专递按区域分有国际特快专递和国内特快专递。国际特快专递的费用最高，但运输时间较快。一般而言，运输时间视运输距离、目的地服务区域情况、寄送的内容而定，对于那些寄往近洋国家/地区的中心城市（大城市）的文件类只需 3～5 天即可到达（节假日除外）。

一般而言，国际特快专递公司对特定物品的寄送有相关要求，可以通过其官方网站或电话查询（详见本项目任务 4.2）：

DHL：www. cn. dhl. com

FEDEX：www. fedex. com. cn

TNT：www. tnt. com

UPS：www. ups. com

OCS：http：//www. ocssino. com/

EMS：http：//211. 156. 193. 130/

寄送样品时，必须详细填写收件人名称、地址、邮编、联系电话、物品名称，和寄件人名称、地址、邮编、联系电话和付费账号等。

任务 1.4.2　计算样品运费

邮寄样品时所产生的费用也是构成样品费的主要方面，不同的寄送方法会产生不同的邮寄费用，即使寄送方式相同，采用不同递送公司，运送费用也是不同的。以下是样品运费计算方法，熟悉并理解计算过程，跟单员就能进一步做好跟单工作。

步骤一：熟悉样品运费的计算

在国际贸易实务中，样品一般是通过快递公司直接寄送给客户的，跟单员必须了解快递公司的运费构成和计算方法。以下是某个时期某快递公司寄往世界各地的快件运费价格表（见表1.9）。

表 1.9　　　　　　　　　　　　　快件运费价格表　　　　　　　　　　单位：人民币元

区域	寄往国家或地区	基价 500 克（文件）	每增加 500 克（文件）	基价 500 克（包裹）	每增加 500 克（包裹）
1	中国港、台、澳地区	50	20	60	25
2	日本、韩国	100	40	200	45
3	东南亚	125	45	200	50
4	南太平洋	160	40	240	50
5	欧洲	190	65	310	75
6	美国、加拿大	185	75	280	85
7	非洲	230	85	300	95

从上面的价格表中，我们可以看出特快专递的运费，是根据不同的地区，按文件或包裹来计算的。其计算方法是：首先确定国家（地区），然后确定分类（是文件还是包裹），从而找出对应的价格；再以 0.5 千克作为基准重量，此基准重量也称首重，超过 0.5 千克部分，按每 500 克（或每增加 0.5 千克）作为一个续重（也有称为超重部分）。那么，总的快件邮寄费就可按下式来表示：

总快件邮费＝首重＋续重价格×续重个数

[例题 1] 某跟单员以快件方式邮寄重量为 2050 克测距器样品和 1760 克 catalog 分别到意大利和新西兰，他选择了一家快件公司，请按该快件公司的资费表计算出各需支付多少人民币邮寄费？

快件资费表　　　　　　　　　　单位：人民币元

资费区	国家或地区	文件首重 0.5kg	包裹首重 0.5kg	续重每 0.5kg	
				文件	包裹
一区	中国香港或澳门	90	150	20	35
二区	日、韩、中国台湾	120	210	45	55
三区	欧洲	210	320	60	70
四区	南太平洋	180	260	55	65
五区	中南美	250	325	80	100
六区	非洲	290	350	90	120

解：（1）重量为 2050 克测距器样品到意大利属欧洲地区的国家，按三区"包裹类"资费计算：

首重：500 克

续重：个数 $= \dfrac{2050-500}{500} = 3.1 = 4$（个）

总快件邮费＝首重价格＋续重价格×续重个数＝320＋70×4＝600 元

（2）重量为 1760 克 catalog 到新西兰，属南太平洋地区的国家，按四区"文件类"资费计算：

首重：500 克

续重：个数 $= \dfrac{1760-500}{500} = 2.52 = 3$（个）

总快件邮费＝首重价格＋续重价格×续重个数＝180＋55×3＝345（元）

需要指出的是，寄送样品可能会在途中丢失或受损，因此，寄件人在将样品交付快递公司时，必须在运单上书写样品价值，即办理"保价"或声明价值手续，以维护自己的利益。

另外，样品或文件的重量是包含包装材料的，因此包装材料对快件邮费有一定的影响，且显得十分非常重要。在实际操作中，对于重量类似于1010克或1510克等的样品或文件，可以采用适当削减包装材料的方法，将样品或文件的重量控制在1000克或1500克以内，以达到节省快件邮费的目的。

步骤二：熟悉支付方式

从事国际快递业务的公司主要有EMS、FEDEX、DHL、TNT、UPS、OCS等。这些快递公司邮寄费用一般采用寄件方预付、收货方支付（到付）和第三方支付的方法。

1. 预付（Freight Prepaid）：邮寄费用由寄件方支付。该支付情况一般适用于"寄送费用低、客户信誉好或老客户"。当然，对于成交希望大的订单项下的样品邮寄费用，寄件方也是乐意支付的。

2. 到付（Freight Collect）：邮寄费用由收件人支付。该支付情况常用于寄送费用高、客户信誉一般或新客户等无法确定是否能够获得订单。但需注意，一旦收件人收到样品时采用拒付邮寄费用的行为，最后仍需寄件方支付。因此，为了避免这种情况，跟单员最好要求收件人必须提供某一快递公司的到付账号，如DHL的全球到付账号是以96开头的，例96××××××。

3. 第三方支付（Pay by the Third Party）：是指邮寄费用实际上由寄件方或收件人以外的第三方支付。

在实际操作中，当第三方付款时，跟单员需在运单的"PAYMENT OF CHARGES"一栏填写第三方付款公司名、账号及国家名，并承担由于账号失效或关闭所产生的所有连带责任，包括支付运费。需要指出的是，发件人虽然选择到付付款方式或第三方付款方式，收件人或第三方拒付运费的风险自始至终均由发件人承担，跟单员要特别注意这一问题，一旦获得到付账号或第三方账号后，要立即联系快递公司，确认账号是否有效。

步骤三：运用适当方法降低快递邮寄费用

从表1.9的快件运费价格表中不难看出，国际快件中的寄送对象不管是"文件"还是"包裹"，都是连同包装材料一起计重的，其重量之和一旦超过500克、1000克或1500克等，就要按"首重＋续重"原则来计算运费，而对于重量在501～1000克间的样品，就要按"每500克为一个续重"规则计算运费了。控制重量，降低邮寄费用成为跟单员的一项技能，以下方法可供参考：

方法一：减少"续重"个数

为了节省快递邮寄费用，对于那些刚刚超过500克、1000克、1500克、2000克……重量的包裹或文件，可以采用减少样品数量或减少包装材料的途径，降低快递邮寄费用。例如，在不能减少样品重量和确保样品不会受损的情况下，可以采用适当削减包装材料或换用轻质坚固/防震包装材料的方法，使总重量控制在500克、1000克、1500克、2000克之内，以免产生不必要的"续重"，从而降低样品邮寄费用。有许多方法可以减少"续重"个数，如使用塑料气泡袋（见图1.13）来裹覆小件电子配件（如移动硬盘、U盘、线路板等），既能有效保护样品，还能减少"续重"个数，进而降低邮寄费用。

图 1.13   塑料气泡袋

方法二：控制包装尺寸

由于国际快递是采用航空运输的，对于那些体积大的样品，国际快递企业不是按实际重量计算快递费用，而是按体积重量计算快递费用。也就是说，国际快递企业工作人员在丈量了样品外包装的最长、最宽和最高尺寸（四舍五入到整厘米数）（见图 1.14 和图 1.15）后进行乘积，再按 6000① 立方厘米为一千克方法折算成体积重量［即体积重量的计算公式为：体积重量＝（长×宽×高）/6000］。因此，跟单员对样品进行包装时，要根据样品的尺寸、重量和运输特性选用大小合适的包装箱及包装填充物，要尽量避免不足包装造成的样品破损和过度包装造成的包材浪费，同时要尽量减少包装尺寸，以便节省快件费用。

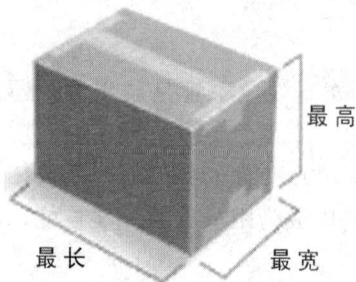

图 1.14   规则样品包装尺寸测量

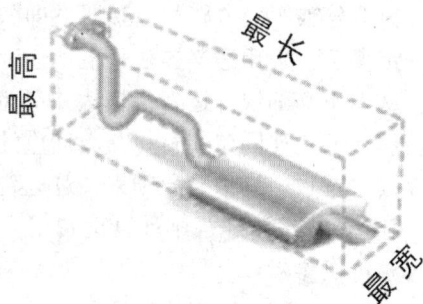

图 1.15   不规则样品包装尺寸测量

① DHL、FEDEX、UPS 国际快递服务商将体积重量计算公式为：体积重量＝（长×宽×高）（立方厘米）/5000，TNT 则为：体积重量＝（长×宽×高）（立方米）×200（千克/立方米）——截至 2011 年 12 月 30 日 TNT 官网资料。

　　另外，为了更好控制包装尺寸，跟单员可以根据样品大小来设计包装大小。一般而言，设计包装尺寸时，可能会产生两种情况：包装内未装满样品和太多样品。前者是包装内有大量空隙，极容易产生塌陷现象，跟单员可以采用减少包装尺寸或者在样品四周填充满塑料泡沫等方法防止塌陷现象产生（这种方法会引起快递费用增加），后者是包装内有太多样品，容易使包装纸箱过满而出现胀裂。

　　从上述分析中，说明跟单员要使样品及时、完好无损地寄送给客商，需要有仔细踏实的工作态度，这种工作态度不仅体现在样品制作环节，而且还要体现在寄送样品环节。正是跟单员这种平时形成的细腻的工作态度和格外认真的工作作风，才能为获得订单打下初步基础。

【知识链接 1.9】捆扎带

　　俗称"打包带"。在市场上有许多种类捆扎带可供选择，一种是聚丙烯材料制成，强度及拉力高，不易断裂，适于在专业机器设备上使用，因其价格低廉而被广泛使用，但它能够承受的张紧力并不是很高；另一种是聚酯材料制成，虽然在高温状态下热膨胀性要比聚丙烯材料低，但是其受潮情况下张紧力反而上升，且其价格不高也被用于钢条的替代品；最后是金属材料制成的捆扎带，适用于样品非常沉重且缺乏弹性的商品包装，如木质包装箱。

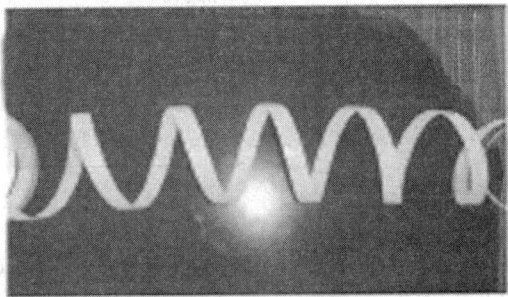

任务 1.4.3　跟踪样品

其一：跟踪快递

　　跟单员可以通过多种途径来跟踪快递（邮件）的实时信息，虽然不同的国际特快专递公司有着不同的方法，但大同小异，这些途径主要有网络、手机短信、电子邮件、电话等。

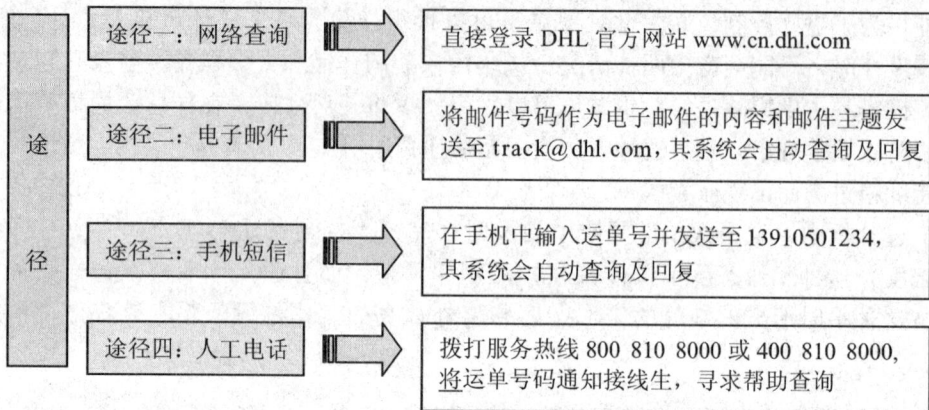

现以某外贸企业通过国际快递服务商 DHL 公司将某一样品寄往黎巴嫩贝鲁特为例，具体说明运单号码为 9704319590 的操作过程。

途径一：网络查询

通过访问官方网站 www. cn. dhl. com，输入运单号码（9704319590）即可直接进行快件的实时跟踪查询（见图 1.16）。

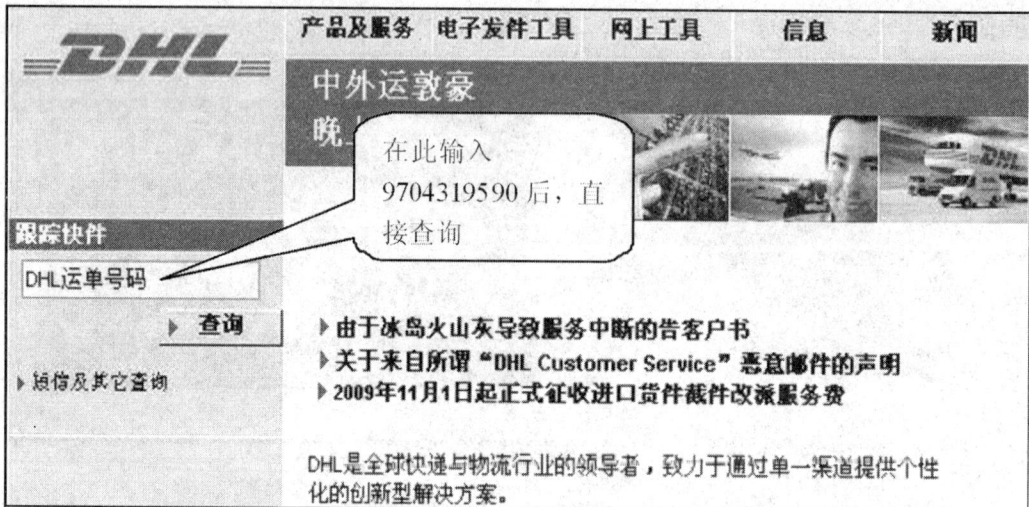

图 1.16　网络查询示意图

图 1.17 显示了"网络查询"后的最终结果，该图呈现了快递服务商何时取件、在何地何时中转、何时递交给收件人及收件人签收的整个过程。

图 1.17 "网络查询"后最终结果

途径二：电话跟踪

通过其客户服务热线 800 810 8000 或 400 810 8000，将运单号码（9704319590）通知接线生，寻求帮助查询。

途径三：电子邮件

将待查邮件号码（9704319590）作为电子邮件的内容和邮件主题发送至 track@dhl.com，其系统会自动查询，并将查询结果自动回复给查询的信箱（见图 1.18）。

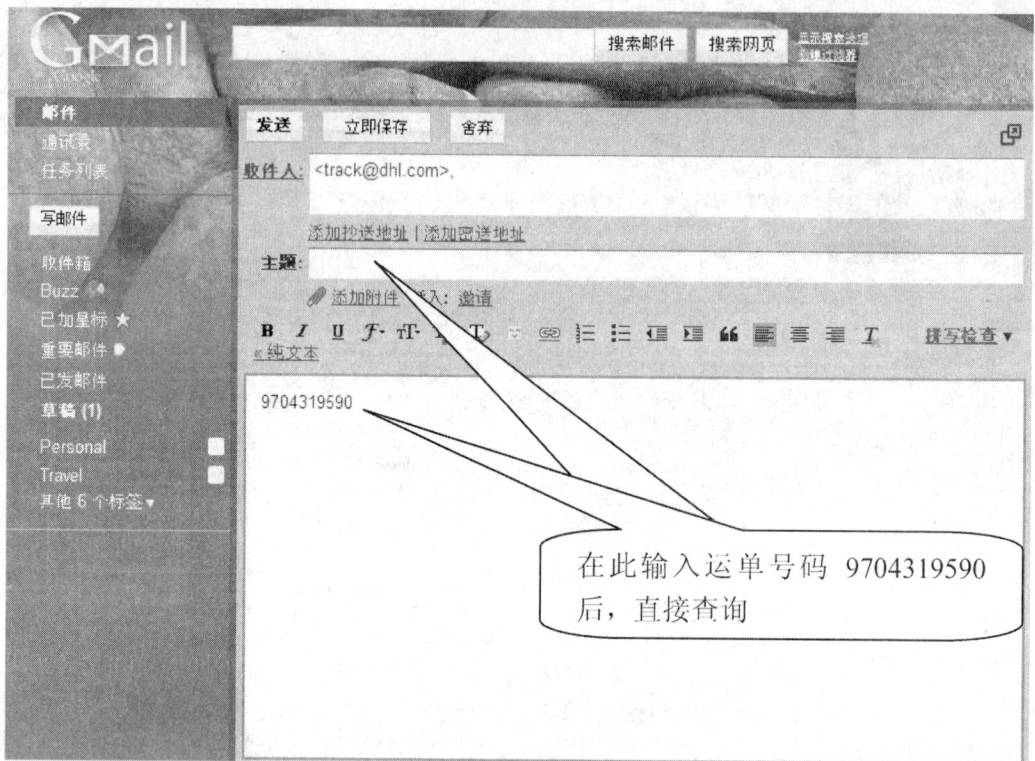

图 1.18　电子邮件查询示意图

途径四：手机短信跟踪

利用任何一部手机，将待查运单号码（9704319590）作为短信内容发送至 13910501234，其系统会自动查询，并将查询结果自动回复给查询的手机（见图 1.19）。

图 1.19　手机短信跟踪示意图

【知识链接1.10】 国际快递业务的跟踪方法

不同快递服务商纷纷为了在激烈竞争的市场中，获取更多的份额，除了提供更加全面服务内容外，还在提升服务水平上下足了功夫，推出网上、手机短信、电子邮件、免费电话等方式来跟踪快递的实时信息。表1.10以下归纳了不同国际快件专递服务商获得跟踪快递实时信息的方法。

表1.10　　　　　　　　　　跟踪国际快件的方法

服务商 查询方法	网　络	客户服务电话	电子邮件	手机（短信）
DHL	www.cn.dhl.com	8008108000 4008108000	track@dhl.com	139105101234
Fedex	www.fedex.com.cn	8009881888 4008891888	待建	待建
TNT	www.tnt.com	8008209868 4008209868	track@tnt.co.uk	07740767767
UPS	www.ups.com	8008208388 4008208388	totaltrack.cn-chs@ups.com	待建
OCS	www.ocssino.com	待建	待建	待建
EMS	www.183.com.cn	111185	待建	10665185
顺丰	www.sf-express.com	40008111111	待建	待建

注：①800开头的电话供固定电话拨打，400开头的电话供移动电话拨打。②顺丰快递公司已经开通了日、新、韩、马来西亚和港台等国家或地区的快递业务。

其二：跟踪客商意见

每一次寄样后，都要及时倾听客户的意见，了解市场需要何种类型的商品以及客户的目标价格等等，可以通过以下方法获得这些信息。

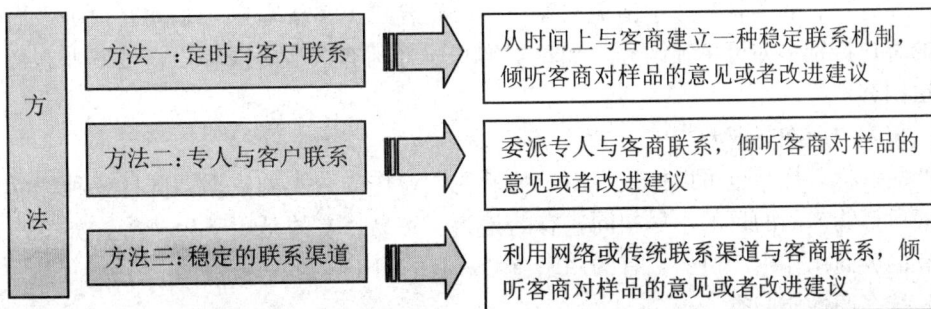

方法一：定时与客户联系 ➡ 从时间上与客商建立一种稳定联系机制，倾听客商对样品的意见或者改进建议

方法二：专人与客户联系 ➡ 委派专人与客商联系，倾听客商对样品的意见或者改进建议

方法三：稳定的联系渠道 ➡ 利用网络或传统联系渠道与客商联系，倾听客商对样品的意见或者改进建议

方法一：定时与客户联系

无论短期内有无订单，尽量与拿样客户建立起一种稳定的联系，适时通知新样品（产品）开发的最新情况。此外，把握沟通的时机很重要，要注意沟通节奏的把握，不要引起客户的反感。

方法二：专人与客户联系

国际贸易有一种明显特点，就是喜欢与特定的人联系，一方面是双方都了解贸易的整个过程，容易沟通和理解，另一方面也是经过长期的联系产生了"情感"。因此，要珍惜这种难得的"情感"，与客户建立稳定持久的联系。

方法三：建立稳定的联系渠道

跟单员在跟踪样品中，要保持畅通的联系渠道。除了传统的传真外，还有电子邮件、手机、电话等现代联系渠道。养成定时查询邮件的习惯，最好是将电子邮件与手机短信捆绑，一旦邮箱收到邮件就会收到短信通知，以便及时知晓邮件并回复。

任务 1.4.4　样品分类归档

样品管理是企业管理的重要组成部分，可以从建立样品管理库入手，将样品进行分类管理。样品管理库内容包括样品基本资料、样品图纸、样品材料、样品试验、样品工时与估价、样品进出库、样品需求分析等。具体操作时，需求者通过填写"样品管理表"这一种简化形式，将样品的送样国别、客户、样品名称和材料规格、样品的版本及生产批次、编号、样品数量、金额、客户对样品评估内容、寄送时间等一一列明。此外，将样品进行形式上的分类，如按时间归类、按客户归类、按订单号、信用证号或合同号进行分类等，这种方法比较简单易操作。

1. 按样品生产时间进行归类

将样品按生产时间顺序进行分别归类，相同生产日期的样品冠以后缀字母 A、B、C、D、E 排序，以示区别。这种归类比较简单可行，缺点是记忆样品生产时间是一件不容易的事情，所以需要辅以其他方法。

2. 按客户进行归类

按客户管理方法对样品进行分类整理，如以地理位置、行业、往年成交额进行归类，跟单员可以结合外贸企业实际情况和自身习惯，选择其中一种进行归类。

（1）按地理位置归类

跟单员按地理位置对客户进行分类，即按洲际对样品进行归类。一般可以划分为：欧盟客户、东亚客户、北美客户、中南美洲客户、东盟客户、澳新客户、非洲客户等。当然如果某一国的客户特别多亦可单独区分，如日本客户、韩国客户、美国客户、俄罗斯客户、德国客户、法国客户等。

（2）按客户所在行业归类

与产品一样，样品也可以按最终用户的所在行业作为分类的依据。同样一种样品，不同行业客商所订购产品的目的不尽相同，有的是为了贸易，有的是用于生产等，如某一规格的钢材，有的客商用作生产机器，有的用于造船，有的用于建筑。

（3）按客商性质归类

贸易或非贸易是客商的主要性质，贸易类客商在获得样品后往往用其作为推销之用，而非贸易类客户获得样品后，可能是直接销售，也有可能是最终用户。上述二类客商对于样品规格、型号、品质、功能、价格等方面会有不同的要求，基于不同利益诉求，跟单员据此来进行客户分类，结合企业经营管理，有针对性地设计地营销方案。

（4）按客户成交金额分类

按客户成交金额分类是以某一时期（通常为一年）客户与企业成交的金额高低来进行分类，以便进行重点管理。按照帕累托原则（20/80 原则）把客户分为 A、B、C 三类客户。其中 A 类客户的成交额占企业总额的 70%左右，但客户数目却只占 10%左右，这是企业的重点客户，应加强跟踪管理，并给予价格的优惠，应优先保证其订单的交期；C 类客户则与 A 类客户正好相反，客户数目占 70%，但成交额却只占 10%左右，对这类客户可以每季或每年进行跟踪，甚至可以放弃；B 类客户则属于 A 类和 C 类之间，它的成交额占 20%左右，客户数目也占 20%，对这类客户，跟单员也应进行必要的跟踪，其方法介于 A 类和 C 类之间。当然以客户成交金额分类的标准可按企业的不同情况灵活掌握。同时，对 ABC 三类客户的分类管理也应考虑其发展性，如 A 类客户可能会演变成 B 类客户，甚至 C 类客户，而 C 类客户也有可能上升为 A 类、B 类客户。有时出于战略考虑，把 C 类客户当成 A 类客户来管理也是必要的，如某一地区只有一个客户，而这个客户是 C 类客户，为了拓展这一地区的业务，加强该客户的管理也是必要的。

3. 按订单号/信用证号/合同号进行归类

这种方法的特点是结合外贸企业文档管理，按订单号/信用证号/合同号/发票号对样品进行分类管理。由于信用证号比较冗长且没有规律性，不便查找。因此，按发票号或合同号对样品归类具有可操作性。

样品管理是企业管理的一个重要部分，由于一票外贸业务周期性较长，井井有条地管理样品是非常重要，不仅为今后查找或追溯带来极大方便，也体现了外贸企业从业者的自我管理意识和水平。

【知识链接 1.11】跟单员向客户提供"满意"样品的技巧

样品是客商考核你和公司的方式，所以寄去的样品不仅仅是一个产品，更重要的是代表公司的形象。样品是否符合要求？要求涵盖哪些主要内容？需要随附哪些资料？样品是否成系列？这些都可以从不同的侧面反映公司的能力和专业性。同理，样品也反映了公司产品的价格水平。因此，向客商提供样品大有讲究，需要遵循以下原则：

（1）选择合适的材料。材料规格高低直接决定了商品的价格，高规格材料会抬高商品价格，降低商品的竞争力；低规格材料虽然会使商品的竞争力提高，但也可能会使商品使用寿命降低，甚至会遭到用户的投诉。

（2）随附检测报告或认证证书。不同的国家或地区对商品都有一套市场准入标准，其中有些标准是强制性的。为了证明你所提供的样品是符合该国家/地区标准的，最好随附符合最新版本的标的检测报告。比如：向欧盟销售电器商品时，必须符合"CE"标准和"RoHS"指令；向美国销售电器商品时，最好获得"UL"认证；向日本销售农产品时，需要符合"肯定列表"和"JAS"认证；向日本销售纺织服装商品时，除了做到"AZO FERR"外，还要有"检针报告"等。作为一名合格的跟单员，必须时时关注国际/地区认证标准及其变化情况。

（3）完整的材料成分组成。样品里要有详细的材料成分组成及其比例。原因有两个：市场销售的需要，在一些国家的销售市场商品必须附有材料成分组成和比例，否则不能销售；客户根据样品材料成分组成和比例，比较同类商品价格，确定本商品的销售价格。

（4）样品使用说明书。有些新设计的样品需要随附使用说明书，除了详细介绍样品的规格特性外，还要介绍使用方法和注意事项，如电器商品的电流、电压，服装、鞋的尺寸等。

（5）在样品上系上挂牌。在样品上系上挂牌，是提供样品的关键一步。挂牌上的内容主要包括：型号/款号、成分与比例、日期、公司名称/联系方式、颜色等。

【模块小结】本模块是对样品跟单中相关知识的介绍，重点对样品种类、样品费用构成、国际快递费用构成与跟踪、样品测试、寄送样品注意方面等加以介绍。通过工作任务分解，熟悉外贸样品分类及其作用，熟悉样品跟单的操作过程，掌握国际快递费用的计算和处理，提高样品跟单能力。

【关键词或概念】成交样　确认样　船样　产前样　参考样　色样　辅料样　绣花样　首重　续重　样品费核算与分摊　国际快递　国内快递　同城快递　异地快递　知识产权（商标、专利和著作权）样品种类　工时数与工时成本

复习思考题

一、单项选择题

1. 在以下样品中，需要在大货生产前寄给客商的样品是（　　）。
   A. bulk sample
   B. Shipment sample
   C. production sample
   D. lab dip

2. 对于一个重量为 2510 克（含双瓦楞纸板包装材料）的样品，跟单员为了节省邮寄费用，可以采用以下措施（　　）。
   A. 将样品减少
   B. 将邮寄单价降低
   C. 改用牛皮纸包装样品
   D. 适当减少双瓦楞纸板包装材料

3. lab dip 是（　　）。
   A. 广告样
   B. 辅料样
   C. 色样
   D. 绣花样

4. 如果某样品的重量为 2050 克，以下说法正确的是（　　）。
   A. 首重为 2050 克，续重个数为 0
   B. 首重为 500 克，续重个数为 3
   C. 首重为 500 克，续重个数为 4
   D. 首重为 550 克，续重个数为 2

5. 有关制作样品过程中的计算"工时数"，以下正确的说法是（　　）。
   A. 理论上需要多少时间完成此样品制作
   B. 实际制作过程中，测算完成此单个样品制作的时间
   C. 预计完成此样品制作的时间

D. 大货生产过程中完成此样品制作的总计时间

6. 由于某快递服务商获得了 ANA 公司的注资，成为 ANA 集团的一员，因此寄往日本的快递最好选择（　　）。

　　A. OCS　　　　　　　　B. EMS　　　　　　　　C. FEDEX　　　　　　　　D. THC

二、多项选择题

1. 一般而言，外贸常见的样品主要有（　　）。

　　A. 推销样和参考样　　　　　　　　　　　B. 确认样和测试样

　　C. 成交样和产前样　　　　　　　　　　　D. 生产样和出货样

2. 有一样品急需寄往日本供客商出具"批版"意见，跟单员可以选择的快递公司有（　　）。

　　A. OCS　　　　　　　　B. EMS　　　　　　　　C. FEDEX　　　　　　　　D. THC

3. 样品邮寄后，跟单员可以通过采用以下方式进行实时跟踪（　　）。

　　A. 网络　　　　　　　　B. 电话　　　　　　　　C. 手机短信　　　　　　　　D. 邮件跟踪

4. 为使客商拿到满意的样品，跟单员可以按以下方式操作（　　）。

　　A. 快速通过特快专递方式将样品交到客商手中

　　B. 选择合适的材料进行制作并随附指定机构出具的检测报告

　　C. 样品上标注所有材料成分及比例

　　D. 完全免费提供给客商

5. 以下是某客商提供的"彩卡"，需要随附在出口产品包装之中。对于"彩卡"的单位成本，以下说法中哪些是正确的？（　　）

　　A. 随着套色数增加而增加

　　B. 随着纸张面积增加而增加

　　C. 随着印刷数量增加而减少

　　D. 随着纸张质量优劣而变化

6. 对英文"bulk sample"不正确的理解为（　　）。

　　A. 散货样　　　　　　　　B. 确认样　　　　　　　　C. 体积样　　　　　　　　D. 大货样

7. 为了节省样品的快递费用，跟单员小刘采取了一系列措施，其中正确的是（　　）。

　　A. 减少包裹内的样品数量

　　B. 在不改变保护作用前提下，改变包裹的包装材料

　　C. 将"包裹"充当"文件"交给快递服务商

　　D. 适当缩小包裹的包装体积

三、简答题

山东武宁进出口公司接到德国 Miver Rsland 公司采购 MEN'S KNITTED Y/D T-SHIRTS，100% COTTON，21^s/2，220 克/平方米，1800 DOZS，4 个颜色，共有 S、M、L、XL 尺码。为了加快前期样品确认进程，尽快进入生产期，德国 Miver Rsland 公司向山东武宁进出口公司发来了"致供应商函"，其中涉及打样和寄样。当打样结束后，假设你作为山东武宁进出口公司的一名跟单员，对照"致供应商函"要求，请回答以下问题：

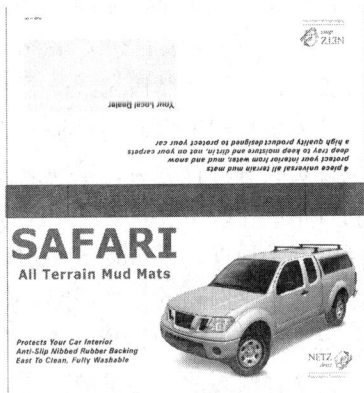

Dear Supplier,

．．．．．．．．．．．

Payment of Samples

Unless otherwise agreed in writing by Miver Rsland, the cost of all samples, swatches, lab-dips, documents, and test-reports together with all inbound courier costs, and any administration fees, must be paid for by the Supplier.

Invoices for any other samples that River Island has specifically agreed to pay for must be addressed to the relevant department. The invoice must always state the name of the relevant department otherwise payment could be delayed.

（1）根据"致供应商函"，样品成品和寄样费用由谁承担？

（2）根据"致供应商函"，跟单员应该将样品寄往何地？

（3）如果客商同意支付样品费用，跟单员应该如何操作？

四、案例分析题

浙江某一专业生产扬声器的厂家，2010 年 6 月，该公司业务员王某收到一份来自尼日利亚的订单，要求生产 4000 只扬声器，包装为 40 只/箱，共计 100 箱，合同价格要比正常价格高 20%，采用 T/T 30% in advance，货到目的港口前 1 周支付 70% 货款。签订合同后，外商邮寄了扬声器的"Pionear"商标 4040 个（该商标由客户在香港制作并免费提供）。同年 8 月宁波海关接到出口商的申报，经过风险控制分析，海关发现该批货物存在高度侵权嫌疑。对该批货物进行查验后，发现该批扬声器的外包装纸盒上赫然印着"Pionear"字样，由此联想到日本的"Pioneer"（先锋）商标，故暂扣该批扬声器，并要求出口商出具相应的权利证书。经过海关调查，"Pioneer"商标已经在我国海关备案注册，根据《中华人民共和国海关知识产权保护条例》的相关规定，在出口商不能出具"Pionear"商标注册证书的情况下，认定其侵犯了"Pioneer"的商标权。最终这批扬声器被海关没收，并就地销毁。

请仔细阅读上述案例，分析并回答以下问题：

（1）请说出"T/T 30% in advance"的中文含义，并罗列国际贸易结算中还有哪些类似的结算方式？（至少三种）

（2）如果日本的"Pioneer"商标未在我国海关备案，是否受"知识产权"保护？

（3）"知识产权"保护主要体现在哪些方面？（至少罗列三个）

（4）如果你是一名跟单员，分析该案并谈谈看法。（150 字左右）

模块二　生产跟单

【模块导读】生产跟单是外贸跟单中的核心环节，本模块以生产跟单各个环节工作流程为基础，主要阐述了寻找合格供应商、原（辅）材料跟单、产品质量跟单，以及数量、质量、货期等方面的跟单知识，以掌握生产企业的选择标准和方法、产品质量的抽样检验方法，提高出口业务中的生产跟单操作技能。

【模块目标】通过本模块的操作过程，学习并掌握生产跟单所涉及的寻找合格供应商、原材料采购跟单、品质跟单和生产进度跟单等环节内容，并能够运用所学的商品和工厂管理知识，正确处理生产跟单操作过程各个环节出现的问题，从而提高运用知识解决生产跟单过程中的问题的能力。

＊　　＊　　＊

在以订单为主的外贸企业中，生产跟单是外贸跟单中的核心环节，主要涉及寻找合格供应商、跟踪原材料采购、跟踪生产品质、跟踪生产进度和外包外协跟单等环节。合格供应商是履行合同的基础，优质原材料是生产高质量商品的保证。因此，跟单员在生产过程中就要在确定供应商的环境中，跟踪订单项下产品质量、数量和货期执行情况，一旦出口供货不及时或数量不足时，能够运用国际贸易实务、工厂生产管理等方面的知识加以妥善解决，顺利完成生产跟单任务。图 2.1 为生产跟单的主要工作过程。

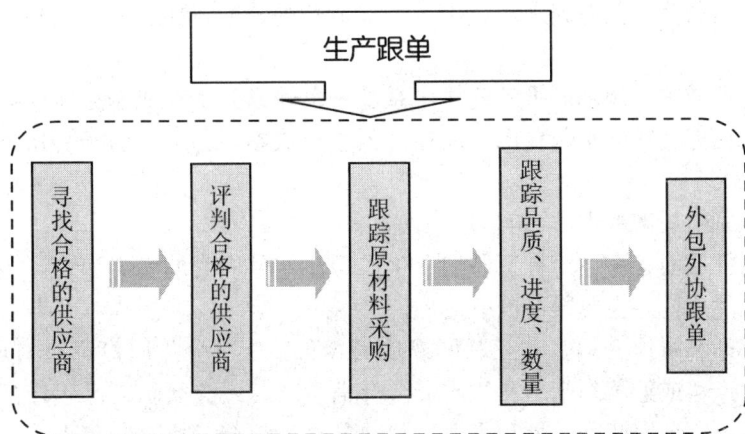

图 2.1　生产跟单主要工作过程

项目 2.1　供应商的选择

外贸公司、生产企业、境外机构国内办事处的跟单员，在跟单初期都会面临供货商选择。从广义上而言，供货商是指原材料或出口商品的生产商或供应商。比如，当外贸公司在收集样品或落实外销合同时，需要寻找生产企业，生产企业在接到订单后，也需要寻找原材料生产或供应商。选择生产企业对于外贸公司而言非常重要，同理，选择合适的原（辅）材料供应商对于生产企业也非常重要。由于生产企业或供应商选择不当，造成外贸企业或生产企业遭受重大损失乃至破产的例子举不胜举。因此，何种供应商或生产企业才算合格？寻找供应商或生产企业的原则是什么？遴选供应商或生产企业中需要核实哪些基本的信息？

任务 2.1.1　充分认识供应商

步骤一：认识供应商的作用

供应商是订单生产过程中的主要当事人，有的供应商是直接生产订单产品的，有的供应商是订单的原材料供给者，他们在订单执行过程中扮演不同角色，其作用可以归纳如下：

（1）确保成品质量。在外贸跟单中，原（辅）材料质量高低直接决定了成品质量是否符合质量标准。一般而言，操作规范的供应商在原（辅）材料采购时会"货比三家"，选择"性价比高"、符合成品质量要求的原（辅）材料。

（2）确保成品能够及时装运。合格的供货商在接单时，会根据生产任务的饱满程度，采取有选择性接单方法，将质量和信誉视为考虑的首位因素。因此，这样的供应商有着完善的职能部门且各部门协调一致，可及时调整生产能力，不断解决成品生产过程中出现的问题，及时完成订单，保质、保量和按时装运出口。

（3）节省采购成本。以微观而言，供应商的原材料质量直接决定采购商的采购质量，此外，采购商的采购行为还关系到采购成本。一次成功的采购，能够杜绝浪费，节省可观的多次采购费用。

（4）节省生产成本。规范的供应商往往通过一次性或分步骤成功采购所有合乎质量要求的原辅材料，从而能够降低采购费用，间接降低生产成本。另外，由于一次性成功采购，还节省了时间。

步骤二：识别供应商的性质和实力

就供应商的性质而言，主要有贸易型和生产型；就供应商的实力而言，主要是指资金和技术实力。识别供应商，主要通过以下途径：

（1）官方网站和媒体介绍。在互联网发展的今天，大部分供应商都有自己的官方网站，除了展示主要生产（或经营）产品和注册资金等信息外，还会展示自己生产的产品获得何种类型认证或证书，以证明产品质量和实力。跟单员通过综合分析这些信息，可以基本判断出供货商是贸易公司还是生产工厂，大概有什么实力等。其中注册资金是供应商采购原材料并完成订单的基本保障。另外，跟单员也可以从媒体报道来获取供应商实力信息。如某媒体报道,截至 2011 年年底,浙江饮料生产商"娃哈哈"的银行存款高达 150 亿元,加上 80 亿元销售商的保证金,足以证明"娃哈哈"企业的生产资金充沛。

(2)产品系列性。一般来说,生产工厂只专注于生产某一系列产品,如童装系列、家纺系列、电水壶系列、家具系列、毛巾系列等,产品品种相对比较单一,但产品却成系列。因此,如果供应商提供了某一系列产品,则供应商大都为生产商;如果供应商提供的产品种类较多,但不成系列,则供应商大都为贸易商。

(3)供应商办事效率。当向供应商索取产品的资料、样板、检测证明或认证证书时,生产商提供速度一般要比贸易商稍快一两天,也就是说,贸易公司需要向生产商索取后才能提供。

(4)交流语言。与供应商进行贸易往来,少不了电话、电邮、QQ、MSN 或传真等交流及通信工具,一名具有丰富贸易经验的从业者,可以从平时往来交流情况,判断出供应商是贸易商还是生产商。一般而言,对业务显示出熟练和自信,自如对答所提问题的供应商是生产商;当然一些从业时间长、对某一商品积累了丰富经验的从业者,其业务能力也是不容置疑的。

(5)实地考察。在选择供应商时,对于新结识的供应商,最直接最直观的方法是实地考察供应商,用这样的方法并辅以其他旁侧了解,落单的风险会大大降低。

综上所述,认识供应商是选择合作伙伴的第一步,是完成订单的前提,外贸跟单员需要凭认真仔细的工作态度,将通过不同途径收集到的信息进行综合分析,从而寻找到合格的供应商。

任务 2.1.2　寻找合格供应商

我国的对外贸易企业主要有外贸流通企业和外贸生产企业两种类型,前者俗称"外贸公司",这类企业本身没有外贸产品生产能力,只能通过委托生产企业完成订单或者收购生产企业的产品。因此,外贸企业在接到订单后,需要寻找具有专业生产能力的供货企业。

如前所述,合格供应商是履行外贸合同的基础。就外贸流通企业而言,合格供应商是指能够帮助本公司按质、按量、准时完成订单项下产品的生产商;就外贸生产企业而言,供应商是指能够提供符合质量要求的原材料/辅料的生产商。在经济高度分工的社会中,寻找一家能够帮助并合作完成订单的"术业有专攻"的供应商或合作商,是履行合同的首要任务。一般而言,不管是何种类型的外贸企业都会将寻找供应商放在首位。以下罗列了寻找供应商的几种不同途径:

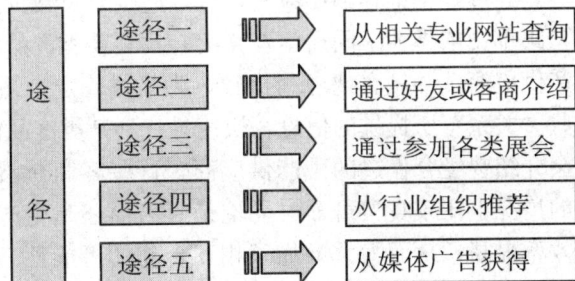

图 2.2　寻找供应商的主要途径

从以上图示中可以看出，寻找供应商途径很多，主要有相关专业网站、好友或客商介绍、行业组织推荐及媒体广告等。随着改革开放的不断深入，外向型的民营企业发展迅速，通过上述途径找一家能够完成订单的供应商已经不是一件难事。此外，本书已在模块一"内地货源基地调查"中阐述了从区域内"产业集群地"寻找供应商的方法，跟单员不妨试试。

途径一：从相关专业网站查询

在互联网时代的今天，许多厂商都会利用互联网这一免费平台，建立具有自己域名的网站。通过 B2B 网站展示供应商的主营业务或经营范围，也是供应商展示自我的一种主要途径，跟单员只要通过搜索引擎（如百度、谷歌等），输入产品关键词后就会发现许多相同类型的供应商信息。

此外，许多供应商还会在一些专业网站设置链接，跟单员点击这些链接，就可以自动获取相关供应商的详细信息。同时，从这些公司网站上的内容，跟单员就可以基本判断出供应商性质是属于贸易公司还是属于生产工厂，大概有个什么实力等。

以下是一些商品类别所涉及的专业网站网址：

纺织服装类：中国服装供应商网http：//www.cnfz.net.cn/

中国睡衣网http：//www.shuiyi.net.cn/

中国服装辅料供应商网http：//www.cn-ce.cn/

机械产品类：中国轴承供应商网http：//www.3721bearing.com/

中华阀门网http：//www.cnfamen.cn/

中华机床网http：//www.22882.net/

散热器（暖器片）网http：//www.0574yes.cn/

文具产品类：中国文具网http：//www.31wenju.com/

卫浴产品类：中国卫浴网http：//www.chinabathware.com/

家具产品类：中国家具网http：//www.31jiaju.com/

玩具产品类：中国玩具网http：//www.wanju.cn/

箱包产品类：全球箱包网http：//www.wtobag.com/

婴儿用品类：中国婴童网http：//www.car.baobei360.com/

塑料产品类：中国塑料网http：//www.esuliao.com/

…………

途径二：通过好友/客商介绍

受到儒家文化的影响，我国人与人交往中非常重视好友间的"关系"，这种"关系"主要是指同学、亲戚、好友等。经过好友推荐的供应商，可以使跟单员减少选择供应商的盲目性，缩短寻找的进程。例如，跟单员依靠大学同窗学友介绍，找到某类产品的"产业集群"区域，然后由同学介绍几家生产供应商，并做实地考察比较，为最终确定合适的生产供应商提供了一条便捷之路。依靠这些"关系"所提供的信息，快速寻找到某类产品的供应商。

当然，有些客商也会介绍曾经合作过的生产供应商，这些客商介绍的信息往往具有一定的专业性，生产供应商的情况也比较真实可靠，无论是贸易商还是生产供应商，对供货工厂的甄别时间缩短，工作效率提高，从而大大增加了相互合作的可能性。需要指出的是，客商与生产供应商的合作信息是"过去时态"，难免会存在过时之嫌。因此，跟单员需要亲历亲为仔细甄别信息，在核实了相关信息后才可以"落单"。

途径三：通过参加各类展览会

近年来，随着我国会展业蓬勃发展，出现许多类型的展览会，这些展览会为各类企业提供了展示产品形象的机会。就目前而言，有许多专业性的展览会在国内各地举行，如：中国（上海）纺织品面辅料博览会、中国（青岛）国际原料药/中间体和制药设备展览会、上海国际鞋类展、中国（深圳）消费电子展等。此外还有一些综合性展览会，如：中国进出口商品交易会、华东出口商品交易会、昆明出口商品交易会等。为了获得更好的参展效果，参展企业都会精心挑选产品，精心布展，并附各种产品介绍资料，跟单员可"以展会友"，从这些展览会中寻找合适的供应商。

需要指出的是，国家相关部门为了规范各类展览会的举办，出台了明确的规定和政策，设立了参展基本门槛，从而维护展会质量，避免消费纠纷。跟单员不仅要通过参加各类展览会，积累不同类型供应商，还要从众多参展商中辨析出真正符合条件的供应商。

途径四：从行业组织获得

行业组织是介于政府与企业之间、商品生产者与经营者之间，并为其服务、咨询、沟通、监督、公正、自律、协调的社会中介组织（社会团体）。目前，行业组织主要以商会、协会、学会等形式出现在社会经济活动中，如进出口商会、纺织服装商会、五矿商会、文具商会、玩具商会、外经贸企业协会和国际贸易学会等。在每一个商会旗下，都有一批不同规模和类型的企业，例如，进出口商会由进出口企业（主要为从事对外贸易的企业）组成；纺织服装商会主要由从事纺织服装生产或外贸的企业组成；文具商会主要由文具生产或外贸企业组成，等等。从行业组织的入会条件看，加入行业组织的企业大多为管理规范、具有一定规模的涉外加工生产或贸易型企业。

途径五：从媒体广告获得

现代人们的生活与广告息息相关，日常生活中所说的"广告"往往是指商业广告，主要用于宣传与推广本企业生产或贸易的货品、服务等。广告可以分为平面广告、户外广告、影音广告等。平面广告主要通过报纸、杂志和互联网等媒介传播，户外广告主要利用房屋、街道、高速公路、大型桥梁等人口流动及聚集的地方矗立各种形状块状物体宣传产品和生产经营者。通过广告，生产企业既宣传了自己，还宣传了产品，为获得良好的经济效益打下了基础。跟单员可以通过广告特性，利用出差、阅读报纸/杂志、听广播和看电视等机会，获取某类商品的生产商信息。

[案例分析] 获取生产企业信息

浙江某省级外贸公司跟单员小彭去某地出差（考察生产商），随着越来越接近目的地，他发现公路两边矗立着的形状各异的小家电广告牌也越来越多，跟单员小彭初步判断，此地域可能是"小家电产业集群"。于是他立即向公司汇报，调整原来的考察计划，延长逗留时间，以便有充分时间来考察更多生产企业，收集生产企业资料（如企业规模、价格水平、管理情况、设备情况、厂房面积、交通便利性等），为完成海外订单做好充分准备。

点 评：跟单员小彭是一位有心人，利用本次出差机会，不放过细微变化，通过观察路边广告牌的内容和数量，找到了某类商品的聚集地，并及时调整行程计划，真正获得了所需的一手生产供应商资料。

从跟单实务操作而言，跟单员在跟单过程中要做一个有心人，通过不断收集，积累不同行业、商品的供应商信息，并将这些供应商的生产规模、生产特长、主要设备、联系方式等一一登记，形成"供应商资源库"（如表2.1）。一旦有客商询价或有某一类别商品的订单时，立即从"供应商资源库"中直接拣出。

表2.1 供应商资源库

×××进出口（集团）有限公司

合格供应商资源库

建表日期：＿＿＿＿＿＿＿＿＿＿＿＿＿

供应商名称	业务联系人	电话/传真	商品种类	认证证书	地 址	备 注

任务 2.1.3 评估供应商

表2.2 合格供应商的评判标准及资料要求

供应商类型	标准内容及资料要求	主要内容	资料要求
新供应商	初步认定	◆ 合法性——国家相应机构认可的合法厂商； ◆ 配套性——其提供产品/服务与本次采购需求配套； ◆ 规模性——生产能力或经营规模适应本项目采购规模； ◆ 质量水平——其品质控制水平或产品质量适应本项目品质要求 ◆ 价格水平——其价格水平为该采购项目所能接受	◆ 营业执照及外贸经营权、海关注册登记等证书； ◆ 既有产品质量认证证书（如ISO9001等认证）； ◆ 所需产品/服务的生产工艺流程、品质管理制度等； ◆ 工厂组织框架结构图
老供应商	复审认定	◆ 合作性——与本公司合作次数； ◆ 时间性——距上一次审查时间； ◆ 履约性——前几次订单是否有延迟交货情况； ◆ 质量性——前几次订单是否遭遇质量投诉； ◆ 服务性——前几次订单中积极配合处理异常状况情况	◆ 以往的查货报告； ◆ 以往的质量检测报告； ◆ 以往的运输单据； ◆ 以往的质量奖惩情况； ◆ 以往的订单及生产工艺图（以上资料为近两年时间内）

　　找到了供应商后，需要对备选供应商进行遴选。如何遴选出合格的供应商呢？评判合格供应商的主要标准是什么？

　　一般而言，基于不同产品领域、销售市场等原因，不同采购商有着不同的评判标准，现将合格供应商的主要评判标准及资料要求归纳如表2.2。

　　跟单员通过对供应商的实地考察，围绕质量、履约能力和规模等指标进行打分，在综合得分后，确定供应商级别，从而使其获得不同的采购待遇（见表2.3）：

- 质量：30分，本公司验货不通过扣5分，客检不通过扣10分，客户全部退货扣30分；
- 履约：30分，交期推迟一次扣10分；
- 投诉处理：20分，每次投诉扣5分（在三天内处完毕，延迟处理一天加扣1分）；
- 价格：10分，供货单价是否合理；
- 规模：10分，工厂30人以下，扣5分，20人以下扣10分。

表2.3　　　　　　　　　　　　供应商级别及采购待遇

综合得分	供应商级别	采购待遇
90分以上	A级	优先给予订单（只要价格和交期合适）
70～89分	B级	次优先给予订单（同上）
60～69分	C级	一般不给予订单，紧急时可考虑（但要求供方采取改进措施）
60分以下	D级	从"合格供方名录"中删除

　　最后，跟单员对供应商进行综合评判，并形成以下"供应商综合评价表"（见表2.4）。

表2.4　　　　　　　　　　　　供应商综合评价表

×××进出口（集团）有限公司
供应商综合评价得分

日期：＿＿＿＿＿＿＿

供应商名称	质量（30分）	投诉处理（20分）	价格（10分）	履约/交货（30分）	生产规模（10分）	本次得分	前次得分

制表人：＿＿＿＿＿＿＿

以下是评判供应商的操作步骤及要领，结合上述内容，最终选择合适的供应商。

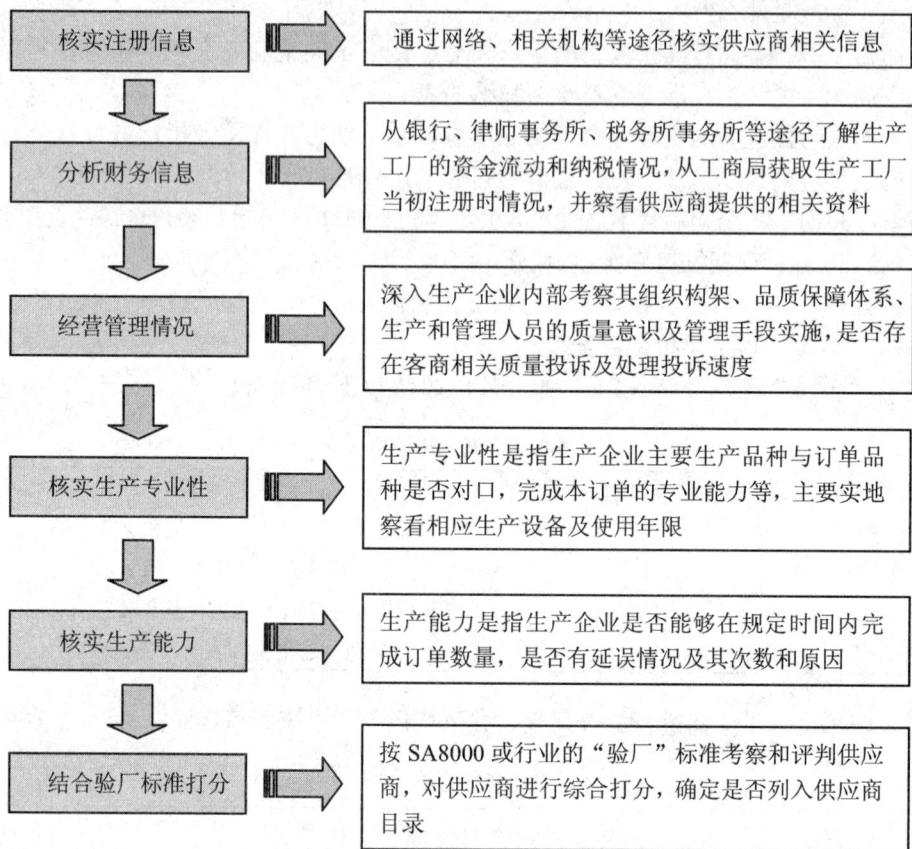

核实注册信息	➡	通过网络、相关机构等途径核实供应商相关信息
分析财务信息	➡	从银行、律师事务所、税务所事务所等途径了解生产工厂的资金流动和纳税情况，从工商局获取生产工厂当初注册时情况，并察看供应商提供的相关资料
经营管理情况	➡	深入生产企业内部考察其组织构架、品质保障体系、生产和管理人员的质量意识及管理手段实施，是否存在客商相关质量投诉及处理投诉速度
核实生产专业性	➡	生产专业性是指生产企业主要生产品种与订单品种是否对口，完成本订单的专业能力等，主要实地察看相应生产设备及使用年限
核实生产能力	➡	生产能力是指生产企业是否能够在规定时间内完成订单数量，是否有延误情况及其次数和原因
结合验厂标准打分	➡	按 SA8000 或行业的"验厂"标准考察和评判供应商，对供应商进行综合打分，确定是否列入供应商目录

图 2.3　核实与评判供应商的主要步骤及操作要领

1. 核实注册信息

途径一：通过网络途径进行初步核实

每一家生产企业在工商注册时，都会被要求提供相应的基本信息，该信息主要包括企业名称和地址、企业经营范围、注册资金、企业营运起讫时间、产品信息、联系方式（电话号码/传真号码、电子信箱、官网网址、邮政编码等）。

（1）企业产品信息

通过查找企业在网上披露的所有信息，如果企业信息相对集中和单一，表明这家企业相对稳定。因为每家企业需要宣传推广本企业产品，都会采用网络这一低成本发布信息手段。如果网上查询没有这家企业的任何信息或记录，原则上不宜马上与其开展业务，可以通过观察、考察来进一步了解该企业情况。事实上，只要有不诚信或既往非法事情被工商等部门处罚的企业，一般都会在工商部门留下蛛丝马迹。跟单员只要用心、细心，都会查到对分析判断有用的信息。

（2）联系方式信息

通过互联网搜索引擎，直接输入企业的"区号＋电话号码（如：0571-1234567）"或"区号加传真号码（如 0571-7654321）"。分别搜寻网页相关内容，并逐条仔细查看，认真寻找疑点。

（3）评价信息

跟单员采用多个搜索引擎进行网上搜索是十分必要的，有时会出现不同搜索结果，当然有些生产企业也会利用互联网发布一些对本企业有利的评价，跟单员可通过不同搜索引擎做出甄别。

（4）企业名称和地址信息

通过互联网搜索引擎，直接输入企业的"名称和地址"，核实企业是否过去被其他单位或个人使用过，以查询了解企业成立或变更情况。

（5）企业网站信息

通过 IE 浏览器输入企业官方网址，依据该官方网站上所提供的产品照片来初步判断生产是否专业，依据该官方网站上所提供的合作伙伴来罗列曾经的合作者，为下一步核实工作创造初步条件。

途径二：通过相关机构进行资信核实

进行资信调查的专业机构主要有：银行、律师事务所、税务师事务所、中国出口信用保险公司、工商局等。其中从银行、律师事务所、税务所事务所可以获得生产工厂的资金流动和纳税情况；工商局是国家行政机关，可以获得生产工厂当初注册时情况，如法人名字、注册资金、注册地址、成立时间、经营范围等信息。但这些都是一种时点相对"静止"的信息，跟单员还必须深入了解其他有关"动态"的信息。中国出口信用保险公司利用其全国各地的分支机构可以提供相关生产工厂的资信状况或法律诉讼等相关信息。

以下是浙江荣达进出口公司对绍兴宁武服饰有限公司进行的资信核实。跟单员王凯联系了浙江 AB 律师事务所，委托他们进行专业核实。以下是浙江 AB 律师事务所的回复函件。

资信调查报告

编号：ZJYW07075

浙江荣达进出口公司：

　　受贵公司委托，浙江 AB 律师事务所指派周云会对绍兴宁武服饰有限公司进行了调查了解，现就其资信情况出具资信调查报告如下：

　　一、被调查人主体资格

　　绍兴宁武服饰有限公司是经绍兴市工商行政管理局注册的有限责任公司。注册地址：绍兴市南岸区南路2号。法定代表人：刘军。经营范围：服饰研究开发、生产、销售（不含法律法规规定需要前置审批或许可的项目）。该公司依法年审，法人主体适格。

二、被调查人财产状况

绍兴宁武服饰有限公司注册资本人民币壹千万元整，分别为股东甲、乙、丙、丁，以600万元、200万元、100万元、100万元出资构成。该公司现有以出让方式取得的土地共四宗，其地号、面积分别为：地号464，面积15 479平方米；地号461，面积15 081平方米；地号432，面积15614平方米；地号463，面积15 984平方米。土地状态均设立抵押，其中，地号463宗地已抵押绍兴市城市信用合作社，贷款500万元；其余三宗地抵押给绍兴市城市信用合作社岭南支行，各贷款300万元。在地号464宗地上拥有办公及厂房。此外，该公司使用的车辆共五辆，机动车品名和牌号分别为：尼桑"天籁"——浙DA××51，蓝鸟——浙DA××26，奔驰——浙D××296，红旗——浙DA××98，斯柯达面包车——浙D0××93。该公司在绍兴市城市信用合作社岭南支行开立了存款账户。

三、被调查人商业信誉

根据目前我们掌握的公开资料显示，绍兴宁武服饰有限公司自成立以来，涉及经济诉讼10件，其中作为被告10件，完全败诉8件，部分败诉1件，经诉讼调解结案1件。

浙江AB律师事务所

张宏　律师

××××年××月××日

2. 分析财务信息

在激烈的市场竞争中，企业随时都有发生财务危机、经营危机的可能，尤其是在金融危机来临时，一些依靠举债度日的企业就会发生资金链断裂情况，使企业处于破产边缘。据2011年1～10月间的不完全统计，浙江温州地区因资金链断裂导致企业主出走的企业有42家，其中8月和9月就先后有29家企业倒闭或企业主集中"出走"，产生了较大的社会负面影响。这种企业内部危机或失败不仅给企业本身带来困境，而且会给各债权方、采购商带来损失。因此选择合适的企业合作，不仅要从企业外部了解，还非常有必要从企业内部了解财务情况。

途径一：通过生产工厂所在地工商行政管理局，核实注册资本[①]

依据我国工商管理规定，必须依法向所在地工商管理部门填表申请设立企业，并规定只有经过法定的验资机构出具验资证明及符合其他条件后，才能被允许设立企业。注册资本反映了出资人实缴出资额的总和，是企业法人财产权量，所有的股东投入的资本一律不得抽回，都由企业行使财产权。

途径二：通过生产工厂所在地开户银行，查询前一年的资金流动状况

流动资金是反映一定时期内（一般为一年）生产企业经营状况的主要指标。一般以流动

---

① 注册资本与注册资金是有区别的，注册资金是企业实有资产的总和，反映了企业经营管理权。

资金周转速度和周转期为衡量指标，流动资金周转次数多，说明资金利用效果好；周转期越短，说明资金周转快。因此，流动资金间接说明了生产工厂的经营情况。

途径三：通过生产工厂所在地开户银行，查询前一年的银行贷款状况

以借贷人角度而言，生产工厂向银行借钱数量和借贷时间长短说明了企业运营情况。一般情况下，借贷越多说明企业生意越好；借贷时间越长，说明了该生产企业自有资金不足，长期依靠企业的"体外循环"维持生产和经营。另外，银行贷款也需要使用成本，即企业向银行支付利息，从而冲减了利润。跟单员考察银行贷款状况，旨在间接了解生产企业自有资金和实力，从而判断生产企业完成订单的资金支持能力。

将通过"途径一"、"途径二"、"途径三"了解到的信息进行汇总，然后进行综合分析，如果发现其银行贷款额度大于注册资本、银行贷款到期未还等情况，说明该生产工厂的资金状况是处于紧张状态，是靠"体外循环"维持工厂营运，一旦遇到国家收紧银根或者银行催债就会面临"资金断裂"局面；如果发现其注册资本小于订单金额，说明该生产工厂完成订单时，可能会面临资金不足。跟单员得悉以上几种情况时，不能盲目"落单"。

3. 了解经营管理情况

跟单员需要了解生产工厂的内部部门设置。生产工厂主要有质量检验部、业务销售部、仓储运输部、财务部、技术开发部、人力资源部和生产部等，这些部门各司其职，构成了企业内部管理体系，通过了解这些部门设置情况，可以大致推测生产工厂经营管理情况。其次，跟单员通过察看各个部门的规章制度并查看生产工厂的以下资料，就可以了解大概情况：

(1) 物料采购单及供应商来料质量、数量、交货期历史记录；

(2) 仓库物料收发货记录，出入账本，物料定期盘点记录及客供物料记录；

(3) 生产总计划、各工序生产计划、生产日报、生产周报及生产周会记录；

(4) 产品设计会议，设计、设计评审、设计确认及设计更改记录；

(5) 产品生产流程图，生产指导书、试产后（产前）评审记录及生产绩效记录；

(6) 来料、过程、最终检验指引及报告，来料、过程、紧急放行及成品仓定期巡查记录；

(7) 不合格品记录或检验报告，停产记录及不合格品处理记录，纠正及预防措施记录。

4. 核实生产专业性

一般而言，生产企业生产产品是专一的，除了产品间的差异外，还与生产企业的生产设备和技术力量、技术能力有关。此外，就是同一类产品也是有差异的，如服装企业而言，专业生产男式衬衣的企业，很难胜任牛仔裤订单生产；专业生产家纺的企业，也难以胜任更加复杂的成衣生产；专业生产灯具的企业，不会生产电水壶等小家电……这种"术业有专攻"的例子举不胜举。因此，跟单员在寻找供应商时，必须考虑生产企业的专业性，这样才会使产品质量有保障。

5. 核实生产能力

生产能力是生产工厂完成订单的基本条件之一，生产能力主要包含了理想产能、计划产能、有效产能等。生产能力高低与生产企业专业性、生产管理水平、生产工人数量、生产场

地、生产设备和技术水平等方面因素有关。试想，如果把订单给了设备少、工人少、场地小、资金实力弱的"二少一小一弱"的生产企业去完成，不单产品品质得不到保障，产品的交货期也不会得到保障，最终是面临违约的境地。

跟单员在核实生产专业性和生产能力时，可以通过以下主要途径：

途径一：同类工厂或同行相关专业人士介绍

这种介绍所带来的信息具有一定的专业性和可靠性，是核实生产企业生产能力的主要依据，可以通过考察相关信息如："该生产工厂既往生产的产品品种，生产交货是否有延误交货史？是何种原因导致了延误交货？"来间接了解生产企业的实际情况，为评价生产企业的生产能力提供第三方意见。需要指出的是，由于行业内企业间存在着竞争关系，跟单员需要采用"旁敲侧击"等不经意的方式来了解，以确保信息真实可靠，防止虚假信息"迷惑"跟单员，从而得出错误的判断。

途径二：实地验厂

"实地验厂"方法是深入生产工厂实地考察并核实生产能力，通过亲眼查看设备数量及种类，品牌和型号，生产场地面积和生产流程，生产工厂的各个职能分布和工人人数后，对生产工厂状况有一个比较直观的了解，从而得出是否合适成为合作伙伴的结论。需要指出的是，跟单员实地验厂后，必须填写"验厂报告"，并予以妥善保管。

6. 考察企业社会责任

在经济全球化背景下，企业社会责任已经成为世界潮流及价值追求的一个方面，成为企业的发展模式、竞争模式和管理模式。一些国际采购商在下达订单前，往往对供应商按某些国际标准进行企业社会责任的考察，俗称"验厂"。如果供应商的社会责任方面不合格，是不能获得订单的，即使有些供应商已经拿到订单，也会因验厂通不过而被取消订单和供应商资格。因此，落单前和订单途中的验厂已经成为国际上的一种通行做法。

从目前验厂的标准看，主要有二种：国际通行标准和各个采购商自行拟定的验厂标准。前者以 SA8000 最为典型，该标准自 1997 年问世以来已经数次修改，主要针对世界各地、各个行业和不同规模生产型供应商的社会道德责任进行评估。由于该标准是关注人而不是产品质量或环境，备受社会的关注，一些采购商纷纷要求供应商的产品必须在符合社会责任标准的框架下组织生产。除了 SA8000，有些采购商还自行创设验厂标准，例如沃尔玛（Wal-Mart）、迪斯尼（Disney）、可口可乐（Coca-Cola）、乐购（TESCO）、耐克（NIKE）和家乐福（Carrefour）等，它们通过自设的验厂标准对全球范围内的供应商进行考察，符合条件的供应商可以成为其合作者，为散布在世界各地的门店供应商品。此外，为了防止所遴选的供应商可能发生变化，还建立了复审制度。以沃尔玛为例，每隔一段时间对老供应商重新复验，将每次复验结果进行打分，并以红橙黄绿四种灯进行区别，将那些经过整改仍不符合标准的供应商清理出供应商之列。这种复审制度，有效打破供应商终身制，使得一大批合格供应商为沃尔玛的中坚力量。

【知识链接2.1】沃尔玛验厂简介

　　沃尔玛验厂主要分为三个部分：社会责任验厂（ES验厂）、质量验厂（FCCA验厂）和反恐验厂（SCS验厂）。

　　社会责任验厂包括工厂员工工资、劳动条件、福利、管理制度和环境保护等，验厂结果以红橙黄绿四种灯色表示。如果存在使用童工、虐待员工和不配合验厂及资料前后矛盾（存在造假嫌疑）等行为，则验厂结果为红灯，意味着工厂内部存在特别严重问题，该情况下的供应商将被禁止操作沃尔玛订单、退回已出运货物；橙灯说明工厂内部的工资福利、工作时间等方面存在着较大问题，需要改进。

　　随着《劳动法》的实施，工厂管理水平提高，沃尔玛验厂标准也在发生变化，其中灯色要求也被赋予不同含义，下表是某个时期沃尔玛验厂时的灯色认定情况。

	验厂时出现的现象	灯色
分包商部分	◆ 使用承包商生产沃尔玛产品 ◆ 工厂使用并雇佣家庭用工	绿灯 绿灯
标准张贴部分	◆ 未张贴中文版Wal-Mart标准 ◆ 更改Wal-Mart标准后张贴 ◆ 张贴的Wal-Mart标准未经工厂管理者签署	绿灯 绿灯 绿灯
劳工部分	◆ 存在不当之招募费用 ◆ 明显收取入厂押金（包括厂服、工牌、生产工具/用具、伙食费等）；工人求职要交钱给厂方人员；外籍劳工不清楚劳动合同的条款、工作条件等 ◆ 根据所在国家的法律，外籍劳工不可以自由与雇主解除合约 ◆ 根据所在国家的法律，外籍劳工的最低工资不足或福利不够 ◆ 不经同意扣押外籍劳工的护照/居留证等	黄灯 黄灯 黄灯 橙灯 橙灯
检查权部分 （配合检查）	◆ 阻止进入厂区/宿舍区进行审查 ◆ 以各种理由不允许进入工厂/某一厂区/某一部门或宿舍检查 ◆ 工厂无法提供任何相关资料，如人事资料、工资记录、工卡记录等 ◆ 阻止与工厂员工进行面谈	红灯 红灯 红灯 红灯

　　从标准内容看，主要强调企业的社会责任，包括：遵守法律、结社自由和集体谈判权利、禁止歧视、补偿、工作时间、工作场所安全、禁止使用童工、禁止强迫劳工、环境和安全等问题。例如，SA8000:2008主要是从童工、强迫性劳动、健康与安全、结社自由权和集体谈判权、歧视、薪酬、工作时间、纪律和管理系统等九个方面对生产企业的社会责任提出了明确标准，较前一个版本更加细化。

　　从验厂的细节来看，一般都会有涉及多方面的问题需要回答，如：迪斯尼某个时期验厂时的问题①汇总如下：

①工厂规定最低工作年龄是多少？

②有无针对学龄儿童的工作经验强化培训计划？

③对不满18周岁的工人是否有限制？

④工厂采用什么措施确定工人的年龄？

⑤工厂内所有工人是否自愿工作？工厂是如何确保所有工人都是自愿工作？

⑥工厂是否有囚犯或被军队或当地政府委派的工人？

⑦下班时工人是否可以自由离开工厂？

⑧警卫是否只是负责工厂的财产和运作的安全？如果不是，那他们的职责是什么？

⑨工人是如何招聘进来的？

⑩工人行为不当或表现不佳，工厂采取什么处罚措施？

⑪工厂员工招聘是否基于年龄、性别、种族、性别取向、政治归属或国籍？

⑫熟练工人的最低月工资是多少？非熟练工人的呢？

⑬工人工资通过什么方式支付？（现金、银行转账或支票等）

⑭工人的工资是采用计件、计时或月薪？

⑮工人上班是否要打卡？

⑯多久发放一次工资？

⑰工人工资是否有扣除项？有什么扣除项目？它们是怎样存档的？

⑱工厂有无拖欠工人的工资？

⑲工厂提供工人什么津贴或补助？（主要有房补、餐费、交通费、卫生保健费、儿童保育费、病假工资、突发事件假期、产假、经期假、带薪年假、宗教节假日、社会保险等）

⑳津贴或福利是否算进最低工资？

㉑工厂是否有分红计划？

㉒培训期间工人是否有工资？

㉓加班有加班费吗？

㉔最长连续工作多久才有休息？

㉕工厂工作时间多长？

㉖工厂生产有几班次？每个班次工作时间多久？

㉗加班费如何计算？

㉘工人平均每周加班时间是多少？

㉙每天正常工作时间是多少？

㉚工人每周最多上班时间为多少小时？

㉛工人是否每天有用餐的时间？

㉜工人是否每天有休息时间？如果有，每天几次，每次多长时间？

㉝工人可以把工作带回家做吗？

---

① 已做适当整理和修改，编者。

㉞工厂是否有急救药箱？

㉟工厂是否有受过培训的急救员？

㊱工厂是否提供工人有关健康安全的培训？

㊲工厂是否有灭火器或喷洒系统？

㊳多于两层的楼房是否有逃生通道？

㊴是否免费为工人提供工人防护用品？

㊵是否限制工人饮用水？

㊶工厂有多少个功能完好的洗手间？男女厕所分别有多少？

㊷工厂是否有通风和照明系统？

㊸所有楼层的每个班次是否都有主管在场？每个班次有几名主管？

㊹是否允许工人参加工会？

㊺是否提供工人宿舍？如果有，是工厂自己的还是在外面租赁的？

㊻宿舍有几栋？每栋住多少工人？

㊼每间房住几名工人？

㊽每个工人的入住空间多少？

㊾男女宿舍是否分开？

㊿每个工人是否拥有自己的床位？

51宿舍是否张贴了疏散图和逃生标示？

52宿舍所有楼层是否均有灭火器？

53高于两层的宿舍是否有逃生通道？

54易爆物品是否储存在宿舍或与宿舍相连的厂房内？

55宿舍是否举行过消防演习？

56男女厕所数目多少？

57是否提供饭堂和洗衣设施？

58工厂是否扣除住宿、餐费和交通费用？

59进出宿舍是否有控制？

60是否有宵禁？

61员工是否可以自由进入宿舍？

62员工是否自由使用饮用水？

63工厂在环保方面采取什么措施（废水处理、空气净化和危险品处理等）

64是否有生产任务外发？（如果有外发，请把详细的信息一一列出）

65原材料采购途径有哪些？是否向个体户、团体采购？

　　一旦客商要求按照SA8000或采购商自己设定标准进行验厂，跟单员要切实认真对待验厂标准并理解其中的相应要求，整理相关资料，诚实回答非商业秘密问题，并会同企业内各个相关部门对缺陷部分进行整改，争取一次性通过验厂或复审。

　　需要指出的是，虽然通过验厂可以成为世界知名采购商的供应商，但也有人认为验厂时的苛刻条件已经成为非关税壁垒的代言词，况且验厂也需要花费一笔不菲的费用。

【知识链接2.2】生产工厂组织形式

企业组织结构主要的形式有：直线制、职能制、直线—职能制、事业部制、模拟分权制、矩阵结构等。

（1）直线制

直线制是一种传统而简单的组织形式。其特点是企业中各级行政部门从上到下实行垂直领导，下属部门只接受一个上级部门的指令，各部门负责人对所属部门内的工作负责。

```
                    ┌─────────────┐
                    │  厂长/总经理  │
                    └─────────────┘
        ┌───────────────┼───────────────┐
   ┌─────────┐     ┌─────────┐     ┌─────────┐
   │ 车间主任1 │     │ 车间主任2 │     │ 车间主任3 │
   └─────────┘     └─────────┘     └─────────┘
        ┌───────────────┼───────────────┐
   ┌─────────┐     ┌─────────┐     ┌─────────┐
   │ 班组长1  │     │ 班组长2  │     │ 班组长3  │
   └─────────┘     └─────────┘     └─────────┘
```

（2）职能制

各级行政单位除主管负责人外，还相应地设立一些职能机构。如在厂长下面设立职能机构和人员，协助厂长从事职能管理工作。这种结构要求行政主管把相应的管理职责和权力交给相关的职能机构，各职能机构就有权在自己业务范围内向下级行政单位发号施令。

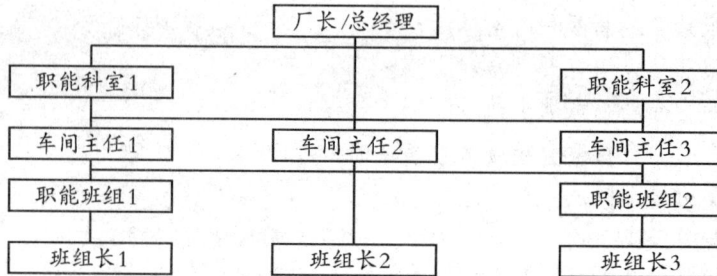

```
                    ┌─────────────┐
                    │  厂长/总经理  │
                    └─────────────┘
   ┌─────────┐                         ┌─────────┐
   │ 职能科室1 │                         │ 职能科室2 │
   └─────────┘                         └─────────┘
   ┌─────────┐     ┌─────────┐     ┌─────────┐
   │ 车间主任1 │     │ 车间主任2 │     │ 车间主任3 │
   └─────────┘     └─────────┘     └─────────┘
   ┌─────────┐                         ┌─────────┐
   │ 职能班组1 │                         │ 职能班组2 │
   └─────────┘                         └─────────┘
   ┌─────────┐     ┌─────────┐     ┌─────────┐
   │ 班组长1  │     │ 班组长2  │     │ 班组长3  │
   └─────────┘     └─────────┘     └─────────┘
```

（3）直线—职能制

直线—职能制，也叫生产区域制，或直线参谋制。它是在直线制和职能制的基础上，取长补短，吸取这两种形式的优点而建立起来的。目前，我们绝大多数企业都采用这种组织结构形式。

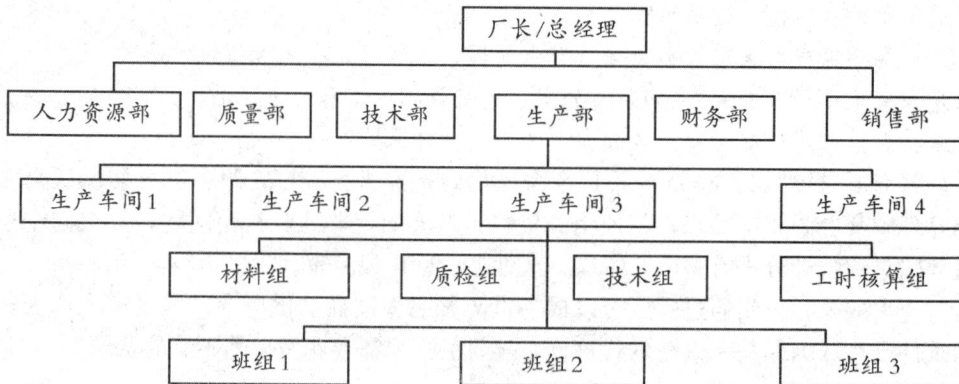

```
                              ┌─────────────┐
                              │  厂长/总经理  │
                              └─────────────┘
 ┌────────┐ ┌──────┐ ┌──────┐ ┌──────┐ ┌──────┐ ┌──────┐
 │人力资源部│ │ 质量部│ │ 技术部│ │ 生产部│ │ 财务部│ │ 销售部│
 └────────┘ └──────┘ └──────┘ └──────┘ └──────┘ └──────┘
 ┌────────┐   ┌────────┐   ┌────────┐   ┌────────┐
 │ 生产车间1│   │ 生产车间2│   │ 生产车间3│   │ 生产车间4│
 └────────┘   └────────┘   └────────┘   └────────┘
   ┌────────┐   ┌────────┐   ┌────────┐   ┌──────────┐
   │ 材料组  │   │ 质检组  │   │ 技术组  │   │ 工时核算组 │
   └────────┘   └────────┘   └────────┘   └──────────┘
      ┌──────┐      ┌──────┐      ┌──────┐
      │ 班组1 │      │ 班组2 │      │ 班组3 │
      └──────┘      └──────┘      └──────┘
```

【知识链接 2.3】跟单员与供应商谈判策略

跟单员在寻找供应商并与之洽谈时，可能会遇到以下几种情况：

(1) 供应商吹嘘有许多合作工厂

当得知跟单员手中有订单，眼看生产任务饱满，无法在规定时间内完成交货，为了先拿下该订单，供应商会说，有许多合作工厂，以本企业为龙头加上合作企业的帮助，一定能够在规定时间内交货。殊不知，供应商使用了"先将订单锁住，然后慢慢拖"的策略。

应对策略：跟单员明确告知，合同中将设置"若交货期延误一天按1％处罚，延误二天按2％处罚……"惩罚性条款，并予以公证，希望其三思而行。

(2) 供应商哭穷并认为价格太低

跟单员经常会听到一些供应商抱怨订单利润薄、要求高，因此要求提高订单价格，这种抱怨是一种策略，无非就是想多赚点钱，无可非议。

应对策略：认真听取后，利用自己娴熟的原材料价格和用料优势，与供应商开诚布公谈判，将供应商核算过程中不应该有或过高"水分"挤去，最后明确告知该订单是有利润的，否则工厂就要停工了。

(3) 供应商吹嘘自己生产品质如何好

这样的吹嘘无非是想打消跟单员对产品质量的质疑，让跟单员相信供应商的质量管理能力，为获得订单打下基础。另外，还为获得产品定价权争取一份机会或让你做出更大的让步。

应对策略：先不要流露出不轻信的面色，可以在参观整个工厂车间时，重点观察成品质量，收集一些有问题产品，为随后的谈判准备素材。

任务 2.1.4　确定合格供应商的操作

在确定合格供应商中，体现了跟单员的收集和甄别信息能力。以下是一个模拟的"业务背景"，具体介绍从商品种类、地域性、生产能力和专业性等方面收集信息并综合考虑后，最终确定合格供应商的操作主要过程。

【业务背景】刘明是地处杭州市区的浙江容大进出口有限公司跟单员，他所在公司接到了比利时荣华贸易商的订单，订购MEN'S T-SHIRT, 3000DZS, FABRIC：280G/M², 100％ COTTON, 21^S/2, PIQUE① GARMENT PIGMENT DYE②, 交货期为签订合同后45天内。在合同洽谈阶段，刘明被要求提前进入该订单的工作状态，先期进行基础工作——寻找合格供应商。随即，刘明根据已知的大致订单信息和平时积累资料，对几家备选供货工厂的注册信息、资信状况、生产技术和生产能力、管理水平、交通便利性、品种控制能力等情况进行

---

① PIQUE：一种针织面料，名称为"珠地网眼面料"。
② GARMENT PIGMENT DYE：成衣涂料染色。

比较分析，最终选定一家工厂作为这个订单的供货商。

【操作实务指南】

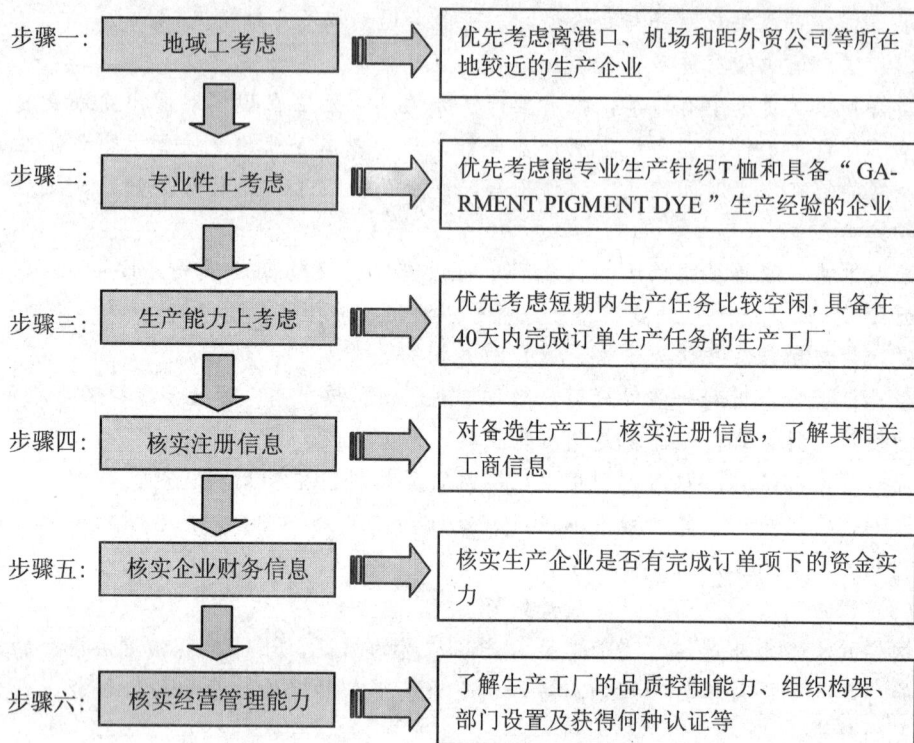

步骤一：　地域上考虑　⇒　优先考虑离港口、机场和距外贸公司等所在地较近的生产企业

步骤二：　专业性上考虑　⇒　优先考虑能专业生产针织T恤和具备"GARMENT PIGMENT DYE"生产经验的企业

步骤三：　生产能力上考虑　⇒　优先考虑短期内生产任务比较空闲,具备在40天内完成订单生产任务的生产工厂

步骤四：　核实注册信息　⇒　对备选生产工厂核实注册信息,了解其相关工商信息

步骤五：　核实企业财务信息　⇒　核实生产企业是否有完成订单项下的资金实力

步骤六：　核实经营管理能力　⇒　了解生产工厂的品质控制能力、组织构架、部门设置及获得何种认证等

图 2.4　寻找合格供应商的操作指南

步骤一：寻找候选供货商

刘明考虑到该订单为针织 T-SHIRT，他在众多服装生产供应商中首先排除了生产梭织服装的工厂，而宁波天一针织服装厂、杭州宏达针织有限公司、绍兴明达针织服装厂、南通宁丰有限公司和宁波象山宏业针织服饰制作有限公司五家都可以成为该订单的供应商。但从地理位置看，南通宁丰针织服饰有限公司距离杭州最远，且交通不便；从生产能力看，宁波天一针织服装厂因为近期订单较多，无法承担在 45 天内完成该批订单的生产任务。综合以上分析，南通宁丰针织服饰有限公司和宁波天一针织服装厂不在考虑范围内。在剩下的宁波象山宏业针织服饰制作有限公司、杭州宏达针织有限公司和绍兴明达针织服装厂三家中，刘明经过走访后了解到绍兴明达针织服装厂的业务经理不知道"GARMENT PIGMENT DYE"是何种生产工艺，显然该厂没有生产这类针织服装的专业能力与经验。最后剩下杭州宏达针织有限公司和宁波象山宏业针织服饰制作有限公司两家。

步骤二：确定重点考察对象

通过初步的筛选，刘明最后确定将杭州宏达针织有限公司和象山宏业针织服饰制作有限公司作为重点考察对象，并整理了这两个工厂的基本信息。

表 2.5 选择供应（生产）商

项目 \ 公司	杭州宏达针织有限公司	宁波象山宏业针织服饰制作有限公司
企业类型	私营独资企业	私营独资企业
成立时间	1998 年	2002 年
注册资本	150 万元	120 万元
主要产品	各类针织服装加工	各类针织服装加工
员工人数	280～300 人	150～180 人
厂房面积	45 000 平方米	30 000 平方米
年营业额	7 000 万元以上	5 000 万元以上
主要客户及产品主要销售市场	国内贸易公司、外贸公司和美国市场及南美市场	外贸公司、日本市场、欧洲市场
认证及证书	通过 ISO9001 质量体系认证、Walmart 认证	通过 ISO9001 及 ISO140001 认证、Oeko-Tex Standard 100 认证和 SA8000 认证
业务电话	0571-88667755	0574-89567890
产品价格	人民币 350 元/打	人民币 320 元/打

表 2.6 验厂报告 日期：××××年××月××日

项目及内容 \ 公司名称		杭州宏达	象山宏业
生产设备（拷边机、三针五线机、双针机、锁眼机、链条针机）		260 台/套	150 台/套
设备使用时间		2003 年	2006 年
设备维护		正常	正常
月产量		550 000 件	414 000 件
工作场所的安全防范与卫生健康		符合要求	符合要求
生产计划与控制	生产排期表	有	有
	各部门的生产日报表	有	有
品质管理计划与控制	是否有制度化的品质管理系统；有无执行	有，在执行	有，在执行
	是否有独立行使职权的质量控制人员；工厂是否有质量总监	有	有
	产品质量实施随机抽样方法	是	是
	工厂是否有区分颜色的灯箱	有	有
	QC 比例	10%	10%
	是否有"检针设备"记录	无	有
研发技术人员数量		8 人	5 人
人权保障状况是否符合国际标准		符合	符合，通过沃尔玛验厂
跟单距离（路途）		近	远
离港口距离（宁波港）		200 公里	120 公里
（上海港）		200 公里	320 公里
离杭州距离		30 公里	200 公里

撰写者姓名（签字）：刘明

步骤三：实地考察后写出验厂报告

刘明与主管王经理一起到两家候选工厂进行了实地考察。根据搜集到的两家候选工厂信息资料，刘明执笔撰写了验厂报告（见上页表2.6）。

综合分析：杭州宏达针织有限公司和宁波针织服饰制作有限公司都符合客户订单的要求，从两家的产品报价来看，杭州宏达公司的报价比象山宏业高10％，跟单成本则因距离因素象山宏业要高5％左右，但是象山宏业具有日本和欧洲市场订单生产经验，且具备"生态纺织品认证"证书。另外，宁波象山宏业针织服饰制作有限公司地处浙江省的"服装产业集群"，离宁波港较近，具有明显的"区位优势"和"产业集群优势"。

结论：选择宁波象山宏业针织服饰制作有限公司作为本次订单的供货商。

宁波象山宏业针织服饰制作有限公司现场查验的相关图片如下：

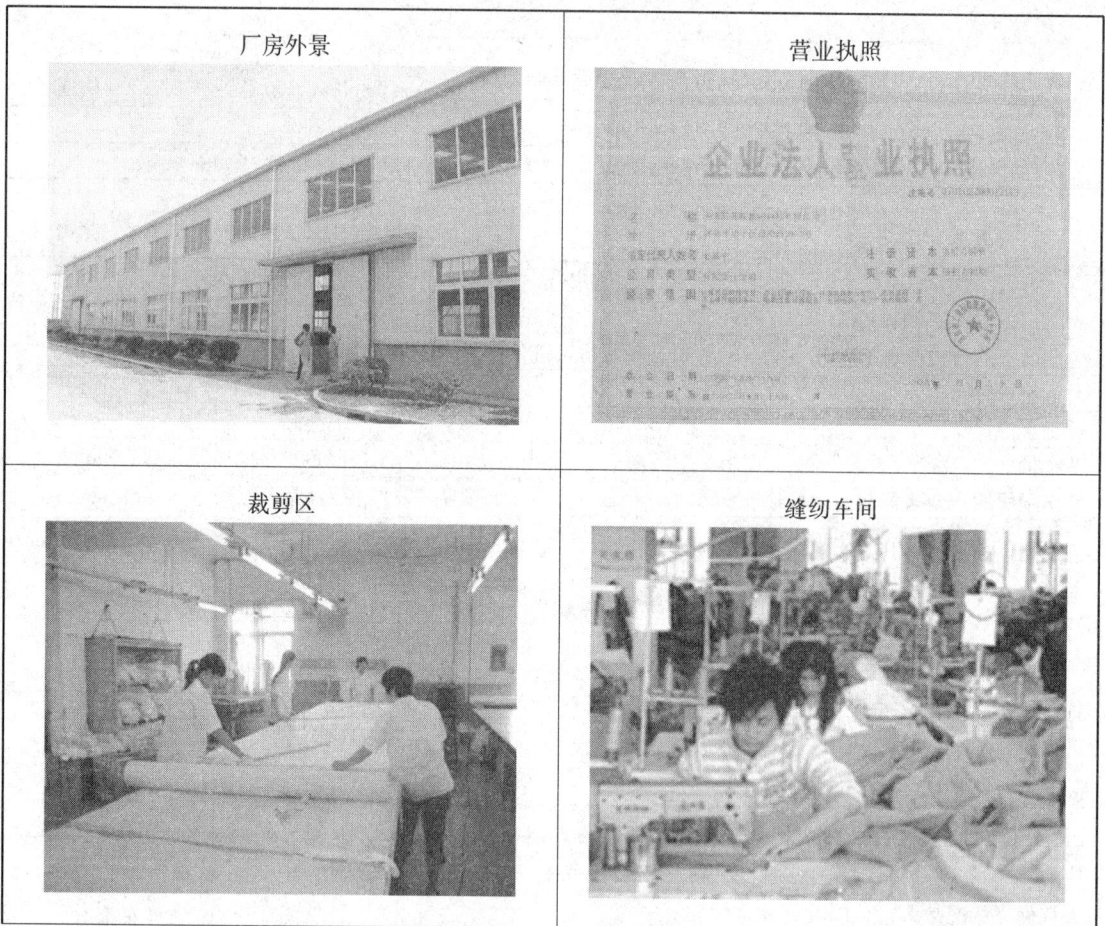

厂房外景

营业执照

裁剪区

缝纫车间

样品处

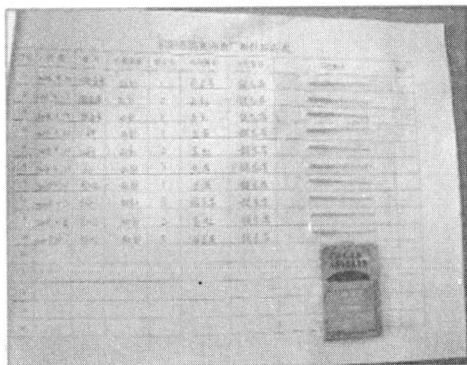

检验区

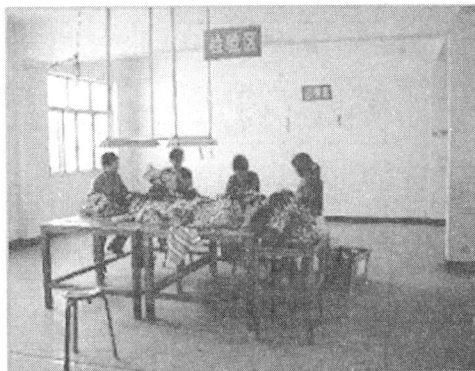

断针检测记录

急救箱

项目 2.2　原（辅）材料跟单

　　理论上而言，采购通常主要指组织或企业的一种有选择性的购买行为，其购买的对象主要是生产资料或成品，通过商品交易的手段把所选对象从对方手中转移到自己手中的一种活动。它包含两层基本意思：一层为"采"，即选择，从众多对象中选择若干个之意；另一层为"购"即购买。原材料跟单是以采购原（辅）材料过程为载体，针对原（辅）材料实时跟踪过程中可能出现的问题，提出解决方法。本节中的原（辅）材料采购是指采购与订单有关的材料、零部件、辅料等生产资料，确保成品生产过程中不会因为原（辅）材料原因而导致成品瑕疵、延误等事件发生。

```
┌─────────────────┐        ┌──────────────────────────────────┐
│  采购原材料要求  │ ═══▶   │ 适当的交货时间、交货质量、交货地点、交货数 │
└─────────────────┘        │ 量、交货价格是原材料的基本要求           │
         │                 └──────────────────────────────────┘
         ▼
┌─────────────────┐        ┌──────────────────────────────────┐
│  采购工作要点    │ ═══▶   │ 事前规划、事中执行及事后考核是原材料的工作 │
└─────────────────┘        │ 要点                               │
         │                 └──────────────────────────────────┘
         ▼
┌─────────────────┐        ┌──────────────────────────────────┐
│  确定跟单方法    │ ═══▶   │ 采购单跟催法、定期跟催法是保障原材料的方法， │
└─────────────────┘        │ 有经验的跟单员综合利用这些方法做好跟单工作  │
         │                 └──────────────────────────────────┘
         ▼
┌─────────────────┐        ┌──────────────────────────────────┐
│  监控生产过程    │ ═══▶   │ 一般监控、预定跟单方案、生产企业实地跟单都是 │
└─────────────────┘        │ 生产监控的方法，其中驻厂跟单、三期跟单都是常 │
                           │ 用的方法                             │
                           └──────────────────────────────────┘
```

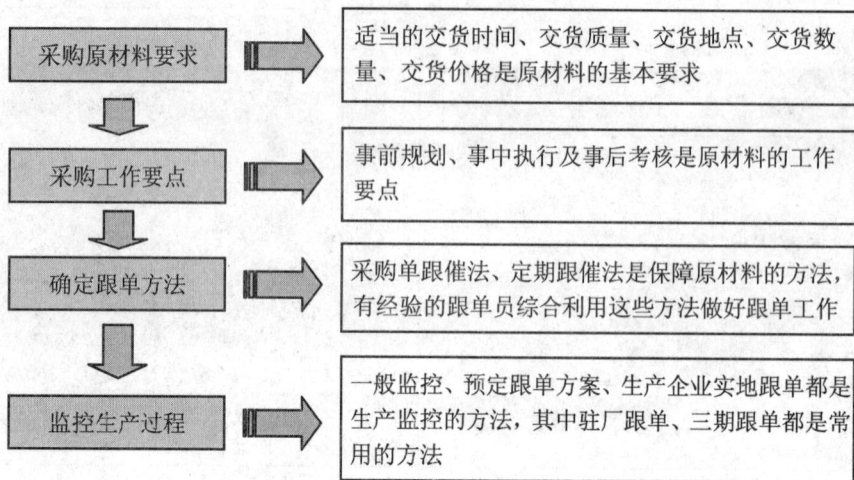

任务 2.2.1　掌握基本要求

原（辅）材料采购跟单的基本要求是：适当的交货时间，适当的交货质量，适当的交货地点，适当的交货数量，及适当的交货价格。

1. 适当的交货时间

适当的交货时间是指企业所采购的原（辅）材料在规定的时间获得有效的供应。如果原（辅）材料未能如期到达，可能会引起以下情况的发生：

（1）生产效率下降。由于原（辅）材料到货时间的延误，产生"停工待料"，导致生产效率下降，阻碍生产活动的顺利进行，导致产品不能按计划出货，引发客户不满。

（2）企业生产成本上升。为了弥补由于原（辅）材料到货时间"晚点"所引起的生产进度延误，生产企业需要加班或增加员工，致使人工费用增加，成为企业成本增加的直接原因。

（3）产品质量下降。如果原（辅）材料未能如期到达，生产企业需要加班或增加员工，未经培训的员工纷纷上岗以及赶工等情况，都可能会导致产品质量下降，甚至有些管理不善的生产工厂，将一些未完成的半成品或质量有瑕疵的也作为正品出口，造成产品质量不符合要求，引起客商的索赔。

（4）跟单成本增加。采购方采购原/辅材料往往有较多的种类，其中某一种原/辅材料延误抵达生产企业（虽然有些种类原/辅材料可以在产品生产后期到达），不仅影响整个生产进度，也势必导致跟单次数增加，差旅成本、通讯费用和人工成本等都会大幅度提高。

如果原/辅材料提前到达仓库，则可能会发生以下情况：

（1）增加仓储费用。原材料提前到达仓库，会增加库容和仓储费用及短途搬运费等费用。

（2）降低资金使用效率。供应商提前交货，采购方需要提前付款，除了增加采购方库存量外，还会占用大量的生产资金，导致资金使用效率下降，增加企业经营成本。

（3）引发更多的违约。允许供应商提早交货，会导致供应商发生其他交货的延迟。因为供应商为提高自身资金使用效率，会优先生产那些高价格原/辅材料并提早交货，直接显现高额利润，从而将其他价格低的原/辅材料推迟供应或延迟交货。

综上所述，跟单员确定原/辅材料的交货时间非常重要，过早或延误供应都会导致企业损失。

2. 适当的交货质量

跟单员不能只看重交货时间，适当的交货质量是跟进工作的重点之一。所谓适当的交货质量，是指供应商所交的原材料可以满足企业使用要求。过低的质量要求是不容许的，但过高的质量会导致生产成本提高，削弱产品的竞争力。同样，原材料质量达不到企业使用要求的后果也是严重的：

（1）会导致企业内部相关人员花费大量的时间与精力去处理，增加企业的管理费用。

（2）会导致企业在重检、挑选上花费额外的时间与精力，造成检验费用增加。

（3）会导致生产线返工增多，降低生产效率。

（4）会导致生产计划推迟，有可能引起不能按承诺的时间向客户交货，并降低客户对企业的信任度。

（5）会引起客户退货，导致企业蒙受严重损失，严重的会丢失客户。

3. 适当的交货地点

为了减少企业的运输与装卸费用，跟单员在进行原/辅材料跟单时，应要求供应商在适当的地点交货，这些适当的地点可以是港口、物流中心企业的仓库，甚至是企业的生产线上。只要离企业较近、方便企业装卸运输的地点都是适当的交货地点。

因此，跟单员应重点选择那些离企业近、交通方便的供应商。因交货地点不当，会增加原/辅材料的运输、装卸和保管成本，并且可能导致"二次装卸"，使原（辅）材料质量遭受损坏。

4. 适当的交货数量

适当的交货数量是指每次交来的原材料企业刚好够用，不产生更多的库存。交货数量越多，价格越便宜，跟单员的工作也相对越轻松。但交货数量并不是越多越好，企业资金占用、资金周转率、仓库储存运输等成本都将直接影响企业采购成本。跟单员应根据资金、资金周转率、储存运输成本、原材料采购计划等综合计算出最经济的交货量。其效益如下：

（1）降低库存。采购所需用的数量，避免出现库存呆料，库存量的减少使得仓储费用大大降低，同时还避免额外装卸费用发生；

（2）减少资金占用。足额数量的采购，节省材料款，减少了生产资金占用，使更多资金可以周转至其他生产环节；

（3）灵活应对突发事件。在执行订单生产计划途中，客商有时会突然要求产品设计变更或减少订单数量，这种情况使生产商陷入尴尬被动境地，尤其是如何处理原材料，从而头疼不已。

5. 适当的交货价格

所谓适当的交货价格是指在市场经济条件下，对企业及供应商双方均属适当的价格，并且要与市场竞争、交货质量、交货时间及付款条件相称。跟单员长期与众多供应商打交道，对原（辅）材料价格十分熟悉。因此，跟单员要十分注意交货的价格，奉行"货比三家"策略，挑选那些"性价比高"的原（辅）材料。

跟单员可以通过以下途径获得"性价比高"的原（辅）材料：

途径一：多渠道获得商品报价

当跟单员采购某一原（辅）材料时，除了选取通过不同地域、不同性质供应商报价外，还可以请原供应商和新供应商报价。跟单员在比较价格时，要特别注意各个供应商价格的前提条件，如有的供应商会设置价格的时间生效条件；有的供应商会设置价格的数量生效条件；有的供应商会设置价格的包装生效条件；有的供应商会设置价格的付款生效条件等，只有当上述生效条件相一致时，才能进行比较，从而获得"性价比高"的原（辅）材料。另外，企业与某些现有供应商的合作可能时间较长，但它们的报价未必是最优惠的。通过多渠道获得的商品报价，是减少生产成本的有效途径，因此，跟单员要事先做足"功课"，为压价和还价获得更多信息"筹码"及"底气"。

途径二：比价

跟单员对各供应商提供的最低报价信息进行比较。由于各供应商的报价单中所包含的条件往往不同，故跟单员必须将不同供应商报价单中的条件，转化为相对一致后，才能进行正确的比较，只有这样才能得到真实可信的比较结果。对于大批量、大金额的采购，跟单员必须谨慎行事，比价工作要做得更细，防止因考虑不周全而出现采购成本提高的情况。

途径三：议价

经过比价环节后，筛选出价格最适当的两三个报价进入议价环节。要注意的是适当价格，而不一定是最低的价格。随着议价进一步的深入，不仅可以将详细的采购要求传达给供应商，而且还可进一步"杀价"，因为供应商的报价往往含有"水分"。但如果原材料为卖方市场，即使是面对面地与供应商议价，最后所取得的实际成绩可能要比预期低。

途径四：定价

经过上述三个环节后，双方均可接受的价格，就是日后的正式采购价。跟单员一般对每个产品的采购，需保留三个以上供应商的报价。有时这些供应商的价格可能相同，也可能不同。让这些供应商知道你有多个供应商可选择，他只是一个竞争者，他们就会努力改善合作关系，这样企业才可能获得最好的报价和服务。

任务 2.2.2　掌握工作要点

在原（辅）材料跟单过程中，要进行卓有成效的跟单，需要跟单员细致、认真、踏实的工作态度。就一笔原（辅）材料采购跟单而言，在跟单前、生产中和交货后要有一个详细跟单计划，即事前规划、事中执行与事后考核。具体如下：

1. 事前规划

原（辅）材料跟单前，跟单员首先要完成一些基础事务工作，如：了解原（辅）材料采购名称、规格、数量和交货时间等基本信息，并制订相关跟单计划。

（1）确定交货日期及数量；

（2）了解供应商生产设备种类和完好率；

（3）供应商提供生产计划表或交货日程表；

（4）监督供应商的原材料生产及生产管理的手段；

（5）其他供应商地点及联系方式，做好替代来源。

2. 事中执行

这是一种对原（辅）材料生产过程中的跟单，主要是跟踪解决原（辅）材料生产过程中所出现问题。

（1）了解供应商备料情况；

（2）企业提供必要的材料、模具或技术支援；

（3）了解供应商的生产效率；

（4）加强交货前的催单工作；

（5）交货期及数量变更的应急通知；

（6）一旦遇到原（辅）材料规格变更，要立即通知采购商并等待进一步通知。

3. 事后考核

在完成原（辅）材料跟单任务后，跟单员需要对本次跟单进行总结，将跟单过程中出现的主要事件和处理过程记录，并建立跟单业务档案，为下一次跟单积累经验。

（1）对交货迟延的原因进行分析并做好对策准备措施；

（2）分析是否需要更换供应商；

（3）执行对供应商的奖惩办法；

（4）完成采购单后对余料、模具、图纸等收回并处理。

任务 2.2.3　确定跟单方法

采购单发放给供应商后，跟单员并不是就可以高枕无忧地等供应商把所采购的原材料按质按量送达指定仓库。跟单员需要在预定的交货期开始前数天提醒供应商，一方面给供应商适当的压力，另一方面可及时掌握供应商能否按期交货或能否交够所需数量等情况的第一手资料，从而尽快采取相应措施。

1. 按采购单跟催法

从理论而言，跟单员可以采用按采购单跟催和定期跟催两种方法做好跟单工作，使供应商在必要的时候送达所采购的原材料，以便降低企业的经营成本。其中，按采购单跟催就是按采购单预定的进料日期提前一定时间进行跟催的一种方法。这种跟催的方法，就是按日期顺序排列，并提前一定时间进行跟催，这种方法又被称为"联单法"；另外，还有统计法、跟催箱法和计算机提醒法等。

2. 定期跟催法

这种方法是基于固定的某一个时间，跟单员按该时间去原（辅）材料生产企业进行跟单。如果采用这种方法进行跟单，跟单员事先要制订严密的时间计划，并将该时间所对应的跟单工作内容按照采购单要求整理好，打印成报表定期统一跟催。需要指出的是，采用这种方法跟单时，"死板"的跟单内容被事先确定，不能应对动态变化的跟单过程中出现的情况。所以，跟单员还需要在跟单过程中采用"灵活"态度，处理随时可能出现的问题。表 2.7 归纳了原（辅）材料跟单过程中常用方法及操作方法。

表 2.7　　　　　　　　　原（辅）材料跟单过程中常用方法及操作过程

跟单方法 \ 操作	分类	操作过程
采购单跟催法	联单法	将采购单按日期顺序排列好，提前一定时间进行跟催。
	统计法	将采购单统计成报表，提前一定时间进行跟催。
	跟催箱法	制作一个 30 个格子的跟催箱，将采购单依照日期顺序放入跟催箱中，每天跟催相应采购单。这种方法的目的是保证跟单员不因工作繁忙而遗漏重要事项。
	计算机提醒法	微软 OUTLOOK 系统中的日历安排计划功能，将每月需要办理的催单事项，输入日历，每天上班开机，打开 OUTLOOK 系统，它会自动提醒跟单员当天需要办理的事项。
定期跟催法		基于固定的某一个时间，跟单员按该时间去原（辅）材料生产企业进行跟单。如果采用这种方法进行跟单，跟单员事先要制订严密的时间计划，并将该时间所对应的跟单工作内容按照采购单要求整理好，打印成报表定期统一跟催。

任务 2.2.4　掌握操作过程

我们已知原（辅）材料跟单是生产中跟单中一个重要组成部分。跟单员必须跟踪原（辅）材料采购过程，跟单内容除了原材料的技术规格、质量、数量及交货期等方面外，还必须与出口商品的要求相匹配。

在原（辅）材料跟单过程中，除了依据合同或订单外，跟单员还要对照进口商提供的工艺单，使其采购的原材料质量完全符合生产的要求，并在规定的期限内，获得必需的原材料，避免企业停工待料，保障对外合同的履行。

原（辅）材料采购跟单的流程及操作要点参见图 2.5。

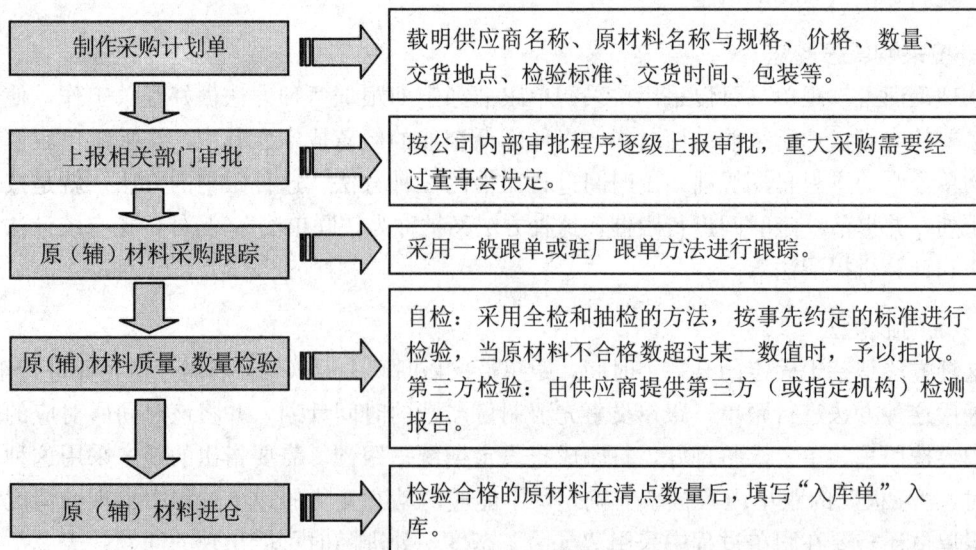

```
制作采购计划单  ➡  载明供应商名称、原材料名称与规格、价格、数量、
                    交货地点、检验标准、交货时间、包装等。
        ↓
上报相关部门审批  ➡  按公司内部审批程序逐级上报审批，重大采购需要经
                    过董事会决定。
        ↓
原（辅）材料采购跟踪  ➡  采用一般跟单或驻厂跟单方法进行跟踪。
        ↓
原（辅）材料质量、数量检验  ➡  自检：采用全检和抽检的方法，按事先约定的标准进行
                            检验，当原材料不合格数超过某一数值时，予以拒收。
                            第三方检验：由供应商提供第三方（或指定机构）检测
                            报告。
        ↓
原（辅）材料进仓  ➡  检验合格的原材料在清点数量后，填写"入库单"入
                    库。
```

图 2.5　原（辅）材料采购跟单流程及操作要点

1. 制作采购申请单

《采购申请单》的主要内容包括原材料名称与规格、数量、价格、质量验收标准、包装、交货地点和交货期等。在采购原材料前，必须填写"原材料采购申请单"，将价格、供应商、付款条件等基本信息递交相关部门。

表 2.8　　　　　　　　　　　　采购原材料辅料申请单

采购部门			采购日期	___年__月__日		需要日期	___年__月__日	
订单单号			采购编号			承办人		
序号	商品名称	商品代号	型号规格	数量	单价	入库时间	总价	使用时间
预算金额		元		总价合计				元

一、采购原因简述：_____
二、供货厂家名称、地址或电话：1._____ 2._____ 3._____
三、以前曾有类似的采购？□否 □是（请写采购编号_____）
四、是否需要指定品牌：□否 □是 理由如下：_____
五、需维护服务？□否 □是
六、交货地点：_____
七、质量要求：_____
八、验收时间须超过7天以上？□否 □是
九、资金准备：□有 □无 □不足，缺少_____元
十、审核批准签字

申请部门经理签字		复核人签字	
财务部负责人签字		批准人签字	

2. 制作采购单

在获得批准后，跟单员必须及时制定"采购单"，采购单的样张如表2.9。

表 2.9 原材料采购单

采 购 单

采购单编号：_____

_____年____月____日

供应商（卖方）：_____

型号	品名、规格	单位	数量	单价	金额	备注
...						
...						

合计（大写）　____万____仟____佰____拾____元____角____分

1. 交货日期：□_____年_____月_____日以前一次交清。
　　　　　　 □分批交货，交货时间_____，数量要求：_____。
2. 交货地点：_____
3. 包装条件：_____
4. 付款方式：货到交货地，经我公司验收合格后，立即付款。
5. 不合格产品处理：全部或一部分不合格时，应由卖方取回调换或退款。
6. 如因交货误期、规格不符、质量不符合要求造成本公司的损失，卖方负赔偿责任。
7. 如卖方未能按期交货，逾期____天时，本公司有权自行取消采购单或对卖方罚款____元/天。卖方必须赔偿本公司因此蒙受的一切损失。
8. 其他：_____
9. 开户行：_____；账号：_____
　　地址：_____；
　　联系电话：_____传真：_____
　　联系人：_____

采购单位：_____××有限公司（盖章）

供应商确认人签字并盖公章：___××有限公司（盖章）___

时间：_____年____月____日

3. 原材料采购跟踪

跟单员在下达采购单或签订采购合同时，就应决定监控的方法。倘若采购的原材料为一般性、非重要性的商品，则仅做一般的监控即可，通常仅需注意是否能按规定期限收到检验报表，有时可用电话查询实际进度。但若采购的原材料较为重要，可能影响企业的营运，则应考虑另做周密的监控。

跟单员要了解实际进度，可从供应商的进度信息中获得，如供应商的进程管理信息，生产简报中的信息，供应商依约定送交的定期进度报表等，或直接去供应商生产企业了解。

4. 原（辅）材料的质量判定

对于原（辅）材料的质量判定，一般有以下一些途径：

途径一：由供应商自行提供检测报告

由供应商内部检测部门通过一定检测手段进行检测，检测合格后，就会签发检测报告，这种检测报告的可信度不高，因为受到检测设备等条件限制和检测人员检测水平等一系列因素影响，一旦有"瑕疵"原（辅）材料被投入生产后，按照现有业内规定，供应商是不承担责任的，进而买卖双方陷入无休止的扯皮之中。因此，跟单员应该事先就要求供应商，在指定检测机构进行检测，否则不能轻易相信。

途径二：由采购商自行检测，并出具检测报告

由采购商内部检测部门通过一定检测手段进行检测，一旦发现不合格原（辅）材料就可以退回，但是，由于检测由采购商内部检测部门单方面进行，其检测结果也很难得到供应商认可，双方可能就检测条件、检测标准、检测地点、检测样品选取和检测设备（仪器）的可信度产生分歧，相互扯皮。

途径三：由供应商委托第三方检测

这是由供应商自行采集样品委托第三方检测机构进行检测，并签发检测报告。如果该第三方检测机构是由采购商指定，则采购商可能会比较认可检测结果。但是，跟单员要注意供应商的"狸猫换太子"的行为，即供应商特地选择质量上乘的原（辅）材料进行检测，实际发货却不是同一批原（辅）材料，而是有质量"瑕疵"问题的原（辅）材料。此时，因为缺乏有效证据证明原（辅）材料的检测过程中存在"狸猫换太子"行为，采购商会陷入十分被动的境地。

途径四：双方共同委托第三方检测

由供应商和采购商双方经过协商，共同委托一家具有资质的专业的第三方检测机构进行检测，并签发检测报告。采用检测样品也是双方共同采集和封存并送交第三方检测机构，这样的检测结果往往具有公信力，且得到法律认可，一旦发生司法诉讼，法院裁定有依据。

原（辅）材料的跟单是为确保原（辅）材料品质合格，符合生产要求，跟单员不能只顾跟单过程，而不顾跟单操作细节。如果发现原（辅）材料中存在质量"瑕疵"，要立即封存，并将事实情况通报给原（辅）材料供应商，千万不能投料生产。否则原（辅）材料供应商就会以"行业行规"拒不承担责任。例如，在服装跟单过程中，当所采购的面料到达采购商时，要在入库前办理检验手续，并在裁剪前再次检验，如果发现布料存在"色差"、"破洞"、"跳丝"、"断经"、"断纬"、"污渍"等现象，就要停止裁剪，并通知面料供应商前来处理。一旦裁剪，再通知面料供应商前来处理，面料供应商就会以"面料经裁剪后不与理会"的行业行规拒绝调换或赔偿。同理，拉链、缝纫线、纽扣、胶袋、纸箱、衬板纸、价格牌、商标等辅料采购中，也会存在这样的行业行规。

表 2.10 截取了一份梭织面料检测报告中的部分内容，被检样品是供应商送交采购商后，由采购商和供应商共同委托专业检测机构检测，检验内容为经纬密度、克重、色牢度〔含光

晒色牢度、摩擦色牢度（干摩和湿摩）、沾色色牢度①]、拒水性能、有害偶氮染料等。跟单员拿到这样一份检测报告，首先应该认真阅读，明白有哪些检测项目，其次对照相关要求（如客商要求或国际/国家及行业标准），判断该检测报告中不合格检测项目或结果，最后察看检测报告的签发机构和日期是否符合要求。通过阅读，不难发现送检面料的色牢度存在不同问题，如光晒色牢度均低于规定4级、1号样品面料摩擦色牢度（干摩和湿摩）色牢度低于4级、3号样品面料洗涤状态下对尼龙的沾色色牢度低于4级等。跟单员可以就这些检测项目（见灰色部分）的结果与标准值进行对照，凡低于规定要求（数值）的，即判定该批面料不符合要求，不能入库，同时要求供应商检查原因，重新生产并再次检测直至合格。

表 2.10   某检测机构对三种不同颜色面料检测结果

TEST ITEM			RESULTS		
PHYSICAL TESTING			SAMPLE（S）		
		UNIT	01	02	03
1	THREADS PER INCH WARP ［BS 2862-1984］ WEFT	ENDS/INCH PICKS/INCH	161 96	161 96	161 96
	THREADS PER CM WARP ［BS 2862-1984］ WEFT	PER CM	63 38	63 38	63 38
2	WEIGHT［BS 2471-1978（1997）］	g/m^2	244.9	233.1	263.3
3 3.1	WATER RESISTANCE ［BS 3424-1990］PART 26 METHOD 29C PASS/FAIL MODE AS RECEIVED AT 5000mm FOR 5 MINUTES		No Water Penetration	No Water Penetration	No Water Penetration
3.2	AFTER 9000 CYCLE CRUMPLE/FLEX（ISO 7854 METHOD C-1995） AT 2500 mm FOR 2 MINUTES		No Water Penetration	No Water Penetration	No Water Penetration
3.3	AFTER 1ST MACHINE WASH AT 2 500mm FOR 2 MINUTES NOTE：WASHING CONDITION-BSEN25077-1994/BSEN26330- 1994，WASCATOR METHOD，WASHING PROCEDURE 8A， AT 30°C AND FOLLOWED BY TUMBLE DRY HIGH		No Water Penetration	No Water Penetration	No Water Penetration
4 4.1	COLOUR FASTNESS TESTING **TO LIGHT** ［ISO105B02METHOD2-1994（AMD 1-1998）， XENON ARC-LAMP］	SCALE	2-3	1-2	2-3

---

①   不同洗涤状态下对不同成分面料的沾色情况。

续　表

4.2	**TO RUBBING** (ISO105X12-2001，OBLIQUE DIRECTION) -DRY -WET	GREY SCALE	 2-3 2-3	 4-5 4-5	 4-5 4-5
4.3	**TO WASHING** (MODIFIED ISO 105 C06 A2-1994-30℃) COLOUR STAINING 　-WOOL 　-ACRYLIC 　-POLYESTER 　-NYLON 　-COTTON 　-ACETATE	GREY SCALE	4-5 4-5 4-5 4-5 4 4-5 4-5	4-5 4-5 4-5 4-5 4-5 4-5 4-5	4-5 4-5 4-5 4-5 2-3 4-5 4-5
4.4	**TO WATER** (ISO 105 E01-1994) 　-WOOL 　-ACRYLIC 　-POLYESTER 　-NYLON 　COTTON 　-ACETATE		4-5 4-5 4-5 4-5 4-5 4-5	4-5 4-5 4-5 4-5 4-5 4-5	4-5 4-5 4-5 4 4-5 4-5
5	AZO-DYE TEST ON TEXTILE MATERIAL AMINE TEST ON SUBMITTED SAMPLE〔AMTLICHE SAMMLUNG VON UNTERSUCHUNGSVERFAHREN NACH PARAGRAPH 35 LMBG, FOR LEATHER SAMPLE, METHOD WITH REFERENCE TO DIN 53316 DETECTED BY GC/MS, HPLC (DETECTION LIMIT=5MG/KG), AND/OR ON TLC〕				
	FOR AQUEOUS EXTRACTION METHOD FORBIDDEN AMINE (PPM) (mg/Kg)		<30		
	FOR POLYESTER METHOD FORBIDDEN AMINE (PPM) (mg/Kg)		<30		

任务 2.2.5　监控生产过程

1. 一般监控

跟单员在下达采购单或签订采购合同时，就应决定监控的方法。倘若采购的原材料为一般性、非重要性的商品，则仅做一般的监控即可，通常仅需注意是否能按规定的期限收到检验报表，有时可用电话查询实际进度。但若采购的原材料较为重要，可能影响企业的营运，则应考虑另做周密的监控。

跟单员要了解实际进度，可从供应商的进度信息中获得，如供应商的进程管理信息，生产简报中的信息，供应商依约定送交的定期进度报表等，或直接去供应商生产企业了解。

2. 预订跟单方案

对于较重大的业务，跟单员可在采购单或采购合同中明确规定，供应商应编制预定进程表。此项内容可在报价说明中或招标须知中列明，并应在采购单或采购合同中明确约定。所谓预定进程进度表，应包括全部筹划供应生产的进程，例如企划方案、设计方案、采购方案、生产企业产能扩充、工具准备、组件制造、分车间装配生产、总装配生产、完工试验及装箱交运等全过程。此外，应明确规定供应商必须编制实际进度表，将预估进度并列对照，并说明延误原因及改进措施。

3. 生产企业实地跟单

对于重要原材料（零部件）的采购，除要求供应商按期递送进度表外，跟单员还可以视情况分时间点前往供应商生产企业进行实地跟踪。需要指出的是，跟单员前往生产原材料（零部件）供应商时间选择上，应该采用不定期和定期、通知与不通知等方法，这样能够了解更多实际真实情况，必要时可派专人驻厂跟单。

4. 跟单综合实务操作

【业务背景】意大利客商 TTLG 公司与浙江荣达进出口公司（简称"浙江荣达"）经过洽谈，达成从浙江荣达采购 100% COTTON 21^S/2 220 克/平方米 Y/D MEN'S KNITTED T-SHIRTS 1800 DOZS（共有 4 个颜色，分别为黄色 400 打，绿色 600 打，酒红色 200 打，红色 600 打）的合同。合同号：ZJ2011002，款号：458。

该合同规定：T-SHIRTS 款式为衬衫领（每件配有三颗"贝壳"纽扣和一颗备用纽扣、"FARMER"机织主唛一个、洗涤唛一个），面料为 220 克/平方米（±5 克/平方米），包装 1 PC/POLYBAG，12 PCS/CTN，不能使用 PVC 胶袋（胶袋要有位于底部的二个"气眼"），胶袋外要印刷"keep this bag away from babies and children，do not use in cribs，beds，carriages，or playpens. The film may cling to nose and mouth and prevent breathing. This bag is not a toy."且为"自封式"胶袋。此外，为了保护纸箱内产品不会受到损坏，每一纸箱还要加"天地盖"（即每一纸箱的底部和产品上部各铺设一张"单瓦楞"纸板）。所有包装材料上的显著位置必须印刷"Recycle"标志。另外，每一件 T-SHIRT 要挂"价格牌"和"尺码牌"各一个。

经过比较，跟单员刘杰决定：纸箱、纸板从金花包装材料有限公司采购，价格为 19 元/套（一个纸箱、二片"单瓦楞"纸板）（含税）；主唛、洗涤唛从万立绣制品有限公司采购，价格为 1.5 元/套（含税）；价格牌、尺码牌从宁丰印刷科技有限公司采购，价格为 0.8 元/套（含税）；上述价格均含运费和包装费。

【操作步骤】

步骤一：确定原（辅）材料种类及名称

根据"业务背景"所提供的背景资料，跟单员刘杰整理并归纳了以下原（辅）材料种类及名称。

序　号	原（辅）材料名称	成　分	规　　格
1	针织面料	全棉	$21^s/2$ 220 克/平方米 色织
2	纽扣	塑料	"贝壳"纽扣，每件 4 颗
3	主唛	全涤	机织，织字"FARMER"
4	洗涤唛	全涤	机织
5	胶袋	PE	印字和二个"气眼"、"Recycle"标志、"自封式"
6	纸箱	纸质	双瓦楞、"Recycle"标志
7	纸板	纸质	单瓦楞、"Recycle"标志
8	价格牌	纸质	250 克/平方米"白板卡"印刷相应字体和条形码
9	尺码牌	纸质	250 克/平方米"白板卡"印刷相应字体
10	缝纫线	涤纶	分颜色采购

　　步骤二：计算原（辅）材料数量

　　根据"业务背景"所提供的背景资料，跟单员刘杰考虑到生产过程中所有原（辅）材料的损耗率，因此他针对不同商品设定了不同损耗率（具体见表格），并计算出相应拟采购数量。

序　号	原（辅）材料名称	成　分	损耗率	数量（个）
1	针织面料	全棉	（略）	（略）
2	缝纫线	全涤	（略）	（略）
3	纽扣	塑料	2%	$1\,800 \times 12 \times 4 \times (1+2\%) = 88\,128$
4	主唛	全涤	1%	$1\,800 \times 12 \times (1+1\%) = 21\,816$
5	洗涤唛	全涤	1%	$1\,800 \times 12 \times (1+1\%) = 21\,816$
6	胶袋	PE	2%	$1\,800 \times 12 \times (1+2\%) = 22\,032$
7	纸箱	纸质	2%	$1\,800 \times (1+2\%) = 1\,836$
8	纸板	纸质	2%	$1\,800 \times 2 \times (1+2\%) = 3\,672$
9	价格牌	纸质	2%	$1\,800 \times 12 \times (1+2\%) = 22\,032$
10	尺码牌	纸质	2%	$1\,800 \times 12 \times (1+2\%) = 22\,032$

步骤三：制订采购计划（以万州立绣制品有限公司为例）

采购原材料/辅料申请单

采购部门	供应部	采购日期	2011 年 03 月 30 日		需要日期	2011 年 04 月 15 日
订单单号		采购编号			承办人	刘杰
序号	商品名称	型号规格	数量	单价	入库时间	总价	使用时间

序号	商品名称	型号规格	数量	单价	入库时间	总价	使用时间
1	主唛和洗涤唛	见实样	21 816	￥1.5 元/套	4 月 12 日	￥32 724	4 月 15 日

预算金额	￥32 724 元	总价合计	￥32 724 元

一、采购原因简述：＿＿＿＿＿＿＿＿＿＿

二、供货厂家名称、地址或电话：1. **万州立绣制品有限公司 85145123**　2. ＿＿＿＿＿＿

三、以前曾有类似的采购？☑否　□是（请写采购编号＿＿＿＿＿＿＿＿＿＿＿＿＿＿）

四、是否需要指定品牌：☑否　□是　理由如下：＿＿＿＿＿＿＿＿＿＿＿＿＿＿

五、需维护服务？□否　☑是

六、交货地点：＿＿＿＿＿＿＿＿＿＿＿

七、质量要求：＿＿＿＿＿＿＿＿＿＿＿

八、验收时间须超过 7 天以上？☑否　□是

九、资金准备：☑有　□无　□不足，缺少＿＿＿＿＿＿＿＿元

十、审核批准签字

申请部门经理签字	**万一合**	复核人签字	
财务部负责人签字	**刘宝富**	批准人签字	

步骤四：质量检验（略）

步骤五：数量检查（略）

步骤六：主（辅）材料入库（略）

练一练

请根据上述业务背景，用已掌握的跟单过程中相应的基础知识来回答以下问题。

1. 在采购胶袋时，要注意的问题是什么？

2. "Keep this bag away from babies and children, do not use in cribs, beds, carriages, or playpens. The film may cling to nose and mouth and prevent breathing. This bag is not a toy." 中文是什么意思？

3. 欧洲的 "Recycle" 标志是怎样的？有什么作用？

4. 如果损耗率为 2%，请计算各种辅料采购的具体数量？跟单员一旦按这样数量采购，则会增加什么成本？

5. 意大利客商 TTLG 公司要求 T 恤使用何种材料的纽扣？

6. 如果浙江荣达将该订单给了多年合作的宁波奉化江南制衣厂，该厂跟单员刘杰从辅料供应商那里订购一批塑料胶袋，塑料胶袋未做检查就登记入库。在使用了订购量的 80% 后，被发现其中多处英文字母"E"被印刷成"F"，刘杰随即向辅料供应商索赔但遭到拒绝，请问辅料供应商的做法是否有理？为什么？

项目 2.3　产品质量跟单

随着科学技术的进步，生产的机械化、经营的规模化、市场经济的相互竞争促进了质量检验与管理水平的发展，因此，质量检验与质量管理已经成为全面提升我国出口产品质量水平的重要组成部分。跟单员在产品质量跟单过程中应熟知产品质量要求、产品质量要素构成、买方质量要求、产品质量法定标准和产品质量检验实施等知识，加上企业管理知识和仔细认真的跟单工作态度，就能够圆满完成产品质量跟单，将合乎质量要求的出口产品按时按量交给境外客商。

产品的质量跟单是生产跟单中的核心环节，跟单员在产品生产的整个过程中，要以产品质量为原则，在尊重产品质量跟单工作流程前提条件下，有条不紊地开展跟单工作。

任务 2.3.1　认识产品质量

要做好产品质量跟单，跟单员首先要了解和掌握产品质量要素构成，在跟单过程中，针对产品质量要素，参照国家产品质量标准、客商要求，监督产品生产的全过程，及时解决产品生产过程中出现的问题。此外，跟单员还要熟知生产工艺和过程，只有这样才能做好出口产品的质量跟单工作。

1. 产品质量要素构成

出口产品质量构成的要素有以下几个方面组成：

（1）性能

性能是指产品满足一定使用要求所具有的功能，包括使用性能和外观性能两类。如汽车的速度、转弯、爬坡、油耗等要求；手表的计时准确、防水、防磁、防震等要求；水泵的功率、真空吸上高度、扬程、流量等要求，都属于使用性能。产品使用性能往往通过各种技术性能指标（如机械、物理、化学性能指标）来表示，产品造型、款式、色彩等则属外观性能。

（2）可信性

可信性是指产品的可用性及其影响因素、可靠性、维修性和维修保障等性能。产品可用性是产品在规定条件下及规定时间内完成规定功能的能力。可靠性反映产品性能的持久性、精度的稳定性、零部件的耐用性等，是在使用过程中逐渐表现出来的产品满足各项质量要求的内在质量特性。表现可靠性水平的常用特征值有可靠度、故障率、故障间平均工作时间、维修度及有效度、平均寿命等。产品的维修性是产品在规定条件下及规定时间内，按规定的程序和方法维修时，保持或恢复到规定功能的能力。维修保障性是维修保障资源能满足产品完好性和使用要求的能力。产品的可靠性、维修性和维修保障性是保证及提高产品可用性的主要因素，是产品性能得以正常发挥的必要条件。所以，产品可用性应在产品质量要求中明确提出，并在设计、生产、检验及使用过程中加以保证。

（3）安全性

安全性是指产品在生产、贮存、流通和使用过程中，对伤害或损坏的风险按可接受的水平加以限制的状态。在出口商品中，安全性主要体现在吃、穿和用等方面，如汽车、摩托车等失控、失事或严重的噪声、排污；电气产品的漏电；食品中有害物质超标；儿童玩具结构、材料上的不安全因素等，都可能给使用者造成伤害，并带来了财产、环境和社会等方面的损失。为了使消费者能安全使用产品，一些国家或行业组织陆续颁布了产品质量法律或认证要求，规定必须通过某种类型检测或取得某种认证后才能生产或销售，如欧洲市场 RoHS、沙特 SASO、巴西 INMETRO、埃及 ILAC、伊朗 VOC、韩国 KC、澳大利亚 SAA、俄罗斯 GOST、南非 SABS、科威特 KUCAS、肯尼亚 PVOC、叙利亚 COC、阿尔及利亚 COC、墨西哥 NOM 认证等，以下选取一些国家或行业组织有关产品安全性认证或准入条件。

20 世纪 80 年代，因服装等绗缝制品中频发残断针伤害消费者事件，日本政府以立法形式颁布消费者权益保护法，以督促生产商、进口商和销售商重视产品中残断针，并规定一旦发现所经销的产品中有残断针存在，将受到重罚，造成消费者伤害的还要进行赔偿，该法律的实施，促使绗缝制品进入日本市场前，必须经过严格的残断针检测程序。

为了使进入欧洲市场的电器电子产品更加有利于人体健康及环境保护，欧盟于 2006 年 7 月 1 日开始在其成员国中实施 RoHS 指令，经过 5 年多时间的实践，修改后的新版 RoHS 标准于 2011 年起实施，该指令强制规定铅 Pb、镉 Cd、汞 Hg、铬 Cr^{6+}、多溴二苯醚 PBDE、多溴联苯 PBB 有害物质超过限量（见表 2.11）的电器电子产品都不允许进入欧盟市场，这一规定不仅涉及白家电类（如电冰箱、洗衣机、微波炉、空调、吸尘器、热水器等），还涉及了黑家电类（如音频、视频产品、DVD、CD、电视接收机、IT 产品、数码产品、通信产品等）和电动工具类（如电动电子玩具、医疗电器设备等）。

表 2.11　　　　　　　　　　　　　RoHS 指令限制六类有害物质

序号	有害物质名称	可能使用该物质的产品	限量标准
1	铅 Pb	焊料、玻璃、PVC 稳定剂、包装箱印刷	≤1 000ppm
2	汞 Hg	温控器、传感器、开关和继电器、灯泡	≤1 000ppm
3	镉 Cd	开关、弹簧、连接器、外壳和 PCB、触头、电池	≤100ppm
4	铬 Cr^{6+}	金属附腐蚀涂层	≤1 000ppm
5	多溴二苯醚 PBDE	阻燃剂、PCB、连接器、塑料外壳	
6	多溴联苯 PBB	阻燃剂、PCB、连接器、塑料外壳	

沙特阿拉伯标准组织（Saudi Arabian Standards Organization，SASO）根据本国地理及气候环境、民族宗教等习惯，针对玩具、电器电子产品、汽车产品和化学产品类等五大类 66 种商品颁布了一系列安全性标准，并从 2010 年 2 月起，上述类别商品进入沙特市场前，需要经过专门机构检测并获得 SASO 认证证书，才能进入沙特市场。具体而言，跟单员在对空调、电池、化妆品、玩具、压缩机、风扇、家用电器、电线电缆、传真机、灯具、光电源、电梯、发电机、办公用电子电器设备、个人电脑、电源、汽车配件、陶瓷、音响、功放机、会议系

统、调音台等产品订单进行生产跟单时，除了跟踪货期和数量外，还要在出口前安排产品进行 SASO 检测，并及时将检测合格的 SASO 认证证书递交进口商，以便其在进口清关时向沙特海关出示，否则产品将被拒绝入境。

巴西政府颁布了 371 法令，规定从 2011 年 7 月 1 日起，销往巴西市场的电动医疗设备、电力线路装置、电线及电缆、软电线及插头、危险场所使用的设备（如灭火器、丙烷存储罐）、气态系统仪器（如家用调压仪）及开关、插头及插座等 73 类产品都要经过巴西 IN-METRO 认可的机构进行安全性检测，符合安全性要求的产品加贴 INMETRO 标志（见图 2.8）。据此，凡对出口巴西的家用及相关类别的电器产品（如水壶，电熨斗，吸尘器等），跟单员要提早与经过授权的检测认证机构沟通，进行安全认证检测。

从 2012 年 2 月起，埃及针对鞋类和服装的安全性，强制要求进口商必须出具由第三方机构签发的具有 "ILAC①" 或 "CNAS②"（见图 2.9）标志的证书，其中服装的检测范围为纤维成分（定性）、游离甲醛、禁用偶氮染料；鞋类的检测范围为禁用偶氮染料、富马酸二甲酯、五氯苯酚、耐磨、耐折、剥离试验。

国际环保纺织协会针对纺织服装产品中可能存在对人体有害的甲醛、杀虫剂、有害染料等物质，颁布了 "Oko-Tex Standard 100" 标准，根据 2010 年版的标准要求，如果纺织产品中重金属（如锑、砷、铅、镉、汞、铜、六价铬、钴、镍）、pH 值、甲醛、杀虫剂、含氯酚（如五氯苯酚 PCP、四氯苯酚 TeCP 和三氯苯酚 TriCP）、可分解有毒芳香胺染料、致敏染料、含氯有机载体、染色牢度、挥发性物质（如富马酸二甲酯 DMFU）、有机挥发气体/味和 PVC 增塑剂（如邻苯二甲酸酯类）等的检测项目值低于规定值，则加贴纺织品生态标签（见图 2.6）。表 2.11 汇集了部分国家或地区生态纺织品的测试项目要求。

图 2.6　纺织品生态标签

图 2.7　SASO 认证标志

图 2.8　INMETRO 认证标志

图 2.9　CNAS 认证标志

---

①　International Laboratory Accreditation Cooperation 的缩写，中文为 "国际实验室认可组织"。

②　China National Accreditation Service for Conformity Assessment 的缩写，中国合格评定国家认可委员会的简称，主要从事各类管理体系认证和产品认证。

与其他国家一样，美国有一个独立的非营利的为公共安全做试验的专业机构——美国保险商试验所（简称 UL 安全试验所）专门对出口至美国及加拿大市场的产品进行检测，以确定该产品是否对人类生命存在危害。如果在产品和（或）产品包装上有 UL 标识，则表示该产品已经通过 UL 认证，符合美国安全标准要求，因此，UL 标志也是产品性能安全的象征。UL 认证已经广泛应用于视听设备、汽车、电子元器件、家用电器、工业控制设备、信息技术设备、灯具、医疗器械、塑料、电线电缆等行业的认证，虽然该项认证不具有强制性，但由于其具备开启美国或加拿大市场的功能，备受世界各国生产商或贸易商的重视。

表 2.12　　　　　　　　　　　　纺织品、服饰和鞋类产品受限物质测试项目①

序号	测试项目	国家/地区	面料						
			天然	合成纤维	混纺	皮革	PU/PVC合成革	塑料聚合物	涂层/油墨/涂料
1	偶氮染料	欧盟、中国、印度、越南、韩国	△	△	△	△			△
2	致癌染料	欧盟、中国	△	△	△				△
3	致敏性分散染料	德国、中国、韩国			△				
4	甲醛	德国、芬兰、日本、中国、韩国、越南	△	△	△		△		△
5	含氯酚	欧盟、中国、韩国	△	△	△				△
6	总铅	丹麦、美国、加拿大、韩国					△		△
7	总镉	欧盟、美国					△		△
8	六价镉	德国、韩国				△			
9	镍释放量	欧盟							
10	邻苯二甲酸酯	欧盟、美国、中国、韩国					△	△	△
11	富马酸二甲酯	欧盟、韩国					△		
12	有机锡化合物	欧盟、日本、中国、韩国	△	△	△		△	△	△
13	阻燃剂	欧盟、美国、中国、韩国、加拿大、日本	△	△	△	△	△	△	△
14	含氯有机载体	欧盟、中国			△		△		
15	壬基苯酚、辛基酚	欧盟					△	△	△
16	杀虫剂	瑞士、中国、日本	△			△			
17	挥发性有机化合物	欧盟					△	△	△

具有四五千年饮用历史的茶叶，占据饮料消费量的 25%。它起源于中国，越来越多的人已经形成了喝茶习惯。随着消费人群的不断增加，对茶叶所面临的安全性的担心也表现出前所未有的关注。茶叶安全性主要是指茶叶中的重金属、农药残留量及卫生指标等，其中农药

---

① 摘自 Intertek（天祥）集团官方网站，限于篇幅略有改编。

残留量是困扰我国茶叶出口的一大问题，备受国际关注。许多专家、学者认为应该提高茶叶生产（种植）、加工、存储、运输和检测等各个环节的关键控制技术，使茶叶出口质量稳定，符合国际标准。

（4）适应性

适应性是指产品适应外界使用环境变化的能力。外界使用环境包括自然环境和社会环境。自然环境是产品使用时所处环境的自然性特点，如地理、气候、水文特点、温度、湿度、气压特点、灰尘、油污、振动、噪声、电磁干扰等特点。社会环境是产品使用时所处环境的社会性特点，如政治、宗教、风俗、习惯、特定客户群等特点。具体而言，就电器电子产品而言，各国的单相民用电压和频率不尽相同，如中国为 220 伏/60 赫兹、俄罗斯为 220 伏/50 赫兹、巴拿马为 110 或 120 伏/60 赫兹、沙特为 127 伏和 220 伏（利雅得为 235 伏）/60 赫兹，巴西为 110 和 220 伏/60 赫兹（巴西利亚为 110 伏，圣保罗为 220 伏）、日本为 100 伏 50/60 赫兹、台湾地区为 110 伏/60 赫兹等。因此，跟单员在跟单过程中要特别关注电器电子产品在进口国/地区的适应性。另外，随着国际动物保护组织及一些国家宗教信仰方面的要求，家禽类宰杀必须严格符合进口国/地区要求，否则动物产品会面临退运。

（5）经济性

经济性是指合理的产品寿命周期费用。产品寿命周期费用包括开发研制过程、生产制造过程、流通使用过程及用后处置的费用总和。对客户来说，就是产品价格和使用费用之和。合理的产品寿命周期费用是产品满足客户和社会要求的主要质量特性之一，也是产品市场竞争力的关键因素之一。经济性差的产品，即使其他质量特性都很好，也难以在市场上长期立足。在一个成熟的市场中，消费者对产品使用费用的关心往往不亚于对其价格的关心，当今市场上各类节能型产品的日益丰富和热销就是一个明证。

（6）时间性

是指在规定时间内满足客户对产品交货期和数量要求的能力，以及满足随时间变化及客户需要变化的能力。由于科学技术的进步和国际贸易的发展，产品的技术含量和知识含量越来越高，产品的市场生命周期越来越短，几乎所有的产品都面临越来越激烈的市场竞争。所以，产品的时间性往往决定产品的竞争力。如果产品开发速度快，供货及时，就可以抢先占领市场，争夺消费者，取得竞争优势。时间性作为产品的一个质量特性已被越来越多的人所认识并得到重视。

（7）回收性

任何产品都有生命周期，当产品从进入市场开始，直到最终退出市场为止所经历的市场生命循环全过程，这个过程就如同人的生命一样，由诞生、成长到成熟，最终走向衰亡。在人们越来越重视环境保护的今天，许多国家/地区政府纷纷要求在产品设计初期，就考虑到产品被人们废弃后的回收问题。欧洲议会和理事会在 2003 年 1 月针对废旧电子电器设备回收，颁布了《关于废旧电子电器设备指令》（Waste Electrical and Electronic Equipment，简称 WEEE），其主要目的是预防废弃物的产生，其次是方便废弃物再回收、再使用、再制造，减少资源浪费。此外，2001 年 4 月 1 日日本政府正式实施《特定家用机器再商品化法》。2011 年 1 月 1 日起中国政府正式实施了《废弃电器电子产品回收处理管理条例》。从上述各国政府相继颁布并实施的电子产品回收利用指令来看，电子产品的回收和利用将对生产和销售产生重大影响。

2. 产品质量检查操作方法和技能

（1）充分度量

要对产品的一个或多个质量特性，通过物理的、化学的和其他科学技术手段和方法进行观察、测量、试验，取得产品质量的客观数据。在掌握了本商品的客观数据后，就可以"以事实为准绳，以标准为依据"，对商品的质量优劣做出基本判断；

（2）对比

将实际度量结果与相应质量标准相对比，以确定所跟踪产品的质量特性是否符合要求。在实际操作中，有时客商会提供实样，跟单员需要按照实样来进行比对，如色样（见模块一），这种按实物制作过程也是一种技能体现，当对应的色样制作完成后必须在规定的光源下（一种专用设备，见图 2.10）与原色样进行比对，将最接近原色的色样寄给客商确认。此外，也有客商不寄色样而是直接告诉潘通（PANTONE）颜色编号（见图 2.11），该 PANTONE 颜色编号也是一种标准代号，跟单员要根据指定颜色制作色样，并将所得色样与潘通标准色卡进行对比，使货品的实际颜色与原色的偏离值最小（也称色差度最小），从而提高产品质量和市场竞争力。

（3）判定

根据对比结果，判断单件产品或一批产品是否合格。

（4）处理

对于不同的检验类型采用不同的处理方式：对单件产品经检验合格则放行，不合格的则打上标志后隔离存放；对工序检验不合格的，则决定停产或调整；对原材料检验不合格的，则不能入库，需退回。

图 2.10　标准光源对色灯箱

图 2.11　潘通标准色卡

（5）记录

每次检验，都要有记录，并出具"查货报告"，同时要求生产工厂的负责人签字确认，以便在下一次的复检中，作为凭据。

（6）明确标准及其版本

质量检验标准主要有国际标准、国家标准、行业标准和厂商标准，随着检验技术的发展和检测手段的提高，检验标准也在不断更新，因此，跟单员要做好产品质量跟单，不光知道要使用何种标准，还要知道标准的版本。

3. 产品质量控制手段

在跟单过程中，跟单员通常使用的质量控制手段主要有：自检、互检、专检、过程检验、全数检验、抽样检验、破坏性检验、感官检验、器具检验等，不同情况使用不同质量控制手段。见表 2.13。

表 2.13 质量控制主要手段

质量控制特征	质量控制方法
以生产过程为特征	进货检验、过程（工序）检验、完工检验
以检验责任人为特征	自检、互检、专检、
以检验数量为特征	全数检验、抽样检验
以检验后商品完整程度为特征	破坏性检验、非破坏性检验
以检验方法为特征	感官检验、器具检验

【知识链接 2.4】潘通色卡及其产品简介

潘通是 PANTONE 的中文名称，是美国是一家专门开发和研究色彩的专业机构，其研发的色彩体系已经成为国际统一标准色卡，颜色数多达 1900 种左右，并已经涵盖印刷、印染、包装、纺织服装、塑胶、绘图、摄影、油漆油墨、塑料制品、数码科技等领域，成为当今交流色彩信息的国际统一标准语言。潘通色卡也已经被广泛应用于广告、设计、出版、印刷、包装、塑胶、电子、玩具、礼品、印染品、箱包、鞋业、纺织服装、橡胶、化工涂料、陶瓷、工艺制造等行业。

在潘通家族中，不光有用于各种行业的色卡系列，还有不同种标准光源的对色灯箱、色彩检测仪（见下图）和软件及书籍等产品。就色卡种类而言，有"布卡"、"纸卡"、"塑胶卡"和电子卡等，其中布卡由 T/C 和纯棉成分制作而成。

潘通色卡及其检测工具是外贸从业者尤其是跟单员对比并检查颜色差异度的主要工具。

潘通色彩检测仪
(Pantone color cue)

4. 产品的法定检验与非法定检验

根据《中华人民共和国进出口商品检验法》规定，国家商检部门根据对外贸易发展的需要，制定、调整并公布《商检机构实施检验的进出口商品种类表》（简称《种类表》），凡是列入《种类表》的进出口商品为法定检验商品，否则为非法定检验商品。

（1）产品的法定检验

法定检验是指国家以立法形式，通过强制手段，对某些（类）进出口商品由国家商检机构统一实行强制性检验。属于法定检验的出口商品，经检验不合格者不得出口，同理，属于法定检验的进口商品，未向商检机构报验或检验不合格的则不能获得海关验放，更不准销售与使用。

在对法定检验的商品进行检验前，一般需要先进行"成分和包装材料性能"测试，在完全合格情况下，才能对产品进行整体检验。在对商品进行整体检验时，商检机构视实际出口数量决定采用全数检验或抽样检验①方法。其中抽样检验是由商检机构从待检货物中抽取一部分商品进行检验，并以检验结果对整批商品质量进行判断，确定是否符合国家技术规范或标准，从而判断质量优劣。

我国国家进出口商品检验局对进出口商品颁布的法定检验种类目录，简称"种类表"，并根据不同时期进出口商品情况，予以修改或更新。该种类表是以《商品名称及编码协调制度》为基础，并参照《中华人民共和国海关统计商品目录》②中的商品名称，以英文字母"A 或B③"表示。跟单员通过登录国家质量监督检验检疫总局（http：//www. aqsiq. gov. cn）网站或查阅最新版本的《中国海关报关实用手册》（也可以直接查询海关总署网站 http：//www. customs. gov. cn），确定出口货物是否需要商检。一般而言，玩具、食品（含饮料和烟酒）、服装、机械设备（含精密仪器）、矿产品、化学化工、家具、动植物等大类的大部分商品被归入法定商检范围。

表 2.14 说明某商品（宠物用洗涤剂，见图 2.12）在不同归类情况下的监管条件，当跟单员以 HS 为 3307300000 项下商品申报出口时，由于该商品属于法定商检范畴，跟单员必须事先向生产企业属地商检局办理商检手续，获得商检部门签发的"商检通关单"后，才能向海关报关出口；而 HS 为 3307900000 和 3402209000 项下商品时，不属于法定商检商品范畴，跟单员申报出口时，不必事先办理商检手续。

图 2.12　宠物用洗涤剂

---

①　抽样检验将在本项目后面其他地方详细介绍。

②　详见《中国海关报关实用手册》。

③　A 或 B 为海关监管条件符号，其中 A 为该商品需要进口商检合格后才能进口，B 为该商品需要经过出口商检合格才能出口。

表 2.14 沐浴剂在不同归类情况下的监管条件

商品编码	商品名称	进口税率%		增值税 %	消费税 %	出口 税率	计量 单位	监管 条件
		普通	优惠					
3307300000	香浴盐及其他沐浴用制剂	80	10	17	0	0	千克	A B
3307900000	其他编号未列名的芳香料制品（包括化妆盥洗品）	150	9	17	0	0	千克	
3402209000	其他零售包装有机表面活性剂制品（包括洗涤剂及清洁剂，不论是否含有肥皂）	80	10	17	0	0	千克	

目前，属于法定商检的商品需要经过预约报检、施检和签证三个环节才能完成检验检疫工作。

①预约报检

属于法定检验的进出口货物的货主或其代理人首先向国家商检部门申请报检，对货物出口而言，出口商必须在装运前或报关前 7 天向属地（产地）商检部门预约报检，填写申请表，并提供相应合同、厂检原始记录单、商业发、装箱单（重量单）、出口商品包装性能检验单等单证，如果是凭样成交还应该提供原样及产品说明书、技术资料等。需要指出的是，在预约报检前，出口商必须完成出口商品的包装材料性能检验（见附录七）和产品成分的检验。

对于进口货物而言，收货人必须向卸货口岸或者到达站的商检机构办理报检手续（详见进口跟单）。

属于非法定检验的进出口货物，一般是由进口商或其代理人按合同的约定对货物进行检验，当然，出口商也可以委托第三方检验机构进行检验。不管是进口商还是第三方检验机构对商品进行检验，出口商按生产计划进行生产，待货物生产完成后要及时通知进口商。

②施检

施检是指国家商检部门所属的地方商检局应出口商的要求，在指定地点，对指定货物按国家规定程序及标准所进行检验的一种方式。实施检验的主要内容，包括商品的质量、规格、数量、重量、包装、安全和卫生等方面的一系列指标。就目前我国检验检验制度而言，一般是出口商品实行"产地检验，口岸放行"，对于进口货物，实施"口岸报检"，并在货物通关放行后，再对货物进行施检。

③签证

商检机构进行检验之后，符合标准，认为合格的，签发商品检验证书，海关依据商品检验书予以验放。商品经过检验不合格的，商检机构发给不合格通知书，经返工整改后，可以申请一次复验。复验仍不合格的，出口商品不准出口，进口商品不准销售使用。

图 2.13 是法定商检流程示意图，说明了从生产企业商检注册至商检证书发放整个过程。

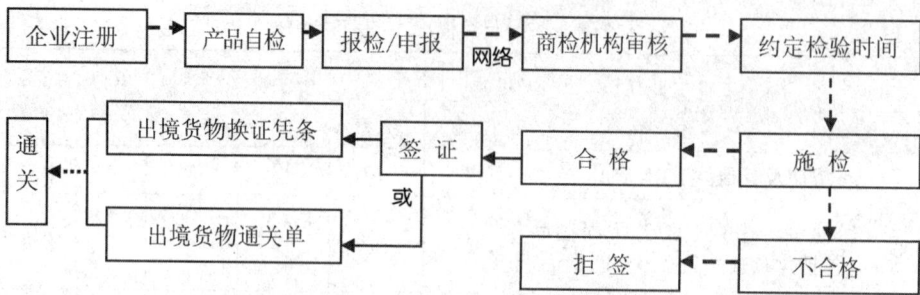

图 2.13　法定商检流程示意图

对于商检合格的产品，商检机构签发供海关通关之用的检验证书。目前，检验证书形式主要有"出境货物通关单"和"出境货物换证凭条"（见图 2.14 和附录六）。前者是纸质，可以在规定时间内的同一口岸内多次使用，后者通过商检机构专用网络系统发送至出口口岸商检机构。

出境货物换证凭条

转 单 号	333300210066291T 0580		报 检 号		333300210067690
报检单位	杭州××丝绸印染有限公司				
品　　名	拖鞋				
合 同 号	SCKJ08SY010A		HS 编码		6404290000
数（重）量	10 660 双	包装件数	533 纸箱	金　额	5 436.6 美元

评定意见：

贵单位报检的该批货物，经我局检验检疫，已合格。请执此单到上海局本部办理出境验证业务。本单有效期截止于 2010 年 06 月 28 日。

杭州局本部 2010 年 04 月 29 日

图 2.14　出境货物换证凭条

如果证书需要更改，则报检人必须按商检局的要求，在填妥"更改申请单"后，交还原证书，经相关部门的审核同意后方可办理更改手续。

如果证书遗失或损坏的，应提供经法人签字、加盖公章的书面说明，并在检验检疫主办的《国门时报》上声明作废，填写"更改申请单"，经相关部门有关负责人审核同意后，方可重新办理补发通关单手续。

（2）非法定商检

非法定商检，一般是以买卖双方合同为主要依据，对商品按一定的程序进行检验。就出口商品而言，与法定商检不同的是检验地点、检验标准和检验机构，法定商检一般是在出口地按国家标准由国家商检部门进行检验，而非法定商检，则是由进口方指定的检验机构按国际标准或事先拟定的标准进行检验，检验地点可以在出口国，也可以在进口国。另外，就检验步骤而言，进口商为了实时掌握商品生产和质量情况，会委派跟单员对整个生产过程的原材料质量、半成品和成品质量进行跟踪，即生产前检验（也称原材料检验）、生产中期检验和生产尾期检验。不管是法定商检还是非法定商检，检验机构在检验结束后，都会对商品的质量总体水平有明确的检验结论。检查方法主要有全检和抽样检验。非法定商检的流程主要包括自检、预约检验、施检和签发检验证书，其简要过程归纳如图 2.15。

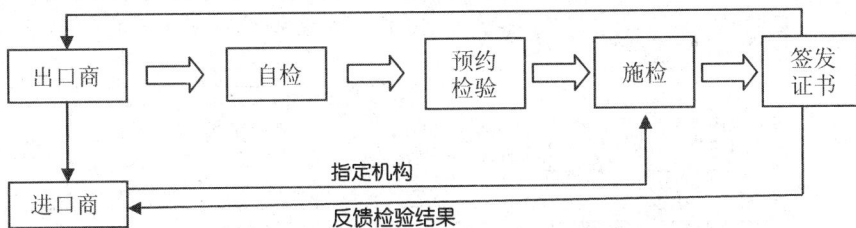

图 2.15 非法定检验流程示意图

从上述法定商检和非法定商检的介绍来看，主要区别是检验机构和检验标准的差异性。此外，对于出口商品而言，有些客户会要求在出口货物装运前对货物进行检验，商品检验合格后，签发准许装运的"验货报告"，货物才被允许出口，这种客商自行检验的方法被称为"客检"。需要指出的是，客商自行检验是客商的一项权力，与货物是否属于法定商检商品无关。

（3）认证

事实上，除了我国对出口商品质量评判存在着法定和非法定检验外，国际上还有形形色色的认证，这类认证通常围绕生产企业生产过程和产品最终质量优劣进行的，前者是针对企业质量管理体系，如 ISO9000 系列、14000 系列、SA8000 等，是一种工厂管理认证；后者是针对产品质量，如产品认证（电器产品认证、纺织服装认证、玩具认证等）等。当认证机构对某一出口企业进行认证时，由认证机构对受审企业的生产过程、产品标准和生产环境等质量管理体系的方方面面指标进行打分，综合评判后确定是否授予某一认证证书；而对产品质量认证，则是认证机构通过对该产品进行一系列检测（或某一特定方面检测）后，对符合检测标准（如欧洲电子产品标准）的产品，则给予认证证书或加贴认证标志（如 CE 标志）。这种认证通常由进口商指定机构进行。因此，从某种意义上而言，这种认证实质上也是一种检验。

就目前而言，认证按强制程度分为自愿性认证和强制性认证，按认证对象分为体系认证和产品认证。强制性认证中有我国的 3C 认证、欧盟 CE 认证、沙特 SASO 认证等；自愿性认证大多为管理体系认证，主要有质量管理体系认证（ISO9000 系列）、环境管理体系认证（ISO14000 系列）、食品生产企业危害分析和关键控制点（HACCP）管理体系认证、社会责任管理体系认证（SA8000）以及职业安全管理体系认证（OHSAS18000）等。

任务 2.3.2 产品质量跟单的主要步骤

外贸跟单员要做好出口产品的质量跟单，首先要从产品质量跟单流程入手，分别弄懂其中各个步骤中工作要点，利用已经掌握的外贸知识做好跟单工作。

其一：质量跟单的主要步骤和要点

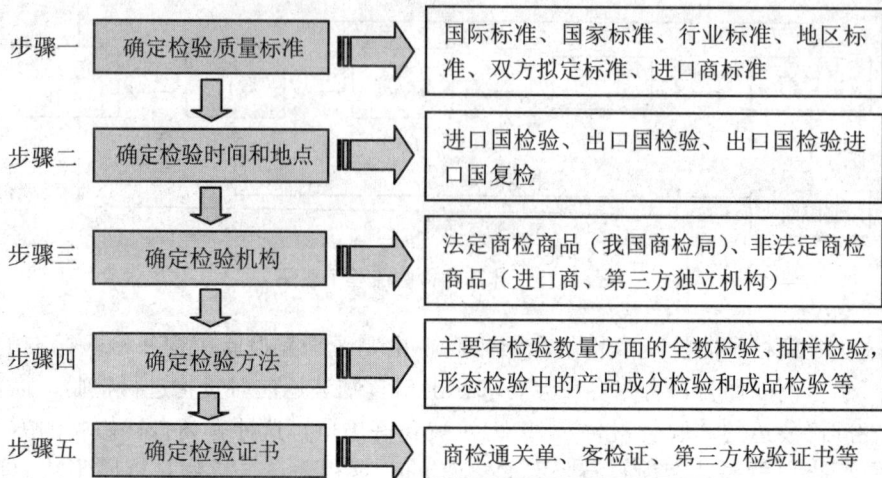

步骤一	确定检验质量标准	国际标准、国家标准、行业标准、地区标准、双方拟定标准、进口商标准
步骤二	确定检验时间和地点	进口国检验、出口国检验、出口国检验进口国复检
步骤三	确定检验机构	法定商检商品（我国商检局）、非法定商检商品（进口商、第三方独立机构）
步骤四	确定检验方法	主要有检验数量方面的全数检验、抽样检验，形态检验中的产品成分检验和成品检验等
步骤五	确定检验证书	商检通关单、客检证、第三方检验证书等

图 2.16　质量跟单的主要步骤和操作要点

步骤一：明确质量标准及其版本

质量检验标准主要有国际标准、国家标准、行业标准、地区标准和生产厂商标准，随着检验技术的发展和检测手段的提高，检验标准也在不断更新，如 GB18401-2003 将纺织品中 23 种可分解芳香胺染料列为禁用偶氮染料，而 2012 年 8 月 1 日起实施的 GB18401-2010[①] 中禁用偶氮染料种类上升为 24 种（4-氨基偶氮苯），且规定"致癌芳香胺的最大限定值为 20mg/kg"[②]。因此，跟单员在进行纺织品跟单时，2012 年 8 月 1 日前可按 GB18401-2003 标准组织生产，2012 年 8 月 1 日后必须采用 GB18401-2010 标准。类似质量标准版本变化在各行各业各种产品中经常会碰到。此外，境外不同地区对梭织布检验标准也是不同的，美国是"10 分制"标准，欧洲大陆则采用"10 疵点/100 码"标准。从以上分析不难看出，跟单员要依据产品的销售地区，采用不同标准和版本，切实做好产品质量跟单工作。

另外，商品检验可按买卖合同中约定的标准进行检验。一般而言，进口货物以我国国家标准进行检验，出口商品依该商品是否属于"法定商检"范畴，如果属于"法定商检"范畴，则按我国国家标准进行检验，检验合格后方可出口。对于"非法定商检"的商品，则以买卖双方拟定的标准或以客商检验标准（如进口国标准）进行检验。在此，特别提醒外贸跟单员，要特别关注"欧盟委员会非食品类快速预警系统（RAPEX）"发布的通报，实时关注国外标准与法规的最新进展情况，及时做出生产调整，避免出口产品遭退运或召回的贸易风险。

步骤二：确定检验时间和地点

根据国际贸易惯例，商品检验时间和地点的规定可概括分为三种情况：（1）在出口国检验，又可分为两种情况，在工厂检验，卖方只承担货物离厂前的责任，对运输中品质和数量

---

① 《国家纺织产品基本安全技术规范》。

② 欧盟 2002 年的"可分解 22 种芳香胺染料"标准为"30mg/kg"。

变化的风险概不负责；装船前或装船时检验，其品质和数量以当时的检验结果为准，买方对到货品质与数量原则上一般不得提出异议。（2）在进口国检验，包括卸货后在约定时间内检验和在买方营业处所或最后用户所在地查验两种情况。其检验结果可作为货物质量和数量的最后依据。在此条件下，卖方承担运输过程中的品质和数量变化的风险。（3）在出口国检验、进口国复验。货物在装船前进行检验，以装船港双方约定的商检机构出具的证明作为议付货款的凭证，但货物到达目的港后，买方有复验权。如复验结果与合同规定不符，买方有权向卖方提出索赔，但必须出具卖方认可的公证机构出具的检验证明。

步骤三：确定检验机构

在国际贸易中，从事商品检验的机构很多，包括卖方或制造厂商和买方或使用方的检验机构，也有国家设立的商品检验机构以及民间设立的公证机构和行业协会附设的检验机构。在我国，统一管理和监督商品检验工作的是国家质量监督检验检疫总局及其各地的分支机构①。究竟由哪个机构实施和提供检验证明，在买卖合同条款中，一般会明确加以规定。另外，对于属于"法定商检"的商品，由我国商检局以"产地商检，口岸验放"的模式对商品进行检验；"非法定商检"的商品，以进口商自行检验为主，即俗称"客检"，也有委托第三方检测机构（third party inspection）进行检验，如 SGS、ITS 等，这些检验机构是置于买卖利益之外的独立的第三方，以公正、公平、权威的非当事人身份，根据有关法律、标准、合同等双方认可的依据进行的商品符合性检验、认可活动。例如，某信用证规定，Inspection certificate/report issued by ITS，则表示在生产进入尾期时，跟单员应该按照信用证要求，事先联系 ITS 公司，确定具体检验时间，并在装船前获取由 ITS 公司签发的"Inspection certificate"或"Inspection report"。

步骤四：确定检验方法

商品检验方法是指商品检验机构实施商品检验时所采用的技术手段，就检验数量而言，有全数检验法和抽样检验法；就是否依靠仪器或设备，有物理检验法和化学检验法、生物学检验法和感官检验法；就被检验物质形态而言，有产品检验法、半成品、原材料检验法；就检验时间而言，初期检验、中期检验和尾期检验。其中物理检验可分为三类：第一类是几何量检验，如产品的长、宽、高、内外径、角度、形状、表面粗糙度等。第二类是物理量检验，这些物理量主要是指产品重量、密度、细度、粘度、熔点、沸点、导热、导电、磁性、吸水率、胀缩性、电阻、功率、电流、电压、频率等。第三类是机械性能检验，这些机械性能主要是指抗拉强度、抗压强度、抗剪切强度、抗冲击强度、硬度、弹性、韧性、脆性、塑性、伸长率、应力、应变、最大负荷、耐磨性等。产品检验法有四种：型式试验法、常规试验法、特殊试验法和抽样试验法，其中型式试验法也称环境试验方法，有高低温试验、温度冲击试验、耐潮及防腐试验、防霉试验、防尘试验、密封试验、振动试验、冲击和碰撞试验、运输试验、恒加速试验、寿命（耐久性）试验等。

---

① 在加入 WTO 后，国务院将国家质量技术监督局与国家出入境检验检疫局合并，组建国家质量监督检验检疫总局。在地方上，原国家出入境检验检疫局具体负责的商品、人员、动植物、运载工具的进出境检验检疫职能没有变化，名称还是沿用原有的名称。本书为叙述方便，将原国家出入境检验检疫局称为"商检局"，其对商品的检验检疫过程称为"商检"。

需要说明的是，对产品或原材料检验时，必须在一定的条件下（如温度、压力等）进行，不同检验或测试条件会影响检测结果或结论，如在30℃和60℃水温条件下，对于同一纺织面料色牢度检测结果可能是完全不同的。

跟单员要依据不同产品选择不同检验方法，如食品、药品、化妆品和冷冻品等产品的检验与鉴定，应该选择生物学检验；纺织品服装面料需要对面料规格与成分、功能性和有毒染料等方面的检验与鉴定，应该选择理化检验；包装材料性能的检验与鉴定，应该选择运输（适应性）检验等。

步骤五：确定检验证书名称及签发时间

检验证书是检验人受委托人委托，对指定的进出口商品进行项目检验或鉴定，并在专用格式纸上逐一记录检验或鉴定结果的一种书面证明。该检验证书如实记录贸易一方履行契约的情况，是处理索赔争议和仲裁、诉讼的主要证明材料，具有法律依据的有效证件，也是海关验放、征收关税和优惠减免关税的必要证明。因此，各种进出口商品检验证书、鉴定证书或其他证明书需要与货物名称一致。

在国际贸易中，常见的检验证书主要有品质检验证书、重量或数量检验证书、兽医检验证书、卫生/健康证书、消毒检验证书、熏蒸证书、残损检验证书、积载鉴定证书、财产价值鉴定证书、产地检验证书、价值证明书等。从产品特性、签发机构和签发时间而言，不同的产品要对应于不同检验证书，并且要由相应的权威机构在规定时间内签发，如船籍证书、船龄证书应该由承运人或船东在开船前签发，主要用于证明载货船只是符合适航性要求的；熏蒸证书主要是针对天然植物或含有天然木质材料的产品，证明在出口前已经对其进行了熏蒸等除害处理，符合进口国或出口国要求；品质检验证书和重量或数量检验证书则是证明合同项下商品符合合同或国际及相关进口国质量标准，进口商、出口商、国家检验检疫机构和第三方检验机构在货物装船前签发。以上检验行为是发生在装船前，因此，检验证书的签发时间也应该早于装运日期（理论上也可以与装运日期同一天），否则该检验证书不能被接受。

鉴于信用证结算方式下，银行审单时特别关注单据名称，因此跟单员对检验证书名称要十分重视，不能用"Inspection report"来替代"Inspection certificate"，否则将引发收汇风险。另外，跟单员还要重视检验证书内容表述，不得出现"FAIL"等字样。

【知识链接2.5】布匹检验标准及方法简介

1. 外观质量检测

这是一种通过肉眼观察进行检验的方法。1955年，美国纺织品分销商协会及国家纺织品联合会以梭织面料布匹中疵点的严重性作为衡量标准，以疵点的大小和出现频率，规定每一码布经向的扣分不应超过10分，否则为"次级品"，这便是"10分制"标准。考虑到后道印花工序中，有些疵点可能会被掩盖，这种情况下超过10分的印花用布也是可以接受的。美国AATCC（美国纺织化学与印染工作者协会）则是按订单数量随机抽样的方法，在一定检查速度情况下，对纺织品进行外观检测，并规定扣分不得超过4分，因而得名为"4分制标准"。此外，也有按10疵点/100码（米）检验标准对面料进行质量评定，采用这种标准的大多为欧洲客商，其接受疵点的标准为少于

10 个/100 码（米）布中，同时，发现严重疵点扣 1 分，轻微疵点扣 0.5 分，将严重疵点和轻微疵点扣分不超过 10 分的布匹被视为"一级品"，扣分在 11～14 分内的被视为"次级品"。

美国 AATCC 标准中，将断线、经柳、横档、跳线、污渍、破洞等 36 种现象列为影响外观质量、最常见的疵点。

2. 内在质量检测

广义上而言，布匹的色牢度、安全性（如甲醛、可分解芳香胺染料、可萃取重金属、含氯酚、有机锡化合物、阻燃整理剂、聚氯乙烯和邻苯二甲酸酯类增塑剂、杀虫剂、燃烧性能和利器等）都属于内在质量，由于内在质量无法用肉眼观察，需要依赖专业设备进行检测。随着检测技术的发展，越来越多项目成为强制性检测内容。

色牢度又称染色牢度，是指染色织物在使用或加工过程中，经受外部因素（挤压、摩擦、水洗、雨淋、曝晒、光照、海水浸渍、唾液浸渍、水渍、汗渍等）作用下的褪色程度，是纺织织物的一项重要指标，需要在一定条件（如温度）下，通过专业技术进行测试。色牢度项下有水洗色牢度、干洗色牢度、汗渍色牢度、摩擦色牢度、粘色色牢度和光晒色牢度等。色牢度采用 5 级制评定，5 级最好，1 级最差。每个级别中还有一个中间级别，如 4～5 级、3～4 级等。通常要求纺织品的色牢度在 4 级以上。

缩水率是指织物在洗涤或浸水后织物收缩的百分数。一般而言，缩水率最小的是合成纤维及混纺织品，其次是毛织品、麻织品，棉织品居中，丝织品缩水率较大，而缩水率最大的是粘胶纤维、人造棉、人造毛类织物。

安全性是为了保证纺织产品对人体健康没有影响而提出的最基本要求，像甲醛含量、PH 值、色牢度、异味和可分解芳香胺染料等都是安全性指标。

其二：产品质量检验的全数检验法和抽样检验法

在进出口商品检验中，外贸跟单员可以根据商品的种类和订单数量来确定检验方法。一般而言，对于检验数量而言，有全数和抽样检验。前者是对产品进行 100％检验，后者在所有产品中抽取一定数量的产品进行检验，这种检验法是相对于全数检验法而言的，由于全数检验存在着检验工作量大、费用高、耗时长的缺点，因而抽样检验法就成为进出口商品质量检验中使用最多的方法之一。假设某一商品的订单数为 N，当采用抽样检验时，则具体的操作步骤是：第一步，检验者按照随机的原则、完全偶然的方法去抽取一定量的样品 n（也称样本数 n）。第二步就是对所抽取的样品逐一进行检验，获得这些样本数中的质量信息（合格数与不合格数）。第三步就是对所获得质量信息进行分析比较。如果发现不合格的商品数量低于某一数值（比例）时，就可以判定整批商品是合格的，并将这一数值确定为"可接受的水平"，以"Ac 表示"，意味着接受这一订单项下的所有商品；如果发现不合格的商品数量高于某一数值（比例）时，就可以判定整批商品是不合格的，并将这一数值确定为"不可接受的水平"，以"Re 表示"，意味着可以拒收这一订单项下的所有商品。

为了科学规范这种抽样检验方法，国际标准化组织（ISO）在 1974 年，颁布了 ISO2859 的国际通用标准，我国也颁布随机抽样标准 GB2828《计数抽样检验程序》，并不断更新版本，其中 GB/T 2828.1-2003 是最新的版本。该标准中使用了专用术语 Ac、Re 和 AQL 等，明确了各种专用术语含义，通过这些专用术语的定量数值就可以判定整批产品是否合格。

步骤一：确定可接受的质量水平

AQL（acceptable quality level）是指生产方和接受方共同认为可以接受的不合格品率（或每百单位的缺陷数）上限，AQL 值在 10.0 及以下的，表示百分不合格品率或每百单位的缺陷数；超过 10.0 的只表示每百单位的缺陷数。不同的 AQL 值应用于不同物质的检验上。一般而言，AQL 值是 1.0～6.5 是用于服装、纺织品类等产品检验；AQL 值为 0.010～0.10 是用于电子产品、医疗器械类产品等检验。在使用 AQL 抽样时，一旦抽取的数量相同，AQL 后面跟的数值越小，则允许出现的瑕疵产品数量就越少，说明对品质要求越高，检验就相对较严。

步骤二：确定检验水平

在 GB2828 抽样标准中，规定了 3 个一般检验水平（Ⅰ、Ⅱ、Ⅲ）和 4 个特殊检验水平（S-1、S-2、S-3、S-4）。它与检验的宽严程度没有关系。如无特殊要求，采用一般检验水平Ⅱ，即正常检验水平；但检验费用较低或需要提高抽样的鉴别能力时，可采用一般检验水平Ⅲ。特殊检验水平一般用于破坏性检验，或产品及检验费用高的情况；特殊检验水平的样本量较少，所以又称小样本。表 2.15 说明了批量与检验水平的关系，并以字码 A、B、C、D、E、F……R 表示。其中的检验水平又可以分为特殊检验水平和一般检验水平。例如，对于批量为 25 000 件的服装订单，当选择"一般检验水平Ⅰ"时，字码应该选择"K"。

表 2.15　　　　　　　　批量范围、检验水平与样本量字码之间关系表

批量 n	特殊检验水平				一般检验水平		
	S-1	S-2	S-3	S-4	Ⅰ	Ⅱ	Ⅲ
2～8	A	A	A	A	A	A	B
9～15	A	A	A	A	A	B	C
16～25	A	A	B	B	B	C	D
26～50	A	B	B	C	C	D	E
51～90	B	B	C	C	C	E	F
91～150	B	B	C	D	D	F	G
151～280	B	C	D	E	E	G	H
281～500	B	C	D	E	F	H	J
501～1 200	C	C	E	F	G	J	K
1 201～3 200	C	D	E	G	H	K	L
3 201～10 000	C	D	F	G	J	L	M
10 001～35 000	C	D	F	H	K	M	N
35 001～150 000	D	E	G	J	L	N	P
150 001～500 000	D	E	G	J	M	P	Q
500 001 及其以上	D	E	H	K	N	Q	R

步骤三：确定抽样数量

从检测抽样数量来推测整体货物质量优劣是抽样检验法的要点，由于大货质量直接取决于样本数量大小和劣质产品出现频率，因此，样本大小 n、抽样合格评定数 Ac 和抽样不合格判定数 Re 成为抽样检验关键。其实施方法是：

（1）规定产品的质量标准。区分合格与否以及不合格的等级。

（2）确定检验水平。检验水平的确定结合实际情况，在实务操作中，一般是由进口商来决定的。

（3）确定 AQL。AQL 值的确定，通常情况下是由进口商决定，也可以由买卖双方协商而定。在确定 AQL 值应该考虑产品的种类、被检产品对整机的影响程度、产品的价格和检验项目等因素。也就是说，当被检产品失效后会给整机带来严重危害的，应选用 AQL 较小数值，反之可选用 AQL 较大数值；当被检产品检验项目少时，宜选用 AQL 较小数值，检验项目多时，宜选用 AQL 较大数值；产品价格较高时，应选用 AQL 较小数值；电气性能宜用 AQL 较小数值，机械性能居中，外观质量可用 AQL 较大数值；同一产品中，重要检验项目应选用 AQL 较小数值，次要项目选用 AQL 较大数值等。

（4）确定抽样方案的类型。其通常是指进行一次抽样还是二次抽样等。

（5）确定样本字码。利用表 2.15，根据检验的批量和检验水平来确定，并找到批量 n 所在的行和检验水平所在的列，从该行和列的交叉处找到字母。

步骤四：确定抽样方案

抽样方案是检验产品的基础，按抽样次数，可以分为一次、二次和多次计数抽样检查方法。一次计数抽样检查方法是最基本最简单的抽样检查方法，二次计数抽样检查方法，是在一次计数抽样检查方法的基础上发展起来，多次计数抽样检查方法的程序与计数二次抽样检查方法相似，只是抽检次数增多（一般为五次）。现在以"一次抽样方案（见表 2.16）"为例进行说明。一次抽样方案是考虑了经济因素后，首先以"正常检查"为始，随着产品质量水平的状况，随时调整检查方案的严格程度。当产品质量检验过程中，发现产品质量是优良的，则后续步骤是"放宽检验"，客商可能再次"翻单"；当产品质量检验过程中，发现产品质量"令人担忧"，则后续步骤是"加严检验"，如果经过维修或返工，仍达不到要求的，则可能导致客商的"拒收"惩罚。具体步骤见图 2.17。

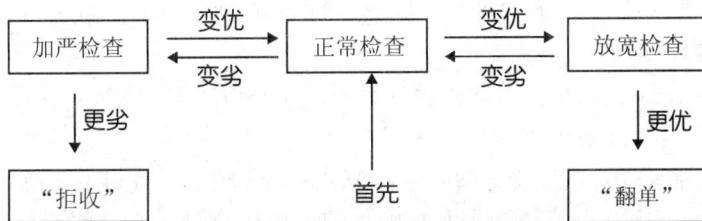

图 2.17　一次抽样检查步骤

表 2.16　　　　　　　　　正常检验一次抽样方案（GB2828.1-2003）

下表为接收质量限（AQL）下各样本量字码的 Ac（接收数）/Re（拒收数）值（↓表示采用箭头下面的第一个抽样方案，↑表示采用箭头上面的第一个抽样方案）。

样本量字码	样本量	0.010	0.015	0.025	0.040	0.065	0.10	0.15	0.25	0.40	0.65	1.0	1.5	2.5	4.0	6.5	10	15	25	40	65	100	150	250	400	650	1000
A	2	↓	↓	↓	↓	↓	↓	↓	↓	↓	↓	↓	↓	↓	↓	↓	↓	0 1	1 2	2 3	3 4	5 6	7 8	10 11	14 15	21 22	30 31
B	3	↓	↓	↓	↓	↓	↓	↓	↓	↓	↓	↓	↓	↓	↓	↓	0 1	1 2	2 3	3 4	5 6	7 8	10 11	14 15	21 22	30 31	44 45
C	5	↓	↓	↓	↓	↓	↓	↓	↓	↓	↓	↓	↓	↓	↓	0 1	1 2	2 3	3 4	5 6	7 8	10 11	14 15	21 22	30 31	44 45	↑
D	8	↓	↓	↓	↓	↓	↓	↓	↓	↓	↓	↓	↓	↓	0 1	1 2	2 3	3 4	5 6	7 8	10 11	14 15	21 22	30 31	44 45	↑	↑
E	13	↓	↓	↓	↓	↓	↓	↓	↓	↓	↓	↓	↓	0 1	1 2	2 3	3 4	5 6	7 8	10 11	14 15	21 22	30 31	44 45	↑	↑	↑
F	20	↓	↓	↓	↓	↓	↓	↓	↓	↓	↓	↓	0 1	1 2	2 3	3 4	5 6	7 8	10 11	14 15	21 22	30 31	44 45	↑	↑	↑	↑
G	32	↓	↓	↓	↓	↓	↓	↓	↓	↓	↓	0 1	1 2	2 3	3 4	5 6	7 8	10 11	14 15	21 22	30 31	44 45	↑	↑	↑	↑	↑
H	50	↓	↓	↓	↓	↓	↓	↓	↓	↓	0 1	1 2	2 3	3 4	5 6	7 8	10 11	14 15	21 22	30 31	44 45	↑	↑	↑	↑	↑	↑
J	80	↓	↓	↓	↓	↓	↓	↓	↓	0 1	1 2	2 3	3 4	5 6	7 8	10 11	14 15	21 22	30 31	44 45	↑	↑	↑	↑	↑	↑	↑
K	125	↓	↓	↓	↓	↓	↓	↓	0 1	1 2	2 3	3 4	5 6	7 8	10 11	14 15	21 22	30 31	44 45	↑	↑	↑	↑	↑	↑	↑	↑
L	200	↓	↓	↓	↓	↓	↓	0 1	1 2	2 3	3 4	5 6	7 8	10 11	14 15	21 22	30 31	44 45	↑	↑	↑	↑	↑	↑	↑	↑	↑
M	315	↓	↓	↓	↓	↓	0 1	1 2	2 3	3 4	5 6	7 8	10 11	14 15	21 22	30 31	44 45	↑	↑	↑	↑	↑	↑	↑	↑	↑	↑
N	500	↓	↓	↓	↓	0 1	1 2	2 3	3 4	5 6	7 8	10 11	14 15	21 22	30 31	44 45	↑	↑	↑	↑	↑	↑	↑	↑	↑	↑	↑
P	800	↓	↓	↓	0 1	1 2	2 3	3 4	5 6	7 8	10 11	14 15	21 22	30 31	44 45	↑	↑	↑	↑	↑	↑	↑	↑	↑	↑	↑	↑
Q	1250	↓	↓	0 1	1 2	2 3	3 4	5 6	7 8	10 11	14 15	21 22	30 31	44 45	↑	↑	↑	↑	↑	↑	↑	↑	↑	↑	↑	↑	↑
R	2000	↓	0 1	1 2	2 3	3 4	5 6	7 8	10 11	14 15	21 22	30 31	44 45	↑	↑	↑	↑	↑	↑	↑	↑	↑	↑	↑	↑	↑	↑

现在以一实例说明抽样检验的过程。

【业务背景】广东星光进出口公司（简称"广东星光"）与广东开平彭宇洁具有限公司（简称"彭宇洁具"）签订了委托加工不锈钢水龙头 15 000 个的合同，合同除了规定价格和支付方法后，还约定彭宇洁具在订单完成前 7 天通知广东星光，由广东星光派员按 GB2828 要求和一般检验水平 I 进行正常抽样检验（AQL＝2.5），检验合格后，方可出运。2010 年 4 月 30 日，广东星光进出口公司品质检验员小王接到广东开平彭宇洁具有限公司的通知，称订单项下共计 15 000 个不锈钢水龙头将于 5 月 8 日完成，希望派员检查。

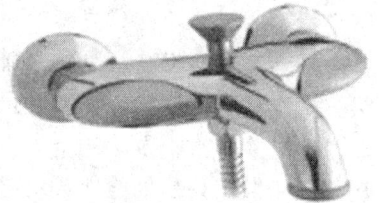

【检验步骤】广东星光品质检验员小王于 5 月 7 日晚到达广东开平，第二天赴彭宇洁具有限公司对 15 000 个不锈钢水龙头进行检查，经过与生产方简单交流后，便设计了以下检验步骤：

第一步：订单数为 15 000 的"批量"属于 10001～35000 范围，结合一般检验水平 I，查表 2.15 中的字码为"K"；

第二步：在表 2.17 正常抽样一次检验方案中，字码为"K"所对应的随机抽样数量至少为"125"件；

第三步：从正常抽样一次检验方案表中，AQL＝2.5 项下，查得 Ac＝7，Re＝8。

操作过程：在 15 000 个不锈钢水龙头中，随机抽样数量 125 个作为样本进行检验，如果发现其中不合格品数量低于 7 件（含）以下的，即判为整批（15 000 个）全部合格。如果发现其中不合格品数量高于 8 件（含）的，即判为整批（15 000 个）全部不合格，予以拒收。

【结论】经过仔细检查，有"瑕疵"不锈钢水龙头 5 个，不合格品数量低于 7 件（含）以下，即判断全部合格，经过替换 5 个不锈钢水龙头后，其余货物装箱出口。

任务 2.3.3　订单生产的"三期"检验跟单实践

跟单员就某一订单项下的产品进行跟单时，可以采取驻厂跟单，也可以定期前往生产企业跟单。前者是跟单员从订单生产一开始就在生产企业对生产过程进行全程跟踪，后者是跟单员根据产品质量和客商要求选择不同时间点，在生产工厂对订单项下产品进行检测。一般情况下，跟单员大都选择后一种跟单方式进行跟单，即在生产初期、生产中期和生产尾期采取分步骤或阶段对订单生产情况进行检查。当然，上述"三期"检查是基于生产前检查合格情况下展开的。

现以服装订单跟单为例，说明"三期"检验的过程。

【业务背景】日本某超市采购商与浙江荣达进出口公司（简称"浙江荣达"）经过洽谈，达成从浙江荣达采购 100％COTTON，$21^s/2$，220 克/平方米，Y/D，MEN'S KNITTED T-SHIRTS 1 800 DOZS（共有 4 个颜色——大身主色，分别为 White 400 打，Green 600 打，Wine 200 打，Pink 600 打）的合同，混色混码装箱，每箱尺寸比例为 S：M：L＝1：1：1 装1 包，颜色比例为 White＝2 包：Green ＝3 包：Wine＝1 包 Pink＝3 包，共 27 件 1 箱）。合同号：ZJ2011002，款号：458。

该合同规定：T-SHIRTS 款式为衬衫领（三颗"贝壳"纽扣和一颗备用纽扣），面料为 220 克/平方米（±5 克/平方米），每一件 T-SHIRT 要挂"价格牌"和"尺码牌"各一个。包装 1 PC/POLYBAG，27 PCS/CTN，使用 2.5 丝 PE 胶袋（胶袋要有位于底部的二个"气眼"），胶袋外要印刷"Keep this bag away from babies and children，do not use in cribs，beds，carriages，or playpens. The film may cling to nose and mouth and prevent breathing. This bag is not a toy."

此外，为了保护纸箱内产品不会受到损坏，每一纸箱还要加"天地盖"（即每一纸箱的底部和产品上部各铺设一张"单瓦楞"纸板）。纸箱要用三瓦楞无钉出口纸箱，外箱大小合适。在纸箱子的二个短边，印刷外箱尺寸、毛净重生产国名等内容（如 N.W /G.W/ MEAS/ MADE IN CHINA）。只有完整搭配才允许出运，纸箱毛重不能超过 15 公斤。所有包装材料上的显著位置必须印刷"Recycle"标志。

经过再三比较和选择，浙江荣达将浙江奉化河东制衣有限公司作为合作伙伴，生产完成该订单。浙江荣达刘洋担任这次订单的跟单员，其跟单工作的主要步骤如图 2.18，并做简要概述：

寻找供应商	⟹	内容及步骤详见本模块任务2.1.2 "寻找合格供应商"（略）
大货生产前检查	⟹	检查内容：样板准备、工艺单制作、设备完好率、面/辅料采购等准备情况
生产初期检查	⟹	对面/辅料到货质量（如纱支规格、色差及色牢度等技术指标）及少量生产的成品进行检查，主要察看尺寸、缝工与客商确认样是否一致，是否符合工艺要求
生产中期检查	⟹	主要是对成品大货进行完整性检查，如成品外观性、尺寸、缝工、绣花位置及颜色是否符合工艺要求
生产尾期检查	⟹	在对成品大货质量再次检查后，工作重心主要为包装检查、外箱唛头印刷字体及内容检查、装箱率和装箱过程中的颜色搭配检查、商检

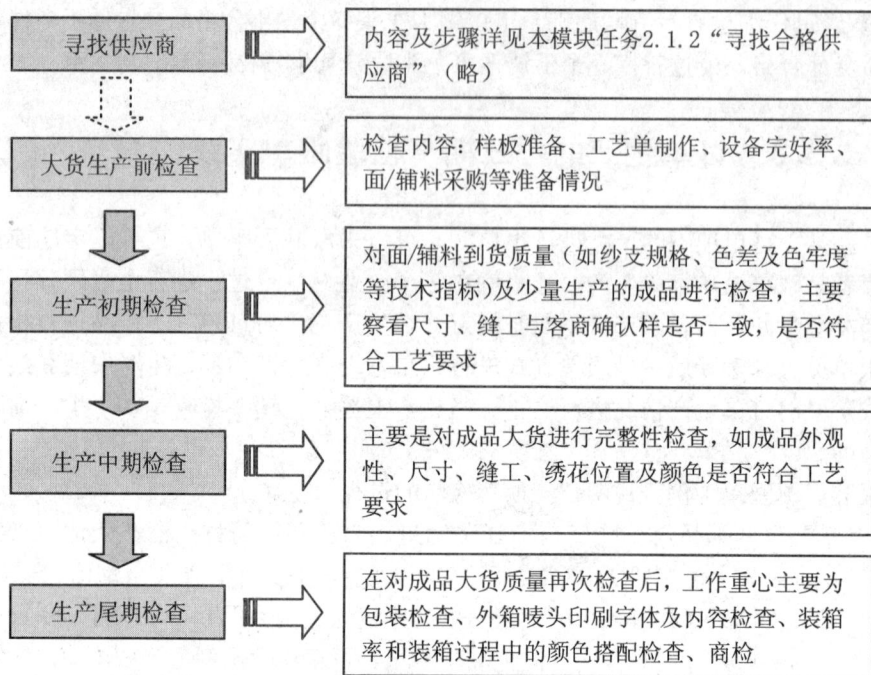

图 2.18　操作步骤与检测要点

步骤一：寻找供应商

（略，详见本模块任务 2.1.2。）

步骤二：生产前检查

生产前检查是在生产开始前先核对成衣样板以及所用的物料、款式、裁剪和手工进行最后校准。具体而言，就是对工厂外购原材料（如面料 Fabric、辅料 Accessory）和技术准备的检查。其任务主要内容及步骤如下：

（1）面（辅）材料准备情况

为了保证生产过程的顺利进行，首先要通过检验保证原材料的质量。把好面料和辅料质量关是控制成品质量的重要一环。通过对进厂面料的检验和测定可有效地提高服装成衣的正品率。

①面料检验。本面料是针织面料，跟单员主要从外观上检验面料是否存在破损、污迹、织造疵点、色差等问题。（如果是经砂洗的梭织面料还应注意是否存在砂道、死褶印、披裂等砂洗疵点）。一旦发现面料上有上述问题，则应该在"瑕疵"处做出明显的标记，以便在剪裁时避开使用；面料的内在质量主要包括缩水率、色牢度和克重（姆米、盎司）等几项内容。

具体操作如下：

➤ 借用 "10 分制" 或 "4 分制" 的检验方法对面料进行外观检验，从得分或扣分情况来确定整批面料质量优劣程度；

➤ 进行面料内在质量检验。在一批面料的不同部位进行取样，并做好记号，送检测部门进行面料缩水率、色牢度和克重等项目测试，如果客商要求 "AZO FREE"，则应该加测该项目。

②辅料检验。理论上而言，辅料检验主要是看辅料颜色是否与面料颜色配色，辅料颜色的色牢度、松紧带缩水率、粘合衬粘合牢度、拉链润滑程度等等，对不符合要求的辅料不予投产使用。从本跟单业务背景中可知，辅料主要有纽扣、胶袋、价格牌、尺码牌和纸箱等，跟单员主要检查内容归纳如下：

序号	辅料名称	检查内容
1	纽扣	颜色、质量、数量（计算方法略）是否正确？
2	胶袋	是否 2.5 丝 PE 材料？字体内容印刷是否有误？是否有 "Recycle" 标志？是否有 "气眼"？位置是否正确？
3	价格牌	大小尺寸是否正确？字体内容印刷是否有误？条形码印刷是否正确和清晰可读？数量是否正确？
4	尺码牌	大小尺寸是否正确？字体内容印刷是否有误？数量是否正确？
5	纸箱	纸箱是否为 "双瓦楞"？纸箱是否经过商检？

（2）技术准备情况

技术准备是确保批量生产顺利进行以及最终成品符合客户要求的重要手段。因此，跟单员在批量生产前，检查工艺单、样板的制定和样衣的制作等内容，其中，工艺单是服装加工中的指导性文件，它对服装的规格、缝制、整烫、包装等都提出了详细的要求，对服装辅料搭配、针迹密度等细节问题也加以明确。服装生产中的各道工序都应严格参照工艺单的要求进行；样板上要有准确尺寸和规格，相关部位轮廓线准确吻合。另外，样板上应标明服装款号、部位、规格、丝缕方向及质量要求，并在有关拼接处加盖 "样板复核章"。

步骤三：生产初期检验

在完成工艺单和样板制定工作后，可进行小批量样衣的生产，随后检查第一批制成的成衣，比对客户和工艺的要求及时修正不符点，并对工艺难点进行攻关，为大批量流水作业顺利进行奠定基础。

在此阶段，跟单员要依据已定工艺单和样板，将确认样和小批量生产产品进行对照检验，看看是否有遗漏方面，如果发现有需要修改地方，再次上报客商予以确认。

在生产初期检验阶段中，跟单员的工作越认真仔细，就为扫清大批量生产障碍创造了条件，使以后生产能够顺利和平稳，为按时、按质、按量完成订单打下了扎实基础。

步骤四：生产中期检

一般安排在有部分批量的成衣从流水作业线出来后进行的检查。它主要检查所生产的成品是否符合工艺单的要求，是否与客户确认的样衣一致。通过检查，确保初期发现的不符合要求的地方/差异已被修正。因此，此项检查实际是初期检查的跟进阶段，通常会在完成初期检查后的数天内进行，特别是如果在初期检查中已发现了差异。

另外，在生产中期检查中还要测算按目前的生产量是否赶得上大货的货期。

除了上述以外，还应该检查辅料、绣花（图案和位置）、纸箱（包括内箱或中包装）、胶袋、贴纸等是否符合工艺单的要求。

步骤五：生产尾期检查

理论上而言，生产尾期检查一般安排在生产进度为订单总量的90％以上的成品率时候，并且有80％以上的成箱率，检查的方法可以采用100％检查或抽查。同时，成衣检查分外观质量检验和内在质量检查。其大致的内容有：

①成衣外观，即大货的款式、花样、花色是否与确认样相同，有无面辅料缺陷；

②尺寸规格是否符合工艺单和样衣的要求，误差是否控制在公差范围内；

③缝合是否正确，缝制是否规整、平服，是否有跳针、断线等情况；

④有条格面料的服装，则检查"对格对条"是否符合工艺单和样衣的要求；

⑤面料丝缕是否正确，面料上有无疵点、油污存在；

⑥同件服装中是否存在色差；

⑦整烫是否良好，是否有"极光①"现象；

⑧粘合衬是否牢固，有否渗胶现象；

⑨线头是否已剪净；

⑩服装辅件是否完整；

⑪服装上的尺寸唛、洗水唛、商标等与实际货物内容是否一致，位置是否正确；

⑫服装整体形态是否良好；

⑬包装是否符合要求。

服装的包装可分挂装和箱装两种，箱装的服装一般又分为内包装和外包装。内包装是指一件或数件服装入一胶袋或内盒之中，服装的款号、尺码应与胶袋上标明的一致，包装要求平整美观。外包装就是指纸箱，也有将若干个内包装的服装装入一个大的胶袋或内盒之中。

以纸箱包装为例，服装的外包装大都采用"双瓦楞"或"三双瓦楞"纸板制作的纸箱包装，这种纸箱的能够耐一定强度的冲击力。为了防止在卖场开箱割伤箱内服装，通常要求出口商在外箱内部的上下各加二块纸板，这种纸板被称为"天地盖"。如果客商有"天地盖"的要求，则跟单员必须将此列入检查范围，一旦发现没有，则必须立即补上。

在生产尾期检查阶段，跟单员还要检查装箱数量、颜色和尺寸比例搭配是否合乎工艺单指令或客户要求。其中，尺码与颜色搭配比例主要有混色混码（assorted color & assorted size）、独色独码（solid color & solid size），独色混码（solid color & assorted size）、混色独码（assorted color & solid size）四种。装箱时应注意数量完整性，颜色尺寸搭配准确无误，同时要在纸箱外有明显的标识。尾箱（即编号为最后几箱）也要有明显标识，并在装箱单中予以注明。

对于服装的装箱，除了折叠平装、整件平装外，挂装也是一种常用的方法。挂装是指用一个衣架和一件服装配套，以挂衣的形式放入挂衣集装箱内，这种挂衣形式是省略了包装纸箱，能方便地将服装直接进入卖场。需要指出的是，无论是折叠平装、整件平装还是挂装，大多数情况下都是一件套一个塑料袋，此外，有的客商还要求在塑料袋底部位置左右边各打

---

① 熨烫过程中，因温度、垫熨材料等控制不当所导致的纺织织物表面构造发生异变所形成的一种光反射现象。

一个小洞，俗称"气眼"，该气眼是防止有些服装上可能存在"潮气"的散发，另外也轻易使塑料袋内气体排出，便于装箱。

在生产尾期检查阶段，跟单员还要检查外箱上印刷的字体是否与实际货物或客户的要求相符，这不仅是客商的要求，还是海关的要求，否则"名不符实"将被拒绝通关的。

就本次跟单业务而言，可以依据上述检查要点进行"生产尾期"检查，检查前先设计表格，将"检查项目"、"时间安排"和"操作技巧和主要内容"绘制成表 2.17 进行分步骤检查，以免遗漏检查项目或内容。

表 2.17　　　　　　　　　　　　　　尾期检查项目及时间安排

序号	检查项目	时间安排	操作技巧和主要内容
1	生产进度	完成订单总量的 90%	在出货前一周进行检查为宜，主要检查实际完成情况（最好是以已有的实际装箱数量进行判断）
2	全检	同上	100% 检验，即对每件 T 恤进行检查
	抽检	同上	分颜色和总数量进行检查，即将 4 800 件、7 200 件、2 400 件、7 200 件作为抽样基数，按 GB2828-2003 标准进行检查，以其中的不合格品数量作为判断依据，当不合格品数量超过某一数值时，判断整批"不合格"；当不合格品数量低于某一数值时，判断整批"合格"
3	产品外观	同上	与确认样比较、污渍检查、标志检查等
4	内在质量	同上	按尺寸质量、缝纫质量、锁眼和纽扣检查等
5	纸箱	同上	字体内容是否有外箱尺寸、毛净重、生产国名等内容？印刷位置是否正确？重量是否超过 15 公斤？是否印刷了"Recycle"标志？塑料袋是否有"气眼"？是否有"天地盖"？是否有商检部门签发的"出境货物包装性能检验结果单"（见附录七）？
6	装箱	同上	是否符合"混色混码装箱，每箱尺寸比例为 S：M：L=1：1：1 装 1 包，颜色比例为 Yellow＝2 包：Green＝3 包：Wine＝1 包：Pink＝3 包，共 27 件 1 箱"的要求？是否在箱内上下部各铺设一张"单瓦楞"纸板？
7	准备商检资料	同上	经查《中国海关报关实用手册》得知该商品为"法定商检"，因此，需要联系当地商检部门进行出口前的商检，为向海关申报做好准备

为了更好将跟单工作做得更细，有经验的跟单员会在中期和尾期跟单过程中，将问题产品一一拍照，事先固定并立此存照，并形成书面的验货记录，督促生产企业整改。

图 2.19 归纳了本次日本 T 恤订单的跟单查货的主要工作流程，此处省略了产前检查。对于其他出口商品的跟单，可以举一反三。

产品初期检货	产品中期检货	产品尾期验货
产品起始前三天（一般情况）	部分产品被锁钉整烫	装箱结束，最低成箱率不低于80%
核对色卡面辅料是否正确	检查核对各工序工艺是否正确	会同工厂凭正确装箱单核对箱数
检查各个规格和各部位尺寸	核对初期所查各项问题改进情况	按GB2828中要求分别抽样检查
检查面料颜色色牢度、布疵，左、中、右色差是否超出标准	检查纸箱、胶袋等辅料是否正确质量是否符合要求	核对箱唛填写是否正确，纸箱有没有脱胶或破损
检查核对洗唛、主唛等其他辅料与资料是否正确	填写中期查货报告，列明所查问题，并提出整改意见，该查货报告必须经生产企业负责人签字确认并上报本公司	打开纸箱看是否有无衬版，有无杂物，摆放是否正确
核对样衣工艺单各工序工艺是否正确		核对装箱单搭配是否正确，胶袋装法和封口方法是否正确
核对水洗绣花、印花和标样工艺是否吻合	检查纽眼有无毛脱漏针	抽样部分产品，检查产品外在质量，检查吊牌、价格牌等位置是否正确
对所检验结果和各工序质量是否存在问题并书面通知工厂改进，同时报告公司洗水唛等有无错误	检查并测量每件尺寸	核对吊牌、价格牌印刷内容
	检查产品的缝制质量、污渍检查	根据客户的确认样和工艺单，检查内在质量（如尺寸）
	认真填写"验货报告"给工厂或公司	检查面料色牢度和成衣各部位有无色差、污迹和死活线头
		检查纽扣、拉力是否符合标准，检查纽扣质量

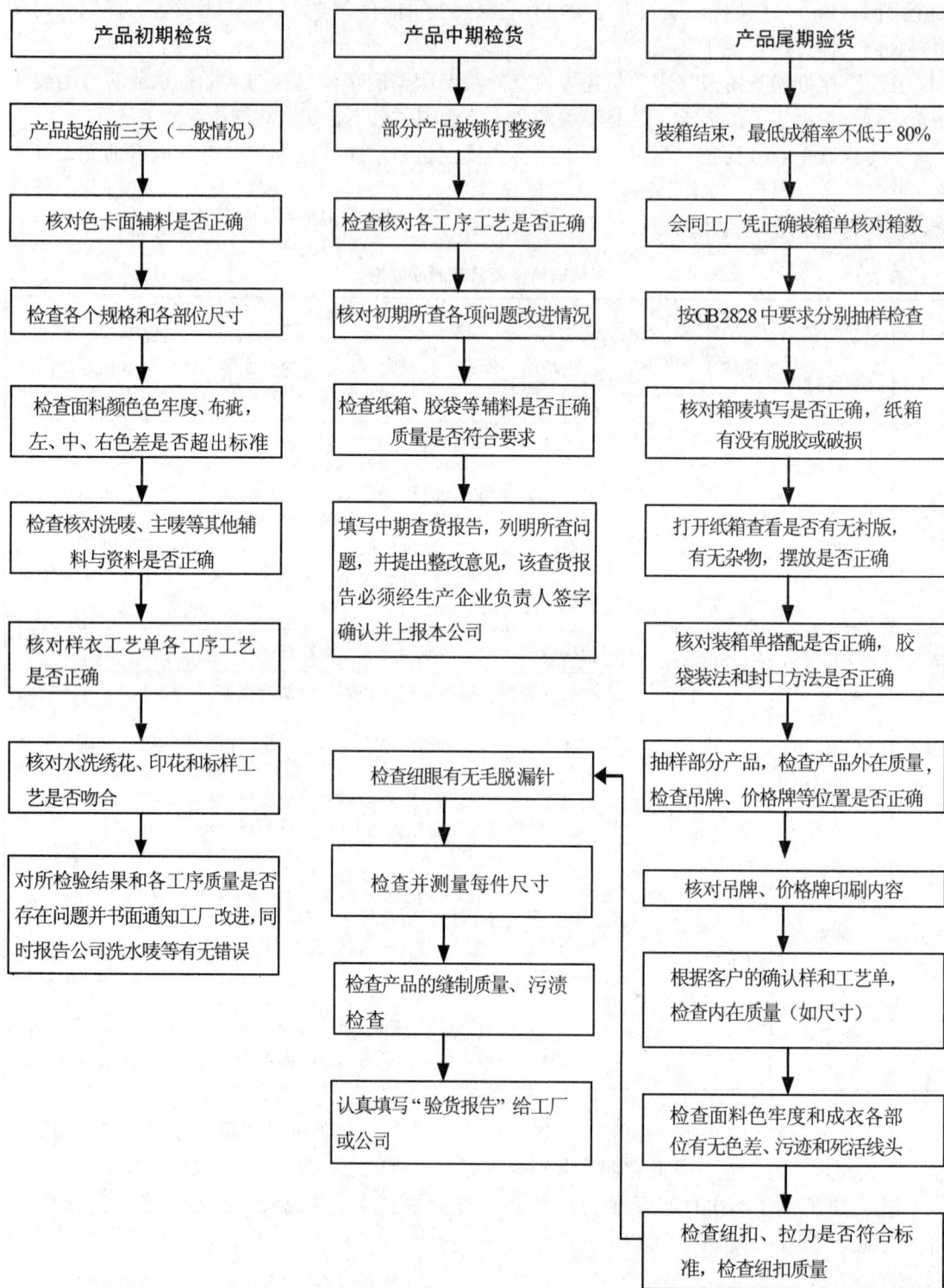

图 2.19　服装跟单工作流程

浙江荣达进出口公司
查货报告

检验日期：_____　　　　　　　　　　　　□初期　□中期　□尾期

合同号：	交货时间：	款号		是否洗水 □是 □否	
		面料：		SEASON 季度	
合同数量		成衣名称		空运 _____ 件数	
生产工厂名称				海运 _____ 件数	

生产进度	裁剪	车/绣花	车缝(线)	大砂/手檫	洗水	整熨	包装件数

COMMENTS 评语：	严重缺陷	轻微缺陷	Labeling 商标，挂牌 □对 □否
			Main Label 主唛 □对 □否
			Content/Care 成份唛 □对 □否
			Country of Origin 产地唛 □对 □否
			Price Tags 价格牌 □对 □否
			最终结论：□整改 □准确
			Packing and Assortment 包装及搭配
			Each per polybag 每件入一胶袋 □对 □否
			Hanger carton pack 挂衣纸箱 □对 □否
			Flat packer inner box par 箱内平装 □对 □否
			Fold packer export carton 箱外摺装 □对 □否
			Assorted/Solid Size 混码/单码 □对 □否
			Assorted/Solid Color 混色/单色 □对 □否
			Carton Making 箱唛字体大小
			侧唛/正唛 □对 □否
			最终结论：□整改 □准确
			箱唛内容
			Shipping Mark 正唛 □对 □否
Remark 备注：			Side Mark 侧唛 □对 □否
			G. W. /N. W. 毛净重 □对 □否
			MEAS. 尺寸 □对 □否
			最终结论：□整改 □准确

Quality standard required	Carton No. 箱号	结论	接受	
Inspected Quantity 查验数量			不接受	
Total No. of Defective Garment 抽查次品数				
Major 严重　　　　Minor 轻微			待覆	

Inspected by 查验员签字：	Manufacturer Signed 工厂代表签字：

　　Remark：This certificate is provisional and detailed examination of the goods will/can be made at a later date. Accordingly，this certificate shall be entirely without prejudice and shall not above the supplier from liability in respect of any actions，claim demands or proceeding sub-sequently taken or made by our principal and/or their customers or sub-purchasers. Supplier confirms that they have received a copy of this inspection report.

练一练

1. 从上述日本订单的跟单过程来看，你是否发现跟单员刘洋少了一项关键检查？请写出这项关键检查项目的名称。

2. 按照常规和经济的角度而言，外箱的材料应该选择"双坑"还是"三坑"？

3. 为了测试外箱质量对箱内商品具有保护作用，并达到日本客商的要求，浙江荣达公司的外贸跟单员刘洋可以采用何种"简易"方法进行测试？请具体写出测试步骤。如果外箱未变形，但箱内商品在测试过程中被损坏，这种情况说明了什么？（提示：可结合阅读模块三的相关内容）

【知识链接 2.6】检针设备与操作要点

检针器、验针机（needle detectors）为检针设备，是一种及时发现车缝制品中是否存在断针等金属利器的金属探测设备，这种设备检测到车缝制品中有铁质（如断针、大头针、别针）等磁性材料时，机器自动报警，提示可能存在铁质材料。

检针设备按形态分主要有：龙门式检针机（也称输送式检针机，图 2.22）、平台式验针机（图 2.21）、手持式检针器三大类（图 2.20）。

根据日本《检针法》的规定，在日本市场上销售的纺织服装、床上用品等绗缝制品均被要求事先进行此项检验。

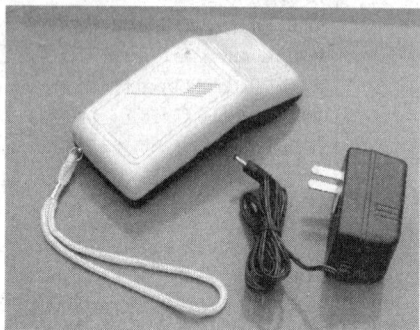

图 2.20　手持式检针器

图 2.21　平台式验针机

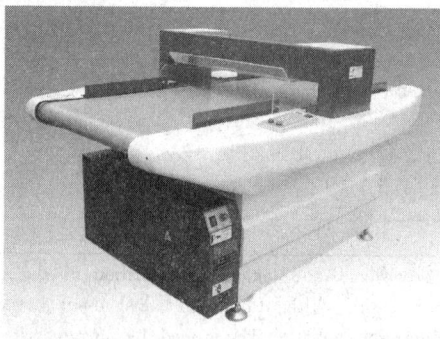

图 2.22　输送式检针机

操作流程：

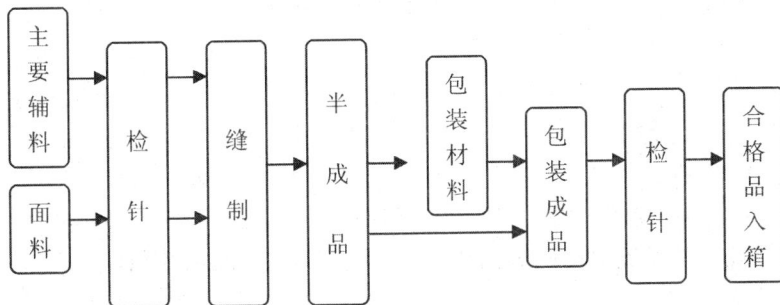

注意事项：

1. 由专业人员进行检针操作，并按"先试验，后检测"顺序进行操作，即先调试检针机合适的灵敏度后，再进行产品检测；

2. 必须在检验专门区域进行操作，区域内不能有影响操作的金属物体，检针机要远离大型变压器、高压线、大型风扇、电机；

3. 检验人员必须穿着无口袋的服装，不能佩戴任何金属物件（手表、戒指、手机和腰带等）；

4. 检针设备必须定期清洁及调试，以确保检验设备的灵敏度。

项目 2.4 产品数量跟单

在合同或订单中，买卖双方要对标的物的数量进行书面约定，这就是"数量条款"。外贸跟单员在开始跟单前，必须充分阅读合同或订单中数量条款，正确理解其中含义，从而认识到合理利用数量条款对买卖双方的重要性。

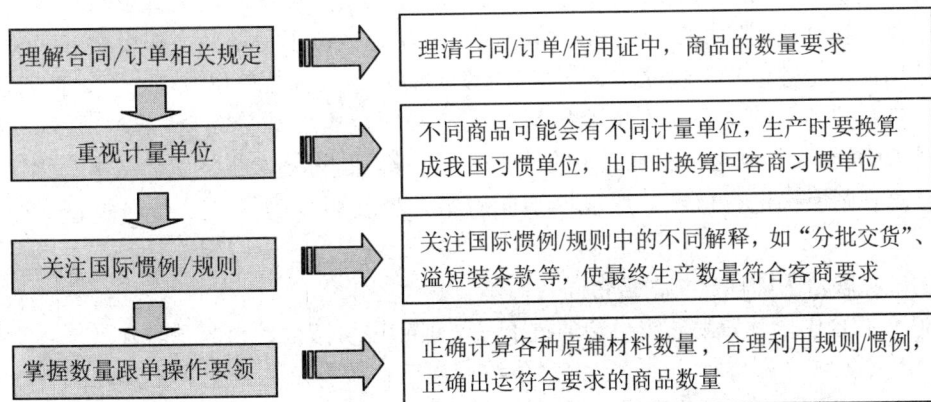

图 2.23 产品数量跟单的主要步骤

任务 2.4.1　理解合同或订单中的相关规定

在实际业务中，对于大宗散装商品，如农副产品和工矿产品，由于商品特点和运输装载的原因，难以严格控制装船数量。此外，某些商品由于货源变化、加工条件限制等，往往在最后出货时，实际数量与合同规定数量有所偏差。对于这类交易，为了便于卖方履行合同，买卖双方通常在合同中增加溢短装条款（More or Less Clause），即规定交货数量可在一定幅度内增减，这种增减幅度最常用的方式为：规定允许溢短装的百分比。例如"20 000 米布，卖方可溢短装 5%"，意思是交货数量可以在 19 000～21 000 米之间（含 19 000 和 21 000米）。同样，除了合同或订单中规定商品数量可以溢短装外，还有另外一种情况：只能是"单向"的增或减，详见本项目中任务 2.4.4 部分。

上述在合同中就商品最终交货数量添加溢短装条款的方法，体现了买卖双方的最终意愿，避免了履行合同中的摩擦和纠纷，促进了国际贸易发展。

任务 2.4.2　熟悉国际惯例规则的规定

在长期国际贸易实践中，形成了国际贸易惯例，这些惯例有别于依靠国家立法机关制定的国内法以及依靠各国之间的相互谈判、妥协而达成的国际条约，具有普遍适用性、业内/行业认可与接受、任意性和非强制性等特性。目前，与跟单工作有关的国际惯例主要有国际商会的《联合国国际货物销售合同公约》、《跟单信用证统一惯例》、《托收统一规则》和国际保理商联合会的《国际保付代理惯例规则》等，对国际贸易活动具有重要的指导和制约作用。外贸跟单员在跟单过程中，需要理解和掌握国际惯例或规则的相关规定。

惯例一：跟单信用证统一惯例

根据国际商会《跟单信用证统一惯例》的规定，除非信用证中规定货物数量不得增减外，在支取金额不超过信用证金额前提下，货物数量允许有 5% 的机动幅度。但此规定对交货数量以包装单位或个数计数的商品不适用。即按该惯例的解释，凡是散装货物（如以长度、体积、容积、重量单位来表示商品数量的）的买卖，即使信用证中未规定数量机动幅度，但只要支取金额不超过信用证规定的金额且信用证中未规定数量不得增减，那么卖方交货数量就可以与信用证规定数量有不超过 5% 的增减幅度；如果是以包装单位或个、打、件、双、箱、罐等单位计数的商品交易，卖方交货数量必须与合同规定的数量完全一致，否则就会产生"不符点"而面临收汇风险。需要说明的是，近几年来，国际商会根据贸易结算变化情况，对信用证结算规则屡次进行修改，形成了不同版本，最新版本为第 600 号出版物，即《UCP 600》。

惯例二：联合国国际货物销售合同公约

1980 年联合国国际贸易法委员会通过了一部国际贸易法公约——《联合国国际货物销售合同公约》（简称《公约》，下同）。该《公约》规定：按约定数量交货是卖方的一项基本义务。如卖方交货数量大于约定数量，买方可以拒收多交的部分，也可收取多交部分中的一部分或全部，但应按实际收取数量付款。如卖方交货数量少于约定数量，卖方应在规定的交货期届满之前补交，且不得使买方遭受不合理的损失，买方可保留要求赔偿的权利。

对于合同与国际惯例关系，目前比较一致看法是，当合同中规定与国际惯例相矛盾时，以合同的规定为准；当合同与国际惯例不矛盾时，以国际惯例的规定为准；当合同中明确规定采用某种惯例，则这种惯例就有其强制性。

通过对上述国际惯例或规则的解读，跟单员要仔细阅读合同，察看合同中是否有溢短装条款，仔细审核信用证，研读其中的溢短装条款表达式，并对照国际惯例的相应版本，做出正确判断。只有正确理解，跟单员的跟单操作才会受到国际惯例的保护。

任务 2.4.3 理解外贸活动中常用的计量单位

国际贸易中常用的度量衡制度有公制（Metric System）、英制（British System）、美制（U. S. System）和国际单位制（International System of Units）。我国采用国际单位制，简称 SI 制。各国度量衡制度不同，导致跟单员需要转换合适计量单位，以符合本国的习惯。例如，长度单位中，我国习惯是以"米"、"厘米"等表示，而在有些英联邦国家中却用"呎"、"英寸"、"码"等表示，每一码为 0.9144 米；重量单位中，实行公制的国家一般采用公吨，每公吨为 1 000 公斤，实行英制的国家一般采用长吨，每长吨为 1 016 公斤，而实行美制的国家有时却采用短吨，每短吨为 907 公斤。上述情况具有一定的普遍性，常见于重量、面积、体积等计量单位中，两种计量表示需要通过换算才能转换，跟单员必须掌握这种转换方法，工作中才不会产生错误。表 2.1 为某客商纺织服装订单中男式套头衫尺寸表，所有项目尺寸均用英寸表示，例如，S 码的身长为 27 7/8 英寸，肩宽为 18 1/2 英寸……当跟单员拿到该尺寸规格表时，需要将该表中英寸换算成厘米，如 70.80 厘米、26.99 厘米等。

表 2.1 男式套头衫尺寸表

MEASUREMENT SEPCIFICATION－MEN'S TOPS

POINT OF MEASURES	S	M	L
Body length from HPS	27 7/8	29	30 1/8
Shoulder Width：seam to seam	18 1/2	19 1/4	20
Across Front Chest Position from HPS	6 3/4	6 7/8	7
Across Front Chest	17 1/2	18 1/4	19
Across Back Chest Position from HPS	6 3/4	6 7/8	7
Across Back Chest	18	18 3/4	19 1/2
Chest：1in/2.5cm Below Armhole	21 1/4	22 1/4	23 1/4
Bottom Sweep Relaxed：1" above rib seam	19 1/2	20 1/2	21 1/2
Bottom Sweep Relaxed：Along Btm Opening	17 3/4	18 3/4	19 3/4
Bottom Trim/Rib Height	2 3/4	2 3/4	2 3/4
Sleeve Length from CB：LS	35 3/4	36 5/8	37 1/2
Underarm Sleeve Length：LS	22 1/8	22 1/2	22 7/8

续　表

POINT OF MEASURES	S	M	L
Armhole：Along curve	10	10 1/2	11
Bicep：1in/2. 5cm below armhole	8	8 1/2	9
Elbow：@midpoint of underarm	6 1/4	6 5/8	7
Sleeve Opening：LS 1" above rib seam	5 1/2	5 5/8	5 3/4
Sleeve Opening：LS	3 3/4	3 7/8	4
Sleeve Cuff Height	2 3/4	2 3/4	2 3/4
Neck Circumference Straight-Closed	11 1/8	11 1/2	11 7/8
Neck Width：seam to seam	8 1/2	8 3/4	9
Front Neck Drop：from HPS line to seam	4	4	4 1/8
Back Neck Drop：from HPS line to seam	5/8	5/8	3/4
Hood Opening	14 1/2	14 1/2	14 1/2
Hood Width：at widest midlevel point	10 1/4	10 3/8	10 1/2
Hood Height：HPS to Top of Hood	14 1/2	14 1/2	14 1/2
Hood Extension/Chin Height@ CF Neck	2 3/4	2 3/4	2 3/4
Hood Panel Width @ CB	4	4	4
Hood Drawcord Length Exposed—Each Side	7 1/2	7 1/2	7 1/2
Hood Button Hole(or Eyelet)from Neck Seam	2 1/2	2 1/2	2 1/2
Shoulder Slope	1 3/4	1 3/4	1 3/4

　　有些面料克重采用盎司计量。如面料规格为 4.5 盎司的牛仔布，其克重换算为：4.5 盎司/平方码×33.91＝152.6 克/平方米，类似的情况还有很多。

　　此外，在外贸合同或订单中，商品数量是不可或缺的一项主要条件，也是买卖双方交接货物的基本依据。因此，商品数量往往也需要以一定的度量衡单位表示，这种度量衡主要有重量单位、数量单位、长度单位、面积单位、体积单位和容积单位等，表 2.18 归纳了跟单过程中经常使用的度量衡单位。

表 2.18　　　　　　　　　　跟单过程中经常使用的度量衡单位

序号	计量单位名称	中、英文表示
1	重量单位	公吨（Metric Ton，M/T）、长吨（Long Ton）、短吨（Short Ton）、千克（Kilogram，Kg）、盎司（Ounce，OZ）、磅（Pound）
2	长度单位	米（Meter，M）、码（Yard，YD）、呎（Foot）、英寸（Inch）
3	面积单位	平方米（Square Meter，M²）、平方呎（Square Foot）、平方英寸（Square Inch）、平方码（Square Yard）
4	体积单位	立方米（Cubic Meter，CBM 或 M³）、立方呎（Cubic Foot）、立方英寸（Cubic Inch）、立方码（Cubic Yard）
5	容积单位	公升（Litre）、加仑（Gallon）、蒲式耳（Bushel）、品脱（Pint）
6	数量单位	只或件或个（Piece，PC）、打（Dozen，Doz）、套或台或架（Set）、双（Pair，PR）、箱或纸箱（Case 或 Carton）、袋（Bag）、包（Bale）、卷（Roll 或 Coil）、桶（Barrel 或 Drum）

上述计量单位中，部分不同度量衡单位间的互算公式如下：

1 公吨＝1 000 千克≈2 204.62 磅　　　　　1 加仑（美制）＝3.7853 公升

1 磅≈454 克　　　　　　　　　　　　　　1 加仑（英制）≈4.546 公升

1 盎司≈28.35 克（常衡盎司）　　　　　　1 英寸＝2.54 厘米

1 打＝12 件（个）　　　　　　　　　　　1 盎司/平方码≈33.91 克/平方米（适合

1 码＝0.9144 米＝3 呎　　　　　　　　　用于纺织面料）

根据海关总署的《中国海关报关实用手册》（2011 版），我们对相关产品在海关通关过程中所涉及的计量单位进行了归纳和整理，并以表 2.19 表示。

表 2.19　　　　　　　　　　　海关通关过程中相关产品所涉及的计量单位

商品类别	商品大类名称	可能用到的计量单位
1	活动物；动物产品	头、只、千克、条、个
2	植物产品	个、千克
3	动、植物油、脂及其分解产物等	千克
4	食品、饮料、酒及醋、烟草及代用品	千克、升、吨、支
5	矿产品	千克、千瓦时
6	化学化工	千克、克、平方米、个、米
7	塑料、橡胶及其制品	千克、米、条、双
8	生皮、皮革、毛皮及其制品；鞍具、旅行用品、手提包及类似品	千克、张、个、双、件
9	木及木制品等（含稻草、秸秆制品）	千克、立方米、张
10	木浆及其其他纤维素浆；回收（废碎）纸或纸板；纸、纸板及其制品	千克
11	纺织原料及纺织制品	千克、米、件、套、条、双
12	鞋、帽、伞、杖、鞭及其零件、已加工的羽毛及其制品、人造花等	千克、双、个、把
13	石料、石膏、水泥、云母及其类似品；陶瓷产品、玻璃及其制品	千克、平方米、件、个
14	天然或养殖珍珠、宝石或半宝石、贵金属、包贵金属及其制品；仿首饰；硬币	克、千克、克拉
15	贱金属及其制品	千克、把、个、套、件、片
16	机器、机械器具、电器设备及其零件；录音机及放声机、电视图像、声音的录制和重放设备及其零件	千克、台、千瓦、套、个、盘、张、只
17	车辆、航空器、船舶及有关运输设备	辆、个、套、千克、台、架、艘
18	光学、照相、电影、计量、检验、医疗或外科用仪器及设备、精密仪器及设备、钟表、乐器及上述物品的零附件	千克、片、个、台、副、架、只
19	（略）	（略）
20	杂项制品（家具、寝具、褥垫、床垫、坐垫、玩具、运动用具及零配件）	个、千克、台、套、件
21	艺术品、收藏品及古物	幅、千克
22	系统、支撑应用软件	千克、套

任务 2.4.4 掌握产品数量的"溢短装"含义

"溢短装"条款（more or less clause）也称"增减条款"（plus or minus clause），这种针对商品数量的机动幅度条款常常出现在订单中。在外贸实际业务中，除了大宗散装商品（如农副产品和工矿产品）的特点和运输装载要求的需要使用机动幅度条款外，对于那些原材料价格波动比较大和加工条件及技术未成熟而难以把握的商品，可以在合同中增加"溢短装"条款，卖方在装运时可少装 5%，以减少损失。由于数量变化必然导致金额变化，跟单员必须完整书写"溢短装"条款，将数量与金额的增减都视为"溢短装"条款中不可缺少的内容，使出口商处于"进退自如"的地位。

"溢短装"条款的英文表达式有很多种，这里汇集了一些常见的表达形式：

- ➤ 5% more or less in quantity and amount will be allowed.
- ➤ 5 PCT more or less both in amount and quantity per each item will be acceptable.
- ➤ With 10% more or less both in amount and quantity allowed at the sellers' option.
- ➤ 5% more or less in amount of credit and quantity of merchandise acceptable.
- ➤ Both amount and quantity plus or minus 5 PCT acceptable.
- ➤ Both quantity and credit amount 10 PCT more or less are allowed.
- ➤ 5% more or less in QTY & amount at the seller's option.
- ➤ Amount of credit and quantity of merchandise 5% more or less acceptable.
- ➤ 5% more or less in quantity and invoice value are allowed.
- ➤ Ten PCT more or less in both quantity and credit amount allowed.
- ➤ ±5% in quantity and amount will be allowed。

在以上英文表达式中，有的意思为"数量和金额允许增减 5%"，有的为"5% 数量和金额方面增减由卖方决定"，有的则是以信用证结算为背景，表明"5% 数量和信用证金额增减是允许的"，有的则更为详细，表明"每一个颜色/项目/货号的货物数量和金额允许增减 5%"。显然，这些表达形式都以数量和金额的增或减为基础，增减幅度视情况而定，最为常见是 5%。在增减文字表达形式上，既有"more or less"，也有"plus or minus"，还有 ± 符号或字母来表示。

除了数量和金额同时"溢或短"外，订单或合同中还有这种情况：数量和金额是单向的增或减，即数量和金额只能是"增"或"减"，如：3% more in quantity & amount per each colour are acceptable. 意思为"每个颜色的数量和金额可增加 3%"，也就是说，不允许每个颜色的数量减少交货。外贸跟单员遇到这样条款，要格外小心谨慎，仔细研读客商的要求，正确理解其中的含义，多投恰当数量的原材料进行生产，确保最后成品出运数量不少于订单数量。

上述情况外，合同/订单中也有用"约"来表示产品数量增减幅度，鉴于"约"字的含义模糊，国际上对其含义有各种不同的解释，有的解释为 2%，有的解释为 5%，也有的解释为 10%（如《跟单信用证统一惯例》）。跟单员除了尽量避免使用外，还要联系外贸业务员或客商明确"约"字的真正增减比例，以便正确操作，避免纠纷（当然也要与客商事先商定溢装部分的价格：装运日价格、到货日某指定市场价、合同价格或其他约定价格）。

【知识链接 2.7】《UCP 600》第 30 条有关"溢短装"条款的规定

Article 30 Tolerance in Credit Amount，Quantity and Unit Prices

a. The words "about" or "approximately" used in connection with the amount of the credit or the quantity or the unit price stated in the credit are to be construed as allowing a tolerance not to exceed 10% more or 10% less than the amount，the quantity or the unit price to which they refer.

b. A tolerance not to exceed 5% more or 5% less than the quantity of the goods is allowed，provided the credit does not state the quantity in terms of a stipulated number of packing units or individual items and the total amount of the drawings does not exceed the amount of the credit.

c. Even when partial shipments are not allowed，a tolerance not to exceed 5% less than the amount of the credit is allowed，provided that the quantity of the goods，if stated in the credit，is shipped in full and a unit price，if stated in the credit，is not reduced or that sub-article 30（b）is not applicable. This tolerance does not apply when the credit stipulates a specific tolerance or uses the expressions referred to in sub-article 30（a）.

译文：

第 30 条　信用证金额、数量与单价的增减幅度

a. "约"或"大约"用于信用证规定金额、数量或单价时，应解释为允许有关金额或数量或单价有不超过 10% 的增减幅度。

b. 只要信用证未注明以包装单位件数或货物自身件数计数，并且总支取金额不超过信用证金额，货物数量允许有 5% 的增减幅度。

c. 如果信用证规定了货物数量，且该数量已全部发运，以及当信用证对单价有规定，而该单价又未降低，或当第三十条 b 款不适用时，则即使不允许部分装运，也允许支取的金额有 5% 的减幅。若信用证规定有特定的增减幅度或使用第三十条 a 款提到的用语限定数量，则该减幅不适用。

任务 2.4.5　理解分批交货

当一份订单数量很大时，买卖双方就是否需要分批交货和每次交货数量及时间达成协议，业内称为分批交货。是否允许分批交货是合同或信用证中装运条款的主要内容，该内容涉及装运时间、装运港和目的港和转运。其中的装运时间与分批装运有着密切联系，按《公约》和《UCP 600》相关规定，分批（期）交货项下的一方当事人不履行某一批货物的义务，就会对该批货物构成根本性违约，另一方当事人可以宣告不受该批货物的合同约束，如果造成

损失的，还应该承担相应责任。因此，跟单员在生产跟单的发货环节，要正确理解分批装运及时间要求，按期发货。

从运输角度而言，分批交货也被称为分批装运（Partial shipment），卖方按订单要求，将规定数量的商品分为若干批次装于不同的航次、车次或班次的运载工具上，实现符合合同或订单要求的目的。分批装运是有条件的，一般涉及订单数量、资金、运输条件或目的地仓库库容情况等。就进口商而言，分批交货可以避免一次性到货占据库容；就出口商而言，分批交货可以加快资金周转、方便运输安排等。据此，一般而言，订单数量大是允许分批装运的首要条件，目的地库容和资金是次要条件。从大多数合同或订单来看，允许或不允许分批装运是装运条款必备内容，一旦合同/订单或信用证中规定 Partial shipments are permitted 或 allowed 条款，则买卖双方都同意合同商品被允许分批交货，卖方可以根据货源情况选择一次性交货或分批交货。另外，根据惯例，除非信用证有相反规定，可准许分批装运。根据这一精神，只要信用证中没有禁止分批交货，跟单员就可以分批交货。

从外贸跟单实践操作看，允许分批交货有三种情况：

情况 分类	规定内容			正确理解
	批次	数量	时间	
情况一	无	无	无	在规定最后装运时间前，可以不限批次和数量出口货物
情况二	有	无	无	可以分批，也可以一次性装运出口
情况三	有	有	有	按规定批次、数量，在规定时间出口

1. 允许分批交货

这是一种不加任何限制的允许分批交货情况，对出口商而言比较宽松。按此规定，在信用证项下，跟单员只要在规定的最后装运时间和信用证有效期内，既可以不限批次、数量和时间出口货物，也可以一次性交付货物。但是，有一种特殊情况要引起跟单员的足够重视，当订单中有不同款/型号（或颜色）的货物时，考虑到贸易习惯，除非另有规定，最好不要将相同款/型号（或颜色）的货物分批交货（Partial shipments are not allowed for a same style）。

2. 有批次限制、无数量和时间限制的分批交货

如"7 月/8 月/9 月份装运，装运期不迟于 9 月 30 日"，在这种情况下，跟单员只要在信用证的有效期、最后装运期和总数量内，不必考虑每次出货数量，按规定批次可以出运相同（或不同）数量的货物。当然，贸易习惯也是跟单员必须考虑的因素，未经客商同意，也不要将相同款/型号（或颜色）的货物分批出运。

3. 有批次、数量和时间限制要求的分批交货

这是一种极端情况，分批交货时严格限定了时间、数量和批次要求，如 shipment during Jul. /Aug. /Sept. 1000 M/Ts monthly。按《UCP 600》第 32 条的规定，任何一期未按信用证规定发运，则该次（期）及以后各期均告失败，也就是说，银行不再承担付款责任。鉴于此种情况，有人称其为"分期装运"①。如：某公司与外商签订了出口 2600 打 T-SHIRTS 的合

_____

① 阎之大：《UCP 600 解读与例证》，中国商务出版社 2007 年版。

同，付款方式为即期信用证，证内规定了具体装运时间、数量和批次。实际出货情况为：第一、第二批是按照信用证要求在规定时间内出运相应数量并递交相符单证，顺利结汇。第三批没有按照信用证要求交货，但在第四批出运时补齐了数量，被开证行拒付货款。对于上述情况，虽然跟单员最终补齐了交货数量，但由于跟单员从第三批起的交货数量与信用证规定不符，违反了《UCP 600》的规定，银行拒付第三批以后的货款是有理的（见图2.24）。

信用证内规定					实际交货情况			
批次	装运日期	商品名称	数量		批次	装运日期	商品名称	数量
1	JAN.08, 2008	T-SHIRTS	500 DZS		1	JAN.08, 2008	T-SHIRTS	500 DZS
2	FEB.08, 2008	T-SHIRTS	600 DZS		2	FEB.08, 2008	T-SHIRTS	600 DZS
3	MAR.08, 2008	T-SHIRTS	700 DZS		3	MAR.08, 2008	T-SHIRTS	600 DZS
4	APR.08, 2008	T-SHIRTS	800 DZS		4	APR.08, 2008	T-SHIRTS	900 DZS

图2.24 信用证内规定与实际出货情况

跟单过程中，一旦遇到分批交货情况，跟单员首先要正确理解分批交货的时间要求、批次要求和数量要求，千万不能盲目出货，这是一项颇有技术含量的工作，稍有考虑不周，就会导致收汇风险。因此，跟单员在安排出运数量时要格外小心，遇到可能发生歧义的分批交货，要向有经验的银行或外贸前辈请教，甚至直接要求客商确认具体货物交货数量和时间。

此外，在跟单过程中，跟单员要与生产工厂或车间保持密切联系，确定货源完成时间，对于那些不可能实现的交货时间或数量，通知公司业务经理或外贸业务员，由其与国外客商联系，并要求客商（开证申请人）通过开证行修改信用证。

在分批交货中，以下情况也是可能会发生的：

情况一：2011年5月至10月，每月交货3 000双鞋，共计18 000双；

情况二：2011年5月至10月，每月5日交货3 000双鞋。

情况一是比较宽松的交货规定，跟单员只要在规定月份内的任何一天交货3 000双鞋，不必受船期困扰；情况二就没有那么灵活机动了，必须在每月5日交货3 000双鞋，一旦没有遇到合适的运载工具就会面临收汇风险。

从国际贸易实际操作情况看，分批交货或分批装运也可能被赋予更多含义。例如，一旦遇到原材料上涨，出口商可以利用分批交货条款，合理地减少出货数量，达到降低损失的目的。再如，出口商可以利用分批交货条款，分批收汇，既能降低收汇风险还能防止汇率风险（本币升值情况下），提高资金周转率。

对分批交货情况分析得知，跟单员在确定交货时间时，不但要根据原材料供应、产品生产进程情况，还要注意实际交货时间与船期的衔接（尤其是在台风或寒冬季节），一旦发现在交货时间内没有相应船期，要立即联系客商修改合同或信用证，否则就要承担违约责任。

【案例分析】错误理解分批装运导致收汇风险

　　山东威海农发家禽进出口公司（简称威海公司）与中东 A 客商签订出口迪拜冻鸡 450 公吨的销售合同，支付方式为即期信用证。随后威海公司收到了该批货物的信用证，证内规定：A、B 两个等级的冻鸡需分三批等量交货，数量允许 10％溢短装。第一批冻鸡顺利出货，并如期收款，但是第二批出货时，跟单员小王发现库内缺少 B 级冻鸡 10 吨，于是他认为只要在 10 天后第三批中予以补足。小王的这种操作方法体现在议付单据中，直接导致银行拒付，客商也致函给威海公司称：由于第二批中 B 级冻鸡短装致使被索赔 5 000 美元，要求威海公司承担，否则拒绝赎单付款。威海公司考虑到该批货物为冻鲜货物，且货物压港都会产生一系列费用，经过反复协商，最终赔偿客商 4 000 美元了结此事。

　　点 评：该案说明跟单员必须正确理解信用证中的分批装运条款，才能顺利收汇。由于信用证中只笼统规定分三批等量交货，因此，每次出货均有两个等级的冻鸡，且每批数量要相等，即 75 吨 A 等级＋75 吨 B 等级。又由于信用证是独立于合同之外的有条件支付承诺书，单证相符和单单一致是开证行/付款行支付货款的前提条件。本案中，小王的错误理解是操作失误的直接原因，导致了开证行拒付，最终付出了沉痛的代价。

练一练

请阅读下面所截取的某德国客商订单中部分内容，回答以下问题：

············
············
············

2. Packing：

Net Weight	11. 5 KGS/CTN
Gross Weight	13 KGS/CTN
Gift Box Dimensions	19 CM×14 CM×23. 5 CM
Outer Carton Dimensions	59. 5 CM×30 CM×48. 5 CM
Quantity per Carton	12 PCS/CTN

3. Shipment：

Delivery Time	3732 pcs of CK-1008 on 07 JUNE, 2011
	8028 pcs of CK-1008 on 07 JULY, 2011
Container Type	shipped by 20′ or 40′ container, LCL not allowed

partial shipments as per the shipment schedule (delivery time) allowed.

　　问题：（1）在信用证结算方式项下，6、7 月份交货中，跟单员是否可以将每一批货物分拆出口？为什么？

　　（2）假设 $40'C$ 集装箱的内容积为 58 立方米，$20'C$ 集装箱的内容积为 27 立方米，根据该采购单，第一批、第二批出货应该选择哪一种尺寸/规格的集装箱？若集装箱不能容纳时，是否可以采用拼箱方式出运？为什么？

任务 2.4.6 数量跟单操作实践

【业务背景】广东景风文具有限公司是一家专业生产文具的厂商，2011 年 5 月 2 日就直尺、三角板、量角器、圆形尺等学生文具的销售与马来西亚客商进行洽谈。在洽谈过程中，马来西亚客商告诉广东景风公司跟单员方轩：上述文具要按如图组合（30CM 直尺 1 把、15CM 三角板 1 把、10CM 三角板 1 把、11CM 量角器 1 把、360 度圆形尺 1 把），并统一款号为 LB27034，马来西亚客商订单的其他要求如下：

文具材料：PP 塑料材质；

包装及颜色：30CM 直尺 1 把（蓝紫色）、15CM 三角板 1 把（粉红色）、10CM 三角板 1 把（绿色）、11CM 量角器 1 把（透明黄）、360 度圆形尺 1 把（蓝色）入一个 2 丝的透明 OPP 塑料袋（325MM×50MM），彩色卡头（三套色）；250SETS/CTN，MEAS：40 CM×34 CM×34CM，在塑料袋包装的另一面印刷条形码。G. W. /N. W.：17/15KGS

文具厚度：2MM

订单数量：50 000 套

广东景风公司与马来西亚客商最终签署了合同，并约定收到定金后 20 天一次性交货，数量允许有 5% 增减，但尾箱必须成整箱。

【操作步骤】

步骤一：确定文具各个品种及原（辅）材料种类及名称

根据所提供的背景资料，跟单员刘杰整理并归纳了以下原（辅）材料种类及名称。

序号	原（辅）材料名称	成分	规格
1	三角板	PP 塑料	15CM（刻度），厚度为 2MM（实际长度 16CM）
2	直尺	PP 塑料	30CM（刻度），厚度为 2MM（实际长度 31CM）
3	三角板	PP 塑料	10CM（刻度），厚度为 2MM（实际长度 11CM）
4	量角器	PP 塑料	11CM（刻度），厚度为 2MM（实际长度 12CM）
5	圆形尺	PP 塑料	360 度，直径为 12CM
6	纸箱	纸 质	双瓦楞、40CM×34CM×34CM
7	塑料袋	OPP	尺寸：325MM×50MM 2 丝
8	卡头纸	纸质	200 克/平方米"白板卡"印刷三套色图案及相应字体和条形码

步骤二：计算数量

根据"业务背景"所提供的背景资料，跟单员小方按"溢短装条款"中上限采购原材料，并结合生产过程中所有原（辅）材料的损耗率，计算出相应交货数量。并以此采购原材料。

序号	原（辅）材料名称	损耗率	数量（个）
1	三角板 15CM	2%	53 550
2	直尺　30CM	2%	53 550
3	三角板 10CM	2%	53 550
4	量角器 11CM	2%	53 550
5	圆形尺 360°，直径为 12CM	2%	53 550
6	纸箱	2%	214
7	塑料袋	3%	54 075
8	卡头纸	3%	54 075

步骤三：制订采购计划（略）

练一练

在跟单过程中，请你根据上述已有业务背景和以下虚拟情景，以相应的外贸基础知识回答问题并选择适当措施。

(1) 当生产厂商的粉红色原材料短缺时，跟单员应该采用以下何种措施？（　　）

  A. 按 15CM 三角板 53 550 个、直尺 53 550 个、10CM 三角板 53 550 个、量角器 53 550 个、圆形尺 53 550 个的比例生产；

  B. 其他品种以粉红色原材料数量为基数 1∶1∶1∶1 比例组织生产；

  C. 现有粉红色原材料全部投料生产，其他 53 550 个/品种生产，分两批出口；

  D. 以数量短装 5% 为最低原则计算得出粉红色原材料实际产量，其他品种与其呈 1∶1∶1∶1 比例，并成箱包装。

(2) 如果双方约定以信用证结算，信用证允许分批装运、允许数量 10% 溢短装，在原材料足量情况下（其他条件不变），如果广东景风文具有限公司组织投料生产了 110 箱、27 500 套文具并安排在第一次全部出口；第二次该企业又投料生产了 110 箱、27 500 套，并认为两次出口行为均未超过信用证的"数量 10% 溢短装"之规定。请你以跟单员身份分析广东景风文具有限公司做法是否恰当？按该企业的做法（组织投料生产并出口行为）是否能够顺利结汇？并请说明原因。

项目 2.5　生产进度跟单

在合同或订单中，买卖双方要对标的物的交货时间进行书面约定，这就是"装运条款"。为了在规定交货时间前完成生产任务，外贸跟单员在开始跟单前，必须充分阅读合同或订单中装运条款，围绕该交货时间，组织生产并跟踪生产进程（见图 2.25）。

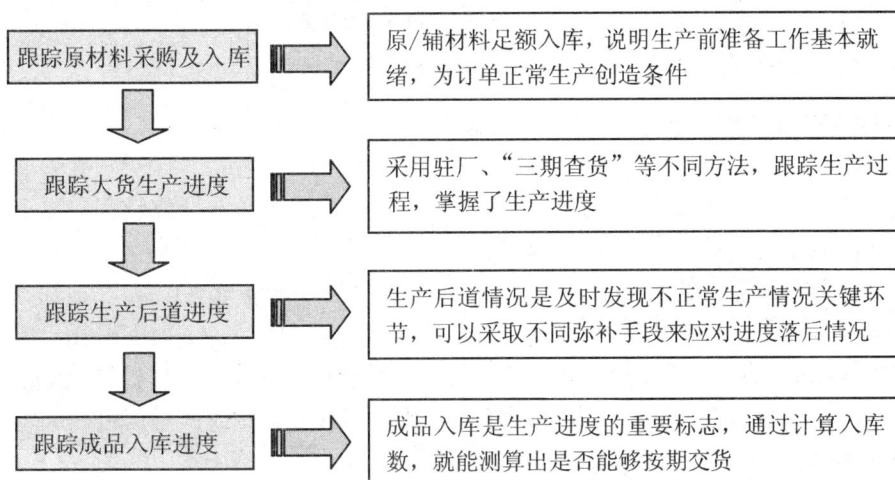

图 2.25　生产进度跟单的主要步骤

任务 2.5.1　跟踪原材料入库进度

原/辅材料采购是大货生产的第一步，当跟单员确定了原材料供应商和完成采购计划后，就要进入原材料生产进度跟踪，由于在本模块项目 2.2 中已经阐述了原/辅材料跟单操作过程和操作要点及工作方法，因此不再赘述。

作为关系到生产进度的原/辅材料采购，原/辅材料按时抵达生产企业是完成订单的基本保障，否则生产企业会处于停工待料状态。如何判断是否已经按时"到位"呢？一般而言，就是以原/辅材料入库为主要标志。

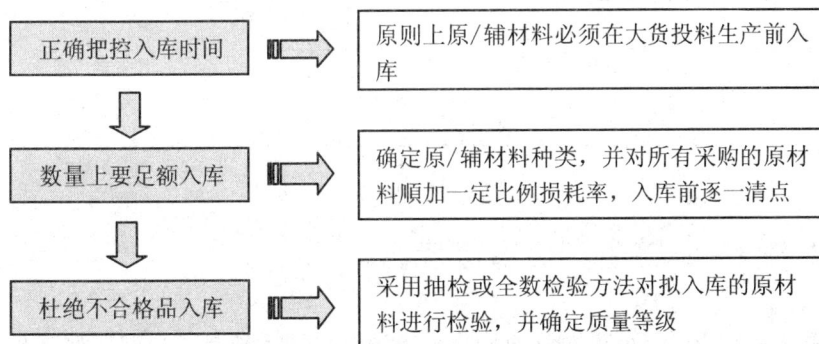

图 2.26　跟踪原材料入库进度

1. 把控入库时间

所有原/辅材料按规定时间达到订单生产企业并在检验后入库，意味着生产前的准备工作基本到位，为按时投料生产创造必要条件。因此，跟单员在制订采购计划时，要根据订单交货时间确定原材料入库，为了防止意外情况的发生，适当提前入库时间是完全必要的。鉴于过早入库会增加本企业的资金压力，对于那些需要付现提货的原材料，跟单员要与财务部门和原材料供应商密切磋商，确定合理入库时间；对于那些体积较大、需要腾挪库容的原材料，跟单员要与仓库管理部门和原材料供应商磋商，确定合理入库时间。

2. 数量上的足额入库

根据订单和损耗量采购原/辅材料，是完成订单数量的必要保障。跟单员在采购前，要正确预估损耗量，并制作采购计划书。损耗量要恰到好处，高估必然导致管理成本上升，利润减少，低估可能导致大货交货不足，存在违约风险。

损耗量是指在正常情况下，原材料由于在加工、分割（化整为零）、自然损耗等原因形成的亏损。像服装生产过程中的裁剪损耗、印染损耗、织造损耗等属于加工损耗，像化工商品生产过程中的原材料风干/挥发损耗和破碎等属于自然损耗。损耗率可以根据经验估算，也可以经过计算测算。测算方法就是一定量原材料记录测试前后期的数据对比进行确定，也就是前后数据的比值。

3. 杜绝不合格品入库

所有原/辅材料投入生产前，需货方要对原/辅材料进行初检（外观检查：外包装是否完好、生产厂家、批号、效期、数量），察看出厂质量报告，当初检合格后，入仓库挂待检标志并分类堆放、QC检验合格后，挂合格标志。原材料入库过程整个过程均需有质量人员参与，不合格的原/辅材料不得使用。显然，杜绝不合格品入库是确保订单质量的首要保证，也是安全生产的必要保证。

原材料入库时，跟单员必须填写《原材料入库单》见表2.20。

表 2. 20　　　　　　　　　　××公司原材料入库记录单　　　　　　　日期：＿＿＿＿＿＿

序号	订单号	订单数量	原/辅材料名称及规格	入库数量及时间	检验时间	检验者

填制者：＿＿＿＿＿＿

任务 2.5.2　跟踪生产后道进度

生产后道是相对于生产前道而言的，一般来说，生产后道是指包装工序后的生产加工阶段或工序。以服装生产为例，服装生产后道是指已经完成了缝纫工序后的工序，包括成品检验、修剪线头、熨烫、包装和入箱阶段，即每件成品都经过了严格的后道检验、后道整烫后，所有的成品服装经过包装并统一打标或打码，然后按照客商要求装入纸箱中。

在后道操作工序中，产品检验速度、包装速度与操作人员熟练程度、设备行进速度有关。因此，跟单员要真正了解实际订单完成数量，应该清点实际成箱数量，这样得到的反映生产进度的数据是最符合实际生产情况的。

在整个生产作业完成了前道生产工序后，跟单员工作重心需要后移至生产后道，除了清点产品进入后道的实际数量，并与订单数量进行比较外，还需要跟踪检验和包装过程，及产品被检验或包装数量，计算完成订单的实际时间。一旦发现检验人员人数不足或包装人员人数不足时，要及时提出改进建议；一旦发现检验或包装人员缺乏工作责任心时，也要立即向生产企业有关部门提出，从而为完成生产任务打下基础。

前面已经阐明，后道主要是完成产品检验、包装和成箱等工序。由于工人素质参差不齐和工作疲劳等原因，可能会有部分不良品被装入纸箱中。因此，跟单员要抽验已经成箱的产品，剔除不良品，防止不合格产品出口。

任务 2.5.3　跟踪成品入库进度

从产品生产的目标而言，向消费者提供合格产品是生产商、出口商、进口商、批发商、零售商的共同目标。跟单员是一位产品生产环节的跟踪者和监督者，因此跟单员在生产环节的入库阶段所起的作用不可小视。对于一个管理有序的生产企业，产品入库意味着生产作业已经完成、产品自检结束和产品处于待出运状态。

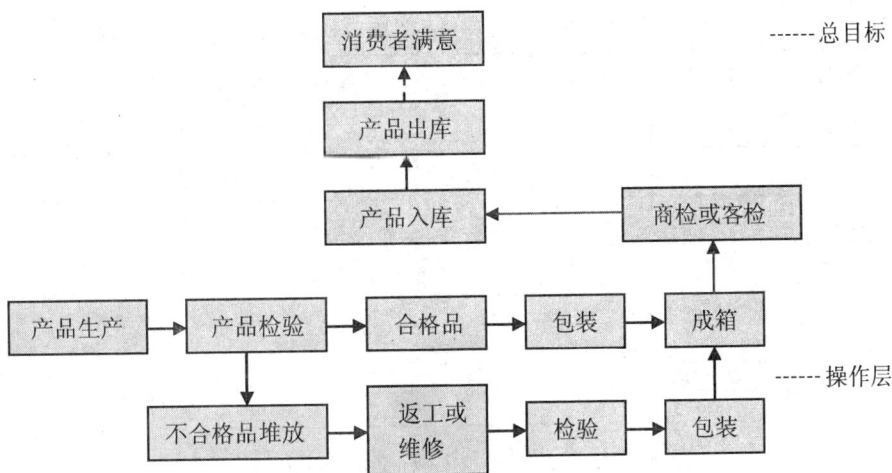

1. 产品入库意味着生产工厂作业完成

产品的生产过程是指从原材料（或半成品）开始直到制造成为产品之间的各个相互联系的全部劳动过程的总和。从生产分布大区域来看，原材料、成品库区、生产区和成品库区组成了整个生产作业区。管理有序和操作规范的生产企业，成品库区只接受经过本企业自检合格的产品，一旦产品进入该区域，就意味着生产线结束。因此，在生产企业后道作业完成后，应该按批次逐一堆放已经入箱的产品，并做好标识。从数量上而言，入库数量与订单完成数量成正比，因此产品入库意味着生产线的产品制作完成了。

2. 产品入库意味着生产工厂自检结束

在对产品进行包装前，按成品检验标准对每一个产品进行自检（即生产企业完成了出口产品的成分、规格、产品性能、标志和包装性能等项目的检验）作业，并由工厂内部的产品管理人员对产品进行最后一次检验，检验合格的产品则悬挂检验合格证，加盖检验人员印章和日期章。对于有瑕疵的产品，检验人员另行堆放，并填写《返工维修单》，交生产部门返工或维修。经检验合格的产品，则由包装人员按客户要求进行产品包装，放入成品箱内。从上述操作过程来看，只要产品成箱，说明箱内产品已经处于待客商检验或商检局检验阶段，一旦获得商检通关单或客商检验证书，就可以装船出运了。

3. 产品入库意味着产品处于待检和出运状态

在一份完整订单或合同中，涉及了产品检验和装运条款。就我国外贸管理规则而言，当产品属于法定检验时，在产品报关、装船前必须经过生产企业所在地商检部门的检验（按我国商检部门的相关规定，生产企业向所在地商检部门报检前，必须完成自检和成箱入库），一旦检验合格，海关凭商检部门签发的商检通关单和其他单据放行货物，准予装船出口。

产品属于非法定检验时，有的订单或合同中规定，产品需要经过第三方检验机构检验合格后，才能出运。为了能够真实反映产品状况，检验机构均要求检验时间设定在产品入库后。

从上面分析来看，产品不管是属于法定检验还是第三方检验机构检验，最合适的检验时间是产品入库后。也就是说，产品入库意味着产品已经处于待检和出运状态。

表 2. 21　　　　　　　　　××有限公司成品入库记录单　　　　　　　　日期：_____

序号	订单号	订单数量	成品名称及规格	入库数量及时间	检验时间	出货时间

填制者：_____

项目 2.6　外包外协跟单

外包（Outsourcing），英文直译为"（充分利用）外部资源"。指企业整合利用其外部最优秀的专业化资源，从而达到降低本企业的成本（如生产成本和管理成本），充分提高生产效率，充分发挥自身核心竞争力，增强企业对环境的迅速应变能力的一种管理模式。从外包外协的原材料供应类型来看，主要有包工包料和包工不包料二种模式。前者是将整个成品的生产任务外包（协）至其他生产企业，生产企业不仅负责采购原材料、辅料等生产资料，而且要按发包方的工艺要求组织生产加工，发包企业按事先商定的标准进行验收并支付货款；后者是由外包（协）企业提供原材料、辅料、模具等生产要素，其他生产企业只负责生产加工，收取加工费（俗称"工缴费"）。此外，还有成品外包、半成品外包、材料外包、技术外包、某项工艺外包等。无论是何种类型的外包外协，发包企业都需要派出跟单员到生产企业进行跟单，跟踪质量和交货期。因此，跟单员在这一跟单环节中，主要面临外包外协项目评估与选择、申请与合同签订、跟单及外包外协总结等事宜。

任务 2.6.1　外包外协项目评估与选择

外包外协就是将原本由生产企业自身提供的具有基础性的、共性的、非核心的业务从生产环节剥离出来，外包给另一家具有一定生产能力的企业来完成的经济活动。其中的当事人主要有发包商和承接商。外贸生产企业既是外商订单的执行者和生产者，也是外包外协的发包方，要求承接方按照一定要求去完成上述基础性的共性的非核心的业务，外贸跟单员则围绕承接商的生产过程进行跟单。

1. 外包外协项目评估

在外贸业务实际操作中，并不是所有生产订单都适应外包外协的，外贸跟单员首先要汇集承包企业的资源、技术、工人素质、工厂管理、财务、交通等多方面信息，结合外贸生产企业订单的分析和评估，从正反两方面提出客观、准确、真实的论证和评价意见，便于企业领导进行决策，也为外包外协跟单工作的展开奠定基础，使接包企业能够充分配合本企业的生产作业，并在整个订单执行过程中处于比较有利的地位。

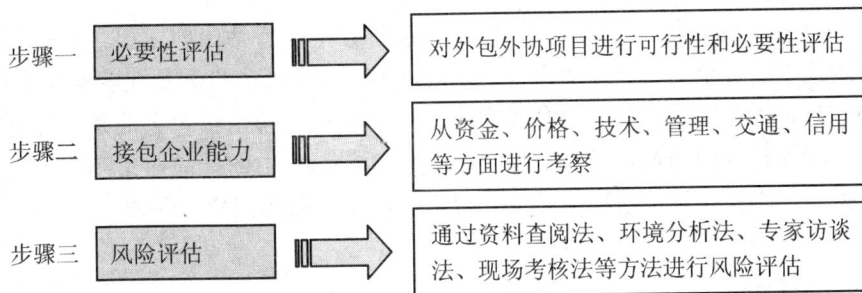

步骤一	必要性评估	⇨	对外包外协项目进行可行性和必要性评估
步骤二	接包企业能力	⇨	从资金、价格、技术、管理、交通、信用等方面进行考察
步骤三	风险评估	⇨	通过资料查阅法、环境分析法、专家访谈法、现场考核法等方法进行风险评估

步骤一：必要性评估

必要性评估是指跟单员围绕本订单项下的生产过程中某个部分或过程拟外包外协给另一个具有生产能力或优势的企业去完成进行整体性评价。总的来说，跟单员在进行整体性评价前，首先理解外包外协的其内因和外因：

①产能。生产负荷大于实际产能，必须通过外包（协）才能完成生产任务。

②成本。自制成本大于外包（协）的成本。

③品质。外包（协）可以获得较佳的品质。

④技术。依本企业的现有技术水平无法解决。

⑤设备。本企业的设备无法解决或本企业无特殊设备。

⑥能源动力。企业生产期间，无法获得持续外部能源供应，导致生产无法正常进行，使企业生产时间耽搁，从而面临交货期的延误，为了挽救交货期，需要寻求其他生产企业的帮助，即将一部分生产任务外包外发至其他生产企业，在短时间内形成较大的生产能力，最终完成交货任务。

⑦知识产权。接包企业具有生产某一商品的专利技术。

⑧客商指定。在有些订单中，客商不光会指定原材料供应商，还会要求生产商将某些环节交给指定外包外协企业完成。

当然，整体性评价必须建立在扩大本企业生产能力、满足社会需求、利用外部资源、提高企业市场竞争力、进一步拓展经济利益和实现企业可持续发展基础上，采用合适方法对生产外包项目进行充分论证，得出本外包项目是否适合外包，以下情况应该避免外包外协：

①原材料较为贵重，不宜进行外包（协）作业；

②原材料或成品在运输过程中，极易破损或变质；

③原材料或成品的体积（或重量）过大，会产生大额运费；

④外包（协）数量太少，金额过小，而管理成本过高；

⑤外包（协）的成本与自制成本相差无几。

此外，以下情况不应该采用外包外协：

①有可能泄露本企业的生产技术或机密的；

②外包（协）的交货期不符合本企业的要求；

③外包（协）的品质达不到本企业的要求；

④外包（协）的成本大于本企业生产成本；

⑤成品无法进行检验的。

步骤二：接包企业能力评估

项目在发包前，跟单员必须对接包企业能力进行评估，评估内容主要包括外包企业的生产能力、技术条件、资金实力、管理水平、企业诚信、交通便利性和从业者素质等几个方面，并将上述内容分解为各项指标，在综合考虑了各项指标后，得出接包企业是否适应本项目执行的结论。鉴于外包外协企业是帮助发包企业完成订单，其中的产品质量和交货时间是直接影响因素。因此，必要性评价指标体系中，有些指标属于影响交货时间的"一票否决"，如接包企业的信誉、管理水平和从业者素质等。

步骤三：风险评估

接包企业的潜在风险，直接关系到发包企业的经济效益和履行合同能力，因此，跟单员在发包前，应采用以下方法予以甄别，以免产生不必要损失。

（1）资料查阅法

这是一种通过查阅相关资料，采用反向思维策略，挖掘潜在风险的根源，寻找不予发包或外协的理由。比如，对外包外协项目进行系统性或结构性的审查，对接包企业进行既往史审查，看是否存在产品质量纠纷或延误交货等情况。

（2）环境分析法

对于接包企业的内部环境和外部环境进行考察，其中内部环境主要指生产条件、规章制度、企业主质量意识、工人及管理人员素质、管理水平等，外部环境主要是指周边交通、融资能力和能源动力保障等。通过考察，发现潜在合作伙伴，建立伙伴企业资源库。

（3）专家访谈法

向产品领域中专家或有经验的人士了解本产品发包过程中可能会遇到哪些风险或困难，以便提前做好应急预案，保证产品外包外协顺利进行。

（4）现场考察法

通过现场考察，将产品外包外协过程中的整体风险和风险的类型一一罗列，并根据以往经验，使系统性风险分解并沉淀于每一个细小环节之中，并以频繁度、严重性列表，以便跟单员在跟单过程中对照使用。如按外包外协过程中危险事件发生的频率列出表 2.22。

表 2.22 危险事件发生的频度及关注程度

序号	风险发生频度	描述	关注程度
1	频繁的	发生频率较高	高度关注
2	可能的	将发生若干次	予以关注
3	偶然的	有可能发生几次	予以关注
4	极少可能的	可能在某一过程中发生	一般关注
5	不可能的	异常发生	知晓而已
6	难以置信的	极端不可能发生	知晓而已

2. 接包企业选择

不可否认，市场经济中有些生产企业存在着规模较小、成立时间较短、技术力量偏弱等情况，甚至会遇到一些类似于作坊式的"加工点"，对于这类"加工点"，质量控制更显得突出和重要。为了避免"加工点"式的企业，跟单员首先要从备选的协作企业中进行选择，寻找真正适合本项目的外包企业。其次，在跟单过程中，跟单员认真做好接包企业质量"动态"管理，将质量管理过程具体化和书面化，将产品质量管理真正落到实处。

跟单员对备选企业进行考察时，可以先从价格、数量及交货期、交易条件、地域等方面进行简易考察。

（1）价格、数量与交货期

外包（协）价格高低对本企业的利润影响很大，在"包工包料"和"包工不包料"时，在不影响成本的前提下，尽可能采用"包工"价格为妥，这是因为"包工包料"会涉及花费时间确认原材料的问题，从而可能影响整体大货的交货时间。

数量也是价格的影响因素之一，数量少而生产时间急的产品，承接企业往往需要增加额外生产成本，抬高承接价格是惯用做法。因此，跟单员要视接包（协）生产企业的生产能力，预留办许可证/配额、商检（客检）、报关等所需的一定时间后给予相当（或略低）的生产数量。

（2）交易条件

交易条件主要是指交货地点、运输方式、包装方式、付款方式、违约责任等。跟单员考虑稍有不周，就会使本企业处于不利地位。如，有些接包企业为了防止被拖欠加工费用，结算方式选择"带款提货"，即在产品加工结束时，采用结清加工费用，再提货的方法。殊不知，在这种结算方式下，一旦产品内在质量存在问题，就会使发包企业处于不利地位。因此，要谨慎选择这类企业的承接业务。

（3）地域

与本模块项目 2.1 "供应商的选择"一样，地域也是选择合适的接包企业因素之一，一般而言，选择地域相近的接包企业是首选。

在对接包企业进行初步考察后，跟单员需要从专业角度对接包企业进行考察，这些专业角度主要有加工生产能力、生产设备、员工素质、质量意识和控制手段、信用度等。

（1）加工生产能力

外包外协目的是帮助发包企业扩大生产规模，增加产能，但是并不是所有接包企业都适合成为发包对象。跟单员需要了解接包企业的工人人数和已有生产任务，杜绝选择生产任务饱满企业及缺乏加工生产能力的企业作为合作伙伴。

（2）生产设备

每一订单或商品都有其专业性，除了工人的专业技术外，生产设备是关键，跟单员在考察并选择接包企业时，要将不具备专业生产设备的企业排除在外，当然也可以将该专业设备工序以外的部分生产任务分包给接包企业。

（3）员工素质

接包企业员工素质直接关系到产品质量，跟单员可以通过直接察看已有生产产品质量情况，判断员工技术水平，从而间接判断是否合适成为合作伙伴。

（4）质量意识和控制手段

接包企业的质量意识和控制手段也是产品质量成败关键，有些接包企业没有健全质量意识和管理制度，缺乏必要的质量控制手段，选择这类接包企业成为外包外协企业，只会"忙中添乱"，可能解决了产量问题，但是质量的苦果还是要发包企业承担。

（5）信用度

接包企业的信用度也是选择接包企业时要考虑因素之一。在委托加工合同框架内，无论是发包企业还是接包企业，契约意识与诚信是相当重要的。因此，遵守合同的各项约定是诚信的具体表现。例如在"包工不包料"情况下，有些接包企业会反悔当初加工费估算过低，中途要求发包企业提高加工费，此时纠纷就不可避免了。为了弥补加工费的损失，有些接包企业就会扣留产品，使发包企业处于十分被动地位。如果选择信用度高的企业，发生这种情形的可能性就不大了。

【知识链接 2.8】产业集群区域内的"加工点"

一般而言，产业集群区域内往往会有许多"加工工厂"。一些颇具规模的生产工厂往往会将简单加工工序外发给这些"加工工厂"完成，如某些绣珠服装中的订珠工序等。这些"加工工厂"与其说是工厂，还不如说是"加工点"或"加工作坊"。由于这些"加工工厂"甘当"配角"，又具有一定的配套加工能力，深受产业集群区域颇具规模的生产工厂欢迎，往往将一些辅助工序外发给"加工点"来完成。这些"加工点"具有以下特点：

（1）生产能力有限，生产规模不大，仅限简单辅助工序，技术含量较低；

（2）资金实力有限，不能做"经销"单，主要以赚取加工费为主；

（3）接单能力不强，在外贸公司或外商中没有影响力；

（4）生产设备不完善，除了基本简单的生产设备外，缺少特殊的生产设备；

（5）往往出现在劳动密集型行业，缺乏系统的工厂管理能力；

跟单员不能忽视产业集群区域内的"加工点"的作用，当订单项下一些简单辅助工序交由"加工点"完成时，跟单员也要特别予以关注。

任务 2.6.2　外包外协申请与合同签订

跟单员在确定了接包企业后，需要向公司提出外包外协申请，并附上发包项目可行性和接包企业的评估报告、委托加工合同。同时，做好外包外协的前期准备工作。

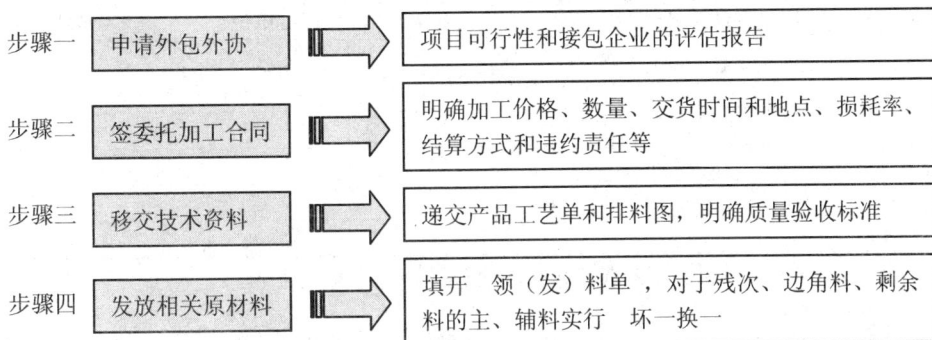

步骤一	申请外包外协	⇨	项目可行性和接包企业的评估报告
步骤二	签委托加工合同	⇨	明确加工价格、数量、交货时间和地点、损耗率、结算方式和违约责任等
步骤三	移交技术资料	⇨	递交产品工艺单和排料图，明确质量验收标准
步骤四	发放相关原材料	⇨	填开　领（发）料单，对于残次、边角料、剩余料的主、辅料实行　坏一换一

步骤一：申请外包外协

外包外协有着其内因和外因，根据这些内因和外因，跟单员向本企业内上级部门提出申请，详细阐述本企业生产现状（外包外协理由分析）、项目可行性分析和接包企业的评估报告，并提出外包外协具体实施方案。从选择余地而言，跟单员在提出申请时，最好有两家以上接包企业及施行方案供上级部门决策。

步骤二：签委托加工合同

签订委托加工合同是外包外协的首要任务，跟单员一定要将加工价格、数量、交货时间和地点、损耗率、结算方式、保密条款和违约责任等内容在合同中一一列明，以免日后发生纠纷。与贸易合同一样，除了常规内容外，委托加工工缴和辅料清单都是十分敏感的内容，加工工缴与产品加工数量、交货时间和辅料清单密切相关，在委托加工合同中都要十分明确，切忌笼统和模糊。特别是辅料清单，哪些应该由发包方提供，哪些由接包方承担都是十分重要的。

保密条款是常常被遗忘的一项内容，在日益重视知识产权保护的今天，发包方必须高度重视知识产权的自我保护。保密条款就是要求加工企业对发包方提供的技术秘密及专利内容承担保密义务，保证不将这些技术秘密泄露给第三方，其目的是为了维护发包方的权益，保持专有技术的价值。此外，为了切实保护发包方利益，跟单员必须在委托加工合同履行完毕后，收回所有技术资料和产品（包括样品）。

步骤三：移交技术资料

委托加工合同中非常重要一个环节就是向接包企业提交产品技术资料，以确保产品生产顺利进行。外包外协过程中，原则上应该针对产品加工程度移交相应部分的资料，旨在保护本企业利益，防止"教会徒弟饿死师傅"的悲剧发生。在移交相应资料的同时，跟单员要书面明确告知质量验收标准。

由于外包外协大都发生在与人们生活密切相关的日常用品的生产过程，一些商品生产过程也是大同小异，但尽管这样，微小技术差异都会导致产品质量成败，因此跟单员还是要非常注意外包外协过程中技术资料的交底。

步骤四：发放相关原材料

根据生产工艺单或排料图（单）的耗料量发放原材料和辅料，并填写如表 2.23，需有签收记录。

表 2.23　　　　　　　　　　　××公司领（发）料单

编号＿＿＿＿＿＿　　　　　　　　　　　　　　　　　　日期＿＿＿＿＿＿

序号	外包（协）加工合同号	品名	规格和颜色	计量单位	数量
加工企业				签收人	

本表一式五联（仓库留存联、财务联、随货同行联、统计联、收货人联）。

接包企业领料人签字：＿＿＿＿＿＿＿＿　　　　发包企业发料人签字：＿＿＿＿＿＿＿＿

任务 2.6.3　质量管理与跟单

将一部分生产任务外包外发至其他生产企业，旨在帮助本企业扩大生产，但是产品质量是核心所在。试想，即使赶上了交货期，但是产品的质量达不到生产工艺要求，需要返工或维修才能符合质量要求，最终还会发生交货期延误的。因此，在外包外协过程中，跟单员除了跟踪产品交货期外，核心内容就是产品质量。

1. 质量管理的"事先"模式

质量不是检验出来的，而是制造出来的。因此，外包质量管理不应只是通过听录音、看报表、做检测或第三方监测等方式进行事后管理，需要对生产过程进行事先管理，也就是要将生产质量事故消灭在萌芽状态。

"事先"模式主要是要让承包企业明确以下事宜：

（1）明确标准。将技术标准和管理标准转化为明确的质量检验标准，使检验人员知道什么是合格产品什么是不合格产品，减少外包过程中的质量风险。

（2）明确检测手段。针对产品的一个或多个质量特性，通过物理、化学或其他科学技术手段或方法进行检测，该检测数据必须经过何种机构检测和何种检测才具有效力。

（3）明确考核内容。除了明确产品质量标准外，还要对承包方制订考核的内容，这些考核主要是抽查承包方在生产期间存在的各种"问题"，并给予必要的分值，以此督促承包方把好质量关，并积蓄长期合作发展的动力。

（4）明确交货时需要递交的各种单证。单证中除了常规的发票、装箱单等外，检验证书是关键证书，发包企业必须明确检验证书类型、检验证书签发人和签发时间。

2. 质量管理的"事后"模式

从管理角度看这是一种事后的行为，也是既成事实后的"亡羊补牢"式的产品质量管理模式，构成这种管理模式的基本方法是建立一些管理制度，如日常生产质量统计制度、质量差错量统计制度等，通过数据分析，查找原因，提出解决问题的方法。

（1）日常生产质量统计制度

在一些中小企业中，不重视质量统计工作，甚至没有专职的统计员。不仅如此，还在认识上存在误区，认为设立统计员岗位是一种浪费，这种不重视质量统计的现象带有一定的普遍性。因此，建立日常生产质量统计制度也成为当务之急。

（2）质量差错量统计制度

建立质量差错量统计制度能够发现质量差错的概率区间段（时间），从中分析和寻找原因，找出解决问题的方法，就可以建立防范质量风险的机制。

（3）质量报告制度

为了使承包方企业的各级调度机构和领导及时了解生产产品质量情况，跟单员要将每次检验形成书面报告（如"查货报告"），特别是将每日、每周或每月的产品质量情况报告给有关领导，以便承包方企业结合产品质量情况和生产进度及时调整生产。

（4）产品验收管理

对外包（协）加工企业送回的成品在入库前，要进行检查并做记录。一般而言，跟单员在外包（协）加工企业跟单时，应该对其生产过程和生产商品的质量进行全程跟踪，发现问题在外包（协）加工企业必须及时解决，从而在生产商品入库时只要清点数量即可。

（5）账务管理

外包（协）加工企业的管理如同本企业的生产管理一样，同样要对原材料、辅料的入库和成品的出库进行定期盘点，以使账、物相符，以便为外包外协进行独立核算提供数据支持。

3. 其他具体的操作模式

另外，针对不同的检验类型对产品质量可以采用不同的处理方式：对单件产品经检验合格则放行，不合格的则打上标志后隔离存放；对工序检验不合格的，则决定停产或调整；对原材料检验不合格的，则不能入库，需直接退回，以杜绝产品质量"隐患"。

任务 2.6.4　外包外协总结

在完成本次外包（协）的跟单任务后，跟单员必须整理资料，交公司归档，同时要对本次外包（协）的进行总结，以便于以后再有类似订单时，迅速选择外包（协）加工企业。

总结内容包括对接包企业的概述、外包项目的概述、外包外协过程中存在的问题及解决方法。

接包企业的概述主要是指企业规模、技术力量、质量意识、生产能力和资金状况等，详细介绍接包企业情况旨在为今后的继续合作做好铺垫，从这一点而言，详尽、客观介绍接包企业状况是非常必要和有益的。

外包项目的概述则是指外包外协原因、评估和技术关键点、外包价格及方式（如包工包料还是包工不包料）等。

外包外协过程中存在的问题及解决方法是外包外协总结的核心部分，必须详细描述，以便为今后再次外包外协明确依据。由于外包外协大多因为设备、产能、成本、技术等原因，因此，本次总结是为未来再次发包奠定基础。

　　【模块小结】 本模块主要是针对与外贸跟单中的核心内容——生产跟单展开详细阐述，内容涉及寻找合格供应商、原（辅）材料跟单、产品质量跟单、数量跟单、生产进度跟单和外包外协跟单。本模块的编写采用了"项目＋任务＋解决途径"方法，更加切合跟单操作实际情况。在本模块中，涉及一些商品基础知识，这些商品大多为日常生活中常见的。总之，跟单员应掌握生产跟单内涵和各种跟单过程中操作要领，运用相关商品知识并结合国际贸易知识，解决跟单过程中的实际问题，提高生产跟单技能。

　　【关键词或概念】 产业集群地　货源地　资信调查　生态纺织品　溢短装条款（溢装与短装）　计量单位（国际单位/公制/英制）　国际惯例　生产后道　外包外协（发包和接包）　原因和风险评估　国际标准　国家标准　厂商标准　验厂　一次抽样方案　可接受的质量水平（Ac、Re 和 AQL）　RoHS 指令　WEEE 指令　SASO　INMETRO　ILAC　VOC　KC　SAA　GOST　SABS　KUCAS　PVOC　COC　NOM 认证　商检通关单与换单凭证　10 分制和 4 分制　分批交货

复习思考题

一、单项选择题

1. 在下列产品认证中，适应于欧洲市场的是（　　　）。

    A. SASO 认证　　　　　　　　　　　B. UL 认证

    C. RoHS 认证　　　　　　　　　　　D. TNT

2. 象征性交货是国际货物贸易的一个特征，对于分批交货的理解，以下不正确的说法是（　　　）

    A. 按照《UCP 600》规定，信用证结算方式项下即使没有规定允许分批情况下，跟单员也可以分批交货

    B. 允许分批交货是一种相当宽松的装运方法

    C. 分批交货是买卖双方就出口数量达成的一种"默契"

    D. 在国际贸易实务操作中，只要规定了分批交货，出口商就可以在任何时间中出口任意数量商品

3. 如果在信用证中对装运期做出了如下规定"ON/ABOUT AUG 10, 2005"，跟单员正确的理解是（　　　）。

    A. AUG 10, 2005 这一天出运

    B. AUG 05, 2005 至 AUG.15, 2005 一段时间内任何一天出运

    C. AUG 06, 2005 至 AUG.14, 2005 一段时间内任何一天出运

    D. 在 AUG 10, 2005 前的任何一天

4. 宁杭进出口公司的小刘去当地延安路国际邮局办理样品邮寄手续，在付清全部邮资

后，延安路国际邮局出具了"邮包收据"，这种操作方式所对应的价格术语是（　　　）。

  A. CIP 和 FCA   B. CPT 和 FCA

  C. CPT 和 CIP   D. FCA 和 FAS

  5. 一些国际采购商在我国采购商品前，要对生产厂商进行验厂，以下理解不正确的是（　　　）。

  A. 验厂标准由第三方机构确定

  B. 验厂标准主要有国际标准和自行设定二类

  C. 验厂时，对于不予配合的生产厂商予以"一票"否决

  D. 一般而言，验厂人员由国际采购商选定或委托第三方人员进行验厂

二、多项选择题

  1. 对于欲成为沃尔玛的供应商，以下说法正确的是（　　　）。

  A. 首选要通过其验厂，然后要视订单中的产品价格是否合适

  B. 跟单员要与生产工厂密切配合，如实回答采购商的各方面问题

  C. 跟单员应该本着实事求是、不卑不亢的态度配合验厂

  D. 跟单员通过高规格接待验厂人员来获得采购商信任，成为其合作伙伴并获得订单

  2. 跟单员在生产进度跟单中，主要跟踪（　　　）。

  A. 货款是否已经收妥，否则会产生收汇风险

  B. 原材料是否已经入库，是否会影响生产计划执行

  C. 成品入库数量，是否会影响商检或出运计划执行

  D. 产品包装和入箱的进度，估算实际出货时间

  3. 跟单员在生产质量跟单中，可以采用的方法主要有（　　　）。

  A. 驻厂跟单，监督产品过程，把控产品质量

  B. 对订单项下产品进行"三期"查货，把控产品质量

  C. 请供应商附近的亲戚帮助照看订单项下产品质量

  D. 要求客商自行跟单，把控产品质量

  4. 一般而言，产品的检验检疫证书可以由（　　　）签发。

  A. 出口商

  B. 进口商

  C. 第三方机构

  D. 国家检验检疫机构

  5. 在产品数量跟单中，跟单员要熟知"溢短装条款"的表达形式，以下是对某一产品的"溢短装"表述，其中正确的表达形式是（　　　）。

  A. Both amount and quantity plus or minus 5 PCT acceptable

  B. 5％ more or less in quantity and invoice value are allowed

  C. 3％ more in quantity & amount per each colour are acceptable

  D. more or less clause

三、案例分析题

  1. 广州百灵日用化学品有限公司是一家专业生产洗涤用品的生产和销售公司，2010 年

10 月 30 日接到了德国某超市采购订单，采购该厂生产的漱口液 43 200 瓶（500 毫升规格，3 600箱，货值为 19 440 美元），8 月 15 日装船出口。在生产过程中，车间未及时缝合被利器钩破的蚊蝇防护网，导致一些飞虫进入车间并跌落在待灌装的液体中。跟单员在后道包装检验时，发现 5 瓶内有飞虫尸体，随即拣出堆放在一个角落，午餐后又被其他工人放入包装盒内并出口德国超市。超市工作人员在例行检查中发现情况并做下架处理，同时要求生产厂商召回和索赔。请你以一名跟单员身份分析此案例。

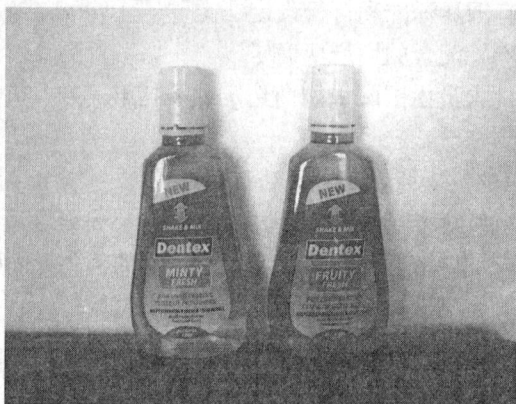

　　2. 2011 年 5 月 10 日，南通盱眙外贸公司与加拿大客商签订了 2 000 打棉风衣出口合同，合同规定采用即期信用证结算。如期开至的信用证中无溢短装条款，也未规定禁止分批交货。当货物在规定时间发运前，南通公司发现其中 100 打质量存在问题并担心被索赔，故未予交足，只交货 1 900 打。当时南通公司认为，虽然信用证没有规定溢短装条款，但只要不超过信用证金额的条件下，货物数量允许有 5% 的增减幅度。当议付单据到达开证行时，遭到拒付，理由为"交货数量不足"。

　　问题：（1）本案中，南通公司有关溢短装条款的理解是否正确？为什么？
　　　　　（2）开证行拒付理由是否成立？为什么？

模块三　包装跟单

【**模块导读**】包装是商品的"外貌"或"衣服"，关系到商品市场销售的成败，因此设计包装和选择合适的包装材料成为跟单员的主要工作之一。本模块主要阐述包装材料种类，同时介绍了包装材料选择方法，及以几种不同方法测定包装性能。同时，本模块中还涉及国际上包装材料的环保要求和回收标志。此外，本章还选取部分与包装跟单有关的操作实务案例，从这些案例可以巩固并熟练掌握包装跟单的基础知识，也可以体会在包装跟单中解决问题的过程。

【**模块目标**】通过本模块学习，熟悉包装材料的性质和特点，掌握选择合适包装材料的方法，掌握判断包装性能优劣的方法，并能够运用本模块知识，解决货物包装方面的问题。

✕　　✳　　✳

外贸产品出口涉及产品包装，随着中国包装业的迅速发展，对外已具有很强的竞争力。许多境外客商为降低包装成本，将出口产品的包装工作转移到中国，在中国境内直接进行各类出口产品境外上柜销售的包装工作。如果出口企业对出口包装不够重视，选择包装材料不当或包装设计出现问题，就会导致赔款、退货等情况的出现，不仅增加了成本支出，还影响了企业的声誉。因此，选择合适的包装材料，利用各项技术指标判断包装强度，是外贸跟单员必须掌握的基本业务技能，图3.1是包装跟单的主要工作过程。

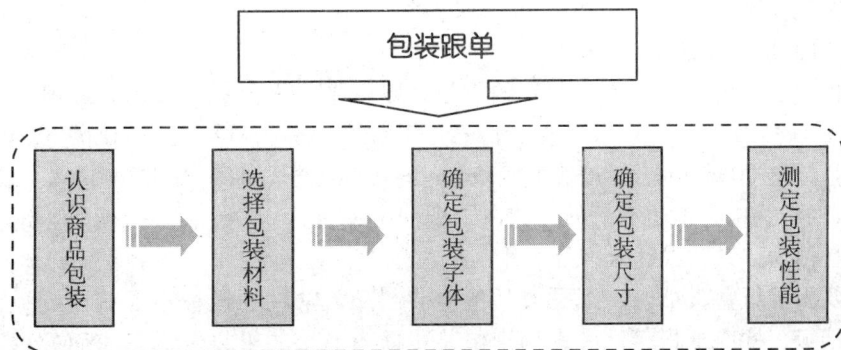

图 3.1　包装跟单的主要工作过程

项目 3.1　认识商品包装

包装材料是指用于制造包装容器和包装运输、包装装潢、包装印刷、包装辅助材料以及与包装有关的材料的总称。在考虑选用包装材料时，必须兼顾经济实用和可回收再利用的原则，即通常所说的"绿色包装"。所谓"绿色包装材料"是指在生产、使用、报废及回收处理再利用过程中，能节约资源和能源，废弃后能迅速自然降解或再利用，不会破坏生态平衡，而且来源广泛、耗能低、易回收，再生循环利用率高的材料或材料制品。

任务 3.1.1　认识包装材料

包装的本意是保护内部商品，当被赋予精美印刷之后，就会增加消费者购买欲望，正好诠释了"人要衣装，物要包装"的理由。因此，包装是一项以产品为核心的系统工程，包含了包装设计、材料选择和印刷等环节，对商品销售和使用价值有着重要作用。

能够用作出口包装材料的品种很多，如木材、纸、塑料、金属这些主要包装材料，此外还有玻璃、陶瓷、天然纤维、化学纤维、复合材料、缓冲材料等。包装材料种类繁多，可从不同角度分类如下：

（1）按材料的来源，可分为天然包装材料和加工包装材料。

（2）按材料的材质，可分为纸类包装、塑料包装、金属包装、玻璃包装、陶瓷包装、木质包装、纤维织品包装、复合材料包装和其他天然材料包装等，其中以纸类包装、木质包装最为常见。

（3）按材料的软硬性质，可分为软包装材料、硬包装材料和半硬包装材料。

（4）从生态循环性质，可分为绿色包装材料和非绿色包装材料。

以下选择一些常用的包装材料予以介绍。

1. 纸质包装材料

（1）包装用纸和纸板

纸和纸板一般是按定量（单位面积的重量，以每平方米的克数表示）或厚度来区分的。一般，将定量小于 $225g/m^2$ 的称为纸，大于 $225g/m^2$ 的称为纸板。当同时考虑定量和厚度时，则将定量超过 $200g/m^2$、厚度大于 0.1mm 的称为纸板，将定量在 $200g/m^2$ 以下、厚度小于 0.1mm 的称为纸。但也有例外。如白卡纸的定量可达 $400g/m^2$，分明属于纸板的范畴，但习惯上还是称为"纸"或"卡纸"。

纸板主要用于纸盒、纸管、纸桶或其他包装制品，常见的纸板主要有白纸板、黄纸板、箱纸板、灰纸板、标准纸板等，大多用于包装普通商品。如果将纸进行表面处理，如涂布、浸渍、改性、复合等就可以得到一系列的加工产品，如羊皮纸、玻璃纸、防油纸、无碳复写纸等；如果对纸板进行深加工也可以得到一系列的加工产品，如瓦楞纸板（corrugated fiberboard）、蜂窝纸板等。

（2）瓦楞形状与瓦楞纸箱

在纸类包装中，一般是采用瓦楞纸（fluted paper 或 corrugated）经过起楞加工形成有规律且永久性波纹纸后的瓦楞纸板作为原料做成纸箱。具体说，将若干块瓦楞纸板成六面体并采用钉合、胶水粘合或无钉无胶的插嵌式连接各个瓦楞纸板就形成了瓦楞纸箱。由于瓦楞纸板具有吸收一定冲击能量、价格低廉和易回收再利用等特点，被广泛用于普通出口商品的外包装，最常见就是瓦楞纸箱。

瓦楞形状有 U 型、V 型和 UV 型三种，各种形状有着不同的性能，归纳如表 3.1。

表 3.1　　　　　　　　　　三种楞形状及其性能特点

瓦楞形状 \ 性能		平面抗压力	缓冲弹性	受压后回复能力	粘合剂耗用	瓦楞辊磨损	瓦楞粘结线
U		弱	好	强	多	慢	宽
V		强	差	弱	少	快	窄
UV		较强	较好	较强	较少	较慢	适中

从瓦楞形状不难发现，V 型波峰圆弧半径较小，夹角在 90°左右，楞顶与纸面的接触较小，容易剥离。由于向斜线的作用如三角形，抗压强度大，但如外力过大，其楞形被破坏且不能恢复原状。U 型顶峰圆弧半径较大，在弹性极限内当压力消除后能恢复原状，但圆弧的着力点不稳定，耐压强度不高。UV 型瓦楞同时具有 V 型和 U 型大部分优点，其耐压强度较高，综合性能好，瓦楞包装材料中大多采用此种形状瓦楞。

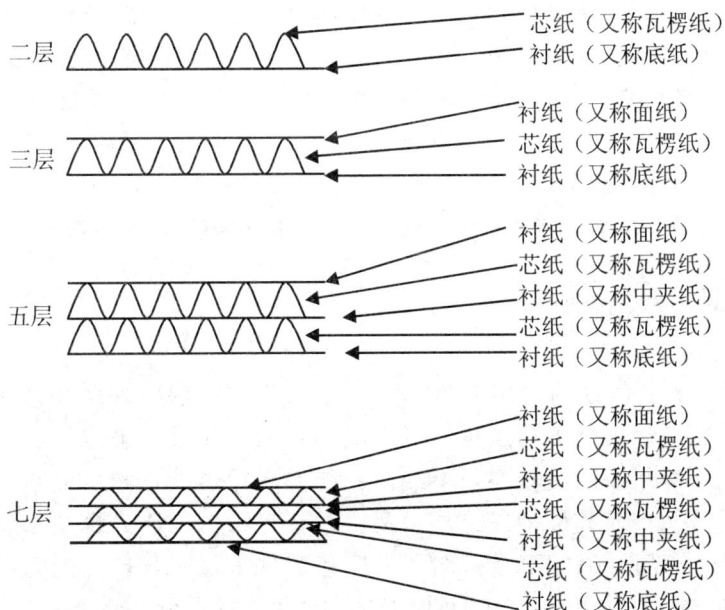

图 3.2　瓦楞纸板种类与结构剖面

瓦楞纸板有二层、三层、五层、七层，参见图3.2。

其中二层瓦楞纸板是由一层衬纸或纸板与一个瓦楞纸芯粘合而成，具体而言，就是将波形瓦楞纸芯和贴于其下面的瓦楞衬纸（底纸）用粘合剂粘合为一体。

三层瓦楞纸板是将一个波形瓦楞纸芯和贴于其上下两面的瓦楞衬纸合为一体，用这样的纸板制成的纸箱被称为"单瓦楞纸箱"（Single corrugated carton），港澳台地区通常称其为"单坑纸箱"。

五层瓦楞纸板是由两个瓦楞纸芯和三层瓦楞衬纸粘合为一体，用这样的纸板制成的纸箱被称为"双瓦楞纸箱"（Double corrugated cardboard carton），港澳台地区称其为"双坑纸箱"。

七层瓦楞纸板是三个瓦楞纸芯和四层瓦楞衬纸粘合为一体，用这样的纸板制成的纸箱被称为"三瓦楞纸箱"，港澳台地区称其为"三坑纸箱"。

从以上介绍可知，瓦楞纸箱是采用具有空心结构的瓦楞纸板，经成型加工制成的包装容器。它的应用范围非常广泛，几乎包括所有的日用消费品如水果、蔬菜、食品、服装、化妆品、医药品、家用电器等的包装。从世界各国发展趋势看，随着瓦楞技术的提高和物流运输的需要，纸箱取代木箱已经成为一种必然趋势。

在纸箱包装中，最为常见的是"双瓦楞纸箱"和"单瓦楞纸箱"，前者常常成为普通商品的外包装纸箱，后者则是某些商品的内包装纸箱。当然，纸板或单瓦楞纸箱都有可能成为内包装纸箱材料。

（3）瓦楞纸纸箱的主要技术性能与指标

前已述，瓦楞纸箱是由若干块瓦楞纸板构成，主要性能指标有：耐破强度（kPa）、边压强度（N/M）、戳穿强度（kg/cm）、含水量（%）。其中，耐破强度是指在一定条件下（如外力的均匀增加等），在单位面积上所能承受的垂直于瓦楞纸板表面的最大压力，常以kPa（千帕）表示单位；边压强度是指一定宽度的试样，在单位长度上所能承受的压力，边压强度是影响纸箱抗压强度的重要指标，也是一种质量控制指标，常以N/m或kN/m表示；戳穿强度是指采用一定工具（一般是一定形状的角锥）穿过纸板所需要的功或力，戳穿强度的单位是kg/cm。影响技术指标的因素很多，主要有温度、湿度、粘合强度、定量、厚度等。鉴于此，有经验的跟单员是将刚刚从瓦楞纸箱生产线上下来的纸箱撑开，阴凉数小时（注意不能在烈日下暴晒），待粘合胶水充分干透和瓦楞纸中水分挥发后再盛装商品，因为含水量较高的情况下，瓦楞纸箱强度会大大削弱。

（4）选择瓦楞纸箱

从理论上讲，在瓦楞纸箱的性能指标中，最主要的是耐破强度和边压强度，只要这两个指标稳定，则整个瓦楞纸箱质量是可靠或稳定的。如果耐破强度和边压强度的值设定过高，则瓦楞纸箱成本就会较高，不经济；如果设定过低，则可能在存储及运输过程中容易被压溃，导致内装物破损。另外，瓦楞纸箱空箱抗压能力也是衡量其本身强度的一个方面，但并不是唯一判定准则。对于一个包装件来说，其抗压能力与内装物有直接关系，包括内装物的性质和形态（刚性的或非刚性、可否受压等），装载方式（是否满装、可否起到支撑作用等）。

因此，跟单员在选用瓦楞纸箱时，应特殊情况特殊对待。对于内装物本身有一定支撑作用的瓦楞纸箱，可以根据产品实际情况，对瓦楞纸箱的耐破强度要求相对高一些，边压强度要求相对低一些，不一定要求耐破强度和边压强度都较高，造成不理性的浪费。

表 3.2 和表 3.3 是各类纸箱对瓦楞纸板的技术要求和我国瓦楞纸箱的分类，跟单员可以根据纸箱内货物的要求来选择。

表 3.2 各类纸箱对瓦楞纸板的技术要求

纸箱种类		纸板代号	耐破强度（kPa）	边压强度（N/M）	戳穿强度(kg/cm)	含水量（%）
单瓦楞	1类	S-1.1	588	4 900	35	10±2
		S-1.2	784	5 880	50	
		S-1.3	1 177	6 860	65	
		S-1.4	1 569	7 840	85	
		S-1.5	1 961	8 820	100	
	2类	S-2.1	409	4 410	30	
		S-2.2	686	5 390	45	
		S-2.3	980	6 370	60	
		S-2.4	1 373	7 350	70	
		S-2.5	1 764	8 330	80	
	3类	S-3.1	392	3 920	30	
		S-3.2	588	4 900	45	
		S-3.3	784	5 880	60	
		S-3.4	1 177	6 860	70	
		S-3.5	1 569	7 840	80	
双瓦楞	1类	D-1.1	784	6 860	75	10±2
		D-1.2	1 177	7 840	90	
		D-1.3	1 569	8 820	105	
		D-1.4	1 961	9 800	128	
		D-1.5	2 550	10 780	140	
	2类	D-2.1	686	6 370	90	
		D-2.2	980	7 350	85	
		D-2.3	1 373	8 330	100	
		D-2.4	1 764	9 310	110	
		D-2.5	2 158	10 290	130	
	3类	D-3.1	588	5 880	70	
		D-3.2	784	6 860	85	
		D-3.3	1 177	7 840	100	
		D-3.4	1 569	8 820	110	
		D-3.5	1 961	9 800	130	

表 3.3　　　　　　　　　　我国瓦楞纸箱分类

种类	内装物最大重量（公斤）	最大综合尺寸（毫米）	瓦楞结构	代　号					
				1类		2类		3类	
				纸板	纸箱	纸板	纸箱	纸板	纸箱
单瓦楞纸箱	5	700	单瓦楞	S-1.1	BS-1.1	S-2.1	BS-2.1	S-3.1	BS-3.1
	10	1 000		S-1.2	BS-1.2	S-2.2	BS-2.2	S-3.2	BS-3.2
	20	1 400		S-1.3	BS-1.3	S-2.3	BS-2.3	S-3.3	BS-3.3
	30	1 750		S-1.4	BS-1.4	S-2.4	BS-2.4	S-3.4	BS-3.4
	40	2 000		S-1.5	BS-1.5	S-2.5	BS-2.5	S-3.5	BS-3.5
双瓦楞纸箱	15	1 000	双瓦楞	D-1.1	BD-1.1	D-2.1	BD-2.1	D-3.1	BD-3.1
	20	1 400		D-1.2	BD-1.2	D-2.2	BD-2.2	D-3.2	BD-3.2
	30	1 750		D-1.3	BD-1.3	D-2.3	BD-2.3	D-3.3	BD-3.3
	40	2 000		D-1.4	BD-1.4	D-2.4	BD-2.4	D-3.4	BD-3.4
	55	2 500		D-1.5	BD-1.5	D-2.5	BD-2.5	D-3.5	BD-3.5

2. 木质包装材料

　　木质包装材料是指用于商品支撑、保护运载材料的木材和人造板产品等木质材料，包括填料、板条箱、木片、垫料、托盘、木筒和楔子等。木质包装具有来源广泛、机械强度高、加工性能好、耐腐蚀、不生锈、可回收重复利用等优点，在国际贸易中被广泛使用，但实木包装材料极易携带森林病虫害，国际组织和很多国家都对进境货物的木质包装采取了极为严格的检验检疫制度。

图 3.3　木质托盘

图 3.4　木质包装箱

　　根据国际组织和我国的相关规定，凡是采用"原木"材料（如木质托盘、木箱）的，必须经过热处理或"熏蒸"并加贴"IPPC"标识（如图 3.5）。凡是采用人工复合或经加热、加压等深度加工的木质包装材料（如胶合板、纤维板），则一般不需热处理或"熏蒸"。

图 3.5　国际组织的 IPPC 标识

其中：IPPC——《国际植物保护公约》的英文缩写

CN——国际标准化组织规定的中国国家编号

000——出境货物木质包装生产企业的三位数登记号，按直属检验检疫局分别编号

YY——除害处理方法　溴甲烷熏蒸－MB　热处理－HT

ZZZZ——各直属检验检疫局 4 位数代码（如江苏局为 3200）

> **【知识链接 3.1】堵截木质包装材料中的天敌——松材线虫**
>
> 　　木箱包装材料是森林病虫害传播的重要载体，若控制不当就会使环境和社会产生巨大的损失。在跨国贸易中，如果采用了带有森林病虫害的木质包装材料，就会通过货物运输将病虫害在国际上传播。如列入高度危害的松材线虫，最早是在 1929 年被发现，随后几十年中各国相继报告有该病虫害，如 1972 年日本报道松材线虫引起松树萎蔫病枯死情况，1982 年南京中山陵发现松材线虫病，1985 年香港发现此类疫情，1988 年广东深圳及 1991 年烟台、宁波等地相继发现疫情。另外，该松材线虫还会通过传播媒介天牛广为传播。为此，中国政府高度重视，加强进口检验检疫力度，在宁波、上海、广州、南京、深圳等地入境口岸成功拦截来自美国、日本等国家的木质包装中的松材线虫。鉴于木质材料的特殊性，一定要在出口前采用熏蒸等方法加以除害处理，否则会遭遇退货处理。

　　木质包装中主要有天然木质包装材料和人造木质包装材料，前者主要有木箱、木桶、木框和木制托盘等，后者主要有胶合板、纤维板。在木质包装箱中有大型、小型木质包装箱、木质底座和木质托盘，选择原则是基于商品特性而定，如果内装物为 500 公斤以上的大型机电设备、仪表、仪表柜，包装使用大型木包装箱，500 公斤以下的小型机电设备、五金零部件、电子元件、卫生洁具、建筑材料、家用电器、体育用品和食品水果等使用小型木包装箱，大型机电设备及大型罐类容器使用木质底座，化工原料、生活用品、粮食等则使用木质托盘。因此，木质包装一般适应大型、笨重的机械设备、五金零部件、仪器仪表、卫生洁具、化工原料等商品的外包装。当然，易吸水、易开裂、易燃、易遭受白蚁侵蚀和携带病虫害都是木质包装的天然缺点，为了克服这些缺点，需要开发替代材料——木质复合材料，这种材料是木质纤维材料与其他材料（塑料、金属、陶瓷、化学材料等）复合后以不同的物理形态组合而成的材料，该材料的开发和利用不仅可以减少或克服木材的不良性质，而且能够使这种新型材料具有原来单一材料所不具有的优良品质，从而扩展了木材的应用领域。

3. 塑料包装材料

塑料材料具有优良的物理性能，如透明性好、防水防潮、耐腐蚀、质轻、易于成型加工、价格比较便宜等特点而被广泛使用，在日常生活中到处可以见到采用塑料材料的包装。一般而言，塑料是一种以高分子聚合物树脂为基本成分，添加用于改善性能的制剂后所形成的高分子材料。这些制剂主要有填充剂、增塑剂、稳定剂、固化剂、润滑剂、着色剂、发泡剂、防粘剂、增韧剂和抗静电剂等，有效扩展了塑料用途。

（1）主要的塑料包装材料：聚乙烯塑料（PE）、聚苯乙烯塑料（PS）、聚丙烯塑料（PP）、聚氯乙烯塑料（PVC）、聚酯塑料（PET）、聚酰胺塑料（PA 尼龙）等。

（2）主要的塑料包装容器：塑料编织袋、塑料箱、塑料盒、塑料袋等。

（3）主要的塑料包装附属制品：塑料托盘、塑料打包带、捆扎绳、塑料包装薄膜、封箱胶纸和泡沫塑料包装缓冲材料等。

（4）塑料包装材料的应用：在众多的塑料材料中，由于塑料包装材料中会采用那些对人体和环境有毒的单体或催化剂、有毒添加剂或元素，在一定条件下产生的溶出物将会污染商品或环境，因此各国都以法令形式禁止使用。跟单员要知晓塑料包装材料的使用范围和限制条件，根据不同包装对象选择不同塑料包装材料。例如，聚乙烯、聚丙烯可用于食品的包装材料，医药品的包装材料大多选择 PET 材料，一般情况下不能采用聚氯乙烯塑料作为包装材料。另外，可以采用 PE、PS、PP 等材料制成的泡沫塑料包装缓冲材料。有一点需要提醒跟单员，尽可能采用可回收利用的塑料原料作为包装材料，并在适当位置显示图标（见图 3.14）。

4. 金属包装材料

金属是四种主要包装材料之一，被广泛应用于食品、饮料、化工、医药、建材、家电等行业，是食品罐头、饮料、糖果、饼干、茶叶、油墨、油漆、染料、化妆品、医药和日用品等产品的包装容器、运输包装和销售包装，使用量仅次于纸和塑料包装，也是一种高档的包装材料。在金属包装材料中，大多以钢和铝合金居多。

金属包装具有高强度、防潮不透气、易加工成型，可回收再利用、成本高和易锈蚀等特点。

任务 3. 1. 2　选择包装材料

以下是跟单员选择包装材料的主要途径。

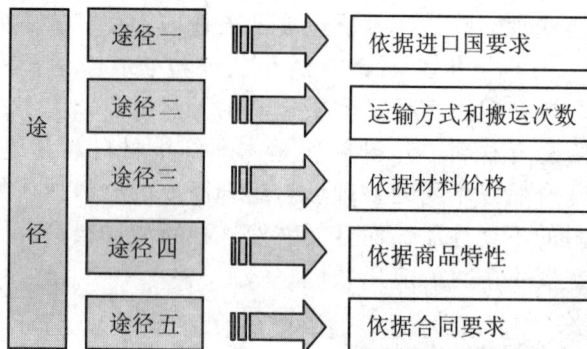

途径		
途径一	⇒	依据进口国要求
途径二	⇒	运输方式和搬运次数
途径三	⇒	依据材料价格
途径四	⇒	依据商品特性
途径五	⇒	依据合同要求

途径一：依据进口国要求

世界各国对包装材料选择极为讲究，规定也五花八门，只有符合进口国的相关规定的包装材料才能被允许输入进口国，否则进口国海关将不予放行。许多国家以法规形式对进口商品的包装材料进行限制或进行强制性监督与管理。

如美国、英国、澳大利亚、新西兰、菲律宾、塞浦路斯、挪威等国家禁止使用或选择稻草类材料作为包装物进口；日本禁止竹片作为包装材料；德国则规定纸箱表面不能上蜡、上油，也不能涂塑料，纸箱上的印刷必须用水溶性颜料，不能用油溶性油墨；澳大利亚、新西兰、挪威等国禁止使用二手麻袋作为包装材料；菲律宾规定经过熏蒸处理的麻袋包装材料才能入境；美国、加拿大、澳大利亚、新西兰、日本等国家规定必须采用经过熏蒸、防腐等方法处理木质包装材料，否则按要求进行销毁处理。

鉴于聚氯乙烯（PVC）材料（俗称泡壳包装材料）燃烧后会产生氯化物，不仅对人体有害，也破坏地球臭氧层，因而被大多数国家禁止使用或入境，其替代材料聚对苯二甲酸乙酯（PET）具有无害且易回收的特点。此外，相当多国家要求在胶袋上注明所用塑料种类的三角形环保标志（见图 3.14）和警告语 "Plastic bags can be dangerous. To avoid danger of suffocation, keep this bag away from babies and children." 以避免对儿童可能产生的伤害。

途径二：综合考虑运输方式和搬运次数

任何包装都是为了在长途运输及多次搬运过程中，仍然对内部商品起到很好的保护作用。因此，选择包装材料不仅要考虑运输距离远近，还要考虑装卸次数和运输方式。总体而言，装卸次数多、运输距离远就得采用厚实的包装材料来加强包装的强度。以普通货物采用纸箱包装材料为例，三瓦楞纸箱强度最高，但其自身体积和重量也是最高的，航空运输情况下，货物体积和重量将直接增加运输费用。为了减少体积重量，对于那些体积大重量小的轻泡货，除了改变装箱率外，跟单员可以采用单瓦楞纸箱，以降低实际重量或体积重量，从而降低航空运输费用。当然，海运集装箱运输采用租箱包干，货物体积对运费影响程度远远小于航空运输，且多次搬运成为潜在风险，此时往往采用双瓦楞纸箱甚至三瓦楞纸箱包装材料。

途径三：依据材料价格

在纸质、木质、铁质和塑料包装材料中，纸质是最便宜的，具有可得性强，可回收再利用，对环境污染小等特点。因此，在外贸出口包装材料选择中，首选纸质包装材料。以下以纸质包装材料为例，具体阐述选择方法。

外包装纸箱材料主要有纸质的单瓦楞、双瓦楞和三瓦楞等，影响纸箱价格的主要因素是瓦楞数、瓦楞面积（用量）和产地。毋庸置疑，从经济角度出发，瓦楞数越多价格越高。因此，在相同尺寸或体积情况下，三瓦楞纸箱价格最高，双瓦楞纸箱次之，单瓦楞纸箱最低。大多数情况下，普通商品选择双瓦楞纸箱的主要原因是基于性价比考虑。除了瓦楞数是影响纸箱价格主要因素外，当瓦楞数相同时，纸箱价格还与瓦楞纸消耗量成正比，纸箱体积（面积）越大，瓦楞纸消耗量也就越大，纸箱价格就越高。此外，纸箱价格还与瓦楞纸产地有关，不同产地瓦楞纸价格也不尽相同。跟单员在熟知纸箱价格形成机制后，采用不同的应对方法，如变化装箱率和采用单瓦楞纸箱等方法来调整纸箱体积，降低包装成本，从而节省运输费用（尤其是在航空运输情况下）。

途径四：依据商品特性

商品重量是选择单瓦楞纸箱、双瓦楞纸箱或三瓦楞纸箱的主要依据。从强度而言，三瓦楞纸箱的强度最高，对商品的保护最好，双瓦楞纸箱次之。像衬衣、背心等服装类商品一般使用双瓦楞纸箱，对于卷装布匹，三瓦楞纸箱是最佳选择[①]，这主要是内在商品重量特性的缘故。在长距离运输中，外包装保护内在商品的责任非常重大，一旦外包装破损，内在商品破损率也会大大提高。

途径五：依据合同要求

包装材料种类繁多，像纸质、金属、塑料、木材、玻璃、陶瓷、竹、麻等，究竟采用何种材料制成的包装，最好是在合同的包装条款中明确，越细腻越好，如合同规定使用麻袋包装，应注明是一层还是两层，是新的还是二手的。如果某一项商品有二种或二种以上包装材料时，跟单员最好在使用某一包装材料前让境外客商确认，以免引起误会。另外，在合同中要避免使用"海运包装"或"习惯包装"等容易引起争议的包装术语。

一般而言，如果合同中使用 carton，box，则意指纸质材料包装，使用 wooden cases，则意思为木箱包装，如果使用 pallet，则大部分为塑料制托盘、木质托盘，很少用铁质托盘。同理，如果合同中使用 drum，则需要依商品性质而采用不同材料的桶。

另外，除了上述因素影响着跟单员选择包装材料外，进口国的装卸作业条件也是要考虑的因素，一些港口或机场装卸设备优良且方法得当、机械化程度高，这些都可以帮助降低对包装材料的要求。

任务 3.1.3　熟知进口国家的相关规定

随着人们对环境保护和包装资源的可回收再利用日益重视，国际上许多国家和地区开展了环境标志计划，使用符合环境保护的包装材料，是出口包装的发展方向，因为它具有低毒、少害、节能、降耗、可回收利用等优势。跟单员在进行出口包装时，需要掌握进口国的有关包装规定和要求。如德国规定包装材料要符合"3R"原则，即可再生利用（reuse）、可自然降解还原（reduce）、可进行循环再生处理（recycle），要求纸箱表面不能上蜡、上油，也不能涂塑料、沥青等防潮材料；外箱不能有蜡纸或油质隔纸；箱体瓦楞纸板间的连接需采取粘合方式，不能用任何金属或塑料钉或夹，尽可能用胶水封箱，不能用 PVC 或其他塑料胶带；纸箱上所做的标记必须用水溶性颜料等。又如欧洲各国在 1992 年就完全禁止使用聚氯乙烯包装材料。再如，2004 年 10 月修订的美国国家公示法案（Model Legislation *Toxics In Packaging*）规定，美国国内使用或销售的包装或包装材料中禁止使用铅、汞、镉和六价铬四种金属，其检出率必须低于 0.1 克/公斤。包装或包装材料的制造商和经销商应该提供符合性证明书，以便公众和国家可以检索这些证明。根据美国法律，包装本身或包装辅助物中的油墨、染料、颜料、胶粘剂或任何其他添加剂中不得故意掺入铅、汞、镉和六价铬这些元素，然而允许这些成分的偶然存在，但含量要低于规定（0.1 克/公斤）。因此，跟单员在包装跟单中，要熟知进口国家的相关规定，表 3.4 收集并整理了部分国家对包装的具体要求。

---

①　实务操作中大多采用内裹塑料袋和外加编织袋的包装方法。

表 3.4　　　　　　　　　　　　部分国家对包装的具体要求

序号	国家或地区	对包装的要求
1	阿拉伯	禁用六角星图案，使用阿拉伯文说明（食品、饮料），凡是集装箱运输的，必须使用组装托盘
2	德国	禁止使用类似纳粹和军团符号标志，纸箱表面不能上油、上蜡，不能涂塑料、沥青，纸箱上的印刷必须使用水溶性颜料，不能用油溶性油墨
3	利比亚	禁止使用猪的图案和女人人体图案
4	美国	禁止使用稻草作为包装材料，木质包装必须经过熏蒸或防腐处理，外包装上必须显示原产地，使用或销售的包装或包装材料中禁止使用铅、汞、镉和六价铬四种金属，其检出率必须低于 0.1 克/公斤，包装本身或包装辅助物中的油墨、染料、颜料、胶粘剂或任何其他添加剂中不得故意掺入铅、汞、镉和六价铬这些元素，然而，允许这些成分的偶然存在，但含量要低于规定（0.1 克/公斤）
5	加拿大	箱体必须使用英法文对照，木质包装必须经过熏蒸或防腐处理
6	希腊	必须使用希腊文字，标明公司名称/代理商及产品质量、数量
7	法国	必须使用法文或法文翻译，以克或千克为重量单位，以毫升或升为体积单位等，食品要有成分说明、热量、蛋白质、碳水化合物、脂肪酸等基本营养内容和单位等
8	新西兰	禁止使用麻袋（含二手麻袋）及其制品、稻草、草席等包装材料
9	菲律宾	禁止使用二手麻袋及其制品、稻草、草席等包装材料，麻袋入境前必须进行经过熏蒸
10	澳大利亚	木质包装材料必须经过熏蒸且提供熏蒸证明，严禁使用稻草包装材料和使用二手麻袋
11	伊朗	以药品、化工品、食品、茶叶等商品入境时必须使用托盘
12	英国	严禁使用稻草类包装材料
13	丹麦	进口啤酒、矿泉水、软性饮料必须使用可以重复使用的容器
14	埃及	禁止使用棉花类包装材料
15	日本	禁止使用竹片类包装材料
16	俄罗斯	食品外包装要标明原产地、厂家名称及地址、产品名称和成分、含量、使用和储存条件、储存期和配料表
17	欧盟	必须使用可回收利用的包装材料
18	塞浦路斯	严禁使用稻草类包装材料

项目 3.2　确定包装外字体内容

任务 3.2.1　知晓运输标志

鉴于运输标志的内容差异较大，不适应货运量增加、运输方式变革和电子计算机在运输及单据流转方面应用的需要，因此，联合国欧洲经济委员会在国际标准化组织（ISO）和国际货物装卸协调协会的支持下，推荐了包括四项内容的运输标志：

——收、发货人名称的英文缩写（代号）或简称；

——参考号（如订单号、发票号、运单号码、信用证号码）；

——目的地（港）；

——件号。

ABC CO.，LTD.	收、发货人名称
S/C：9750	合同号码（也可以用信用证号码）
LONDON	目的港
No. 4	件号

图 3.6　运输标志

运输标志的涂刷位置，应该在包装箱的两个对称面上，这是"正唛"（也有称"主唛" main mark），而在另外两个对称面则涂刷了包装的体积、毛重/净重（有时也列明产地）等内容，这便是"侧唛"（side mark），如图 3.7 和 3.8：

G. W.：25 KGS
N. W.：23 KGS
MEAS：58×45×38 CM

G. W.：25 KGS
N. W.：23 KGS
MEAS：58×45×38 CM
MADE IN CHINA

图 3.7　侧唛　　　　　　　　**图 3.8　侧唛**

如果在运输标志中既不显示生产国别、产地或生产厂商名称，也不标明商标或品牌的包装，也就是说，在出口商品包装的内外，都没有原产地和出口厂商的标记，则可认为是中性包装。中性包装有无牌中性包装和定牌中性包装两种，前者是指包装上既无生产国别和厂商名称，又无商标、品牌；后者是指包装上仅有买方指定的商标或品牌，但无生产国别和厂商名称。中性包装是中间商（或进口商）为了商业保密需求而设置的，也便于转口贸易的进行。鉴于运输标志兼有显示商品产地的功效，按我国原产地规则，大陆内地生产并出口的商品是不能显示他国产地的。

需要指出的是，除了国际标准化组织（ISO 组织）的建议外，区别主唛和侧唛并没有明确统一的标准。实际上，主唛和侧唛表现形式是多种多样的，只要具备易识别、有特色等要求都可以成为主唛或侧唛（见图 3.9 和附录五）。

如果合同或信用证中没有规定具体的运输标志，则可以由出口商（卖方）自行设计决定，但往往需要经海外客商确认。另外一种情况，进口商只是将运输标志内容要求通知出口商，具体唛头式样由出口商自行操作，跟单员除了及时向进口商催要外，还要将具体唛头式样交进口商确认，例如目的港为墨尔本的澳大利亚客商要求：Export carton's main marks on 2 long sides, including JACKEL in a rhombus, port of destination, P. O. No., model No., quantity per carton and carton No. Export carton's side marks on 2 short sides, including G. W., N. W, carton dimensions and origin of goods.

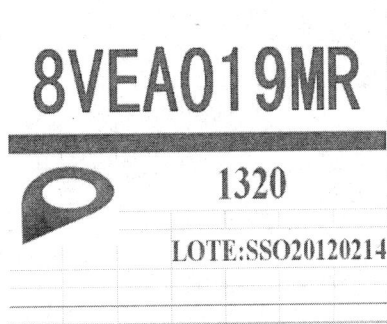

8VEA019MR

1320

LOTE:SSO20120214

解释：

客户代码：8VEA019MR

产品型号：1320

订单号：SSO20120214

图3.9 出口南美某国的主唛

针对客商的要求，跟单员可以设计下列唛头内容，并在印刷前让澳大利亚客商确认：（请读者考虑，以下设计是否有误？）

    Main mark：

        JACKEL

        Melbourne

        P. O. No：

        Model No.

        Quantity：

        Carton No.：

    Side Mark：

        G. W.：

        N. W.：

        Carton Size：

        Made in China

练一练

Each package shall be stenciled with gross and net weight, package number, measurement, port of destination, country of origin and the following shipping mark：

CITY CLUB

2012ZHPC-078

SHANGHAI

问题：（1）翻译上述英文内容。

      （2）请写出主唛和侧唛。

任务 3.2.2　知晓标志图形的含义

在商品的外包装上，除了运输标志以外，根据商品性质，在外包装还印刷一些指示性和警告性的标志，以提示该商品在被搬运过程中要格外小心。

1. 警告性标志

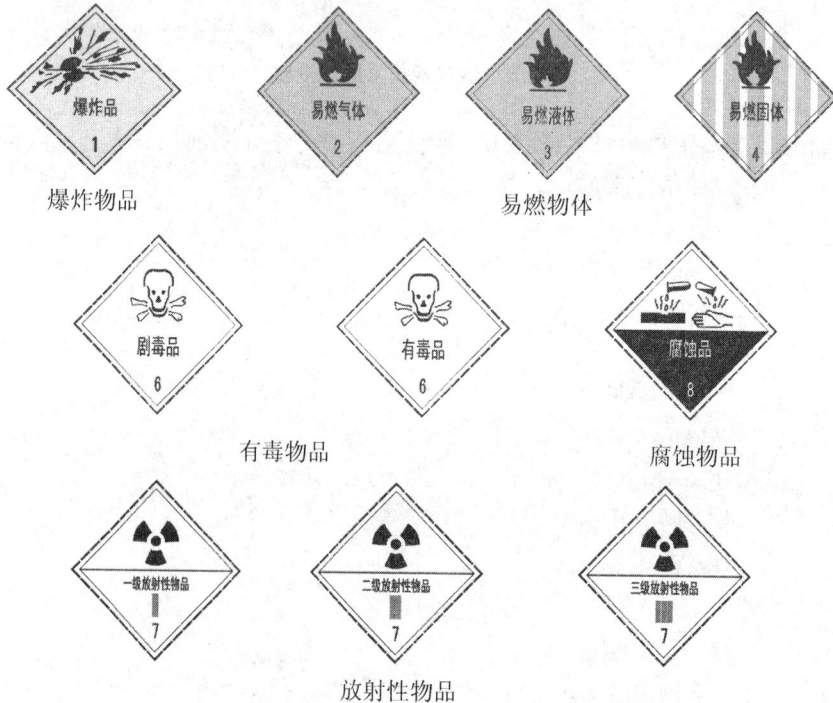

图 3.10　警告性标志

又称危险货物包装标志，以说明商品具有易燃、易爆、有毒、有腐蚀性、有放射性等危险性货物。也就是说，凡是涉及危险货物运输时，都必须在运输包装打上各种危险品的标志，以示警告，这些图形和文字，可以帮助有关人员采取防护措施确保货物的完好无损以及人身安全。目前，联合国、国际海事组织和国际民用航空组织都针对危险货物运输制定了规则，如《联合国危险货物运输建议》（橙皮书）、《国际海上危险货物运输规则》和《国际航空运输危险货物规则》。

2. 指示性标志

是提示人们在装卸、运输和保管过程中需要注意的事项，一般都是以简单醒目的图形和文字在包装上标出，故有人称其为注意标志。即根据货物运输、装卸、存放等方面所提出的要求及需要注意的有关事项，指示性标志通常用图形和文字表示出来（见表 3.5）。

表 3.5　　　　　　　　　　　　指示性标志图形及含义（部分）

图　形	中文含义	图　形	中文含义
易碎物品	运输包装件内装易碎品，因此搬运时应小心轻放	禁用手钩	搬运运输包装时禁用手钩
向上	表明运输包装件的正确位置是竖直向上	怕晒	表明运输包装件不能直接照射
怕辐射	包装物品一旦受辐射便会完全变质或损坏	怕雨	包装件怕雨淋
禁止翻滚	不能翻滚运输包装	堆码层数极限	相同包装的最大堆码层数，n 表示层数极限
禁止堆码	该包装件不能堆码并且其上也不能放置其他负载	重心	表明一个单元货物的重心
此面禁用手推车	运货物时此面禁用手推车	堆码重量极限	表明该运输包装件所能承受的最大重量极限

表 3.6 归纳了一些常用的指示性和警告性标志的英文用语。

表 3.6　　　　　　　　　　常见的指示性和警告性标志用语

	英文表述	中文含义
指示性标志	GUARD AGAINST DAMP	防潮
	KEEP FLAT	保持平放
	SLIDE HERE	从此处吊起
	NEW YORK IN TRANSIT	纽约过境
	NO DUMPING	切勿投掷
	DO NOT CRUSH	切勿挤压
	HANDLE WITH CARE	小心轻放
	PERISHABLE GOODS	易腐物品
	FRAGILE	易碎物品
	KEEP IN DARK PLACE	避光保存
	KEEP DRY	保持干燥
	DO NOT DROP	切勿乱摔
	NOT TO BE LAID FLAT	切勿平放
	STOW AWAY FROM HEAT	远离热源
	NO TURNING OVER	切勿倒置
	OPEN HERE	此处开启
	THIS SIDE UP	此面向上
	PORCELAIN，HANDLE WITH CARE	小心处理，瓷器
	CANADA VIA HONG KONG	经香港中转运往加拿大
	CENTER OF GRAVITY	重心点
	LIQUID	液体品
警告性标志	FLAMMABLE COMPRESSED GAS	易燃压缩气体
	EXPLOSIVES	爆炸品
	FLAMMABLE	易燃（货物）
	POISON	有毒品
	MATERIAL RADIOACTIVES	放射物品
	HAZARDOUS ARTICLE	危险物品
	OXIDIZING MATERIAL	氧化剂

3. 可循环使用标志

使用符合进口国环保要求的包装材料，需要在包装材料外部的显著位置，印刷一些标志，如"可循环标记（Recycle Mark）"等，以下是部分国家或地区的可循环标记及含义：

（1）各种式样的回收标识（见图 3.11）。

图 3.11　各种式样的回收标识

（2）各种式样的与纸制品有关的回收标识（见图 3.12）。

图 3.12　各种式样的与纸制品有关的回收标识

（3）铝制品可回收标识（见图 3.13）。

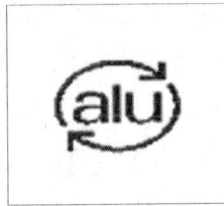

图 3.13　铝制品可回收标识

（4）塑料制品回收标识（见图 3.14）。

不同的塑料成分使用不同的标识，并显示在容器或包装上，其含义是：

第 1 号：PETE（聚乙烯对苯二甲酸酯），这种材料制作的容器，就是常见的装汽水的塑料瓶，也俗称"宝特瓶"。

第 2 号：HDPE（高密度聚乙烯），清洁剂、洗发精、沐浴乳、食用油、农药等等的容器多以 HDPE 制造。容器多半不透明，手感似蜡。

第 3 号：PVC（聚氯乙烯），多用以制造水管、雨衣、书包、建材、塑料膜、塑料盒等器物。

第 4 号：LDPE（低密度聚乙烯），随处可见的塑料袋多以 LDPE 制造。

第 5 号：PP（聚丙烯），多用于制造水桶、垃圾桶、箩筐、篮子和微波炉用食物容器等。

第 6 号：PS（聚苯乙烯），由于吸水性低，多用以制造建材、玩具、文具、滚轮，还有速食店盛饮料的杯盒或一次性餐具。

第 7 号：其他。

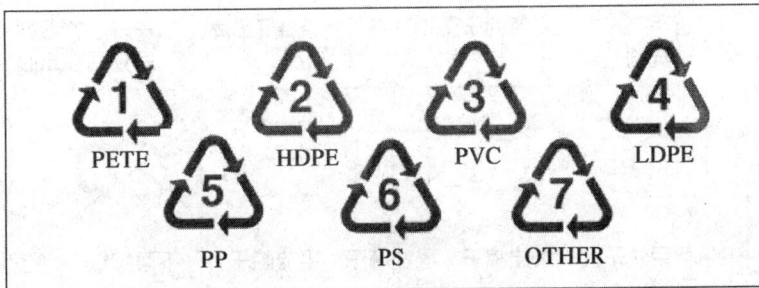

图 3.14　塑料制品回收标识

【知识链接3.2】 形形色色的图形及含义

（1）纺织服装中的标识

在纺织品或服装的中，通常在某个位置悬挂洗涤保养标识和成分标识。成分标识主要是让消费者知晓构成纺织品或服装的纺织材料组成比例，以便让消费者根据各自的需求进行选择。而洗涤保养标识是让消费者知晓该商品的洗涤方法和保养方法。表3.7汇集了部分洗涤保养标识。

表3.7   常见的洗涤保养标识

图示符号	标识图示及含义				
洗涤符号 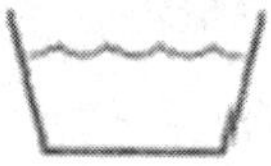	 宜手洗 不可机洗		洗涤水温低于 95℃		不宜水洗
熨烫符号 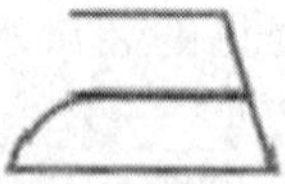	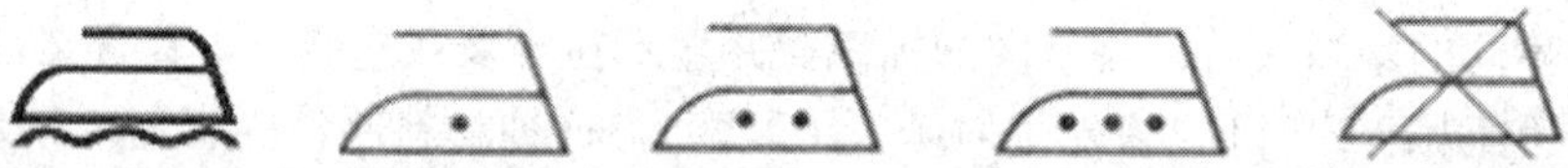 须垫布熨烫	低温 110℃	中温 150℃	高温 200℃	不宜熨烫
氯漂符号 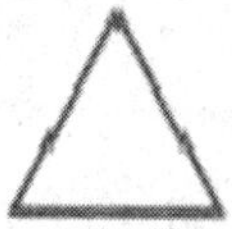	可以氯漂			不可以氯漂	
干洗符号 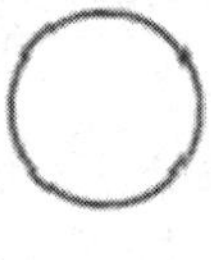	 宜用石油类 干洗剂	用任何干洗剂洗涤	用普通干洗剂	干洗后衣服的 后处理要小心	不宜干洗
干燥符号	 可用烘干机 干燥	悬挂晾干	悬挂滴干	平放晾干	不可拧绞	不宜烘干机干燥

（2）部分国家和地区的环境标志

中国I型环境标识

中国II型环境标志

中国III型环境标志

中国有机产品标志

中国有机食品标志

中国绿色之星

中国绿色食品

中国无公害农产品

中国节能认证

中国环保认证

中国香港环保标签

中国台湾环保标章

北欧白天鹅

欧盟花卉标志

德国天使

匈牙利

日本生态标章

韩国

美国

奥地利

加拿大

西班牙

克罗地亚

辛巴威

法国

泰国

新西兰

捷克

荷兰

新加坡

瑞典

以色列

巴西

印度

德国绿点标识

节能辐射TCO'95

节能辐射TCO'99

TCO'01

美国能源之星

纺织品环境友好标签

纺织品生态标签

森林认证

中国能效标识

CITES标志

SCS

项目3.3 确定包装上条形码

条形码（Bar Code）（见图3.15）常见于商品外包装或商品本身，它是由一组带有数字的黑白及宽窄且平行的间隔线条条纹组成的。有了它可以知晓商品的许多信息（如某件商品的生产国、制造厂、品名名称与规格、价格、生产日期），通过光电扫描输入电脑，大大提高商品管理效率，在超市等场所都使用条形码技术进行自动扫描结算，打出购货清单，有效地提高了结算的效率和准确性，方便商家销售管理和电子数据交换。

图 3.15　条形码

目前，国际上主要使用两种条形码，即 UPC 和 EAN。此外还有三九条码、九三条码、库德条码和二五条码等。

任务 3.3.1　认识 UPC 条形码

UPC 条形码（Uniform Product Code）是由美国和加拿大的共同组织"统一编码委员会"制定，由 11 位数字的通用产品代码和 1 位校验码组成。UPC 条形码作为美、加地区销售的商品包装上统一标识，因此，输美加地区的商品一般使用该条形码。

UPC 条形码有三种编码形式，旗码、厂商代码、商品代码、校验码是 UPC 条形码基本组成，共有 12 位数字，见图 3.16。

图 3.16　UPC 条形码

任务 3.3.2　认识 EAN 条形码

EAN 条形码（European Article Numbering Association）是欧盟的"欧洲物品编码协会"（European Article Numbering Association，EAN）吸取了 UPC 的经验而确立的物品标识符号，该协会已经更名为"国际物品编码协会"（International Article Numbering Association），统一协调分配和管理，世界上大部分国家和地区使用这种条形码。

EAN 条形码是由代表 12 位数字的产品代码和 1 位校验码组成的。产品代码的前 3 位为国别码；中间 4 位数字为制造商号；后 5 位数字为产品代码（见图 3.15）。我国为该组织的成员国，按该组织的规定，我国使用的国别代码为"690"、"691"和"692"。如：69092216688881 表示"中国河南省宛西制药股份有限公司生产的六味地黄丸"。

由于国际上存在这两种编码系统，因此我国的产品销往美国、加拿大应使用 UPC 码，而出口到其他国家和地区则需使用 EAN 码。这一点跟单员要尤为注意。

任务 3.3.3　选择条形码颜色

由于条形码是一种比较特殊的图形，需要通过专用设备来读取，这就要求条形码符合光电扫描设备的要求，条与空反射率的差值应符合相关要求。由于光电扫描设备大都采用红光扫描光源，需要条形码遵循"条用深色，空用浅色"的原则，考虑到印刷油墨、承印材料等因素，条形码中"空"与"条"的颜色搭配尤为重要，通常采用浅色作为"空"的颜色，如白色、橙色、黄色等，采用深色作为"条"的颜色，如黑色、暗绿色、深棕色等，其中最佳搭配是黑条＋白空，这也是我们日常生活中常常看到商品的条形码是黑白相间的原因。在实际应用中，红色、金色、浅黄色不宜成为"条"的颜色，透明、金色不能作为"空"的颜色，表3.8汇总了条形码中"条"与"空"的颜色搭配。

表 3.8　　　　　　　　　　　条形码中"条"与"空"的颜色搭配参考表

	空颜色	条颜色		空颜色	条颜色
可以搭配的颜色	白色	黑色	不宜搭配的颜色	白色	黄色
	白色	蓝色		白色	橙色
	白色	绿色		白色	红色
	白色	深棕色		白色	浅棕色
	橙色	黑色		白色	金色
	橙色	蓝色		亮绿	红色
	橙色	绿色		亮绿	黑色
	橙色	深棕色		暗绿	黑色
	红色	黑色		暗绿	蓝色
	红色	蓝色		蓝色	红色
	红色	绿色		蓝色	黑色
	红色	深棕色		金色	黑色
	黄色	黑色		金色	橙色
	黄色	蓝色		金色	红色
	黄色	绿色		深棕色	黑色
	黄色	深棕色		浅棕色	浅棕色

跟单员可以根据表3.8，结合商品外包装材料的底色，选择合适条形码中"条"与"空"的颜色搭配。一旦条形码的颜色跟图案底色发生冲突时，需要先将底色挖空然后再印刷条形码，否则条和空的颜色对比度太小，就会造成扫描器无法识读条形码。举个例子来说，如果遇到在深蓝、深绿、深棕色的底色上印刷条形码，则应当将条形码下面的底色挖空，专门辟出一块白底（或者先印刷白色）来印刷条形码，以保证条形码的识读性。业内将先印刷白色打底，再印刷条形码方法称为"反白印刷"，这种方法常常被用于在镀铝纸、镀铝膜、金银卡纸或者透明的塑料薄膜上印刷条形码。

项目 3.4　测定包装性能

检查纸箱是否符合保护箱内商品，一般是采用试装试验的方法，就是将包装内容物（实物）按设定的数量和方位装入基本定型的纸箱内，并采用一定的测试手段进行试验，旨在验证纸箱的实际包装效果是否能够达到保护内部商品的目的。在测定包装性能时，必须模拟真实的运输、装卸、振动或跌落情况。检查包装材料对箱内商品的保护程度，通常测定方法主要有跌落试验、振动试验、冲击试验、堆码试验、喷淋试验、浸水试验、起吊试验、滚动试验、倾翻试验等，这些测定方法可以在专用机器设备或因地制宜的场地进行。试验时既要注意温度、湿度、气压等影响包装性能的气候因素，也要注意冲力、振动、压力、滚动、跌落和堆码等影响包装性能的机械力因素，还有那些化学、生物因素。

以下将介绍几种测定包装性能的方法，供跟单员参考。

任务 3.4.1　专用机器设备法

该试验是采用专用设备——跌落试验机，将纸箱进行斜面冲击试验、振动试验和六角鼓回转试验。其中"斜面冲击试验"是将纸箱旋转在滑车上，然后将其从一定高度的斜面上滑下，最后撞击在挡板上，这种是模拟运输过程中的紧急刹车情况。"振动试验"是将纸箱包装商品后置于振动台上，使其受到水平或垂直方向的振动力（也可以同时受到双向振动力），经一定时间的振动后，检查纸箱对商品保护程度或纸箱破损的耐受时间。"六角鼓回转试验"是将纸箱放入装有冲击板的六角回转鼓内，按规定转数、次数转动，然后检验商品或纸箱破损程度。

任务 3.4.2　模拟跌落试验法

该试验是将内装商品的纸箱按不同姿态，数次从规定高度自由跌落，以检验纸箱对商品的保护程度。具体的做法是：选择平整的水泥或石质等材质地面，将内装商品的纸箱以一定高度（视包装毛重而定）按"角、棱（边）、面"顺序自由跌落，然后目视检测外箱体是否有破损，并且全检箱内产品的外观及品质受损程度，这种模拟搬运和装卸过程中受到垂直冲击时，包装对内装物的保护能力就是"跌落试验法"。

目前，国家有关运输包装件标准主要有 GB/T4857.2-2005《包装运输包装件 温湿度调节处理》、GB/T4857.4-1992《包装运输包装件 压力试验方法》、GB/T4857.5-1992《包装运输包装件 跌落试验方法》、GB/T4857.7-2005《包装运输包装件 正弦定频振动试验方法》、GB/T4857.10-2005《包装运输包装件 正弦变频振动试验方法》。

平行六面体纸箱跌落试验的主要流程如下：

| 编号 | ⇒ | 对纸箱各面进行编号：顶部标1#，底部标为3#，将纸箱接合处的最小面标5#，该面对面标6#，将纸箱接合处的较大面标2#，对面标4# |

| 称重 | ⇒ | 校正衡器零点，将纸箱进行称重，记录重量 |

| 调整高度 | ⇒ | 对照标准，测量并校正纸箱跌落的高度，并做好纸箱跌落前的准备工作 |

| 跌落试验 | ⇒ | 跌落试验开始：按角、棱、面的顺序进行试验。即：角：2-3-5角；棱：与2-3-5角紧邻的最短棱，再次长棱，最后为最长棱；面：5面，6面，2面，4面，1面，3面。 |

| 检查包装物体 | ⇒ | 打开纸箱，取出商品，检查商品的外观和内在质量是否有所损坏，使用是否正常 |

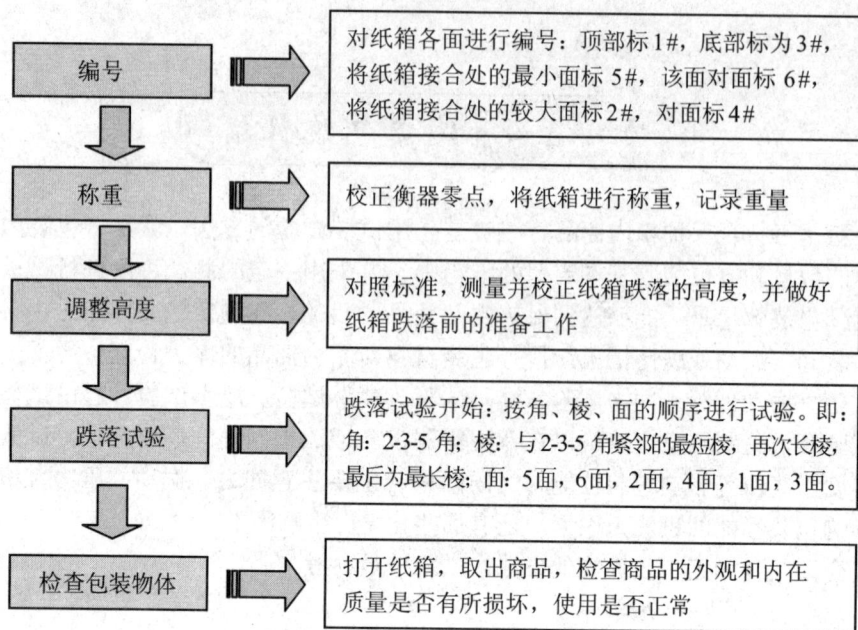

1. 面、棱和角的编号

为了有序进行纸箱跌落试验，首先需要对该纸箱各个面进行编号，一般是按照纸箱在运输时的位置进行编号，即上面为1♯，右侧面为2♯，底面为3♯，左侧为4♯，近端面为5♯，远端面为6♯（见图3.17）。

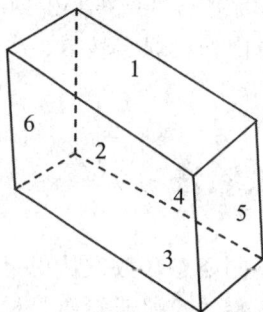

图 3.17　纸箱各个面的编号

当面的编号完成后，要针对棱进行编号。具体做法是，将二个面相交形成的直线作为棱，以二个面的号码来表示。如将第1面和第2面构成的棱编号为1-2棱，余者类推。

当棱编号完成后，接着对角进行编号。角是纸箱包装中三个面相交构成的，应该以三个面的号码来表示。例如1♯面、2♯面和5♯面所构成的右上角的编号为1-2-5角。

如果是圆柱体包装或袋装包装，其编号方法不同于平行六面体，限于篇幅本处从略。

2. 称重

称重是确定商品及包装跌落高度的基础。从表3.9中可知，运输方式、包装件重量和跌落高度三个变量中只要固定其中两个变量，就能得出第三个变量。也就是说，固定运输方式后，通过称出纸箱包装件重量，然后查表 3.9 就可以得出跌落高度了。

表 3.9　　　　　　　　　　　　不同运输方式和包装重量下跌落高度

运输方式	包装件质量（KG）	跌落高度（米）
公路、铁路、航空	小于 10	0.8
	10～20	0.6
	20～30	0.5
	30～40	0.4
	40～50	0.3
	50～100	0.2
	大于 100	0.1
水运	小于 15	1
	15～30	0.8
	30～40	0.6
	40～45	0.5
	45～50	0.4
	大于 50	0.2

3. 调整跌落高度

在这个步骤中，跟单员要测量跌落高度，做好跌落试验前的一切准备工作，为顺利进行跌落试验打好基础。

4. 跌落试验

选择平整的水泥或石质等材质地面，将内含商品的纸箱以既定高度按"角、棱（边）、面"顺序自由跌落。为了防止重复跌落或遗落，干扰判断结果，最好列表一一记录跌落试验，使跌落试验井然有序进行。

5. 检查包装物体和箱内商品受损情况

待全部试验结束后，检查外箱体和箱内商品是否有破损情况发生及受损程度。在这一阶段，跟单员要认真仔细检查，发现破损情况要一一书面记录。

通过以上一系列步骤的试验，跟单员可以对纸箱包装质量做出合理的评估。

任务 3.4.3　纸箱的堆码试验

堆码试验是在包装件或包装容器上放置一定测试重量后，评定包装件或包装容器在堆码时的耐压强度或对内部产品的保护能力。在托盘运输中，这种测试尤其适应，进行堆码试验的基本原则、持续时间和堆码高度都与储运方式有关（见表 3.10）。以下为注意事项：

（1）选择好的供试验用的水平平面，同时要求坚固，并满足所试验纸箱的堆放面积；

（2）纸箱内必须填装实物或模拟物品，使用模拟物品时必须接近或和实物相近似；

（3）按常规要求对被测箱体进行包封；

（4）试验时必须对所有被测纸箱进行编号；

（5）试验时要有足够高度和持续的时间。

表 3.10　　　　　　　堆码试验的持续时间、堆码高度和储运方式

储运方式	储运条件		试验基本值	
	堆码高度	持续时间	堆码高度	持续时间
公路	1.5～3.5 米	1～7 天	2.5 米	24 小时
铁路	1.5～3.5 米	1～7 天	2.5 米	24 小时
水路	3.5～7 米	1～28 天	3.5 米	1～7 天
仓储	3.5～7 米	1～28 天	3.5 米	1～7 天

当进行堆码试验时，如果发现纸箱有塌陷、破损情况，即可认为纸箱不合格。

任务 3.4.4　检验包装效果

众所周知，包装主要目的就是为了保护内装的商品，选择的包装材料强度要恰到好处地保护商品的外观和内在质量，使其在运输途中不会因为各种外力而受损伤。因此，包装的首要效果是具备防潮、防水、防霉、防震、防锈和防盗等功能。同样，包装效果也是为了确定包装与商品的匹配程度，从而为进一步确定包装是否合适长途运输奠定基础，以下介绍几种简单方法。

方法一：观察包装尺寸

根据商品的尺寸、重量及运输特性设计尺寸合适的纸箱及包装填充物，要尽量避免纸箱装入商品后的空隙。如果包装尺寸过高、过宽和过长，不仅直接增加包装材料成本，还会在运输过程中发生塌陷或侧陷等情况，没有起到保护内部商品的目的。因此，成功的纸箱不仅对商品完全形成"包裹"，而且内部的商品对纸箱各侧面也具备一定的支撑作用。实务操作中，跟单员判断纸箱是否适合运输的简单方法是：观察内部商品是否紧贴纸箱内部各侧面，是否有内部商品外凸而使纸箱侧面产生隆起现象（俗称"鼓"），如果包装后的效果似图 3.18和图 3.19 说明包装尺寸合适，而图 3.20 和图 3.21 则说明内部商品太多或纸箱做小了，纸箱外部发生了外凸隆起现象。

图 3.18　正确包装（井字形打包带）　　　　图 3.19　正确包装（H 型打包带）

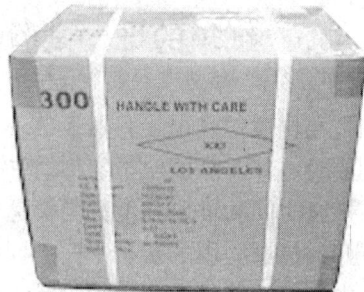

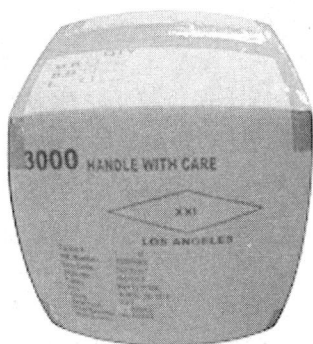

图 3.20 外凸隆包装(1)

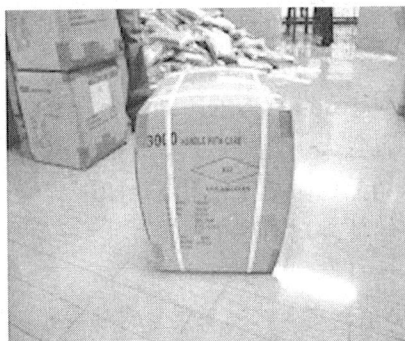

图 3.21 外凸隆包装(2)

方法二：叠放纸箱至一定高度

这是一种更为简单的方法，就是将装满商品的纸箱叠放至 2.5 米高度，然后观察纸箱是否出现塌陷，如果出现塌陷则可视为纸箱尺寸过大或纸箱本身牢度不够。这种方法对于集装箱或托盘运输中尤为重要。

方法三：抽样检验

一般情况下，跟单员以相同材料、相同工艺、相同规格、同时交付的产品为一批检验对象。按 GB/T2828.1—2003 正常二次抽样检测方案（设定检查水平Ⅱ，AQL＝6.5）要求，对照表 3.11 对纸箱进行检验，其中有两项不合格，则该纸箱为不合格。当不合格纸箱数达到不合格判定数时，则判断该批为不合格。

表 3.11 纸箱抽样检验结果对照表

批量	第一批			第二批		
	抽样数	合格判定数	不合格判定数	抽样数	合格判定数	不合格判定数
小于 281	20	2	5	20	6	7
281～500	32	3	6	32	9	10
501～1 200	50	5	9	50	12	13
1 201～3 200	80	7	11	80	18	19
3 201～10 000	125	11	16	125	26	27
大于 10 000	200	11	16	200	26	27

方法四：适应装卸作业

完好的纸箱包装将有利于货物的装卸，能够有效地提高货物的装卸效率，同时能够避免由于第三方的野蛮装卸而可能给货物带来的损害。为了便于人工搬运，有的国家规定外箱毛重一般不超过 25KGS。如果是单瓦楞纸纸板箱，则可用于毛重不大于 7.5KGS 的货物；如果采用双瓦楞纸板箱，则可用于毛重大于 7.5KGS 的货物。

方法五：采用无害且易于回收的材料

前面已经叙述过，包装材料和包装容器必须符合进口国要求，对人类和环境安全无害，符合可回收利用是最基本的要求。例如，有的欧洲国家要求纸箱表面不能涂抹有害的防潮剂（俗称"抹油"）和箱体上不能使用铁钉/扣（防止回收时弄坏设备）；有的国家要求纸箱必须印刷可循环回收标志（见图 3.11、图 3.12、图 3.13、图 3.14）。

　　方法六：包装标志及内容清晰

　　跟单员对于包装标志的印刷要十分重视，不仅内容要正确无误，英文字体或图案套印准确，字体一致且大小合适，无修改挖补痕迹，印刷清晰易辨，且不易褪色或擦移。一般而言，字体颜色采用黑色印刷（忌用红色印刷），遇光、水不易褪色，具有较强的色牢度，不允许出现错别字，箱体外观不存在破损、变形、污渍、受潮或水侵等现象。

　　【模块小结】本模块主要是针对包装跟单展开详细阐述，内容涉及包装材料选择、包装外字体内容、包装条形码和检测包装性能等。跟单员要依据商品性质和境外国家/地区对包装材料要求，利用本模块介绍的包装知识，运用包装相关知识并结合商品知识，掌握检测包装效果的方法，解决跟单过程中的实际问题，提高包装跟单技能，完成包装跟单工作。

　　【关键词或概念】定量　瓦楞纸板　双瓦楞　三瓦楞　单瓦楞　耐破强度　边压强度　戳穿强度　含水量　BarCode　回收标志/循环标志　运输标志　模拟跌落试验　堆码试验　主唛　侧唛

复习思考题

一、单项选择题

1. 在以下包装材料中，最常用于外贸出口的是（　　　）。

　　A. 内包装　　　　　　B. 木包装　　　　　　C. 纸包装　　　　　　D. 塑料包装

2. 比较以下包装，其中能最直接与产品接触的是（　　　）。

　　A. 外包装　　　　　　B. 内包装　　　　　　C. 盒类包装　　　　　　D. 高档包装

3. 云南机床设备制造公司与泰国某公司签订销售合同，在 2008 年 6 月出口 C6390A 机床一台，跟单员聂小国应该选用（　　　）作为包装材料。

　　A. 三瓦楞纸板箱　　　B. 铁质的材料　　　　C. 木质的材料　　　　D. 陶瓷的材料

4. 以下对于"绿色包装"的理解，其中正确的是（　　　）。

　　A. 包装材料在产品的整个生命周期中，对环境无害

　　B. 包装材料是经过熏蒸的，对环境无害

　　C. 包装材料是经过"热处理"的，对环境无害

　　D. 包装材料是可以被替代的，对环境无害

5. 对于下面的图案，其中正确的理解是（　　　）。

　　A. 在出口欧洲的包装材料上必须使用

　　B. 由第三方检验检疫机构颁发并粘贴在出口包装材料上

　　C. 说明该包装材料为木质，并已经国家商检部门检验检疫，符合《国际植物保护公

　　约》要求

　　　D. 说明该包装材料为人工复合而成的木材，并已经国家商检部门检验检疫，符合
　　　　《国际植物保护公约》要求

二、多项选择题

1. 出口产品一般需要应该包装后才能出口，以下中不是最常用的包装材料有（　　　　）。

　　A. 塑料　　　　　　　　B. 纸　　　　　　　　C. 玻璃　　　　　　　D. 陶瓷

2. 对于右侧的图标，正确的说法是（　　　　）。

　　A. 应用于出口德国的包装材料上

　　B. 表示该使用的包装材料具备"可回收利用"

　　C. 表示该使用的包装材料符合"绿色包装"条件

　　D. 表示该使用的包装材料经济实惠

3. 采用航空运输方式，对于以下包装材料选用错误的是（　　　　）。

　　A. 麻布袋并扎紧口袋　　　　　　　　B. 草类袋并经过商检

　　C. 陶瓷类材料并经过"熏蒸"　　　　　D. 纸箱包装并经过商检

4. 对于"跌落试验"中，错误的操作是（　　　　）。

　　A. 选择普通平整的地面进行试验

　　B. 将空箱从一定高度自由跌落后，检查纸箱是否有损

　　C. 按"角、棱（边）、面"顺序自由跌落

　　D. 将空箱从一定高度自由跌落后，检查箱内产品是否有损

5. 德国规定包装材料要符合"3R"原则，其中正确的含义是（　　　　）。

　　A. RECYCLE　　　　　　　　　　B. REUSE

　　C. RETURN　　　　　　　　　　 D. REDUCE

三、计算题

　　绍兴纺织品进出口公司通过银行收到了订单号为 MD-00832D 的丹麦客商信用证，该证对 5000 打白色男式纯棉衬衣的印刷唛头内容做了如下规定：

两个对称的侧面：　　　　　　　　　　　　另两个对称的侧面：

△ AKL ORDER NO.： COLOUR： QTY：　　　PCS C/NO.：1-UP NO.：	 G. W.：　　　KGS N. W.：　　　KGS MEAS：　×　×　CM MADE IN CHINA

请计算并回答以下问题：

（1）在上述唛头中，哪一个是正唛？哪一个是侧唛？应该显示在发票和装箱单等单据中

的是哪一个？

（2）当共有 500 箱货需要出口时（总毛重和净重分别为 10 000 千克和 9 000 千克，外箱尺寸为 58×42×38CM），外贸跟单员张宇应该如何填写？

（3）如果考虑损耗 1%，外贸跟单员张宇应该订购多少只纸箱？

（4）为了更好保护箱内产品，需要在每个纸箱内加二张"单瓦楞纸板"（俗称"天地盖"放置于箱底和箱顶各一张），如果考虑损耗 2%，外贸跟单员张宇应该需要订购多少张"单瓦楞纸板"？

四、思考简答题

义乌明发塑料制品有限公司是专业生产一次性塑料杯的工厂，按照国外订单的要求：外箱尺寸为 75CM×60CM×25CM，重量不能超过 20 kgs（含），纸箱的耐破强度为 1569 kPa，边压强度为 8000N/M，戳穿强度为 100kg/cm，请利用本书表 3.2 和 3.3 中的技术参数，简要说明选择何种包装材料最合适。

五、阅读理解题

以下是日本客商给青岛日晖公司跟单员小刘的电子邮件，请仔细阅读该邮件并回答以下问题：

Re：order of slippers

1. Shipping mark

   Main mark

   △ Delacute

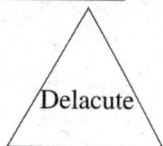

   Nagoya　　　　　　＊＊Pls print our item no. 58108213 on shipping mark.

   Item no.　　　　　　＊＊Pls print our description on pattern.

   Ctn no.：

   Commodity：

   Made in China

   Side mark

   Item no.

   Qty.：　　　　pairs

   N.W.：　　　　kgs

   G.W.：　　　　kgs

2. Barcode

   We will send the film barcode to you and pls put it on 1pc/tag after print.

   Pls pay attention to put correct place.

---

3. Packing

1 pair/barcode on both backside of heel

6 pairs/inner bag

60 pairs/out carton

4. Shipping company/Forwarder

Pls book the vessel with AIT (Advance International Transport，Shanghai branch)

021-6362-1088

5. Form A

Form A should be supplied and sent to us directly with other non-negotiable shipping documents immediately after shipment.

Pls ask us if you have any questions.

Waiting for a prompt reply.

Best regards,

西岗里佳

Delacute Inc.

补充资料：拖鞋 200 克/双 （N. W.），250 克/双 （G. W.），纸箱重量 2KGS

（1）该订单是针对什么商品的？

（2）请分别写出该订单项下的主唛和侧唛。

（3）该订单项下的条形码胶片由谁提供？由谁印刷？贴在何处？

（4）请说明该商品的包装方法。

（5）当大货生产完成时，跟单员应该联系何地的承运人/货运代理人？

（6）当货物装船后，跟单员应该寄送哪些单证给日商？

模块四　外贸运输跟单

【模块导读】货物运输跟单是外贸跟单中的主要环节，在主要介绍外贸运输跟单过程中所涉及的海洋运输（以集装箱运输为例）、航空运输、铁路运输和公路运输的基本知识基础上，本模块从外贸托运人/出口商视角来阐述运输跟单操作过程，旨在运用货物运输知识来提高跟单能力。此外，本模块还选取部分与外贸运输跟单有关的操作实务案例，通过这些案例可以巩固并熟练掌握外贸运输跟单的基础知识，也可以体会在外贸运输跟单中解决问题的过程。

【模块目标】通过本模块学习，掌握运输跟单所涉及的国际货物运输方式选择以及海洋运输中的集装箱箱型与选择、货运代理人与承运人选择、装箱地点与方法选择、运输单据选择等，了解航空运输中的运输设备和运输操作代码，掌握航空运输的特点及操作实务，并能够运用上述国际货运知识，正确处理货物出口欧美加市场及其他市场的运输跟单操作，从而提高运用运输知识解决跟单过程中问题的能力。

＊　　　＊　　　＊

在国际贸易中，买卖双方对货物交接的途径，主要依赖承运人的运输活动。出口商将货物交给承运人或货运代理人，并取得运输单据后，就算完成了"货物交接"，即所谓的"象征性交货"。当订单项下货物生产完成并通过商检或"客检"后，跟单员需要进入货运跟单环节，办理与货运有关的一切手续，并跟踪运输环节各项事宜的执行进度。

本模块主要以国际货物运输为媒介，着重阐述托运人在海洋运输、航空运输、公路运输、铁路运输等运输方式下的跟单操作过程，考虑到铁路运输和公路运输在国际贸易中涉及面不广，因此只是简单介绍了相关知识和跟单操作过程。图 4.1 是运输跟单的主要工作内容。

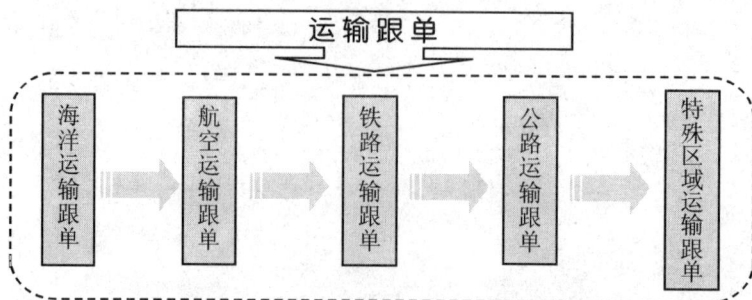

图 4.1　运输跟单的主要工作内容

项目 4.1 海洋运输跟单

在海洋运输中，存在众多与运输有关的相关人，除了承运人外，还有国际货运代理人、码头储运仓库、港务、海关、商检、海事等部门或机构，这些相关人围绕国际货物海洋运输开展服务活动并维护国家、运输企业和外贸企业利益。外贸跟单员作为出口商中的从业者，以集装箱海洋运输为媒介，跟踪并完成与海洋运输相关的诸多事宜，如选择货运代理公司、选择承运人、选择集装箱箱型、选择装箱地点、选择运输单据等（见图4.2）。鉴于跟单员围绕货物海洋运输进行跟单操作，因此集装箱海洋运输背景下的跟单也被称为"船务跟单"。

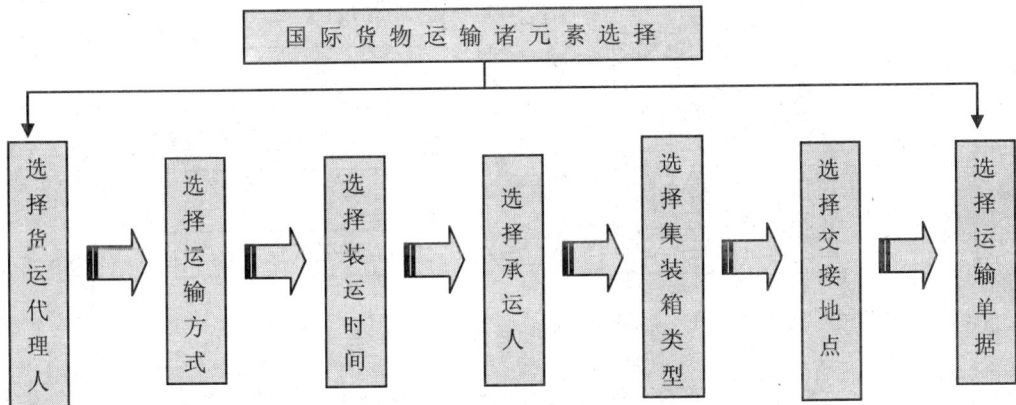

图 4.2 海运跟单中诸元素选择

任务 4.1.1 选择货运代理人

当订单项下货物生产结束后，出口商需要将货物交给承运人，履行合同或订单。根据货物运输操作过程，出口商需要选择货运代理人来帮助其完成运输中各个环节事宜。因此，在生产跟单结束后，跟单员进入运输跟单，选择合适货运代理人帮助出口企业完成运输订舱、货物装箱、货物报关报检和获取运输单据等工作事宜。

按照国际相关组织的解释，货运代理人也称为无船承运人（NVOCC），它是指以承运人身份接受托运人委托，帮助托运人安排运输事宜，签发自己（货运代理人）提单或者其他运输单据，并向托运人收取运费，通过有船承运人完成国际海上货物运输，承担承运人责任的国际海上运输经营人。这就是说，国际货运代理人是托运人/出口商与承运人之间的桥梁，一方面替承运人揽货，另一方面也是出口商"象征性交货"的主要合作伙伴。不可否认，国际货运代理业是国际贸易中不可或缺的重要环节，但随着国际货运与代理市场改革开放，货代企业数量激增，货运代理市场鱼龙混杂，货运代理业无序竞争和发展失衡的问题比较突出，有些货运代理公司虽具备正规工商资质并在政府相关部门进行了国际货运代理备案登记，但还是有着明显的"小、短、弱"特征，即成立时间较短、公司规模较小、对外承担责任能力弱，出口商一旦选择这样的货运代理企业，除了不能及时将货物交给收货人外，货运代理人操作失误、理赔推三阻四都可能发生。因此，货运代理质量高低，直接关系到委托人履约能力，从而间接影响到其经济利益的实现。这些都说明，跟单员要重视货运代理人的选择，多角度来考察货运代理人的工作能力，切实维护自身的利益。

寻找合适的国际货运代理人是完成运输跟单的基础，也是跟单员在运输环节首先要完成的工作任务。那么，跟单员通过什么途径来选择货运代理人呢？除了运输价格、代理能力、货运代理事故的处理速度和理赔速度外，外贸跟单员还需要考虑哪些选择因素呢？以下是选择途径可供参考。

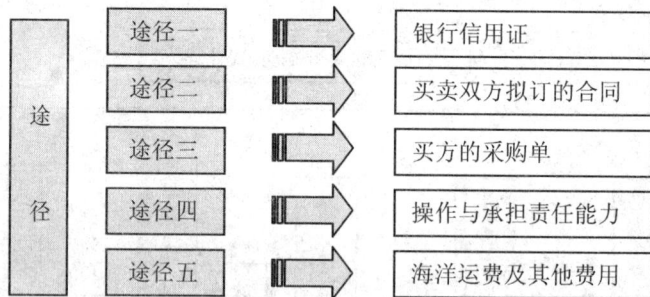

图 4.3　选择货运代理人的途径

从图 4.3 可知，跟单员至少有 5 个途径来选择货运代理人，分别是银行信用证、合同/采购单、操作能力和承担责任能力及运输费用。

途径一：根据银行信用证

在信用证中，开证申请人（进口商）往往会依据贸易术语来明示货运代理人。一般而言，当买卖双方采用海运方式时，CIF 或 CFR 是由出口商选择货运代理人，但也有例外：有些信用证中，会在单据条款（46A）外，对货运代理人予以明确。如在 47A additional conditions 条款中显示："Shipment should be made by B. J freight systems Int'l forwarding Co., Ltd. Tel：86-21-62228123, Attn：Mr. Liu" 或 "The goods should be shipped with ABC forwarder Co.,Ltd."。这种非单据化的表述，必须引起跟单员的高度重视，除了找信用证所列明的货运代理公司安排货物运输外，还要由该货运代理公司签发运输单据（见图 4.4），其运输单据或签发印章显示 "B. J freight systems Int'l forwarding Co., Ltd."（见图 4.5）或 "ABC forwarder Co.,Ltd"，避免日后的"单证不符"，为安全收汇打好基础。类似的还有 Goods must be shipped by conference line vessels 等。

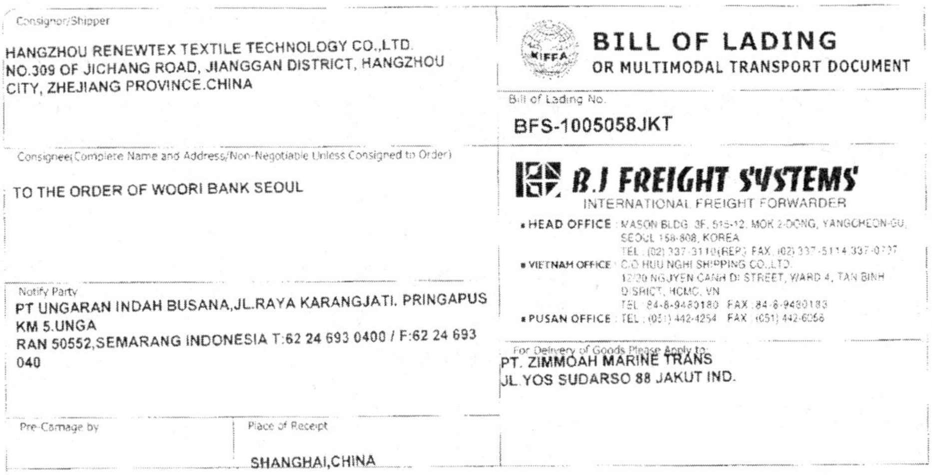

Consignor/Shipper
HANGZHOU RENEWTEX TEXTILE TECHNOLOGY CO.,LTD.
NO.309 OF JICHANG ROAD, JIANGGAN DISTRICT, HANGZHOU CITY, ZHEJIANG PROVINCE.CHINA

BILL OF LADING
OR MULTIMODAL TRANSPORT DOCUMENT

Bill of Lading No.
BFS-1005058JKT

Consignee(Complete Name and Address/Non-Negotiable Unless Consigned to Order)
TO THE ORDER OF WOORI BANK SEOUL

B.J FREIGHT SYSTEMS
INTERNATIONAL FREIGHT FORWARDER
• HEAD OFFICE : MASON BLDG. 3F, 515-12, MOK 2-DONG, YANGCHEON-GU, SEOUL 158-808, KOREA
TEL : (02) 337-3110(REP) FAX : (02) 337-5114,337-0707
• VIETNAM OFFICE : C/O HUU NGHI SHIPPING CO.,LTD.
12/20 NGUYEN CANH DI STREET, WARD 4, TAN BINH DISTRICT, HCMC, VN
TEL : 84-8-9480180 FAX : 84-8-9480183
• PUSAN OFFICE : TEL : (051) 442-4254 FAX : (051) 442-6056

Notify Party
PT UNGARAN INDAH BUSANA,JL.RAYA KARANGJATI. PRINGAPUS KM 5.UNGA
RAN 50552,SEMARANG INDONESIA T:62 24 693 0400 / F:62 24 693 040

For Delivery of Goods Please Apply to:
PT. ZIMMOAH MARINE TRANS
JL.YOS SUDARSO 88 JAKUT IND.

Pre-Carriage by

Place of Receipt
SHANGHAI,CHINA

图 4.4　签发 B.J FREIGHT SYSTEMS 货代公司的提单（部分）

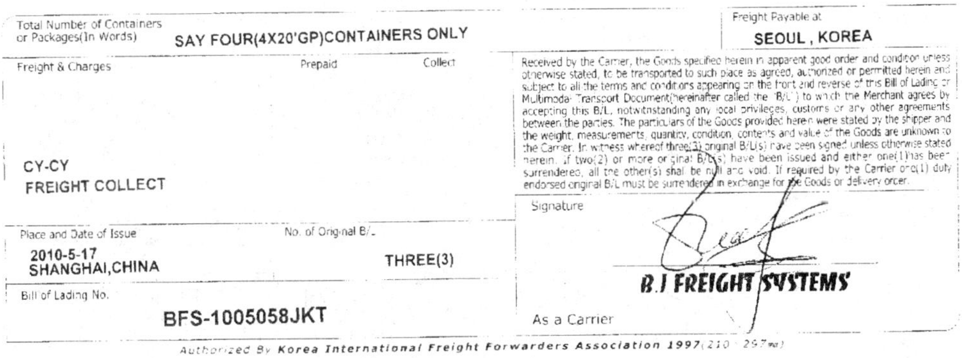

Total Number of Containers or Packages(In Words)
SAY FOUR(4X20'GP)CONTAINERS ONLY

Freight Payable at
SEOUL , KOREA

Freight & Charges　　Prepaid　　Collect

CY-CY
FREIGHT COLLECT

Received by the Carrier, the Goods specified herein in apparent good order and condition unless otherwise stated, to be transported to such place as agreed, authorized or permitted herein and subject to all the terms and conditions appearing on the front and reverse of this Bill of Lading or Multimodal Transport Document(hereinafter called the "B/L") to which the Merchant agrees by accepting this B/L, notwithstanding any local privileges, customs or any other agreements between the parties. The particulars of the Goods provided herein were stated by the shipper and the weight, measurements, quantity, condition, contents and value of the Goods are unknown to the Carrier. In witness whereof three(3) original B/L(s) have been signed unless otherwise stated herein. If two(2) or more original B/L(s) have been issued and either one(1) has been surrendered, all the other(s) shall be null and void. If required by the Carrier one(1) duly endorsed original B/L must be surrendered in exchange for the Goods or delivery order.

Place and Date of Issue
2010-5-17
SHANGHAI,CHINA

No. of Original B/L
THREE(3)

Signature
B.J FREIGHT SYSTEMS
As a Carrier

Bill of Lading No.
BFS-1005058JKT

Authorized By Korea International Freight Forwarders Association 1997(210×297mm)

图 4.5　由 B.J FREIGHT SYSTEMS 货代公司签发的提单（部分）

图 4.4 说明货物已经由 B.J freight systems 货代公司安排运输，并使用该货代提单，图 4.5 则说明该运输单据由 B.J freight systems 货代公司签发，上述两项操作都说明跟单员已经按信用证要求将货物交由 B.J freight systems 货代公司安排运输了。

途径二：根据买卖双方拟定的合同

买卖双方在洽谈业务时，会涉及货物运输事宜，当买卖双方就运输方式达成一致并形成书面合同时，跟单员只要按合同内容来办，选择既定的货物运输代理人；如果买卖双方没有事先商定，则要视贸易术语而定了，当贸易术语为 CFR 或 CIF 时，出口商选择国际货运代理人并支付运费，当买卖双方贸易术语为 FOB 或 EXW 时，则由进口商选择货运代理人。

但是，在国际贸易实务操作中，还会有这样一种情况：买卖双方虽然采用 CFR 或 CIF 贸易术语，进口商还是在订仓前，将启运港货运代理人的信息告知出口商，此时，跟单员需要按照该信息来联系客商指定的货运代理人安排运输，并获得该货运代理人签发的运输单据。

途径三：根据买方采购单

采购单是采购商向出口商或生产商直接发送的购货要约，为了确保自身利益不受侵犯，采购商除了在采购单中明示商品名称、价格及术语、数量、规格、包装和交货日期等基本信息外，还会将货物运输代理人的名称、地址及联系方式一起告知出口商或生产商或供应商，由其指定的货物运输代理人安排所购货物的运输。例如，2009 年美国玫琳凯公司在中国大陆采购货物时，选择"泛亚班拿货运代理运输（中国）有限公司（Panalpina）"（简称"泛亚班拿货代"）作为其采购所得货物的运输代理人，并将泛亚班拿货代在中国各地的分支机构名单、联系方式及联系人罗列于采购单之中（见表 4.1），各个出口商或生产商或供应商可以根据货源地域，选择表中合适的启运港口，在货物启运前联系该地的泛亚班拿货代安排货物运输事宜。如玫琳凯公司从江苏常熟采购一批超市用货架共计 $6M^3$，根据表 4.1，江苏常熟生产商的跟单员应该选择上海港的泛亚班拿货代公司，直接联系 Zhang 先生或小姐，办理货架的订舱、装箱、进港和获取运输单据等与运输相关事宜。

PANALPINA
on 6 continents

表 4.1　　　　　　"泛亞班拿國際運輸代理（中國）"有限公司
业务联系点资料汇总（2009 年）

启运港	联系人	职能	电话	联系邮箱
香港	Rae Cheung	Assistant Sales Manager	00852-27602600 98705284	rae cheung@Panalpina.com
	Vivian Cheung	Primary-LCL Backup-FCL	00852-27602457	Vivian Cheung @ Panalpina.com
	Alax Lam	Primary-LCL Backup-FCL	00852-27602761	Alax Lam@Panalpina.com
	Sonia Lau	Export Air Service	00852-27602487	Sonia Lau@Panalpina.com
深圳	Luke Li	Sales Manager, Shenzhen	0755-22191141	Luke Li@Panalpina.com
	Raya Lu	Primary-FCL	0755-22191235	Raya Lu@Panalpina.com
	Conroy Lu	Ocean export supervisor	0755-22191231	Conroy Lu@Panalpina.com
	Frank Xiao	Air Customer Service supervisor	0755-22191175	Frank Xiao@Panalpina.com
上海	Daniel Xu	Sales Manager	021-61051589	Daniel Xu@Panalpina.com
	Sinky Zhu	Primary-Buyer's Console Handling	021-65011557	Sinky Zhu@Panalpina.com
	Celia Zhang	Primary-FCL Backup-LCL	021-61051656	Celia@Panalpina.com Zhang@Panalpina.com
	Casper Pan	Customer Service supervisor	021-38606150	Casper Pan@Panalpina.com
	Wing Xue	Customer Service supervisor-Air Freight	021-38606130	Wing Xue@ Panalpina.com
天津	Mimi Pang	LCL	022-23306901	Mimi Pang@Panalpina.com
	Sylvan Sun	FCL	010-664618866-239	Sylvan Sun@Panalpina.com
宁波	Annie Chai	FCL	0574-87092298	Annie Chai@Panalpina.com
	Hans Yang	Ocean Freight Customer Service	0574-87092298	Hans Yang@Panalpina.com

当跟单员按采购单要求，找客商指定的货运代理人办理订舱手续时，需要将客商名称、合同号或采购单号和货物名称、数量、体积数、毛重及运输唛头等信息资料一起告诉起运港货运代理人，以便获得进仓编号。

途径四：根据操作与承担责任能力

1. 操作能力

当遇到国家外贸政策调整（如出口退税率下调）、运输旺季和加载运输舱位等特殊情况时，货运代理人的操作能力显得格外重要。此时，除了需要货运代理公司娴熟操作技巧外，还需要平时积累的人脉关系，解决订舱（含加载运输舱位）、快速提箱、集装箱进港、集装箱上船和签发运输单据等环节的实际问题。就目前而言，大多数货运代理人都与承运人、码头仓库、港区和报关行等相关部门有着一定业务往来，一旦某一环节出现问题，这些业务部门都有可能成为解决问题的主要资源，货运代理人可以利用这些资源解决实际问题，间接证明其有较强的操作能力。

（1）快速提箱。以宁波—舟山港为例，据 2010 年宁波海关统计显示，该港口集装箱年吞吐量 1 300 万标箱左右，出口用空箱有明显缺口，常常发生"抢"空集装箱现象，尤其是在运输旺季，出口量猛增，集装箱周转矛盾更加突出。为了确保货物准时出运，常常是几个出口商抢一个箱子，经常会有企业因为拿不到箱子而误了船期，船方也因此要承担舱位不满的损失。此时，具备较强操作能力的货运代理人，会想方设法帮助出口商"抢"到空集装箱，为货物如期出运创造条件。

（2）抢仓位。国家外贸政策发生变化之际，也是考验货运代理人操作能力的重要时刻。如 2009 年和 2010 年国家下调部分商品的出口退税率，出现了港区异常繁忙和货运船只仓位"爆仓"现象，此时，货运代理人的操作能力显得格外重要，他们凭着与码头仓库、港区和承运人等相关方的良好关系，不仅优先获得仓位，"抢到"集装箱，还确保已经获得海关放行的货物顺利登上运输船只，使出口商仍能够享受下调前的出口退税率。

（3）优先登船。正常情况下，货物被海关放行后，港区就会将集装箱吊装上预配的运输船，但在实务操作中，也会出现被海关放行后的集装箱不能登上所配载的运输工具（专业俗称"被甩箱"或"甩载"）的情况。此时，具有较高责任心的货代公司就会积极寻找原因，采取补救措施，并将调查结果及补救方案及时通知出口商，承担相应责任，在责任范围内予以一定额度的赔偿。

（4）优先"加载"。出口商在预订了运输舱位并获得承运人的装货通知后，又突然接到海外客商要求增加出运数量，导致实际出货舱位量大于预订舱位，为了满足这种突发需求，操作能力强的货运代理人，就会利用船、港等方面资源，即使在仓位截载情况下（即停止签发装货单），再次获得装货单（也称"下货纸"），准许货物上船，这种情况被业内称之为"加载"。当然，提供"加载"服务的方将向被服务方收取一定额度的费用。鉴于"加载"会产生一定的费用，跟单员一定要事先与客商沟通，精确计算，预配足够的舱位，尽可能避免发生"加载"情况。

实际上，货代企业操作中的许多方面都能够体现货运代理人操作能力，只要跟单员成为有心人，通过亲自接触、同行介绍和媒体报道等途径，不断积累货运代理相关资料，多角度考查货运代理人的操作能力。

【知识链接 4.1】船公司的控制舱位通常做法

可能很多托运人都有被甩载的经历，恼怒吗？答案自然是肯定的。如何避免被甩载？以下是船公司为控制舱位而一些操作方法。

做法一：接受超配舱位预订，确保运输效率

通常，船公司在控制舱位时，会预估托运人的退载率，从而接受超过实际仓位一定比例货物配载。例如，某船公司有 1000TEU 的舱位，可能会接受 1100TEU 的订舱，从一定程度上避免了托运人取消预订舱位所带来的空载现象，但也只能通过甩载的方法对付超配货柜。

做法二：各港口预分舱位，确保船期稳定

有的船公司依据本身的经营策略，选择货源相对较少的港口挂靠，以获得较快而稳定的船期，往往预先在各个口岸分配舱位，如某船公司按上海、宁波、厦门、盐田、香港挂港顺序分配舱位为 1200TEU、500TEU、500TEU、800TEU、2000TEU，一旦其中某个港口货源充足，就会出现甩载情况。当然也有承运人为了确保主要港口（如上海港）的货物上船，缩减其他港口（如厦门、宁波港）的舱位量，此时在宁波、厦门港出现的甩载就属"正常"了。

做法三：选择货源相对较多的港口挂靠，确保货源

有的船公司以低运费并选择货源相对集中港口挂靠，以获得较高预订量和实载量，运输效率提高，装货时间延长，导致船期不稳。这种做法，吸引大量客户，运输旺季大量货柜使甩载变得不足为奇了。

做法四：不同船公司联盟经营某一航线

对于共用舱位控制就比较复杂一些。假如 A 船公司与 B 船公司达成共同经营某一航线协议，当 B 船公司的超重货柜登上 A 船公司集装箱货船时，A 船公司就会按协议扣减 B 船公司预订舱位，即船舶经营者通常会限制 B 船公司舱位和重量，在这种情况下，如果 B 船公司有过多的重货，即使还有舱位却由于总重量过高而面临甩载。

做法五：提前结束码头截止放行时间

根据集装箱场站货柜到达情况，承运人临时改变码头截止放行的时间。也就是说海关放行货柜后，报关代理人会携带场站收据去相应码头办理现场放行（有些港口已经直接在海关航运中心或通关中心放行），当承运人发现本航次已经临近爆仓，并预测还有部分货柜已经放行但没有来得及做现场放行，就会提前告知港务局提前结束截载时间（停止接受现场放行单据）。还有一种情况也会导致提前结束截载时间，即下一个港口明显存在爆舱可能（或者临时增加舱位），承运人会立即通知码头停止现场货柜放行操作，以控制船舶的实际装载量。

2. 承担责任能力

一旦集装箱运输中发生货损货差，以"集装箱外表状况是否良好，封志是否变化"来推断责任担当者，并由该责任者进行赔偿。

（1）快速判断责任。整箱货是由托运人装箱、计数和施加封志，这种情况下，只要目的

港与收货人交接时的集装箱箱体完好无损，箱号和封号未变，箱内的货损货差责任由发货人承担。拼箱货是由货运代理人负责装箱、计数和施加封志，货运代理人应该承担管辖货物之责，这种被称为过错责任原则①，是判断责任承担者主要途径之一。为此，最高人民法院专门出台了《关于审理海上货运代理纠纷案件若干问题的规定》，并于2012年5月1正式实施。

（2）合理赔偿计算。一般而言，以运输单据所记载数字（以大写为准）作为赔偿的计算单位。如果运输单据上没有列明集装箱内所装货物的件数，每箱作为一个理赔计算单位。如运输单据上列明箱内载货件数的，则按件数计算。如果货物的损坏和灭失不属海运，而是在内陆运输中发生的，则按陆上运输最高赔偿额办理。如集装箱是由托运人所有或提供时，遇有灭失或损坏，其责任确属承运人应承担者，亦应视作一个理赔计算单位。

（3）健全责任赔偿制度。目前有两种责任制：同一责任制和网状责任制。前者是由签发联运提单的承运人或货运代理人对货主负全程运输责任，即货损货差不论发生在哪一个运输阶段，都按同一的责任内容负责。后者按各自承担管辖运输段来承担责任，例如损害发生在海上运输阶段，按国际货运规则办理；如发生在铁路或公路运输阶段，则按有关国际法或国内法处理。

虽然承运人或货运代理人对所承运货物负有管理责任，但托运人资料不正确或不完整、货物内在质量、货物积载不当等原因导致货损货差则可以免责。

途径五：根据海洋运费及其他费用

对于外贸企业而言，运输成本是生产成本的一部分，运输成本包括了海洋运输和内陆运输（生产企业至港口码头）费用。当采用CFR和CIF贸易术语时，海洋运输成本的高低直接决定了企业的盈利水平，即使采用FOB或FCA贸易术语，出口商也要支付从企业货物仓库至港口码头仓库的内陆运输费用。因此，运输费用成为出口商选择货运代理人最敏感的话题之一。

当出口商承担运输费用时，海洋运输方式的费用是运输方式中最低的，出口商往往会首选海洋运输方式。出口商通过货运代理人了解运输价格并委托安排运输货物是目前通行做法。因此，在这种运输舱位营销模式下，运输费用高低与货运代理人代理级别有很大关系，货运代理人在帮助承运人销售运输舱位过程中，承运人给予代理人权限不同，有着"总代理"、"一级代理"、"二级代理"、"三级代理"……等情况，随着代理级别不同，货运代理人拿到的承运人运输航线上的舱位价格是不同的。也就是说，对于相同货量、目的港和承运人而言，不同货运代理人给出的海运价格是有差异的。此外，在运输淡季，某些航线为了抢得更多集装箱货源，有的货运代理人联合承运人以"零运费"或"负运费"承揽货物（见图4.6），吸引更多托运人关注乃至订舱。这是一种承揽货物的短期行为，表面上运输费用为零，实际上将本应托运人支付的运费转嫁给进口商，给买卖双方长期合作带来伤害，国家相关部门已经明文规定予以禁止。跟单员选择货运代理人或承运人时，不能被"零运费"或"负运费"所迷惑，诚实守信经营是维系买卖双方关系的基石。

---

①　过错责任原则（Fault Liability Principle），是指以过错作为价值判断的标准，判断行为人对其造成的损害是否承担侵权责任的归责原则，也是指行为人主观上有过错而给他人造成了损害而应承担的责任。过错责任以过错作为归责的最终构成要件，并且以过错作为确定责任范围的重要依据。过错责任原则主要有两种适用方法：一般适用方法，即谁主张谁举证；特殊适用方法，即过错推定中举证责任的倒置。

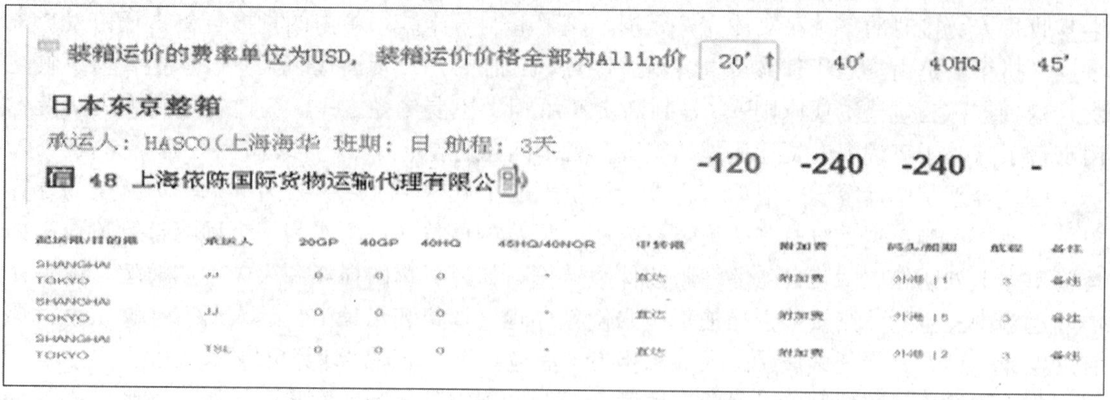

图4.6　日本航线上的负运费和零运费

运输费用还和货运代理人与港口码头等相关人的合作程度有关。大多数情况下，货运代理人是专业从运输代理活动，除了订舱、报关、报检等服务项目由自身完成外，将货物内陆运输（如拖卡）、装箱作业都外包给其他公司去完成，因此也会导致内陆运输费用高低之别。

【知识链接4.2】"三招"谨防"指装货"的风险

在国际货物运输操作实务中，常常会遇到国外买家要求出口商将货物交给其指定的货运代理公司安排运输，并出具其签发提单的情况。这种使出口商颇为"头痛"的"指装货"操作形式，可能蕴藏某些风险。如何化解呢？以下介绍一些操作技巧供外贸跟单员参考：

招数一：高起运杂费用的风险。在咨询运价或操作费用时，要求对方传真或电邮罗列费用明细（或收费标准），先明确收费清单，以免日后引起纷争。

招数二：运杂费用支付的风险。有些国外进口商指定的货运代理公司在国内不具有有效的法人资格，其经营行为往往是挂靠在其他货代公司名下，收取运杂费用的银行账号与实际操作货运的公司不是同一名称。此时，外贸跟单员应要求该货运代理公司出具"保函"或书面文件，具体写明运杂费用支付的具体公司名称和银行账号。

招数三：运输单据的风险。出口商尽可能要求签发船东（船公司）提单。另外，在运输货物前，也可以要求货代公司签发一份中英文的"保函"，内容为"凭正本运输单据在目的港放货"，约束其国外货运代理公司的发货行为。

除了通过上述途径选择货运代理人外，在运输跟单实际操作中，跟单员还要注意以下几个方面：

➤ 从事特殊商品运输代理的资质。如果订单项下的商品具有特殊性，如化工产品、冷冻产品、食品、危险品、粉末以及液体状态（含有一定压力的气体）等，跟单员还应该进一步核实货代公司是否有承接资质，是否可以提供特殊设备和场地进行装卸作业，是否有专业资质岗位证书的操作者。

➢ 境内外连锁机构情况。如果货代公司在境内多地存在分支机构，则会给出口商带来较大的便利，跟单员可以寻找货源或本公司附近城市的分支机构，这样不仅可以方便联系，提高工作效率、及时处理货物运输过程中出现的突发事件，还能快速取得运输单据，为早日结汇创造条件。另外，如果货代公司在境外有分支机构的话，可以方便进口商提货。如除了前面提到的泛亚班拿货运代理运输公司外，还有美商宏鹰国际货运有限公司，其服务网络遍及沈阳、大连、长春、哈尔滨、洛阳、石家庄、青岛、济南、太原、西安、呼和浩特、包头、乌鲁木齐、兰州、重庆、贵阳、昆明、南昌、长沙、南宁、苏州、无锡、宁波、杭州、南京、深圳、武汉、成都、广州、上海、北京等城市，在澳大利亚、巴西、法国、意大利、德国、荷兰、西班牙、土耳其、英国和美国等地均设有境外分支机构。这些货运代理企业在境内外都有连锁分支机构，跟单员应该优先考虑或选择。

➢ 货运代理人的其他业务情况。从国际货运代理人业务内容发展趋势来看，除了向进出口商提供运输代理业务外，还应该提供代理报关报检、代收货款、代办货物保险和海关减免税手续等服务项目，并利用本身仓储、配送等方面优势为进出口商服务。实践证明，货运代理人的综合服务项目越多，说明货运代理人的综合实力越强，也越受出口企业的青睐。

练一练

山东青岛凌飞进出口公司从浙江永康某工厂订购了 5 000 罐规格为 280 毫升喜庆场合用"彩喷"商品（见图），货物的目的地为印度 NEW DELHI。由于青岛公司是第一次采购该种商品外销，跟单员通过宁波朋友介绍，找到了一家当地具有一般资质的国际货运代理公司安排运输，并委托该货代公司以"圣诞礼品"名义报关出口。在向宁波海关申报期间，被海关查验发现，认定该商品属于第二类危险品，由于出口商不能出具相关单据，于是移交宁波海事部门处理。

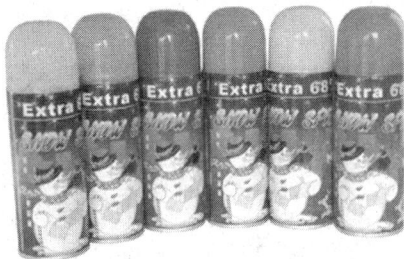

请问：青岛公司的跟单员除了伪报品名行为外，还存在哪些错误行为？请一一列举（至少二处）。

【知识链接 4.3】危险品货物储运作业

凡具有爆炸、易燃、毒害、腐蚀、放射性等性质，在运输、装卸和贮存保管过程中，容易造成人身伤亡和财产损毁而需要特别防护的货物被称为危险货物。危险货物被分为九大类，如：第 1 类的爆炸品（explosives），第 2 类的压缩气体和液化气体（compressed gases and liquefied gases），第 3 类的易燃液体（flammable liquids），第 4 类的易燃固体、自燃物品和遇湿易燃物品（flammable solids substances liable to spontaneous combustion and substances emitting flammable gases when wet），第 5 类的氧化剂和有机过氧化物（oxidizing substances and organic peroxides），第 6 类的毒害品和感染性物品（poisons and infectious substances），第 7 类的放射性物品（radioactive substances），第 8 类的腐蚀品（corrosives），第 9 类的杂类（miscellaneous dangerous substances）。

危险货物仓储、装运作业和运输时，必须符合以下条件：

（1）必须由有资质的货运代理公司办理订舱；

（2）必须由有资质的仓储公司在指定地点由具有操作资格的人员进行仓储或装卸作业；

（3）运输工具的车头和悬挂醒目的危险货物运输标志；

（4）运输企业必须具备危险货物运输经营资格；

（5）不同性质的危险货物不得混合装运；

（6）运输途中要远离明火，停泊、装卸时应悬挂或显示规定的信号；

（7）夜间装卸危险货物，应有良好的照明，装卸易燃、易爆货物应使用防爆型的安全照明设备。

出口危险品时，出口商必须提前一周订妥舱位，除了报关单、报关委托书、发票、装箱单外，还要提供以下单证：

（1）出入境检验检疫局签发的危险品包装容器使用鉴定结果单；

（2）出入境检验检疫局签发的危险品包装容器性能检验结果单；

（3）产品技术说明（中英文对照），注明危险品级别（CLASS），联合国危险品编码（UN NO.），以下是甲乙酮的技术说明书。

包装危险货物技术说明书

Technical Description of Dangerous Goods Packaged Form

货物正确技术名称 Correct technical name of the goods	（中文） Chinese	甲乙酮（2-丁酮）	商业名称 Trade name		生产单位签章 Manufacture's seal
	（英文） English	Methyl ethyl ketone			
联合国编号 UN No.		1193	主要成分（分子式） Main components(formula)	C_4H_8O	
理化性质和主要危险性 Physical chemical properties and main hazards	中闪点易燃液体，属 3.2 类危险品 Flammable liquid,medium flash point, Classified in Class 3.2				鉴定单位意见 Remarks by testing organization
产品用途 Purposes of the product	是涂料或打印油墨的稀释剂。 A thinner of paint and printing ink.				
包装方法 Packaging	干爽的槽车，镀锌铁桶或铁桶中。 Packing in tank car, galvanized iron drum or iron drum.				
船舶装运安全措施与注意事项 Safety measures and precautions for carriage by ship	储存于阴凉，通风的库房，远离火种，热源。 Store in a segregated and approved area. Keep container in a cool, well-ventilated area. Keep away from heat. Keep away from sources of ignition. Temperature is unfavorable exceed 37 degrees.				托运单位签章 Shipper
急救措施 Emergency medical treatment	如接触沾上皮肤后脱去污染的衣着，用肥皂水和清水彻底冲洗皮肤。 If on skin, immediately flush skin with plenty of water. Remove contaminated clothing and shoes. Get medical attention.				
灭火方法 method for fire fighting	用抗溶性泡沫，干粉，二氧化碳或砂土。 Using alcohol foam, dry powder, carbon dioxide extinguishing agent or sandy clay.				托运日期 Date of shipping
泄漏处理方法 Method to deal with leakage	用砂土或其他不燃材料吸附或吸收。 Absord with dry earth,sand or other non-combustible material.				

任务 4.1.2　选择船期

虽然在合同（采购单）或信用证中都会写明装运时间，但这些时间都是提前设置，与承运人提供的实际船期会有一定差异，跟单员在选择具体装运时间时，需要综合考虑客商要求、承运人实际船期和货物完成时间，择机选择合适船期，配载过早不利于把控货物质量。

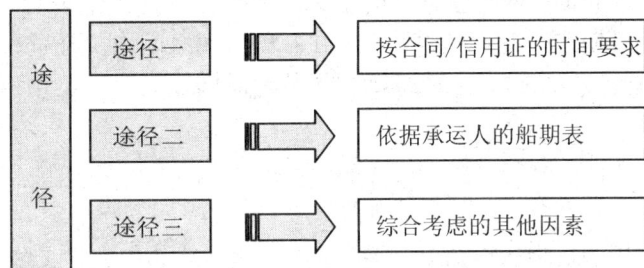

图 4.7　选择船期的途径

途径一：按合同/信用证的装运时间要求

首先，跟单员在运输跟单中，认真阅读合同（采购单）或信用证中有关装运期的文字叙述，正确理解国外客商的装运期要求。其次，将装运期语言用本国语言明确在"生产作业计划书"中。在理解国外客商装运期要求时，要特别注意正确理解其中英文介词含义后，才能进行正确的跟单操作。《UCP 600》对常用时间介词进行了罗列，主要有：to、until、from、between、before、after 等，将这些介词分组后，可以得到两组：to、until、from、between 和 before、after，如果将这些介词分别与时间相连，就可以得到不同的装运含义。也就是说，当 to、until、from、between 介词连接装运日期时，其装运含义是包括所述日期。以 between 为例，如果表述为"Shipment must be effected between May 1 and May 10"，意味着跟单员可以将货物配载 5 月 1～10 日（包括 1 日和 10 日）之间任何一天开航的运输船，此时 between 后接的装运日期包括两端日期；当 before、after 介词连接装运日期时，则不包括该指定日期，以 before 为例，如果信用证中规定 before May 1 或 after May 10，则不含 May 1 或 May 10 这一天，跟单员可以配载 5 月之前或 5 月 10 日之后的任何一天开航的运输船。

除了上述"英文介词＋时间"形式外，运输跟单过程中还可以看到以下有关装运期的英文表达形式：

Latest shipment：31 May；

Not later than May 31；

During first half of May；

Within/ during May；

At the end of May；

On or before May 31；

On or about May 31；

这些装运日期的英文表达中，也有使用 During、on or about、on or Before、Within/

During 等英文介词。其中 on or about 为一个时间整体，意思为"在或大概在"，如果后面跟着具体时间，表示该规定时间的前后 5 个日历日之间（含起讫日期在内）的运输船都是符合要求的。例如：Shipment must be effected on or about May 10，2010，跟单员应该理解装运时间为：2010 年 5 月 5 日～15 日期间共 11 天的任何一天装运出口有效，而相对于 Shipment must be effected on or before May 31th 而言，跟单员正确理解装运时间为：配载 5 月 31 日或之前的运输船。

可见，使用不同的介词就会产生不同的含义，其中有些英文介词是不包含具体日期这一天，有的则包含具体日期这一天，有的则表示在一段时间区间内。外贸跟单员需要熟悉相关国际惯例，结合具体的表示方法，才能准确把握装运时间。同时，兼顾相关规定或约定俗成来进行操作。

练一练

请你根据已经掌握的货物运输知识，将下表英文表达式的中文含义填入右栏中：

序号	英文表达式	中文含义
1	Latest shipment：31 May，2008	
2	Not later than May 31	
3	During first half of May	配载 5 月 1～15 日（含）运输船
4	Within May	
5	During May	
6	At the end of May	
7	Shipment despatch on or before May 31	
8	On or about May 31	
9	Before May 31	

途径二：查阅承运人的船期表

表 4.2　　　　　　　　　　某船务公司的船期表

船名及航次 Vessel/Voyage	厦门 Xiamen ETD	新加坡 Singapore ETA/ETD	巴生 Port Kelang ETA/ETD	迪拜 Dubai ETA/ETD	达曼 Damman ETA/ETD	卡拉奇 Karachi ETA/ETD
Sha He V. 841S	Oct. 21	Oct. 27/28	Oct. 29/30	Nov. 05/06	Nov. 08/09	Nov. 11/12
Luo He V. 089S	Oct. 28	Nov. 03/04	Nov. 05/06	Nov. 12/13	Nov. 15/16	Nov. 18/19
Gao He V. 555S	Nov. 04	Nov. 10/11	Nov. 12/13	Nov. 19/20	Nov. 22/23	Nov. 25/26
Ming He V. 103	Nov. 11	Nov. 17/18	Nov. 19/20	Nov. 26/27	Nov. 29/30	Dec. 02/03
Ke He V. 823	Nov. 18	Nov. 24/25	Nov. 26/27	Dec. 03/04	Dec. 06/07	Dec. 09/10
Tu He V. 089	Nov. 25	Dec. 01/02	Dec. 03/04	Dec. 10/11	Dec. 13/14	Dec. 16/17
Manoa V. 843	Dec. 02	Dec. 08/09	Dec. 10/11	Dec. 17/18	Dec. 20/21	Dec. 23/24
Ha Ni He V. 091	Dec. 09	Dec. 15/16	Dec. 17/18	Dec. 24/25	Dec. 27/28	Dec. 30/31
Xi Bo He V. 105	Dec. 16	Dec. 22/23	Dec. 24/25	Dec. 31/01	Jan. 03/04	Jan. 06/07
Bu Yi He V. 105	Dec. 23	Dec. 29/30	Dec. 31/01	Jan. 07/08	Jan. 10/11	Jan. 13/14
Shan He V. 825	Dec. 30	Jan. 05/06	Jan. 07/08	Jan. 14/15	Jan. 17/18	Jan. 20/21

　　船期表（shipping schedule）是运输经营人对外公布的经营航线的承诺书。内容包括航线、船名/航次、挂港顺序、预计到港或离港时间等。一般来说，跟单员可通过下列途径获得船期表：报纸、杂志（船务公报）、相关的船公司网站、航运交易所、电话咨询相关的船公司或货运代理人等。表4.2是一张某船务公司的船期表，从该表中可以获知以下信息：船名/航次、挂港顺序、预计到港或离港时间等，其中"ETD/ETA"是"Estimated Time of Departure"和"Estimated Time of Arrival"的缩写，意思为"预计离港时间"和"预计到港时间"。（思考：类似的还有"ATD/ATA"，何意？能够写出英文全称吗？）

　　从货运代理人或承运人处获取上述船期表，跟单员可以得知货物何时装船启程（开航），何时到达目的港，从而计算总运输时间，并与其他船公司进行比较，为选择合适船公司创造基础条件。跟单员结合货源生产和港口报关、报检等情况，对照船期表，选择临近合同/信用证所规定的船期，提前订妥运输舱位（一般是提前7天），并在规定时间内安排货物进港。

　　途径三：选择船期需要考虑的其他因素

　　选择船期，除了要考虑客商的合同/信用证中装运时间和承运人船期表外，还要考虑装运港口一些具体规定，预留海关申报和商检时间。

1. 装运港口主要规定

　　从货运代理人处，跟单员可以了解装运港口的具体规定，比如，港区针对每一个船名航次的开船时间，制定相应收取货物最迟时间和承运船收货最迟时间，俗称"截港日（Cut-off date)"和"截载日（Cutting load date)[①]"。跟单员需要了解"截港日"和"截载日"的含义，在"截港日"前将出口货物送入港区，确保货物能够在"截载日"前登上运输船，不会耽误船期。

2. 预留海关申报和商检时间

　　根据《海关法》规定，所有进出口货物都要向进/出境地海关申报。对于货物出口而言，发货人或者受托的报关企业应当在货物运抵海关监管区后、装货的24小时以前向海关递交电子或纸质的货物信息申报单（海关特准除外）。因此，跟单员在选择船期时，必须充分考虑向出境地海关申报所耗费时间，充分预留海关查验时间。也就是说，将货物提前送至海关监管场地，办结海关相应事务，并接受海关的查验，否则，就会因为未完成办理海关而延误船期，还会产生一大堆费用。在实务操作中，海关针对每一运输工具实际离港时间，确定一个"截关日"（deadline for customs declaration），意思指在该日期前出口商必须向出境地口岸海关申报，否则货物无法得到海关验放，不能上船。

　　同样，针对在生产地完成了施检的"法定商检"商品，发货人必须及时前往出口口岸商检部门办理复检换单事宜[②]，只有拿到了出口口岸商检部门签发的商检通关单后，才能向出境地海关申报货物出口事宜，就这个商检的特殊要求而言，跟单员也要预留时间。

---

　　①　类似地，在宁波港，还有"三截五开"的说法，意思为周三为截港日，周五为"开船日"。
　　②　商检部门与口岸海关属同一个市辖时，不需要进行复检换单。

练一练

请你以跟单员身份，正确理解客商的合同/信用证要求，结合表 4.2 的船期表，综合考虑生产、报关、商检等预留的时间要求，选择合适的船期，并计算实际航程耗时，填入相应空格。

合同/信用证要求	订舱日期	船名航次	装 港	目的港	实际航程耗时（天）
On or before Nov. 10	Nov. 03 前		Xiamen	Damman	
On or about Oct. 31			Singapore	Dubai	
Before Nov. 09			Xiamen	Dubai	
At the end of Dec.			Xiamen	Karachi	
During first half of Dec.			Xiamen	Port Kelang	
Not later than Dec. 31		Shan He V. 825		Dubai	
Latest shipment：31 Dec.			Dubai	Damman	

注：①实际航程耗时按"算头不算尾"方法进行计算；②按现行海关规定，出口货物必须提前 48 小时抵达海关监管地，装船前 24 小时报关；③按我国相关规定，出口货物遵循"先报检，后报关"的原则。

任务 4.1.3　选择承运人

在确立了运输方式后，外贸跟单员下一步任务就是认识承运人，为选择合适承运人打下基础。

1. 认识承运人

目前，国际上从事国际货物运输的承运人很多，主要分为有船承运人和无船承运人，其中有船承运人通常是指班轮运输公司，无船承运人则是指帮助承运人揽取货源和帮助进出口收发货人安排运输事宜的货运代理公司，表 4.3 罗列了部分班轮运输公司的名称、中文简称和网址。

依据班轮公司所经营航线的特点，海洋运输企业进入班轮运输市场具有一定的门槛。首先，要在航线上配备一定数量的运输船和集装箱，并提供不间断的规律性运输服务；其次，为了保证码头泊位的使用，班轮公司要与码头、港务（监）等部门建立良好关系，以确保运输船到港后能迅速靠港并在短时间内卸得下、装得上；最后，为了保证货源，班轮公司还要在各国港口建立揽货网络体系，帮助运输船能满载而来，满载而去。就此而言，港口城市及其他城市的货运代理公司是班轮公司"实实在在"的合作伙伴。

限于单个班轮公司的运营能力，班轮公司间的联合经营航线成为一种趋势。具体而言，两个不同的班轮公司在同一条航线上签订合作经营协议，允许相互经营对方舱位，为托运人提供更广泛的服务，这种被业内人士称为"共用舱位"① 的做法，使托运人获得了更多的船期机会。

---

① 在航空运输中被称为"代码共享"

表4.3　　　　　　　　　　　　　部分班轮运输公司的名称、简称和网址

班轮公司名称	英文缩写	中文简称	网　址
中国远洋集装箱运输有限公司	COSCO	中远集运	www.cosco.com
中海集装箱运输运输股份有限公司	CSCL	中海集运	www.cscl.com.cn
中外运集装箱运输有限公司	SINOTRANS	中外运	www.sinotrans.com
日本邮船有限公司	NYK	日本邮船	www.nykline.com.cn
商船三井有限公司	MOSK	商船三井	www.molcn.com.cn
马士基航运公司	MAERSK	马士基	www.maerskline.com
法国达飞轮船（中国）有限公司	CMA	达飞轮船	www.cma-cgm.com
现代商船株式会社	HMM	现代商船	www.hmm21.com
东方海外货柜航运（中国）有限公司	OOCL	东方海外	www.oocl.com
韩进海运	HANJIN	韩进	www.hanjin.com
美国总统私人轮船有限公司	APL	美国总统	www.apl.com
川崎汽船株式会社	K'LINE	川崎汽船	www.kline.com
赫伯罗特船务有限公司	HAPPAG-LLOYD	赫伯罗特	www.hapag-lloyd.com
地中海航运公司	MSC	地中海航运	www.mscgva.com
太平船务有限公司	PIL	太平船务	www.pillogistics.com
阳明海运股份有限公司	YML	阳明海运	www.yml.com.tw
长荣海运股份有限公司	EMC	长荣海运	www.evergreen-marine.com
南美轮船（中国）船务有限公司	NORASIA	北欧亚	www.csavagency-cn.com
万海航运股份有限公司	WANHAI	万海航运	www.wanhai.com.tw
以色列以星轮船公司	ZIM	以星轮船	www.zim.co.il
马鲁巴航运中国有限公司	MARUBA	马鲁巴	www.maruba.com.ar

从 20 世纪 90 年代起，伴随着航运企业购并，各式各样的航运联盟得到了迅速发展，例如由 NOL、APL、MOSK、HMM 等班轮公司组成的"新世纪联盟"，由 COSCO、K'LINE、YANMING、HANJIN 等班轮公司组成的"CKYH 联盟"，由 HAPPAG-LLOYD、NYK、OOCL、MISC 等班轮公司组成的"伟大联盟"等。这些航运联盟的诞生使班轮公司在各个港口优势得到充分发挥，提高了规模效应和运输市场占有率，减少了运输资源浪费，降低了运输成本和经营风险。跟单员了解上述情况后，可以选择那些具有"共用舱位"的班轮公司，灵活处置船期，为履行合同建立更多的保障。

2. 选择承运人

就选择承运人而言，外贸跟单员主要途径有以下几种途径（图 4.8）。

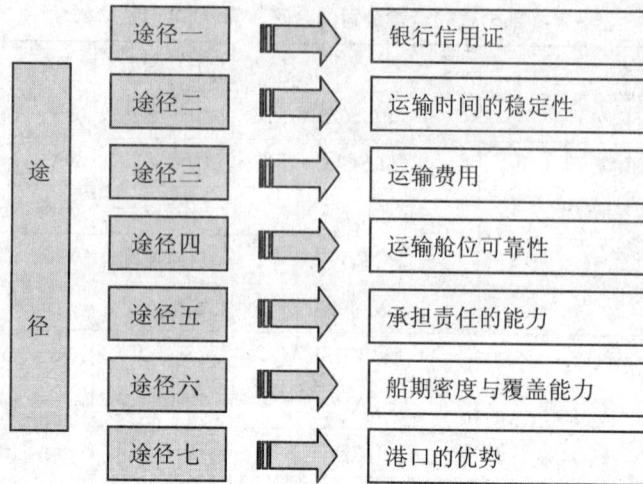

图 4.8　选择承运人的途径

途径一：根据银行信用证

一般而言，除了由进口商决定承运人外，进口商还会指定货运代理人办理运输环节的操作。对于前一种情况，如果是由进口商选择承运人，都会在信用证或合同或采购单中予以明示。进口商往往会要求出口商在递交的运输单据中必须显示由"×××承运人"的字样，英文表述为"The goods should be shipped with Pantainer Express Line"。出口商唯一能够证明已经按照进口商要求进行运输操作，就是委托 Pantainer Express Line 安排运输并由"Pantainer Express Line"签发的运输单据（见图 4.9），这也是安全收汇的基础。

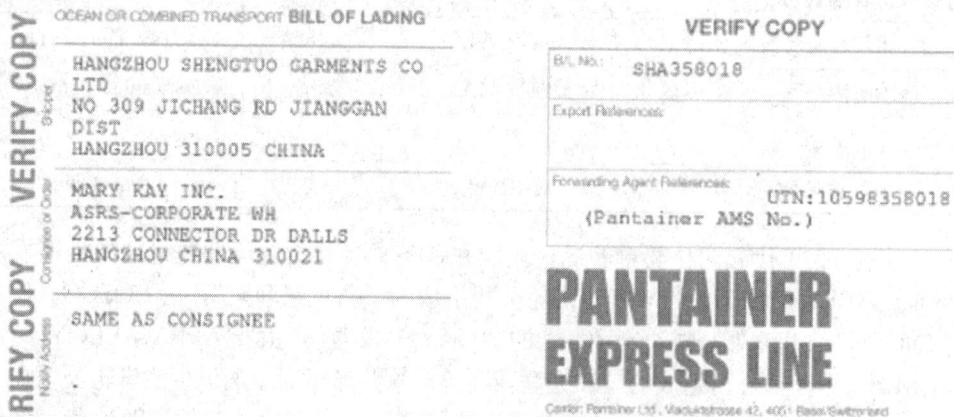

图 4.9　由 PANTAINER EXPRESS LINE 签发的运输单据

另外，考虑到不同宗教信仰等政治或历史原因，有些进口商的信用证要求货物不能交由特定国家的承运人运输，如中东某些国家客商往往会这样要求"Shipment should not be undertaken by israeli ships nor should any ship be allowed to call at or pass through israeli port"，既然信用证中已经明确规定不能由 ISRAELI 船只承运货物，跟单员在选择承运人时要格外小心，除了不能配载 ISRAELI 的承运船外，还要仔细核实承运船是否悬挂 ISRAELI 旗帜，是否途经 ISRAELI

港口。除了有这样的船籍限制外，有些信用证还规定了承运人的运输船使用时间不能超过某一特定年限，如"The age of shipment vessel should not be more than 15 years"。跟单员在选择承运人时，要根据信用证的这一要求，配载船龄不超过 15 年的运输船只。

以上都是客商有关运输船只的船籍或船龄方面的要求，跟单员为了证明已经按客商要求选择承运人，应该要求承运人出具书面的"船龄证明"和"船籍证明"。如：

CERTIFICATION

Date：May 10，2011

Re：Invoice No. 123456，L/C No. DC56789-1

To whom it may concern，

We hereby certify that shipment is to be effected by regular vessel of not more than 15 years of age and the nationality of vessel is Germany.

××××SHIPPING LINE
(SIGNATURE)

途径二：根据运输时间的稳定性

就承运人的服务质量而言，运输时间或航行时间的稳定性不仅是出口商最为关心的，也是进口商最为关心的，因为每一种商品在任何市场都存在最佳的销售季节问题，一旦错过这个季节，出口商、进口商、批发商或销售商都会损失惨重。因此，外贸跟单员应该选择船行时间和挂港时间都比较稳定的承运人，即通常所说的"准点率"①高的承运人。一般而言，跟单员可以通过查询承运人公布的船期表（如表 4.2），比较并选择那些运输耗时少而船期比较稳定的船公司。

另外，在海运实务操作中还会有"早开船却晚抵达目的港"或"晚开船却早到目的港"的现象发生，这与该船的挂港顺序有关，跟单员要特别注意。

途径三：考虑运输费用

按照船舶的经营方式分，海洋运输的主要方式有班轮运输和租船运输。就前者而言，承运货物的数量比较灵活，货主按需订舱，特别适合于一般件杂货和小批量货物（例如集装箱货物）的运输，这些货物往往是与人们生活息息相关的日常商品，因而运输费用对其较为敏感，运输费用是选择承运人时考虑的主要因素，其中运价、运量和附加费等都是运输费用的变量。按班轮运价表计算方法，班轮运费包括从装运港到卸货港所应收取的基本运费（Basic Freight）和应付突然事件发生或客观情况变化等原因而另外加收的各种附加费（Additional Charges）。

在广泛采用集装箱为运输设备的今天，运价是按整箱价或拼箱价为基本计算单位，如20′C、40′C、40HC、45′C 等整箱价，拼箱价则是以 1M³ 为基本计算单位。另外除了海上运输费用外，所运输的货物还涉及交接地点、交接方式等因素，如交接地点：门到门（DOOR/

---

① 也称"准班率"，是反映船公司服务质量的重要指标，颇受托运人关注，美国货杂志、伦敦德鲁里咨询等机构都会定期公布某些航线或全球范围内班轮公司的船期准点率情况。

DOOR)、场到场（CY/CY）、站到站（CFS/CFS）、场到站（CY/CFS）、门到站（DOOR/CFS）等，交接方式如整箱或拼箱，于是就产生了内陆运输费用、卸货港码头搬运费、装货港码头搬运费、拼箱费、拆箱费由谁承担的问题（这些海上运输费用以外的费用往往被称为"杂费"），从而使承运人运输费用的结构和分担变得十分复杂。表4.4归纳了不同交接地点、交接方式项下的集装箱运输费用构成。

表4.4　　　　　　　　　　　　　集装箱运输费用构成

交接方式 \ 费用项目		出口国			海运费	进口国		
		装箱费	内陆运输费	装港码头搬运费		卸港码头搬运费	内陆运输费	拆箱费
整箱交，整箱接	门/门		△	△	△	△	△	
	门/场		△	△	△	△		
	场/门			△	△	△	△	
	场/场			△	△	△		
拼箱交，整箱接	站/场	△		△	△	△		
	站/门	△		△	△	△	△	
整箱交，拆箱接	门/站		△	△	△	△		△
	场/站			△	△	△		△
拼箱交，拆箱接	站/站	△		△	△	△		△

跟单员根据表4.4集装箱运输费用构成情况，预测可能产生的运输费用，并向承运人或货运代理人核实，弄清运输费用由哪些"杂费"组成，其中哪些是托运人承担，哪些已经包含在海运费之中，从而比较并选择合理的承运人。例如，对于拼箱货而言，海运过程中可能发生装箱费、装运港码头搬运费、海运费、卸货码头搬运费和拆箱费等，这些费用应该作为一个运输费用的"包"，出口商或进口商是不必另行支付了。为了简化运输费用构成，跟单员可以要求承运人提供"包干价"（俗称"ALL-IN"价）和附加费，从而不用理会名目繁多的"杂费"。在运输跟单实务操作中，跟单员只要直接说出货物名称、起运港和目的港名称及集装箱规格（如$20'C$或$40'C$或$40HC$或$45'C$），要求承运人OFFER包干价和附加费。如：

　　跟单员："您好！我是××公司，请告大连至汉堡的普通货物$20'C$、$40'C$和$40HC$集装箱规格的运费价格，多谢。"

　　承运人："900USD/$20'C$，1700 USD/$40'C$，1850 USD/$40HC$，另外加收海运附加费：THC[①]=470/760CNY"。

需要指出的是，随着运力提高，在运输淡季，有些航线的运力明显大于运输量，出现了"零运费"或"负运费"现象，将本应由出口商承担的运输费用转嫁给进口商，损害了进口商利益，导致国外客户不信任或者抱怨，影响到买卖双方的长期合作。

在使用集装箱作为运输设备时，跟单员可以巧妙利用集装箱"免费使用期"来间接节省运输费用。例如，上海四海外贸公司收到的信用证中规定"14 days free time detention for containers at destination in B/L"，根据该信用证，跟单员要求承运人或货运代理人在签发提

---

① TERMINAL HANDLING CHARGE 的缩写，意为车站/码头的操作附加费。

单时，加注"目的港免费使用集装箱 14 天"，使收货人在不用支付租箱费用的情况下，免费使用集装箱 14 天，间接帮助收货人降低了运输费用。

【知识链接 4.4】海洋运输费用的构成

海运费用是由基本运费（Basic Freight）和各项附加费构成的，而总的海运费又是一个基本运费单元乘以运量，即：

海运费＝〔基本运费＋各项附加费之和〕×运量

$$F = (F_b + \sum_{i=1}^{k} S_i) \times Q$$

F_b：基本运费

S_i：各类附加费

Q：运量

所以，跟单员在考虑运费时必须注意以下因素：

——港口类型。一般地说，基本港的运价要比非基本港的运价低；

——运输距离。一般地说，运距越长，运费要高，即运距与运价成正相关关系；

——运量。一般地说来，船公司或其货运代理公司对于一次性运量较大的客户，往往在运价上给予一定程度的折扣优惠；

——运输的季节。船公司或其货运代理在不同的运输的季节，会采用销售不同的运输价格的策略。通常是运输淡季的运价要低于运输旺季的运价；

——货物种类。不同种类货物的运输，其运输价格是不同的。如水产中需冷冻的货物、纺织服装中需挂衣装运（送）或者具有危险性货物的运价要比普通货物的运价高出许多；

——运输时间。对于从同一启运港出发，驶往某一目的港的不同船舶而言，有些船舶直接挂靠停泊，所花费的运输时间短而快（通常俗称快船），运价就高些；而另一些船舶，则需采用转运的方式或挂靠停泊较多的港口后，才将货物运送到达目的港（通常俗称慢船），其运价就相对较低些。

此外，附加费也是运费构成中不可忽视的因素，以下是一些常见的附加费：

——燃油附加费（Bunker Surcharge，BS 或 Bunker Adjustment Factor，BAF）；

——货币贬值附加费（Currency Adjustment Factor，CAF）；

——绕航附加费（Deviation Surcharge）；

——转船附加费（Transshipment Surcharge）；

——直航附加费（Direct Additional）；

——港口附加费（Port Surcharge）；

——超重附加费（Heavy—Lift Additional）；

——超长附加费（Long Length Additional）；

——码头操作费（Terminal Handling Charge，THC）

——目的地交货费（Destination Delivery Charge，DDC）

途径四：考虑运输舱位可靠性

运输舱位可靠性是指承运人的承运能力和商业信誉。为了保证本航次的满载，有的承运人会接受超过船载量的订舱仓位，运输舱位"出超"已经成为一些承运人的"惯例"。一般而言，在运输淡季，运力和运量的矛盾是不突出的，所有预配的舱位都能得到满足，而在运输旺季或突发情况下，运力和运量的矛盾会显得非常突出，尤其出口退税率将要下调时，托运人为了获得变化前的退税率，往往会提前安排货物出运。例如，2007 年 6 月 19 日我国财政部决定"从 7 月 1 日起调低或取消 2831 项商品的出口退税，降低退税幅度从 2％～8％不等"。消息一经宣布后，出口商纷纷重新调整生产计划，希望订单项下的货物提前至 6 月 30 日前出口。于是，出现了承运人舱位"爆满"和港口集装箱被抢订一空现象。此时，经验丰富的跟单员，不仅提前订妥舱位，还跟踪集装箱装载货物，直至满载货物的集装箱吊运上船。只有这样，才能确保该出口货物享受下调前的出口退税率。同理，如果货物采用航空运输，限于航空运载量，运力与舱位矛盾会十分突出，跟单员更应该提前订妥舱位，直至跟踪货物上机。

途径五：承担责任的能力

由于各承运人的经营状况不同，对外承担责任的能力也是不相同的。有些承运人公司刚刚成立，营运时间较短，不仅应对运输途中的突发事件的经验不足，而且承担责任能力也比较弱，有些承运人虽然具有一定的营运时间，但却是通过银行贷款获得融资，购买运输工具（设备），这些运输工具（设备）尚处于银行抵押阶段，自然其承担责任能力也是比较弱的。外贸跟单员在通过不同途径了解承运人的营运能力的同时，还可了解以往处理运输事故的速度和赔偿速度，以间接了解其承担责任的能力。

途径六：港口的优势

港口是提供船舶往来停靠，办理客货运输或其他专门业务的场所与基地，国际贸易中的货物运输大部分通过港口进出，因此，有人将港口称为"门户"。在港口分类中，有基本港、枢纽港和喂给港等。基本港（Base Port）是业内一种约定俗称，往往是指位于海运航线上可以直达的较大口岸，其特点是设施好、货量足、运费低，如欧洲基本港，就是业内对欧洲区域内地理位置比较重要的几个大港的统一称呼，这些港口也是船只到达欧洲后最常（先）挂靠的，前往欧洲的货物大都通过这些港口再转入其他港口或者内陆点。通常，欧洲基本港主要是指 HAMBURG（汉堡）、ANTWERP（安特卫普）、FELIXSTOWE（弗利克斯托）、SOUTHAMPTON（南安普顿）、ROTTERDAM（鹿特丹）、LE HAVRE（勒阿佛尔）、Genoa（热那亚）、Marseilles（马赛）、Piraeus（比雷埃夫斯）等。

基本港的另一个特征就是在承运人公布的船期表中，船舶往往定期直接挂靠，运输途中耗费时间相对较少，有些业内人士称之为"快船"。此外，将需要中转才能抵达的港口称为非基本港（Non-Base Port），涉及中转等费用，运费高也就不足为奇了。枢纽港是指各种运输方式汇集，交通运输网络便捷，方便货物集聚或疏散的港口。喂给港（Feed Port），一般是货量较小，需要通过支线运输才能将货物运送至枢纽港的港口，实质上起到了帮助枢纽港提供货源的作用。

从上面介绍可知，不同承运人出于战略发展需要，都会在相同国家/地区或相邻国家/地区的一些港口为自己船只建立基本港、喂给港和枢纽港，形成"港口群"。这种情况下，承运人与这些港口码头建立良好的"关系"十分重要，不仅可以获得更多的港口"资源"，还可以提高装卸效率。比如：2001 年 7 月，中远集团与美国有关方面谈判，成功收购了全美最大集装箱港口长滩（Long Beach）港内一个废弃的军用码头，成为中远在美国长滩港发展第一个自营集装箱码头。作为进一步行动，2002 年 3 月，中远集团还与美国马萨诸塞州政府谈判，签订了中远班轮挂靠波士顿（Boston）港的协议，获得了波士顿港口的港务、港监、仓储、货运代理、海关等方面一些港口资源。之后，中远集团又获得了美国联邦海事委员会"受控承运人"法豁免权。正是中远集团的不断努力，使旗下的 COSCO 公司在美国东部和西部航线有了明显的竞争优势，也降低了 COSCO 公司在码头装卸作业费用，提高和强化了集装箱装卸速度和周转等方面优势，同时也有助于美国港口经济发展，直接导致了美国就业率上升。此外，2009 年 10 月中远集团还正式接管并运营位于地中海和黑海要道的希腊比雷埃夫斯（Piraeus）港 2 号、3 号码头。鉴于 COSCO 公司在美国和地中海航线上的竞争优势，如果跟单员将前往美国或欧洲南部货物交由中远集团旗下的 COSCO 承运，无疑是一种明智选择。

以上例子说明，各个承运人在各个不同航线有着不同的优势，跟单员平时要注意积累更多的承运人信息，结合这些信息综合考虑，从众多承运人中选择优势航线，优先配载。

途径七：船期的密度与覆盖能力

承运人在制订运输计划时，会依据本公司的运力和不同国家或地区码头货源情况，设计运输干线和运输支线，并投放一定数量的运力，覆盖不同港口，这种情况就等于给了货主更多的选择余地。一旦货主由于生产设备故障等原因延误了运输干线上已预订的船期，还可以利用该承运人支线运输线上的船期来弥补。

研究表明[①]，有些承运人将航线设计成枢纽—辐射型（见图 4.10），以枢纽港之间（分别是 A 港和 M 港）的干线航线为骨架，与周边喂给港（分别是 E、B、C、D 港和 H、N、G、J 港）形成海上运输网络。干线航线由吨位较大的集装箱船航行，依托货运量大、地理位置佳优势，吸引周边非枢纽港的货物，通过采用支线运输将货物运送到枢纽港，最后中转到干线航线运输，以实现相互之间的运输联结。

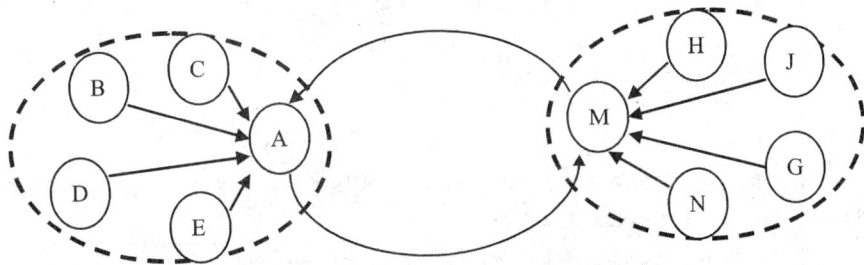

图 4.10 枢纽—辐射型航线

目前，依据我国出口退税政策的有关规定，出口退税不是以货物是否获得海关放行作为唯一前提条件，而是以货物是否装上国际运输工具并在出口退税政策变化以前离开关境（含进入保税区）为准。因此，只要出口货物已经上船并驶离关境，就可以享受变化前的出口退税政策了。

---

① 见唐丽敏：《彻底搞懂海运航线》，中国海关出版社 2009 年版。

【知识链接4.5】部分承运人在部分航线上主要挂靠港

（如有变化以最新公布为准）

承运人	航线	主要挂靠港口名称
CSCL	欧洲	费利克斯托、汉堡、安特卫普、鹿特丹、勒阿弗尔
	地中海	那不勒斯、热那亚、福斯、巴塞罗那
	日本	门司、大阪、神户、横滨、名古屋
	美东	萨凡那、诺福克、纽约
	澳新	悉尼、墨尔本、布里斯班
COSCO	欧洲	鹿特丹、汉堡、安特卫普、费利克斯托、勒阿弗尔、不来梅
	地中海	那不勒斯、热那亚、福斯、巴塞罗那、比雷埃夫斯
	日本	横滨、名古屋、门司、大阪、神户、东京
	美西	洛杉矶、奥克兰、长滩
	美东	纽约、查尔斯顿、巴尔的摩
HANJIN	欧洲	鹿特丹、安特卫普、汉堡、费利克斯托、勒阿弗尔
	地中海	焦亚陶罗、拉斯佩齐亚、福斯、瓦伦西亚、热那亚
YML	欧洲	鹿特丹、汉堡、费利克斯托、安特卫普
	地中海	热那亚、巴塞罗那、福斯
	日本	横滨、名古屋、门司、大阪、神户、东京
NORASIA	欧洲	汉堡、鹿特丹、安特卫普、勒阿弗尔、南安普敦
	地中海	巴塞罗那、福斯、热那亚、马耳他、那不勒斯
	美西	洛杉矶、西雅图、长滩
CMA	欧洲	勒阿弗尔、汉堡、鹿特丹、南安普顿、安特卫普、泽布吕赫
	地中海	热那亚、巴塞罗那、福斯、那不勒斯
	美西	长滩、洛杉矶
	美东	萨凡那、诺福克、纽约
EMC	欧洲	鹿特丹、汉堡、泰晤士港、勒阿弗尔、安特卫普、不来梅哈芬
	地中海	热那亚、福斯、巴塞罗那、瓦伦西亚、马塞
	美东	纽约、查尔斯顿
	澳新	悉尼、墨尔本、布里斯班
	日本	横滨、名古屋、门司、大阪、神户、东京
APL	欧洲	勒阿弗尔、鹿特丹、汉堡、安特卫普、南安普敦、不来梅、不来梅哈芬
	地中海	热那亚、巴塞罗那、福斯
	澳新	墨尔本、布里斯班、阿德莱德、弗里曼特尔

任务4.1.4　选择与检查集装箱

据统计，约2/3的国际贸易货物是通过海洋运输完成，因此，跟单员除了要了解海洋运输中常常使用到的集装箱运输设备外，还要了解与运输活动相关的托运人、承运人、货运代理人、航线与船期、港口及运输单据等相关知识，并将这些相关知识运用于外贸跟单过程中，圆满完成运输跟单任务。

步骤一：认识海运集装箱

所谓集装箱，是指具有一定的规格和强度、刚度，专供周转使用的大型装货容器。它是一种运输设备，使用该设备可以直接在发货人仓库装货，运到收货人仓库卸货，中途更换车、船时，无须将货物从集装箱内掏出换装。因此，集装箱应具备的条件是：

（1）箱体坚固，经久耐用，能长期反复使用；

（2）若运输途中发生转运，不必使容器内货物再次装卸，而是直接换装；

（3）能快速装卸和搬运，并能从一种运输工具上直接和方便地换装到另一种运输工具上；

（4）便于货物的装满或卸空；

（5）每个容器具有 1 立方米或以上的内容积。

迄今为止，涉及海洋运输的集装箱有许多类型，主要分类归纳表 4.5。

表 4.5 集装箱分类

分　类	集装箱种类
按所装货物种类分	杂（干）货集装箱、散货集装箱、液体货集装箱、冷藏箱集装箱、挂衣集装箱（Dress Hanger Container）、通用集装箱（General Propose Container，GP）、罐式集装箱（Tank Container）
按制造材料分	木质集装箱、钢质集装箱、铝合金质集装箱、玻璃钢质集装箱、不锈钢质集装箱、纤维板质集装箱
按结构分	折叠式集装箱、固定式集装箱（密闭集装箱、开顶集装箱、板架集装箱）
按总重分	30 吨集装箱、20 吨集装箱、10 吨集装箱、5 吨集装箱、2.5 吨集装箱等
按尺寸规格分	20 呎集装箱（20′C）、40 呎集装箱（40′C）、40 呎高柜集装箱（40HC）、45 呎集装箱（45′C）
按拥有者的身份分	货主自备集装箱（Shipper's Own Container，S. O. C）、承运人集装箱（Carrier's Own Container，C. O. C）
按 ISO 标准分	A 型①集装箱、B 型集装箱、C 型集装箱

在外贸跟单实务操作中，经常接触到的集装箱规格主要有：20′C、40′C 、40HC、45′C 等（也可以用 20GP、40GP、45GP 来表示），这些集装箱有着不同内径（见表 4.6）尺寸和装载重量，并且在这些集装箱箱门上还标有不同含义的字母和数字，构成专业术语（见图 4.10）。外贸跟单员需理解并掌握集装箱基本知识，结合货物种类、包装体积和重量，为选择合适集装箱装载货物打下基础。

---

① A 型箱对应为 40′C，C 型箱对应为 20′C，B 型箱对应为 30′C。

表 4.6   通用集装箱的内部尺寸及装载重量①
                                                          （具体以集装箱箱门标注为准）

集装箱规格	内尺寸（米）	预计载重上限（吨）	预计可装体积（CBM）
20′C	5.92×2.35×2.38	22	27
40′C	12.04×2.35×2.38	27	58
40HC	12.04×2.35×2.69	28	68
45′C	13.58×2.35×2.69	29	76
20′C 开顶柜	5.90×2.35×2.38	20	31.5
40′C 开顶柜	12.04×2.35×2.38	30.4	65
20′C 平底货柜	5.90×2.35×2.38	23	28
40 呎平底货柜	12.04×2.35×2.38	36	50

注： 摘自《船务公报》JAN.4，2010 年（华北版）。

步骤二：选择合适尺寸规格的集装箱

选择合适集装箱来装载货物是跟单员必须具备的技能，掌握这种技能是出色完成跟单工作重要保障。跟单员在知晓集装箱的上述类型及其相关尺寸、内容积后，就可以结合出口商品特性，依据国外客商要求来选择不同类型集装箱。以下是选择集装箱时的主要途径：

途径一：依据货物的总体积，选择相应尺寸的集装箱

按货物的总体积，来选择相应大小的集装箱装。例如，总体积只有 24CBM 的轻泡货物②，则可选一个 20′C 集装箱；对于总体积 54CBM 的货物，从运杂费和运输整体性角度而言，通常选择一个 40′C 集装箱，而不是选择两个 20′C 集装箱。再如，同样是轻泡货，总体积变化为 38CBM 时，如何选择集装箱？以下方法可供考虑：

（1）直接配一个 40′C 集装箱；

（2）配一个 20′C 集装箱，多余货物以 LCL 方式出运；

（3）全部货物以 LCL 方式装入集装箱。

第一种方法，需要结合贸易术语来决定操作方法。在 CIF 或 CFR 情况下，出口商可以自行决定操作但需支付额外运输费用；在 FOB 情况下，则需征求进口商意见后才能操作（请读者考虑原因）。

第二种方法，除了结合贸易术语来决定操作方法外，选择集装箱时，还要从以下几方面考虑：首先，按我国海关规定，必须按二票货物来办理报关手续（分别是整箱和拼箱），签发二份提单。无疑，二票货物的进口手续繁杂，耗时增加，还可能会面临支付超额费用（如进口清关费、拆箱分拨费等），除非客商同意，跟单员不要这样操作。其次，一旦进口商要求货物必须同时到达目的港，则这种方法也不能考虑。最后，如果是同一个订单项下的同一个款

---

① （a）集装箱尺寸为内尺寸，仅供参考；（b）HC 为 High Container 或 High Cubic 的缩写，实际工作中，也有 40HQ；（c）立方米 Cubic Meter 有两种表达形式：M^3 和 CBM。

② 指每千克体积大于 6000CM³ 的货物，通常为密度较小的货物，本模块项目 4.2 中还会涉及。

式/型号/批号货物，不宜分拆。

第三种方法，除了结合贸易术语和客商意见来决定操作方法外，还要考虑到集装箱拼箱方式下，进口方的拆箱过程会耗费一定时间，从而导致延缓收货。另外，仔细罗列拼箱与整箱的运费和附加费，缜密比较总计费用高低也是需要考虑的一个方面。

表 4.7 汇总了上述分析过程并给予简要评析。

表 4.7　　　　　　　　　　38M³ 货物的操作实例评析

货物容积	操作情形	贸易术语	运费支付	简要评析
38M³	1×40′C	CIF 或 CFR	出口商	除非另有规定，可以操作（但运费亏损）
		FOB	进口商	需征得客商同意后方可操作
	1×20′C＋拼箱	CIF 或 CFR	出口商	需征得客商同意后方可操作
		FOB	进口商	需征得客商同意后方可操作
	全部拼箱	CIF 或 CFR	出口商	除非另有规定，可以操作但要比较费用的高低
		FOB	进口商	需征得客商同意后方可操作

顺便要说的是，上述情况的发生，不排除是以下原因所致：

(1) 外贸业务员测算货物体积时出现失误；

(2) 客商对装箱有着特殊要求（如货物摆放方向一致且不能倒置）；

(3) 货物本身特殊情况（如货物不能倒置、不能挤压）等。

在跟单过程中遇到以上情况，跟单员一定要缜密思考，与各相关方反复沟通，晓之以理，最终确定集装箱规格和操作方法。

练一练

有一票出口货物，签订合同时预计为 26CBM，但是实际出口订舱时发现计算有错误，实为 34 CBM，该外贸公司与外商的合同和信用证都规定了"集装箱装运"，请你以跟单员身份回答以下问题：

(1) 如果在集装箱整箱或拼箱间进行选择，可以有几种运输方案？

(2) 如果买卖双方采用 CIF 贸易术语，则超额的运费应该由谁承担？如果采用 FOB 贸易术语成交，则超额的运费应该由谁承担？

(3) 如果合同和信用证规定，只能采用一种规格的集装箱运输，则跟单员应该选择何种规格尺寸的集装箱？

途径二：依据货物的总重量，选择相应尺寸的集装箱

总的来说，所装货物总重量不能超过集装箱的最大载重量，跟单员可以根据集装箱箱门上标注数值进行选择，如图 4.11。

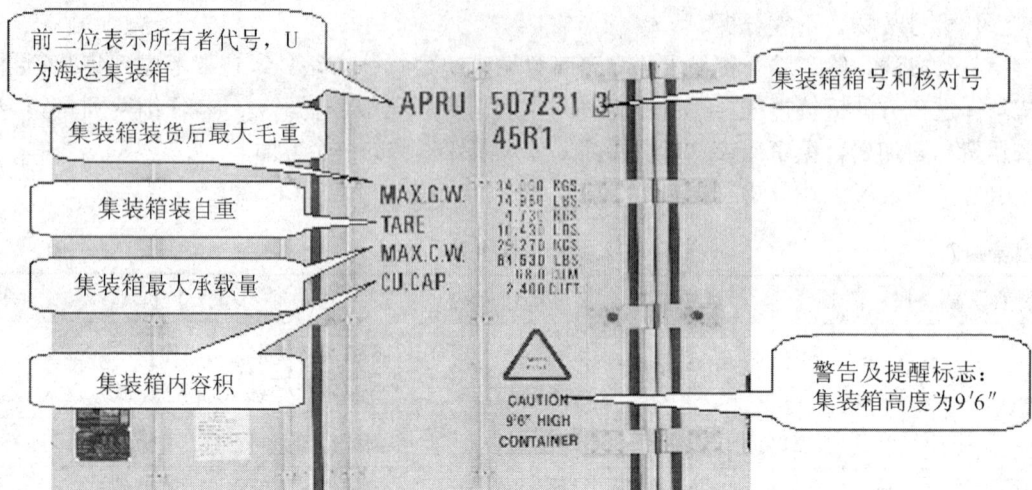

前三位表示所有者代号，U 为海运集装箱

集装箱装货后最大毛重

集装箱装自重

集装箱最大承载量

集装箱内容积

集装箱箱号和核对号

APRU 507231 3
45R1

MAX.G.W.　34 000 KGS.
　　　　　74 950 LBS.
TARE　　 4 730 KGS
　　　　 10 430 LBS.
MAX.C.W.　29 270 KGS.
　　　　　61 530 LBS.
CU.CAP.　 68.0 CIM
　　　　　2 400 CI.FT.

CAUTION
9'6" HIGH
CONTAINER

警告及提醒标志：
集装箱高度为9′6″

图 4.11　集装箱箱门标注及含义

> 说明：该集装箱装货后最大重量为：34 000 KGS，集装箱自重为 4 730 KGS。因此可以配载货物的总重量上限为：29 270 KGS
>
> 结论：当货物总重量低于 29 270 KGS，体积小于 68M³ 时，可以选择该种集装箱。

出口货物订舱前，跟单员应该向单证员提供货物实际重量和体积，一旦发现出口货物超重时，一定要书面向国际货运代理公司如实说明，以便国际货运代理公司要求承运人提供超重集装箱，以满足货物重量与集装箱最大载重的匹配，避免在集装箱装卸作业时，因为超重而被"掏箱甩货"或者被收取不菲的"超重附加费"。

途径三：依据货物种类，选择相应种类集装箱

按货物种类，来选择相应的集装箱装货。例如，需保鲜冷藏的水产品要选用冷藏集装箱，衣服以挂装方式运输则需选用挂衣集装箱（见图 4.12），液体货物要选用罐式集装箱（见图 4.13）等。

图 4.12　挂衣集装箱

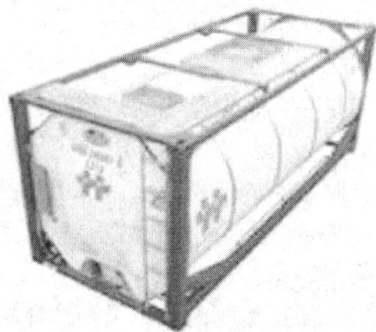

图 4.13　罐式集装箱

除了上述三种选择集装箱的依据外，还要综合考虑运费、附加费等因素。例如，当 THC

分别为370.00CNY/20′C和560.00CNY/40′C时，如果配载40′C的集装箱，只要支付560元就可以了，而二个20′C的集装箱则需要740元，明显高于一个40′C的THC。再如，在冬季，有经验的跟单员利用冷藏集装箱代替干货集装箱，出具"非危纸箱货物和不损坏集装箱箱体"等内容的保函后，获得相应尺寸规格冷藏集装箱，这种"冷代干"方法好处就是运费大为降低。

步骤三：确定集装箱装箱量

集装箱装箱量直接关系到出口商的经济效益。集装箱装箱量与纸箱在集装箱摆放位置有关，合适的摆放位置不仅能够充分利用集装箱内的有效容积，还能降低货物的运输成本。目前，虽然已经开发了专用"软件"帮助进行集装箱装箱量的计算，提高集装箱装箱量，但是外贸跟单员应该掌握其中的原理，提高自己的运输跟单能力。

通常，人工计算集装箱装箱量的途径有二种：快速计算法和详细计算法。其中，快速计算法就是将集装箱的预计可装体积直接除以纸箱外部尺寸，商值即为集装箱装箱量；而详细计算法则是将纸箱在集装箱内进行任意位置（方向）摆放，得出数值即为集装箱装箱量。现以某一纸箱（外部尺寸为58 cm×38 cm×42cm）为例，在选择40′C普通集装箱（假设尺寸为11.9 m×2.35 m×2.38m）情况下，求算最多可以装入纸箱数量的过程。

途径一：快速计算法

我们已经知道40′C集装箱的预计可装体积为58M³，因此，快速计算法就是将58÷（0.58×0.38×0.42）＝626.6箱，应该可以装626箱。（请思考：为什么不是627箱？）这种计算方法，只是一个估计值，跟单员可以用于装箱前的估算，初步判断集装箱可以容纳纸箱的数量。另外，还可以初步核算单位运费成本。

途径二：详细计算法

这种计算法是将纸箱在集装箱内进行任意位置（方向）摆放，即集装箱内的尺寸与纸箱尺寸在不同方向进行一一对应，充分比较后得出最大值。具体计算方法归纳如表4.8。

表4.8 集装箱纸箱装箱量详细示范

纸箱放置方法 \ 集装箱尺寸	11.9 m × 2.35 m × 2.38 m			可装纸箱数量（箱）
方法一	0.58 20.52	0.38 6.18	0.42 5.67	600
方法二	0.38 31.32	0.58 4.05	0.42 5.67	620
方法三	0.38 31.32	0.42 5.60	0.58 4.10	620
方法四	0.42 28.33	0.38 6.18	0.58 4.10	672
方法五	…	…	…	…
方法六	…	…	…	…

比较上述"快速计算法"和"详细计算法"，不难看出"快速计算法"比较简单，"详细计算法"则需要通过纸箱在集装箱内的不同位置摆放，得出不同的装箱数量。从数学角度而言，这种方法实质上是一种求算最大值。为了增加装箱数量，有经验的跟单员会根据计算情

况，适当修改装箱率或包装方法来调整外箱尺寸以达到最大程度利用集装箱内径。例如，某外箱尺寸为 35CM×35CM×49CM 欲装入内径为 12M×2.35M×2.69M 的 40HC 集装箱内，由于内装商品是可折叠式户外旅游帐篷，跟单员采用改变商品折叠方向，在不改变装箱率情况下，外箱尺寸修改为 35 CM×33 CM×44 CM，装箱量从 1020 箱提高至 1428 箱，不仅提高了装箱数量，还大大节省了运费。

　　无论是"详细计算法"还是"快速计算法"，前提条件为单一规格纸箱且可以任意方向放置（即可以倒、侧、竖摆放），所有纸箱重量总和没有超过集装箱所允许的最大载重量，否则会有"超载"问题。

　　以上是以形状规则的纸箱为例，说明计算集装箱装箱量的过程，当采用其他包装材料或遇到不规则物体时，跟单员要丈量物体的最长、最宽和最高尺寸，结合具体选定集装箱规格，计算实际的装箱数量。

　　跟单员在集装箱装箱过程，除了注意集装箱最大载重量问题外，"大不压小、重不压轻"也是跟单员要遵循的装箱原则。也就是说，当集装箱内有两种以上货物混装时，要将体积大重量重的纸箱堆放集装箱底部，重量轻的纸箱码放在集装箱顶部。

　　步骤四：检查集装箱

　　在货物装入集装箱前，必须对集装箱进行严格检查。一个有缺陷的集装箱，轻则导致货损，重则在装卸中有可能发生严重人身伤亡事故。因此，跟单员要在装箱前检查集装箱。一般说来，集装箱装箱前，跟单员检查的步骤和内容主要有：

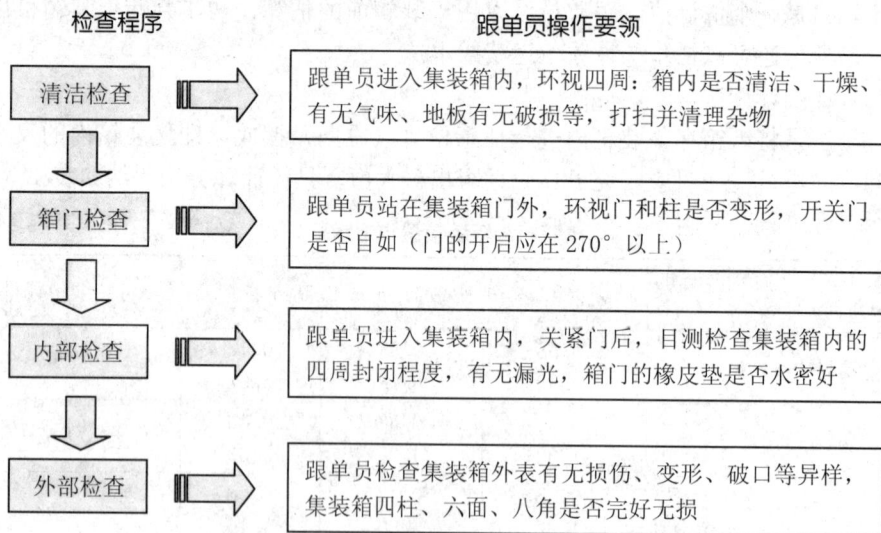

检查程序　　　　　　　　　　　跟单员操作要领

清洁检查	⇒	跟单员进入集装箱内，环视四周：箱内是否清洁、干燥、有无气味、地板有无破损等，打扫并清理杂物
箱门检查	⇒	跟单员站在集装箱门外，环视门和柱是否变形，开关门是否自如（门的开启应在 270° 以上）
内部检查	⇒	跟单员进入集装箱内，关紧门后，目测检查集装箱内的四周封闭程度，有无漏光，箱门的橡皮垫是否水密好
外部检查	⇒	跟单员检查集装箱外表有无损伤、变形、破口等异样，集装箱四柱、六面、八角是否完好无损

图 4.14　检查集装箱主要步骤及要领

练一练

　　台州峡湾工艺品制造有限公司出口二款不同尺寸的悬挂首饰之用的"活力少女"（见图），外箱尺寸分别为 45.5CM×33CM×27CM、54.5CM×45CM×40CM、48CM×42.5CM×30CM、54.5CM×45CM×40CM，装箱率均为 12 PCS/CTN，G. W. 分别为 6 KGS/CTN、

CTN、35KGS/CTN，请依据上述所提供的外箱尺寸及毛重，结合你所了解的集装箱内径尺寸，快速计算最大可装箱数，判断是否超重等，并将结果一一填入表格中。

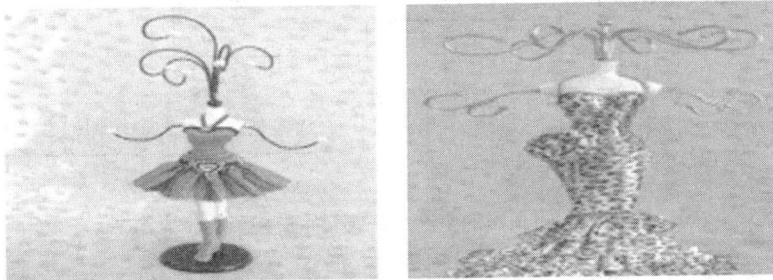

集装箱规格	集装箱内径尺寸（M）	可装最大外箱数	最大可装产品数	纸箱规格（CM）	是否会超重
20呎		666	7992	45.5×33×27	不会
40呎	11.9×2.35×2.38			54.5×45×40	
40HC				48×42.5×30	
45呎				54.5×45×40	

任务4.1.5 选择交接地点和方式

1. 货物交接地点

在集装箱海洋运输中，跟单员面临货物交接地点的选择。出口国的货物交接地点主要有发货人仓库或生产工厂（DOOR）、集装箱货运站（container freight station，CFS）和集装箱堆场（container yard，CY）。

地点一：出口国的生产工厂或仓库

在生产工厂或仓库进行货物交接，实质上是一种"门到门"装箱。具体操作过程是：由货运代理人（一般是委派专业集卡车队完成）从承运人处提取空箱，送至指定地点（一般是生产工厂所在地）装货，由生产工厂将货物装入集装箱内并施加封志（见图4.15），并填写"集装箱装箱单①"（见本书附录一），然后直接将重箱运至集装箱堆场，经过海关验放后就可以上船并运至海外指定目的港，境外收货人在目的港直接提取集装箱至仓库卸货（见图4.15）。

从"门到门"装箱作业的过程来看，一次装卸作业使外包装被损坏的概率大大降低。另外，当货物交接完成后，跟单员要妥善保管集卡司机具签的"集装箱装箱单"，这是签发运输单据、判断责任和处理货损货差的重要凭证。

---

① 英文为 container load plan，即 CLP，共有五联：码头联、船代联、承运人联及二份发货人/装箱人联。该单据栏目设置上除了与提单相同外，还设有：集卡司机签收、车辆号、集装箱和封志号码栏。该单据是发货人、集装箱货运站与集装箱码头堆场之间货物交接、处理货损货差和签发运输单据的凭证。

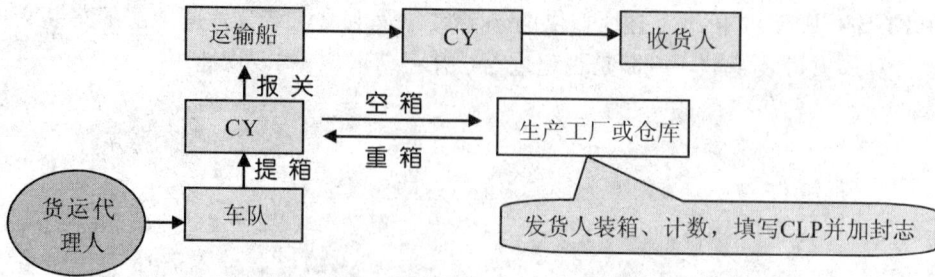

图 4.15　出口国的生产工厂或仓库交接货物示意图

通常,"门到门"装箱适用于货量为一个整集装箱的 80% 以上(总体积或重量),否则内陆运输成本会大大增加。

根据集装箱运输惯例,当整个集装箱货物的发货人只有一个,且货物装箱后由发货人装箱、计数并加封志,承运人以"外表状况良好、封志完好"接收集装箱。为避免以后箱内件数短少而承担责任,承运人或货运代理人往往在其签发提单上加注"不知条款"(unknown clause),各种英文表述归纳为表 4.9。

表 4.9　　　　　　　　　　　　　"不知条款"表述及含义

序号	英文表述	简写	中文含义
1	said to contain	STC	货物内容据称
2	shipper's load,count and seal	SLCAS	发货人装载、计数并加封志
3	said by shipper	SBS	据发货人称
4	shipper's load,stow, weight and count	——	发货人装载堆置、计重和计数
5	description of packages and goods as stated by shipper	——	货物描述和包装均由托运人提供
6	particulars furnished by shipper	——	由托运人提供详情

"不知条款"表明了承运人或者货运代理人在整箱货运输与交接上只要承担箱体和封志完好的责任。

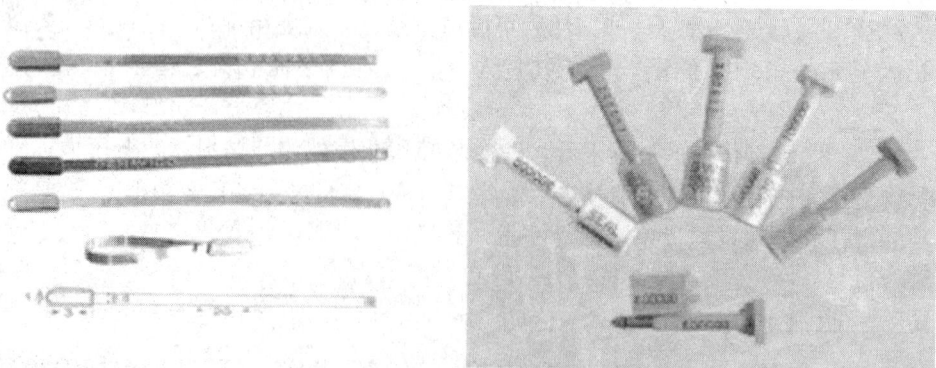

图 4.16　集装箱的铅封示意图(部分)

地点二：集装箱货运站

集装箱货运站是拼箱货装箱和拆箱、船货双方交接货物的场所，也是办理拼箱货交接、配载积载、拆箱、理货、保管，最后拨给各收货人的地方。一般而言，在集装箱货运站进行装箱作业的做法被称为"内装"，在此地进行货物交接存在以下两种情况：

一种是出口商将货物在规定时间内运送至指定集装箱货运站，由承运人或货运代理人将货物装入集装箱，并施加封志；另一种情况是多个出口商将零星货物分别送集装箱货运站，交由承运人或货运代理人将这些货物拼装至一个集装箱内并施加封志。前者被称为整箱货，后者被称为拼箱货。由于整箱货和拼箱货具有相对性，只要一个托运人的集装箱交给承运人，也视为整箱货，货运代理人集中多个托运人的货物成一个集装箱交给承运人，也被承运人视为整箱货，而对于单个出口商而言，则是拼箱货。

相对于"门到门"交接货物，"内装"存在二次装卸，商品的外包装损坏概率比较大，因此"内装"更适应数量较少、体积较小的零星货物装卸和拼箱交接。

地点三：集装箱堆场

集装箱堆场是办理集装箱重箱或空箱装卸、转运、保管和货物交接的场所，因此有人称其为场站。对于海运出口集装箱来说，堆场的作用就是把所有出口客户的集装箱集中起来，获得通关放行后统一上船。也就是说，堆场是集装箱通关上船前的统一集合地，也是海关对货物、集装箱和运输工具进行管理的场所。

综上所述，跟单员在选择货物交接地点时，要综合考虑货物交接经济性、风险性和货物数量。所谓经济性，就是指生产工厂或仓库交接货物要高于港口码头指定地点。所谓风险性，就是指货物交给承运人或货运代理人所委派的集装箱卡车司机后，货物就在其"掌控"或"管辖"下，货物受损或丢失责任自然也就由其承担；货物装上运输船只后由承运人"掌控"或"管辖"，货物损坏或丢失责任自然由承运人承担。这种"责任分担制"在运输活动中非常常见。另外，为了降低外包装破损风险，尽可能选择"门到门"交接货物。所谓货物数量，就是指少量零星货物应该选择集装箱货运站交接。

在集装箱运输广泛使用的今天，出口国的生产工厂或仓库、集装箱堆场和集装箱货运站以及进口国的收货人仓库、集装箱堆场和集装箱货运站都可以成为集装箱运输货物的交接地点，不同的搭配产生了 9 种交接地点，详见表 4.10。

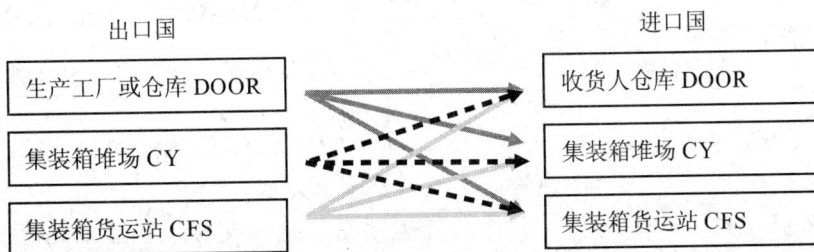

图 4.17　集装箱货物的交接地点示意图

表 4.10   集装箱货物的交接地点及含义

货物交接地点	简 称	英文简写
发货人货仓或工厂仓库至目的地收货人的货仓或工厂	门到门	Door/Door
发货人货仓或工厂仓库至目的地或卸箱港的集装箱装卸区堆场	门到场	Door/CY
发货人货仓或工厂仓库至目的地或卸箱港的集装箱货运站	门到站	Door/CFS
起运地或装箱港的集装箱装卸区堆场至收货人的货仓或工厂仓库	场到门	CY/Door
起运地或装箱港的集装箱装卸区堆场至目的地或卸箱港的集装箱装卸区堆场	场到场	CY/CY
起运地或装箱港的集装箱装卸区堆场至目的地或卸箱港的集装箱货运站	场到站	CY/CFS
起运地或装箱港的集装箱货运站至收货人的货仓或工厂仓库	站到门	CFS/Door
起运地或装箱港的集装箱货运站至目的地或卸箱港的集装箱装卸区堆场；	站到场	CFS/CY
起运地或装箱港的集装箱货运站至目的地或卸箱港的集装箱货运站	站到站	CFS/CFS

2. 货物交接方式

正如前述，国际货物运输过程中，所涉及的相关人主要有承运人/货运代理人、托运人、集装箱车队、货物仓储地和收货人等，因此一票货物交接过程除了与上述相关人有关外，还随交接地点不同而有所变化。以集装箱运输为例，针对货物交接的不同形态（如整箱和拼箱），派生出多种交接方式，如：整箱装和整箱接（FCL/FCL）、拼箱交和拆箱接（LCL/LCL）、整箱装和拆箱接（FCL/LCL）、拼箱交和整箱接（LCL/FCL）等，并需在运输单据上标明。表 4.11 归纳了集装箱货物的交接方式及含义。

表 4.11   集装箱货物的交接方式及含义

符号	交接方式及含义
FCL/FCL	**整箱交、整箱接** 货主在启运港的工厂或仓库将货物以整箱（柜）方式交承运人，收货人在目的地以整箱（柜）方式接收货物
LCL/LCL	**拼箱交、拆箱接** 由承运人或其代理人在启运港负责拼（装）箱，并在目的地负责拆箱，各收货人凭提单接收货物
FCL./LCL	**整箱交、拆箱接** 货主在启运港的工厂或仓库将货物以整箱（柜）方式交承运人或其代理人，承运人或其代理人在目的地拆箱后，各收货人凭提单接收货物
LCL/FCL	**拼箱交、整箱接** 由承运人或其代理人在启运港负责拼（装）箱，收货人在目的地以整箱（柜）方式接收货物

表 4.12 则是归纳了发收货人、交接方式与地点的关系。当交接方式为 FCL/FCL，收发货人与承运人交接货物地点在集装箱堆场，运输单据上显示"CY/CY"；当交接方式为 LCL/FCL，多个发货人与货运代理人在集装箱货运站完成货物交接，运输单据上显示"CFS/CY"。这种情况往往是这样的：同一个客商下达一票订单，由多个生产商去完成，收货人仍为同一个客商。由此，形成了"多个发货人，一个收货人"现象，业内称之为"自拼箱"。例如，英国客商有一份滑雪用帽子、围巾和手套（俗称"三件套"）的采购订单，分别下给三个中国内地生产商，当货物完成后，不同生产商将货物交给指定承运人或货运代理人，于是就产生了在同一个交接地点与英国客商指定承运人或货运代理人交接货物，并采用拼箱方式出

运货物，收货人直接在集装箱堆场以整箱方式收货，省去了目的港货运代理人的拆箱环节，节省了提货时间。（思考：英国客商往往采用何种贸易术语？出口商得到货代提单还是承运人提单？）

表 4.12　交接方式、交接地点与收发货人的关系

交接方式	发货人数量	收货人数量	交接地点		运输单据显示
			出口国	进口国	
FCL/FCL	一个	一个	CY	CY	CY/CY
LCL/LCL	多个	多个	CFS	CFS	CFS/CFS
FCL/LCL	一个	多个	CY	CFS	CY/CFS
LCL/FCL	多个	一个	CFS	CY	CFS/CY

任务 4.1.6　选择运输单据

运输单据是收到货物的凭证。从信用证角度而言，出口商必须提供符合要求的运输单据；从控制风险角度而言，选择合适运输单据能够有效防范潜在风险；从运输跟单角度而言，提供合适运输单据也是运输跟单的内容之一。

步骤一：认识并确定运输单据

1. 运输单据的种类

在国际货物运输中，运输单据一般是依据运输方式不同而有不同的称谓，主要有海运提单（B/L）、海运单（SWB）、货代收据（FCR）、航空运单（AWB）、铁路运单（Railway Bill）、快递运单（POD）和邮政收据等，其中海运提单、海运单和货代收据属于海洋运输单据。表 4.13 是从物权性、份数、运单签发人、运输单据抬头制作、转让性角度等出发，分析并比较了上述运输单据的差异性。

表 4.13　各种运输单据比较

运输单据 \ 项目		物权性	份数	签发人	运输单据内抬头制作	是否可以转让
海运提单	承运人提单	有	三正二副	承运人/货代	记名或不记名	不可以/可以
	货代提单	有	三正二副	货代	记名或不记名	不可以/可以
海运单		没有	一份正本	承运人/货代	记名	不可以
货代收据		没有	一份正本	承运人/货代	记名	不可以
航空运单		没有	三正多副	承运人/货代	记名	不可以
铁路运单		没有	一份正本	承运人/货代	记名	不可以

从表 4.13 中不难发现一种方便收货人提货的运输单据——"货代收据"。这是一种国际货物运输代理协会联合会（简称 FIATA）推荐使用的运输单据，是货运代理人收到货物后出

具的单据，英文表达为 Forwarder's Cargo Receipt，或 Forwarder's Certificate of Receipt，或 Forwarder's Certificate of Shipment，或 Forwarder's Certificate of Transport（见图 4.18）。这种货代收据不具备物权性，只能是"记名式"，方便了进口商提取货物，目的港货代以"认人不认单"方式发货。

图 4.18　货物收据

2. 运输单据签发人

就签发人而言，承运人或者货运代理人均可以签发上述运输单据，如图 4.19 所示：

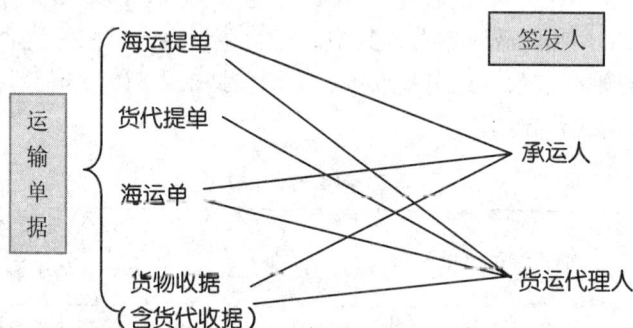

图 4.19　运输单据的签发

如果将上述签发人中的承运人和货运代理人的承担责任能力进行比较，跟单员应该选择承运人签发的运输单据；如果将上述不同运输单据的物权性进行比较，跟单员应该选择海运提单。综合考虑后，跟单员应该选择承运人签发的海运提单。

3. 熟知运输单据签发过程中各项规定

（1）"不知条款"的使用。整箱货作业过程后，由于整个装箱过程都是由托运人装箱、计数并施加封志，承运人无法用恰当的方法对所接受的货物或集装箱进行检查，集装箱内的货物重量/数量、尺码、标志、品质、货物名称等诸方面信息都由发货人（托运人）提供，承运人为了规避相应责任而在运输单据显示"不知条款"；对于拼箱货而言，由于整个装箱过程都是由承运人或其代理人操作完成，运输单据不能显示"不知条款"。因此，跟单员要熟知上述不知条款的每一种含义及其法律责任，及时辨别不知条款的"滥用"，防止"不知条款"使用范围的扩大化。另外，根据《UCP 600》规定，运输单据表面的"不知条款"，是不影响结汇的。

（2）单据的份数与修改。各国海商法和运输惯例都允许签发多份正本运输单据（见表4.13），各份都具有同等效力，其中一份提货后，其余各份自动失效。因此，跟单员要关注运输单据签发的正本份数。按国际惯例，任何运输单据表面只能被允许有三处修改，且校正章边上要有签发人的"小签"。另外，对于运输单据内容的修改，跟单员应该在运输工具离港前提出，有的承运人或货运代理人不准许船开后的修改，即使同意也会要求将所有正本份数交回签发人并收取较高的更改费用。

（3）单据上的批注。按相关规定，运输单据表面不能记载对货物或包装状况的不良批注，如 Content exposed、Goods chafed、Five steel tubes bent、Content leaking 等对货物本身状况不佳的描述。再如 Package not sufficient for sea journey、Packaging soiled by contents、Packaging contaminated、Packaging badly dented、Two bags broken、Insufficient Packaging 等对货物包装缺陷的描述。一旦运输单据上有了上述之一的语句，就被视为"不清洁运输单据"，银行或进口商拒收这样的运输单据，出口商就会面临收汇风险。因此，跟单员在运输跟单中，要十分关注货物本身状况和包装状况，如果发现有货物或包装被损的情况，就要及时更换。

（4）单据补发。运输单据不仅是承运人或货运代理人与托运人运输合同的书面证明，也是收取货物的凭证，跟单员要妥善保管运输单据，一旦发生遗失，不仅要书面登报声明作废并缴纳一定数额保证金才能获得重新签发。有经验的跟单员，在非信用证结算方式下，征得客商同意后，只将2/3份正本运输单据邮寄给客商，这样的操作方法能够有效避免补单过程中的繁琐手续，并在最短时间内再次邮寄，提高了工作效率，间接降低了货物滞港费用。

（5）国际惯例。涉及运输或运输单据的国际惯例主要有《海牙规则》（1931年）、《维斯比规则》（1977年）和《汉堡规则》（1992年）。其中，《维斯比规则》是在《海牙规则》基础上修改而成，具有较大的影响力，《汉堡规则》则是在联合国的支持下制定的规则，所以也称《1978年联合国海上货物运输公约》。由于三个规则内容不一，各国可以任意承认其中一个惯例，不同国家认可不同惯例，导致发生争议就无法仲裁的局面，阻碍了国际货物自由流动，增加了国际贸易交易成本。世界各国都发现，航运司法惯例的冲突，不利于国际贸易与国际航运发展，于是在联合国主导下，2009年9月23日在荷兰鹿特丹正式签署《联合国全程或部分海上国际货物运输合同公约》，简称《鹿特丹规则》。该规则涉及海运在内的多式联运、电子运输单据、批量合同和控制权（如管辖权和仲裁）等新内容，重新整合以往的三个规则，统一海上货物运输（含多式联运）法律制度，在船货两方的权利与义务间寻求新的平衡点。从目前研究情况看，有人认为该规则豁免了承运人无单放货责任，使得记名式提单项下收货人只要能够证明自己就是提单上记载的收货人，承运人尽了验视其身份之责，便可以交付货物，这种不凭正本提单便可交货的行为，免除了承运人无单放货责任。当然，该规则也提高了承运人责任限额（从单件 666.67 SDR 或 2 SDR/公斤提高至 875 SDR 或 3 SDR）。我国是联合国成员国，政府的相关部门将在权衡利弊后，再行决定是否签字加入该公约①。

步骤二：判断运输单据签发栏填写是否正确

在国际货物运输单据中，主要有海运提单、海运单、货代收据等，签发这些单据主要是承运人和货运代理人。一般而言，承运人签发本承运船只项下货物的运输单据，而货运代理人不仅可以代理签发承运人运输单据，也可以签发货运代理人的运输单据。具体而言，承运人只能签发本运输船只的提单、海运单或货物收据，而货运代理人在经过合法授权后，既可以签发承运人的提单、海运单或货物收据，也可以签发货运代理人的提单、海运单、货物收据等。

此外，运输单据的签发者行文内容极为讲究，必须按照国际惯例及相关规定执行，否则可能会使出口商面临收汇风险。比如海运提单，如果是由承运人签发，则正确的表达形式是：

×××（签名者）as master of ×××（承运人公司）the carrier

如果是由货运代理人（ABC forwarder Co. Ltd）签发，则必须标明签单人身份及具体承运人名称，以下是几种正确的表达形式：

ABC forwarder Co. Ltd as agent for the carrier：×××（承运人公司）

或：

ABC forwarder Co. Ltd as agent on behalf of ×××（承运人公司）

步骤三：根据信用证或合同要求选择运输单据

跟单员可以根据运输方式，结合合同或信用证要求，选择合适的运输单据。

（1）依据运输方式选择运输单据

这种选择运输单据的方法简单易行。如果采用海洋运输，则可以从海运提单、海运单和货代收据中选择其中一种；如果采用航空运输，只能采用航空运单。同理，采用铁路运输则选择铁路运单，国际快递则选择快递运单。

（2）依据信用证选择运输单据

众所周知，信用证是由进口商申请，进口商所在国（地）银行开立的有条件支付承诺书，其中的"条件"就是指受益人（出口商）所递交的单据种类和内容必须符合信用证要求，做到"单证相符、单单一致"。从信用证角度而言，信用证中的单据条款（信用证中"Documents required 46 A"部分），除了规定运输方式外，还规定了必须递交具体类型的运输单据。此外，跟单员可以从运输方式推测运输单据类型外，还可以推测是由承运人还是由货运代理人签发运输单据。

现以三个例子予以具体说明。

〈操作示例一〉

信用证要求 Full set of clean on board ocean bills of lading made out to the order of industrial bank of korea marked freight prepaid and notify applicant. 意思就是要求出口商必须选择"海洋运输"方式，相应提供海运提单。由于该信用证中并没有规定由承运人还是由货运代理

---

① 截至 2012 年 4 月的数据。

人签发，因此跟单员只要提交各项内容填写正确且符合信用证要求的海运提单就可以了。

跟单过程中的操作指南：

运输方式、单据种类及份数：海洋运输，全部正本海运提单		
	栏目名称	正确填写
提单部分栏目	收货人	To the order of industrial bank of Korea
	被通知人	具体的开证申请人名称
	运费支付	freight prepaid
	装运数量等	与发票、装箱单等单据一致或相同
	其他要求	不能有"不良批语"、盖"on board"章

〈操作示例二〉

信用证要求 Original clean on board bill of lading made out to 7. calle 25-27 zone 4de mixco colonia el naranjo guatemmala city guatemala 4 copies and notify same as consignee marked freight collect issued by Shanghai Divine Phoenix International Shipping Co.,Ltd. 意思是除了海洋运输外，跟单员必须将出口货物交 Shanghai Divine Phoenix International Shipping Co.,Ltd 安排运输，并由其签发提单。

跟单过程中的操作指南：

运输方式、单据种类及份数：海洋运输，正本海运提单 ＋ 4 份副本		
	栏目名称	正确填写
提单中部分栏目	收货人	To 7. calle 25-27 zone 4de mixco colonia el naranjo guatemmala city Guatemala
	被通知人	same as consignee
	运费支付	freight collect
	装运数量等	与发票、装箱单等单据一致或相同
	其他要求	包装不能有"不良批语"、盖"ON BOARD"章
	提单签发人	Shanghai divine phoenix international shipping Co.,Ltd.

〈操作示例三〉

信用证要求 Full set 3/3 of orignal clean on board bill of lading consignee to Inxs Sourcing Inc.，50-10 route 8 east fair lawn NJ 08410 USA notify Aspen forwarders，40 west lincoln avenue，suite no. 303，valley stream NY 21580 Tel：81 6 561 0400 Fax：81 6 561 7700 contact：Edward Fitzgerald. Marked freight prepaid at Hong Kong issued by Ault（North And East China）Co.,Ltd. Room 2308，tomson commercial building，710 Dongfan，road，Pudong，Shanghai 200122，P. R. China Tel：86 21 58202121 contact：Margaret. 跟单员必须选择海洋运输，将出口货物交 Ault（north and east china）Co.,Ltd. 安排运输，并由其签发提单。

跟单过程中的操作指南：

运输方式、单据种类及份数：海洋运输 ＋ 3 份正本提单		
提单中部分栏目	栏目名称	正确填写
	收货人	To inxs sourcing Inc., 50-10 route 8 east fair lawn NJ 08410 USA
	被通知人	Aspen forwarders, 40 west lincoln avenue, suite no. 303, valley stream NY 11580 Tel：81 561 0400 Fax：81 561 7700 Contact：EDWARD FITZGERALD.
	运费支付	freight prepaid at Hong Kong
	提单签发人	Ault (NORTH AND EAST CHINA) Co.,Ltd

（3）依据合同选择运输单据

一般情况下，在国际贸易货物买卖合同中，是不会专门明确规定选择何种运输单据的，但是在该货物买卖合同中会规定运输方式，跟单员也可以从该运输方式推测运输单据。正如本书中前面所述，如果合同中采用海洋运输方式，运输单据只能是从"海运提单"、"海运单"、"货物收据"中选择一种。因此，就出口商而言，在没有收全货款的情况下，最好坚持选择由承运人签发海运提单的原则，否则出口商就可能面临收汇风险，遭遇"钱货两空"的境地；当然，只要货款已经收到，则可以接受客商所要求的任何运输单据。

另外，在运输实务操作中，收货人为了尽快提取货物，在不使用正本提单的情况下，往往要求电报放货，简称为"货物电放"。具体操作过程是：托运人出具放弃凭正本提单提货和承担相应风险及费用等内容的保函（见附录二），承运人（或其代理人）收回全部正本提单，签发盖有"Telex Release"或"B/L Surrendered"印章的副本提单给托运人，同时以电传、传真或电子邮件的形式通知卸货港代理，将货物直接交给指定收货方。由于目的港/卸货港承运人或代理人无法甄别真正收货人而可能错交货物（即使其已经尽到了谨慎责任），因此"货物电放"行为具有一定的风险性，该风险的承担者是托运人（请读者考虑原因）。另外，"电放"一词在有关的国际公约、各国法律和法规中（如中国的海商法）均找不到相应的定义和解释。鉴于货物电放的特殊性，跟单员除了要准确及时地将目的港提货人信息告知承运人或货运代理人外，还要关注货款回收情况。

总之，无论是从银行信用还是商业信用的视角，跟单员在海洋运输跟单中，要依据支付/结算方式来灵活选择运输单据。在非信用证结算方式下，出口商依赖进口商的商业信誉是一种"押宝"，一旦市场恶化或进口商资金链断裂，出口商就陷于被动之地。当然，利用出口信用保险来防范商业风险也是一种不错的选择。

【知识链接4.6】合同与采购单

合同是买卖双方经过磋商后所签订的针对某一商品交易的书面凭证，合同主要有销售合同（sales contract，S/C）、销售确认书（sales confirmation，S/C）、采购合同（purchase contract，P/C）、采购确认书（purchase confirmation，P/C）、协议（agreement）、备忘录（memorandum）。在以上这些不同名称的合同或采购单中，以销售合同、销售确认书、协议最为常见。合同内容可以分为约首（包括名称、号码、订立日期和地点、双方当事人的详细地址及联系方式），正文（包括货物名称、品质、数量及溢短装、包装、价格及术语、保险、交货期、装运港/目的港、运输方式、检验、索赔、仲裁及不可抗力等条款），约尾（包括份数、文字及效力、买卖双方签字等）。

采购单（Purchase Order）是由进口商拟定，表明对某一商品的采购意向。在采购单中会罗列采购商名称、货物名称、数量、规格、包装要求、交货时间、价格及术语、运输方式、装运港/目的港、检验标准、检验人及号码（P/O No）等信息。

从运输跟单实践来看，进口商会明确要求出口商只能提供货代提单、全式提单或不接受"简式提单"等。例如，有时进口商为了本身利益不受侵犯和掌控货物运输情况，防止出口商与货运代理公司合谋发生倒签运输时间（倒签提单）或提前将运输单据签交出口商（预借提单）等非正常签单情况，往往要求出口商找起运港的指定货运代理公司安排货物运输，此时出口商必须提供该指定货代的提单；再如，考虑到规模较大承运人操作过程和制度规范，有的进口商就会明确表示不接受"简式提单"（Short form/blank back of B/L is not acceptable），出口商必须提供"全式提单"才能符合进口商要求。

练一练

请根据所给的信用证资料选择运输单据及运输方式，并完成表格内空格部分。

1. 信用证原文：Complete set of the marine bill of lading clean on board consignee to order & blank endorsed, notify EGL Antwerp, marked freight collect issued by Nippon Yusen Kaisha Line Ltd.

运输方式、单据名称及份数：		
	栏目名称	正确填写
提单中部分栏目	收货人	
	被通知人	
	运费支付	
	装运数量等	（略）
	其他要求	（略）
	提单签发人	

问题：

（1）在提单中，收货人栏如果填写了 to order of shipper 和 to order，应该由谁背书？

（2）"NIPPON YUSEN KAISHA LINE LTD"是哪一个国家的承运人？其简称是什么？

2. 信用证原文：Full set (3/3) originals of forwarder's cargo receipt consigned to Mary Kay Inc. 16251 dallas parkway addison, tx 75001 marked "freight collect" indicating notify Panalpina Inc. 1555 north airport dallas, tx 75261 U.S.A and must be issued by Panalpina Inc.

跟单过程中的正确操作：

运输方式、单据名称及份数：		
	栏目名称	正确填写
提单中部分栏目	收货人	
	被通知人	
	运费支付	
	装运数量等	（略）
	其他要求	（略）
	运单签发人	

问题：

（1）该信用证要求的运输单据是一种什么名称？其简称是什么？具有物权性质吗？

（2）如果你作为出口商，希望获得何种类型的运输单据？

【知识链接4.7】 鹿特丹规则

《鹿特丹规则》是继《海牙规则》、《海牙-维斯比规则》和《汉堡规则》后的又一个海上运输公约，全称为《联合国全程或部分海上国际货物运输合同公约》。该公约内容共有96条，实质性条文为88条，不仅涉及海运在内的多式联运，在船货两方的权利义务之间寻求新的平衡点，而且还引入了电子运输单据、批量合同、控制权等新内容，另外该规则还增设了管辖权和仲裁的内容。

国际社会对《鹿特丹规则》产生了较大反响，有20多个国家签署该公约，但目前只有西班牙一个国家递交批准书，相当多国家还抱着观望态度。中国相关部门正组织业内人士、学者和研究机构进行研讨，评估《鹿特丹规则》对中国国际贸易、航运业、航运司法建设等方面的影响程度。

任务4.1.7　发装船通知

装船通知（Shipping Advice）也称装货通知或装运通知（Shipping note），是由出口商在货物装船后制作并发给进口方的书面通知，其目的是让进口商了解货物装运信息，并做好接货和付款准备。在FOB、CFR等条件下成交的合同，装船通知能使进口商自行迅速办妥保险，即使采用CIF、CIP等条件下成交的合同，也可以使买方及时了解货物装运情况并做好接货准备或筹措资金等事宜。从现有的国际贸易实务操作来看，进口商或开证申请人都会要求出口商在货物装船后立即发出装船通知，如：The sellers shall upon competition of loading, advise immediately the buyers by cable of the contract number, name of commodity, number of packages, gross and net weight, invoice value, name of vessel and loading date.

从外贸跟单角度来看，不管是采用FOB、CFR还是CIF、CIP贸易术语，跟单员都应该在货物装船后立即发出装船通知。同时，跟单员最好选取若干张能够真实反映集装箱装箱过程和情况的照片（见图4.20）一并发出。上述做法体现了跟单员向进口商提供的是一种周全细致到位的外贸服务。

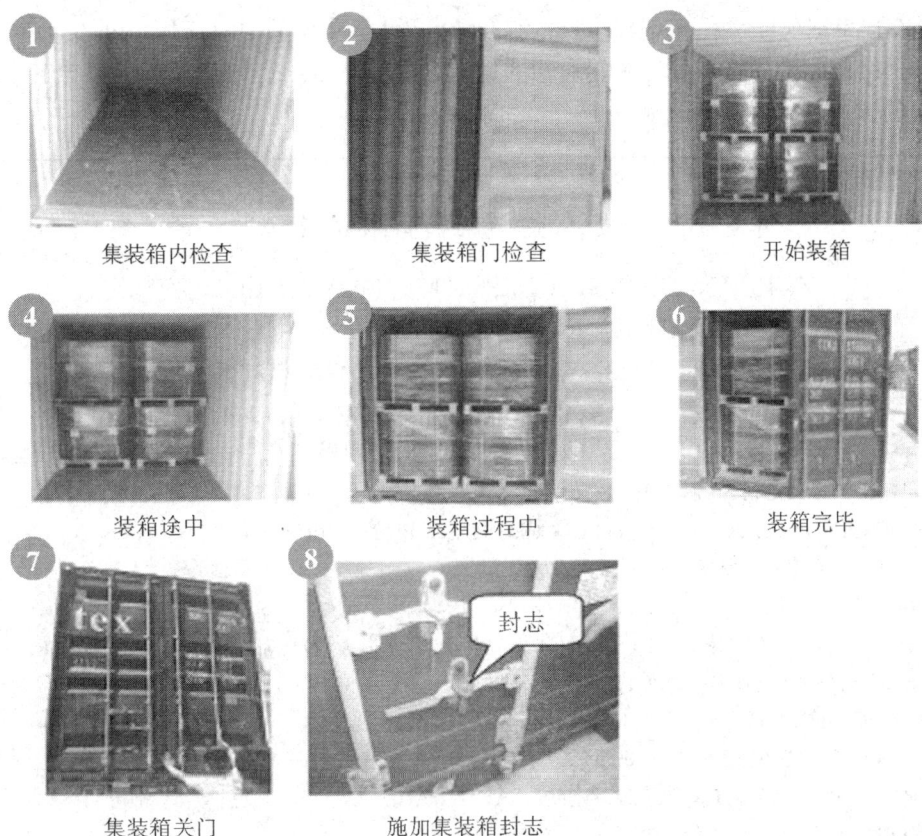

图 4.20　跟单员监装集装箱装箱整个过程

2008 年 1 月 1 日，根据国际标准化组织的推荐并结合国情，我国推荐并实施了国际贸易单证样式，并以 GB/T 14392－2008 公布，明确了国际贸易装运通知格式和内容，使我国国际贸易单证标准化进一步与国际接轨。根据该贸易单证样式，装运通知有 12 项内容：（1）出口商；（2）进口商；（3）运输事项；（4）发票号；（5）合同号；（6）信用证号；（7）运输单证号；（8）价值；（9）装运口岸和日期；（10）运输标志和集装箱号码；（11）包装类型及件数、商品名称或编码、商品描述；（12）出口商签章。

装运通知是针对特定人发布的装运信息，除了要有合同/采购单/信用证号码等与出运货物有关联性要素外，还要视客商在其他要求外，如果对装运通知内容没有明确要求，跟单员可以按 GB/T 14392－2008 格式将装运通知发给客商。如果客商有明确要求，则按其要求提供，如船名/航次、包装件数/毛重/体积数、装运日期（开船日）及和装运港口名称、目的港及预计抵港时间（ETA）和运输标志等信息一并发给客商（见图 4.21）。

何时发送装船通知，跟单员要视情况而定。从投保角度而言，出口商在运输工具开动前应该发送，以便进口商及时办理保险。假如进口商没有设定具体时间要求，则出口商应该在货物装船完毕后的 3 工作日内发送；假如客商有明确时间要求，则按客商要求进行操作。如，客商要求 Certificate issued by beneficiary stating that shipping advice under the S/C no. DC 12345 has been faxed to the applicant within 24 hours after shippment.，其中 "within 24 hours" 则表示装船通知应该在提单记载日后第一天发给进口商/开证申请人，类似的用词有 Immediately 等。

随着网络技术的发展，发送装船通知的途径也由传统邮寄或 FAX 方式，逐渐转向了通过网络发送的方式，可谓便捷迅速。

浙江荣达进出口有限公司

ZHEJIANG RONGDA IMPORT & EXPORT CO., LTD.
NO. 52, BINGWEN ROAD, HANGZHOU, CHINA 310053
TEL：0086 571 87773303　　　FAX：0086 571 87773305

SHIPPING ADVICE
L/C NO. SZY09005083

TO WHOM IT MAY CONCERN,　　　　　　　　　　　DATE：MAY16，2009
WE HEREBY DECLARE THAT THE GOODS HAVE BEEN SHIPPED ON L/C NO. SZY09005083. THE DETAILS OF SHIPMENT ARE STATED BELOW.
COMMODITY：MANS T-SHIRT
QUANTITY&VALUE：800 DZS/100CTNS/26.3 CBM & USD 24300.00 CIF MELBOURNE
OCEAN VESSEL：JING AN CHENG V. 0223H
DATE OF SHIPMENT：MAY 15，2009
PORT OF LOADING：SHANGHAI，CHINA
PORT OF DISCHARGE：MELBOURNE, AUSTRALIA
SHIPPING MARK：

　　　0928KS0516
　　　MELBOURNE
　　　COLOUR：
　　　STY. NO. ：
　　　C/NO. ：1-UP
　　　NO. ：
　　　MADE IN CHINA

图 4.21　装运通知（按客商要求的格式制作）

项目 4.2　航空运输跟单

航空运输是一种高效的运输方式，救灾物资、鲜活易腐、精密仪器、贵重物品和季节性强的商品都会优先采用航空运输。此外，有些出口商为了弥补生产原因（如生产线故障、原材料供应和能源短缺等）所导致的交货期延误，往往改变原有的运输方式，不惜承担高额运输费用而采用航空运输。因此，跟单员必须掌握航空运输基础知识，为做好航空运输跟单工作打下基础。

任务 4.2.1　认识航空运输

航空运输（Air Transport）是一种现代化的运输方式，与海洋运输、铁路运输相比，具有运输速度快、货运质量高、灵活性和安全性好、不受地面条件的限制等优点，因此最适宜运送急需物资、鲜活易腐、精密仪器、贵重物品和季节性强的商品。虽然它的高额运费也是制约出口商选择的主要因素之一，但是近年来，随着国际贸易的迅速发展以及国际货物运输技术的不断现代化，跟单员更加重视运输的及时性、可靠性，关注采用航空运输方式给货物交接工作所带来的便利。

步骤一：熟悉航空运输特点

航空运输是国际贸易货物运输中经常采用的方式，尤其是临近节假日或紧急补货等情况时，采用航空运输更是一件"家常便饭"，这主要是由航空运输特点所决定的。本节中，归纳了与航空运输跟单有关的部分航空运输特点，以便在涉及航空运输时，跟单员能够更好地运用航空运输知识解决跟单过程中的相关问题。

特点一：凭"到货通知书"提货

在航空运输中，当货物到达目的地机场后，当地货运代理人根据航空运单上的收货人（进口商）信息，直接签发"到货通知书"（见图 4.22），收货人凭该"到货通知书"和能够确认身份的证明文件，在规定时间内办理海关和商检等相关手续并付清相应费用后就可以提取货物。跟单员在了解提取航空货物这一特点后，需要举一反三，防范航空运输跟单工作中可能出现的风险（尤其是出口跟单）。

特点二：航空运费与货物重量、种类、运距有关

与海洋运输一样，航空运费支付方式有"预付"、"到付"或"第三方支付"。当买卖双方采用 CPT 或 CIP 等贸易术语时，航空运费由出口商承担，在起运地航空港以该国货币支付运输费用及操作费（如报关费、仓储费和地面驳运费等），承运人或货运代理人在航空运单上明示"FREIGHT PREPAID"；如果采用 EXW 或 FCA 等贸易术语时，则由进口商在目的地航空站提货时付清航空运费，承运人或货运代理人在航空运单上明示"FREIGHT COLLECT"。此外，经承运人或航空货运代理人同意，航空运费还可以在第三地支付。

在航空运输中，普通货物的航空运费与货物重量或体积大小有关。航空公司或货运代理人在称取货物实际重量同时，测量货物外部尺寸（最长、最宽、最高），并将外部尺寸（小数部分四舍五入取整）相乘后除以 6000，得出体积重量（VOLUME WEIGHT）。经过比较后，发现货物实际重量（ACTUAL WEIGHT）大于体积重量时（俗称"重货"），要按实际重量计算运费；货物体积重量大于实际重量时（俗称"轻泡货"），按体积重量计算运费。按国际航协的规定，实际重量是货物和包装材料之和的重量，体积重量则是航空货物的各个包装长、宽、长之积，并按［（长×宽×高）×箱数］/6000 方法计算而得。例如，经测量后，某货物外箱尺寸为 50.2 厘米×44.6 厘米×34.8 厘米，共计 90 箱，毛重为 10 千克/箱，计算可得体积重量为 1181.50KGS 和总毛重为 900 KGS，体积重量大于总毛重，应该按 1181.50KGS 计算该货物的运费。显然，通过体积重量来计算运费，弥补了航空承运人运送体积较大货物而遭受的损失。从航空货物种类实际情况看，像纺织品服装、箱包等货物大都属于"轻泡货"，

航空货物到货通知书

HIA

（航空进口提货单）

杭州萧山国际机场航空货运公司　　　　中外运空运发展股份有限公司
浙江航空开发总公司货运公司　　　　　浙江分公司

收货单位名称：Hangzhou eastren int' log　　　仓库区号：_____
主运单号：160-92109522　　分单号：_____　海关编号：_____
件数：_____1_____　实际重量：___40___　计费重量：_____60_____
该货物已于___2011___年___03___月___18___日运抵监管仓库。

1. 请凭此单并盖上贵司公章后和相关单据办理清关手续。
2. 已办妥清关手续的货物，凭盖有海关放行章和检验检疫章的提货单到仓库提货。
3. 有关业务咨询，或者委托我仓库代理报关、国内中转、监管运输及送货上门业务的，请和我仓库客服联系。

航开发　仓储：0571-86662446　　　中外运　仓储：0571-86660244
　　　　报关：0571-86660585　　　　　　　　报关：0571-86665352
　　　　传真：0571-86661034　　　　　　　　查询：0571-86665354

提货时间：周一至周五　　　09：00（a.m.）-05：15（p.m.）

提货注意事项：

一、收货人应自运输工具进境之日起十四天之内向海关申报，逾期海关将按 CIF/CIP 价格的万分之五每天征收滞报金，逾期三个月未申报的，上缴海关统一处理。

二、如有国际货物"运费到付"的货物，请付清运费及相关费用后提货。

三、自货物进入我仓库免费保管 3 天。

　　　　发货人：_____发货时间：_____月_____日

··················以下为收货单位填写··················

兹派_____前来你处提货，请予交付。

收货单位_____（公章：____月____日）
上述货物完好无损，已提取。此据（如货物破损，附破损证明）。

　　　　收货人签字：　　　　　联系电话：_____

图 4.22　航空货物"到货通知书"

水泵、金属轴承、马达等机械类货物大都属于"重货"。跟单员可以从货物特性出发，结合航空运输国际惯例，遵循航空运输中的"从高计算"原则，正确预估航空运费，防止发生航空费用上的计算错误。

按照国际航空运输协会 IATA 的现行规定，在航空运输中，对于一些特殊货物（指定商品），需要在普通货物运价的基础上增加或减少一定百分比，如对于灵柩、尸体、活体动物、贵重物品的运价是在普通货物基础上加收一定百分比（以"S"表示），对于书报则是在普通货物基础上减少一定百分比（以"R"表示），上述情况被称为"附加附减"原则。为了更加明确，IATA 专门制定了指定商品运价表，按出发城市、货物性质及特点对货物进行分类和分组、编号。跟单员只要在运输前，向航空货运代理商提供与运输有关的始发城市、商品名称、总毛重、总体积、总件数和目的城市/机场名称等详细信息，就可以获知该商品的航空运价。

航空运输中，运费还与运输距离成正比，运输距离越长运费也就越高，这种现象通常被称为"地远增长"原则。

【知识链接 4.8】国际航空运输协会对航空运费计算中的一些规定

（1）运价中不包括其他额外费用，如报关费、仓储费、货运单费、声明价值附加费和运费到付劳务手续费等，否则就是"All-in Rate"价（简称"All-in"价）。

（2）运价是指从一个机场到另一个机场，只适用于单一方向。

（3）计费重量以 0.5 千克为最小单位，不足 0.5 千克的按 0.5 千克计算；0.5 千克至 1 千克之间的，按 1 千克计算（如 636.3 千克，按 636.5 千克计算），而对于 235.501 千克，则按 236.0 千克计算运费。

（4）航空运单中的运价是以填制货运单之日的运价为有效运价。

（5）集中托运时，一批货物由几件不同的货物组成，内有轻泡货也有重货，计费重量则采用整批货物的总毛重或总的体积重量，按两者之中较高的一个计算。

（6）起码运费。当一票货物的运费未能达到航空公司所收取的最低限额时，则按"起码运费（Minimum Charge，M）"收取。

（7）较高重量较低运价。由于航空运价随着重量增加而降低，因此，当货物重量接近下一个较高重量时，可以采用下一个较高重量和对应的运价，从而省下可观的运费。

练一练

广东东莞宁丰婴儿用品有限公司是一家专业生产婴儿车的生产厂家，2011 年 5 月，马来西亚一客商通过该公司官方网站看中了两款婴儿车，经过测试和洽谈，客商决定下一个试订单，具体相关信息见下表。起运地为广州白云机场，目的地机场为吉隆坡，并要求使用双瓦楞纸板作为外包装纸箱材料。

款式及图样	包装及尺寸	毛　重	价　格	数　量
WT-001	1PC/CTN 108×28×23 (CM)	11KGS	FCA GUANGZHOU BY AIR USD199.90/PC	8PCS
WT-002	1PC/CTN 77×45×23 (CM)	8KGS	USD138.50/PC	8 PCS

（1）该订单的总体积重量和实际总毛重各是多少千克？

（2）如果你是该公司跟单员，按国际航协的规定，通过计算来确定该批货物属于"重货"还是"轻泡货"？

（3）该订单项下运费由谁支付？根据《2010 通则》规定，出口商在国内段需要支付什么费用？应该办理哪些手续？

（4）假设款号为 WT-002 的婴儿车在马来西亚市场有非常好的销路，客商追加订购数量为 $1×40'$GP，并通过海运方式运输，请你采用快速计算法测算最大可容纳数量。如果黄埔港至巴生港（PORT KELANG）海运费为 900USD$/40'$GP，则每台海上运输费用为多少？（忽略附加费）

特点三：航空货运代理人办理集中托运

集中托运是指集中托运人（Consolidator）将若干批单独发运的货物组成一整批，统一向航空公司办理托运手续，同时采用一份航空总运单集中发运到同一目的站，由目的地货运代理人分拨给各实际收货人的操作方式。集中托运是航空货物运输中最为普遍的一种操作方式，也是航空货运代理人的主要业务之一。具体的操作过程参见图 4.30。从该图示中得知，有多个出口商和进口商，托运人通过航空货运代理人与航空承运人联系，安排运输，实现象征性交货的目的。在集中托运中，货运代理人从航空承运人那里采用包舱、包板和包箱方法，实现利润的最大化。需要指出的是，集中托运仅适用于普通货物，对于贵重物品、危险品、活动物以及文物等不能办理集中托运。此外，对于目的地相同或临近中转的货物才可以办理集中托运手续。

可以说，航空运输中集中托运方式为出口商和进口商提供了比较完善有效的运输外包服务体系，为促进国际贸易发展发挥了积极作用。

特点四：使用"箱"、"板"、"棚"作为运输设备

与其他运输方式比较，航空运输所使用的运输设备为"箱"、"板"、"棚"。这些集装设备主要是为提高运输效率而专门设计的。简言之，航空集装箱（air container，见图 4.23）、航空集装板及其网套（pallet）（见图 4.24）和航空集装棚（见图 4.25）组成了航空运输的装载设备。由于航空运输的特殊性，这些集装设备无论从外形构造还是技术性能指标都具有自身的特点，并且飞机的甲板和货舱都设置了与这些集装设备相配套的固定系统。

图 4.23 航空集装箱　　　　图 4.24 航空集装板　　　　图 4.25 航空集装棚

特点五：使用统一代码替代作业语言

表 4.14　　　　　　　　部分国家或地区的二字代码

国家或地区	英文名称	标准代码
阿富汗	Afghanistan	AF
阿根廷	Argentina	AR
澳大利亚	Australia	AU
奥地利	Austria	AT
巴西	Brazil	BR
比利时	Belgium	BE
加拿大	Canada	CA
古巴	Cuba	CU
中国	China	CN
丹麦	Denmark	DK
埃及	Egypt	EG
法国	France	FR
芬兰	Finland	FI
德国	Germany	DE
希腊	Greece	GR
中国香港	Hong Kong	HK
印度	India	IN
意大利	Italy	IT
日本	Japan	JP
韩国	South Korea	KR
中国澳门	Macau	MO
新西兰	New Zealand	NZ
挪威	Norway	NO
俄罗斯	Russia	RU
西班牙	Spain	ES
新加坡	Singapore	SG
中国台湾	Taiwan	TW
美国	United States	US
越南	Viet Nam	VN

　　在航空运输中，经常会出现一些用两个或三个英文字母表示的代码。这些代码的出现，使得航空运输操作及含义变得简捷而容易识别。航空货运代码主要有国家/地区的代码（见表4.14）、航空公司代码（见表4.15）、城市或机场代码（见表4.16）、操作代码（见表4.17）和危险品代码等。

表 4.15　　　　　　　　　　　　　　航空公司的二字代码

航空公司名称	代　号	航空公司名称	代　号
中国国际航空公司	CA	中国东方航空公司	MU
中国南方航空公司	CZ	四川航空公司	3U
日本航空公司	JL	奥凯航空公司	BK
春秋航空公司	9C	大韩航空公司	KE
云南航空公司	3Q	厦门航空公司	MF
深圳航空公司	4G	上海航空公司	SF
国泰航空公司	CX	美国联邦快递航空公司	FX
新加坡航空公司	SQ	港龙航空公司	KA
海南航空公司	HU	汉莎航空公司	LH
英国航空公司	BA	加拿大航空公司	CP
韩亚航空公司	OZ	美国西北航空公司	NW
山东航空公司	SC	美国联合航空公司	UA

表 4.16　　　　　　　　　　　　　　部分城市的三字代码

城市名称	英文名称	标准代码
北京	Beijing	BJS
广州	Guangzhou	CAN
上海虹桥	Shanghai	SHA
上海浦东		PVG
杭州	Hangzhou	HGH
深圳	Shenzhen	SZX
青岛	Qingdao	TAO
大连	Dalian	DLC
巴黎	Paris	PAR
伦敦	London	LON
纽约	New York	NYC
东京	Tokyo	TYO
大阪	Osaka	OSA
首尔	Seoul	SEL

　　为了简化航空运输操作过程中所使用的语言，在实务操作中，会使用一些代码以规范操作用语，表4.17归纳了部分常用操作用语代码。

表4.17　　　　　　　　　　　常用的操作用语代码表（部分）

中文名称	操作代码	英文全称	中文名称	操作代码	英文全称
航材	AOG	Aircraft on Ground	航空货运单	AWB	Air Waybill
活动物	AVI	Live Animal	运费到付	CC	Charges Collect
超大货物	BIG	Outsized	运费预付	PP	Charges Prepaid
外交邮袋	DIP	Diplomatic Mail	托运书	SLI	Shipper's Letter of Instruction
食品	EAT	Foodstuffs	分运单	HAWB	House Airwaybill
冷冻货物	FRO	Frozen Goods	总运单	MAWB	Master Airwaybill
尸体	HUM	Human Remains in coffins	无声明价值	NVD	No Value Declared
干冰	ICE	Dry Ice	无商业价值	NCV	No Commercial Value
报纸杂志	NWP	Newspaper/Magazine	货物运费更改通知书	CCA	Cargo Charges Correction Advice
鲜花	PEF	Flowers	仅限货机	CAO	Cargo Aircraft Only
肉	Meat	PEM	贵重物品	VAL	Valuable Cargo
易腐货物	PER	Perishable Cargo			

特点六：海关"截关时间"与其他运输方式不同

按《海关法》的规定，出口商或其代理人在货物运抵海关监管区后，装货的24小时之前，向最后出境地海关申报。针对航空运输，在实务操作中，海关会给予每个航班设定一个最后报关截止时间（俗称"截关时间"），出口商或其代理人必须在该"截关时间"前向海关申报（含预录入和纸质交单）。据悉，考虑到航空运输舱位有限，有些海关会视情况而定，灵活设定"截关时间"，方便出口商或其代理人的申报。跟单员必须事先向货运代理人或报关行了解预配航班的"截关时间"，预留充裕时间，在海关规定的"截关时间"前向海关申报，否则就会延误货期。

特点七：航空承运人间的"代码共享"成为趋势

代码共享（code-sharing）是指一家航空公司的航班号（即代码）可以被另一家航空公司使用，即两家航空公司使用同一个航班号。对于航空货物运输来说，有一批货物通过A航空公司订舱后，理应由A航空公司承运并签发航空运单，但事实上，A航空公司并没有承运该批货物，而是交由具有合作关系的另一家B航空公司承运，托运人拿到了A航空公司签发的航空运单。此时，这两家具有合作关系的运输主体使用了同一个航班号，即A航空公司"共享"B航空公司的航班号。对航空公司而言，通过代码共享，可以在减少投入成本情况下完善航线网络，扩大市场份额，突破了原先相对封闭的航空市场，增加了出口商或托运人选择航班的机会。

例如，中国国际航空公司、上海航空公司与日本全日空航空达成协议，从2007年9月29日起，三方联合实施代码共享，不仅密切了上海虹桥—东京羽田航线上两个国际大都市间人员的往来，还方便了外贸货物运输。

通过搜索引擎不难发现，不光是国内航空公司之间在国内航线上实施了代码共享，还有一些国内航空公司与境外航空公司在不同国际航线也实施了代码共享，所以说航空承运人间的代码共享成为一种趋势。跟单员了解航空公司间的代码共享后，灵活掌握和运用航空公司代码共享这一资源，可更好完成航空货物运输跟单工作。

步骤二：选择航空运输单据

航空运单是由承运人或其代理人签发的重要货物运输单据，是发货人与承运人双方缔结的运输合同契约证明，其内容对双方均具有约束力。航空运单不能作为物权凭证进行转让或抵押，持有航空运单也并不能说明可以对货物要求所有权。

1. 航空运单的种类

在航空运输中，运输单据有二种：航空主运单（MAWB）（见图 4. 26）和航空分运单（HABW）（见图 4. 27），前者是由航空承运人签发，后者则是航空货运代理人签发。不同的航空承运人都有自己独特的航空运单格式，但差别不大，这是由于各航空公司借鉴了 IATA 所推荐的标准格式，这种标准格式通常被称为“中性运单”。

凡由航空运输公司签发的航空运单就称为主运单，它是航空运输公司据以办理货物运输和交付的依据，是航空公司和托运人（货运代理人）订立的运输合同证明，每一批航空运输的货物都有自己相对应的航空主运单。凡由航空货运代理人在办理集中托运业务后所签发的航空运单被称作航空分运单，它是由航空货运代理人签发给出口商的运输单据。

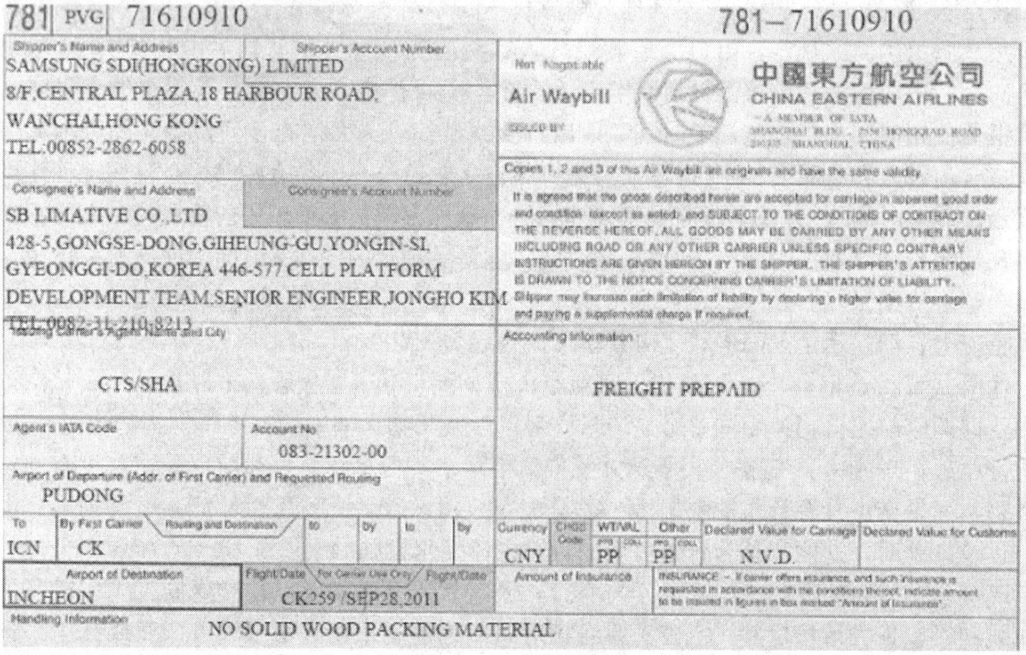
781 PVG 71610910
781—71610910
Shipper's Name and Address
Shipper's Account Number
SAMSUNG SDI(HONGKONG) LIMITED
8/F,CENTRAL PLAZA,18 HARBOUR ROAD,
WANCHAI,HONG KONG
TEL:00852-2862-6058
Not Negotiable
Air Waybill
中國東方航空公司
CHINA EASTERN AIRLINES
Copies 1, 2 and 3 of this Air Waybill are originals and have the same validity.
Consignee's Name and Address
Consignee's Account Number
SB LIMATIVE CO.,LTD
428-5,GONGSE-DONG,GIHEUNG-GU,YONGIN-SI,
GYEONGGI-DO,KOREA 446-577 CELL PLATFORM
DEVELOPMENT TEAM,SENIOR ENGINEER,JONGHO KIM
TEL:0082-31-210-8213
It is agreed that the goods described herein are accepted for carriage in apparent good order and condition (except as noted) and SUBJECT TO THE CONDITIONS OF CONTRACT ON THE REVERSE HEREOF. ALL GOODS MAY BE CARRIED BY ANY OTHER MEANS INCLUDING ROAD OR ANY OTHER CARRIER UNLESS SPECIFIC CONTRARY INSTRUCTIONS ARE GIVEN HEREON BY THE SHIPPER. THE SHIPPER'S ATTENTION IS DRAWN TO THE NOTICE CONCERNING CARRIER'S LIMITATION OF LIABILITY. Shipper may increase such limitation of liability by declaring a higher value for carriage and paying a supplemental charge if required.
Issuing Carrier's Agent Name and City
CTS/SHA
Accounting Information
FREIGHT PREPAID
Agent's IATA Code
Account No.
083-21302-00
Airport of Departure (Addr. of First Carrier) and Requested Routing
PUDONG
To | By First Carrier | Routing and Destination | to | by | to | by | Currency | CHGS Code | WT/VAL PPD COLL | Other PPD COLL | Declared Value for Carriage | Declared Value for Customs
ICN | CK | CNY | PP | PP | N.V.D.
Airport of Destination
INCHEON
Flight/Date | For Carrier Use Only | Flight/Date
CK259 /SEP28,2011
Amount of Insurance
INSURANCE – If carrier offers insurance, and such insurance is requested in accordance with the conditions thereof, indicate amount to be insured in figures in box marked "Amount of Insurance".
Handling Information
NO SOLID WOOD PACKING MATERIAL

图 4. 26 航空主运单（部分内容）

图 4.27　航空分运单（部分内容）

2. 航空运单的签发

总体而言，航空主运单由航空公司签发，航空分运单由航空货运代理人签发。不管由谁签发，航空运单份数为 3 正 6 副，正本运单用三种不同颜色予以区分：蓝色——交托运人，绿色——为承运人留存，粉红色——随货同行，在目的地交收货人。具体而言，假设托运人（出口商）ABC 公司等将不同出口货物交给航空货运代理人 DEF 公司，经过 DEF 公司集中后交付给航空承运人 XYZ 公司，当货物运抵目的地时，由出口国航空货运代理人的合作伙伴 MM 公司接受货物，将货物整理并分拨后交付给各个收货人（进口商）。在上述过程中，由 DEF 公司签发航空分运单给各个托运人，而 XYZ 公司则签发航空主运单给 DEF 公司，DEF 公司和 XYZ 公司均签发 3 正 6 副航空运单给各自的托运人。具体详见图 4.28。

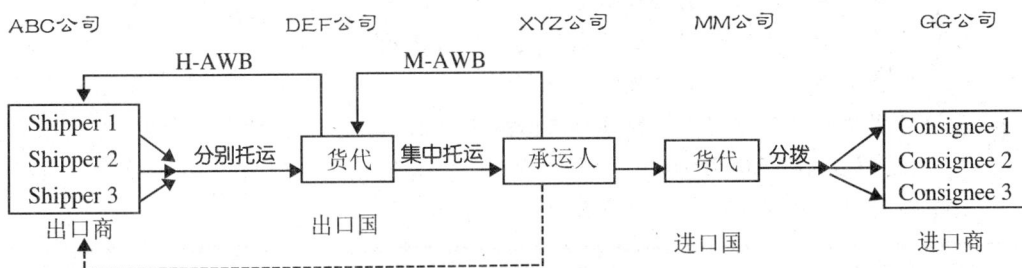

图 4.28　航空运输单据签发

其中：

航空分运单签发及部分内容填写：

H-AWB 中的　SHIPPER：ABC 公司

CONSIGNEE：GG 公司

签发人：DEF 公司

（思考：①按照《UCP 600》规定，签发人如何正确书写表达式？②DEF 公司应该分别签发几份？）

航空分主运单签发及部分内容填写：

M-AWB 中的　SHIPPER：DEF 公司
　　　　　　CONSIGNEE：MM 公司
　　　　　签发人：XYZ 公司

（思考：①按照《UCP 600》规定，签发人如何正确书写表达式？②XYZ 公司应该签发几份？）

跟单员应理解并掌握航空运输特点，当货物采用航空运输时，灵活运用所学知识，规避航空运输过程中货物交接风险，为做好航空运输跟单工作打下扎实基础。

【知识链接 4.9】航空运单 ABC

（1）航空运单不是物权凭证

航空运单属于运单类（waybill），不属于提单类，系运输合同及货物收据，不是物权凭证，收货人提取货物并不以提交该单据为条件，而是凭航空公司或货运代理人的"提货通知书"。只要证明提货者系航空运单上的收货人即可，即"认人不认单"，国际商会也认定了这一说法（ICC 511）。从保护出口商利益出发，在开证行允许条件下最好将航空运单上的收货人栏直接填写成开证行（consigned to issuing bank），以便规避风险。

（2）航空运单不能做成指示性抬头

航空运单仅是运输合同和货物收据的证明，无物权性，不能背书转让，所以航空运单的收货人应该是记名式的，即 consigned 栏必须填写具体收货人名称，而不能写成 to order 或 to the order of shipper，以便使货物有具名的收货人。（见 ISBP 第 143 段）

（3）航空运单必须注明承运人名称

航空运单不论其名称如何，都必须注明承运人名称。

（4）航空运单的签单者必须表明身份

与海运提单一样，航空运单的签单者必须表明系承运人或代理人的身份。

（5）航空运单不可转让

持有航空运单并不说明可以对货物要求所有权。

任务 4.2.2　选择航空货运代理人

航空运输与海洋运输的代理既有相同之处，也有不同之处。大多数情况下，航空运输与海洋运输一样也是由货运代理人揽货、仓储和签发运输单据，承运人是只管运输，二者分工明确。但在一些专业从事航空运输的代理企业中，有些采用包舱包板的方式，从航空公司获取舱位，然后制订和发放航空运价给其他货运代理企业。因此，跟单员在选择航空运输方式时，既要做好防范航空运输所独有的风险，也要安全及时地将货物交付给航空运输承运人。

既然航空货运也涉及选择货运代理人环节，那么有哪些途径来选择呢？

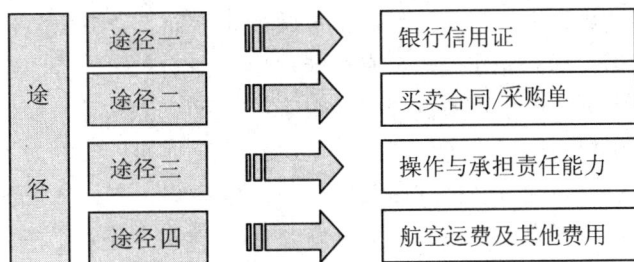

图 4.29　选择航空货运代理人的途径

从图 4.29 可知，跟单员可以从以下几种途径来选择货运代理人。

途径一：根据银行信用证

如果信用证描述为 "Full set of clean on board master/house air way bill made out to Mas Active（pvt）Ltd 89. Bepzwalgama Malwana Srilana Colombo Sri Lanka marked freight collect and notify applicant name with full address"，意思就是要求出口商在选择航空运输情况下，提供航空主/分运单。跟单员只有在选择了正确运输方式前提下，才能获得正确种类的运输单据，才不会因为运输单据种类的错误而产生"不符点"。另外，运输单据内容的填写也要符合信用证要求，从而为安全收汇创造条件。

练一练

请根据所给的信用证资料选择运输单据及运输方式，并完成表格内空格部分。

信用证原文：Full set of clean on board master/house air way bill made out to Mas Active（Pvt）Ltd 89. Bepzwalgama Malwana Srilana Colombo Sri Lanka marked 'Freight Collect'and notify same as consignee.

运输方式、单据名称及份数：		
	栏目名称	正确填写
运单中部分栏目	收货人	
	被通知人	
	运费支付	
	装运数量等	（略）
	其他要求	（略）

途径二：根据合同/采购单

合同或采购单是买卖双方都要执行的一种契约。当采用 FCA 贸易术语时，出口商完成生产并经客商检验合格后，就必须按合同或采购单要求，由指定的航空货运代理商安排运输。这种指定航空货运代理人的操作过程与海洋运输是相同的，只是其中的贸易术语变化为 FCA。出口商证明其完全按合同/采购单要求操作，需要符合以下条件：首先找指定航空货运代理商安排运输；其次是由该航空货运代理商签发航空运单。当采用 CPT 或 CIP 贸易术语时，理论上是由出口商选择航空货运代理人，但也有可能由进口商指定航空货运代理商安排运输。

　　不管是采用何种贸易术语，从出口商防范风险的角度而言，只要是进口商没有支付货款情况下，这种指定货运代理商操作模式都有可能使出口商陷入"钱货两空"境地，并且这种可能性要比海洋运输更大，这一现象也要引起跟单员的高度重视。

　　还有一种情况，出口商由于生产突遇意外情况导致交货期延误，为了弥补已经延误的交货时间，需要寻找合适的航空货运代理商帮助安排航空运输。在这种情况下，跟单员一方面要联系进口商，书面征得买方同意或买卖双方修改合同/采购单中运输条款；另一方面，从运输线路、运输价格和服务质量等不同方面进行综合考虑，最终选择航空货运代理人。

　　途径三：根据操作与承担责任能力

　　从理论上而言，航空运输是最安全的运输方式之一，具有机动且速度快、货损货差率低、货物在途时间短、周转速度快、资金回收快等优势，从而快速占领市场。但是高额的航空运费和货损货差的索赔难成为出口商畏惧航空运输的原因之一。如此一来，选择合适的航空货运代理人成为关键，跟单员可以从以下几个方面进行考虑：

　　（1）境外代理分支机构

　　航空货运代理的操作能力高低直接决定了托运人的货物能否按时送达收货人，其中操作能力主要体现在境外是否有代理人。一般而言，当航空货物平安抵达目的地机场时，境外航空货运代理人能够提供进口清关并将货物及时运送至收货人的服务，往往被认为是一种操作能力强的主要标志，比较受进出口商欢迎。

　　（2）提供多种运输方案建议

　　由于航空运价是所有运输方式中最高的，无论作为出口商还是进口商都是比较敏感的。理论上而言，当到达时间相差 1～3 天时，空运价格就显得格外敏感。譬如说，甲公司有一批货物需要航空运输，有两种选择方案可供选择：直航和第三地转运（公布直航运价为 45 元/千克，第三地转运运价为 40 元/千克，途中消耗时间分别为 10 小时和 25 小时）。此时，航空货运代理人应能够提供两种以上运价及对应耗时信息给出口商，并分析各种运输方案利弊，最后由出口商决定采用何种运输方案来运送这批货物。

　　（3）提供合理化操作建议

　　航空货物运输涉及环节多，专业性强，操作要求高，在整个运输过程中需要各个相关人的密切配合。因此，航空货运代理人除了与航空承运人做好货物运送的衔接外，还要向托运人提供比较详尽的操作建议，并尽可能满足了出口商或进口商的各种需求，为节省航空运费打下基础，真正体现了航空货运代理人的操作能力。另外，在航空货运操作过程中，航空货运代理人应该就航空货物运输的相关要求事先告知托运人，例如，按《华沙公约》的规定，当未声明价值的货物在航空运输途中发生了丢失等情况时，则按 20USD/KG 进行赔偿，这就要求航空货运代理人事先尽到告知义务，提醒托运人注意《华沙公约》的这一规定，以防止日后因赔偿补偿标准发生纠纷。再如，目的地为美国境内（含途经）的航空货物必须遵守美国海关的"24 小时预申报"规则，否则将会遭受美国海关处罚（如拒绝入境和罚款等）。

　　（4）具备相应的从业资质

　　根据《中国民用航空运输销售代理资格认可办法》的规定，在中国境内从事国际航空货运代理业务必须取得中国航空运输协会颁发的"中国民用航空运输销售代理业务资格认可证书"，并接受航空运输企业委托，依照双方签订的委托销售代理合同，在委托的业务范围内从事销售代理活动。该证书分为一类空运销售代理和二类空运销售代理，前者属于从事经营国际航线（含港澳台地区航线）的民用航空运输销售代理业务（俗称"航空铜牌"），后者只能从事国内航线（除港澳台地区航线）的民用航空运输销售代理业务。因此，从事国际民用航空货物运输代理必须满足以下三个条件：具有"航空铜牌"；在航空运输企业委托销售业务范围内；以自己的名义从事货物运输销售代理经营活动。此外，为了活跃地区间航空货运业务，有些证书还规定了经营区域，限制跨地区从事航空货运代理业务。

为了规范航空货运代理业务和提高代理水平，有些国外航空运输企业只与国际民用航空运输组织（ICAO）、国际航空运输协会（IATA）和国际货物运输代理协会（FIATA）等组织的成员企业签订委托代理协议。因此，ICAO、IATA 和 FIATA 的国际货运代理成员企业具有一定的竞争优势，得到了航空运输企业认可。

途径四：根据航空运费及其他费用

航空运费的高低除了与货物种类、重量和运距有密切关系外（见任务 4.2.1 "认识航空运输"），航空运费高低还与航空货运代理人规模、始发机场、直航与转机（中转地和中转次数）、航班类型等因素有关。

大多数情况下，航空运输采用集中托运方式，由航空货运代理人从航空承运人处采用包舱、包板和包箱方法获取航空舱位。因此，不同的航空货运代理人往往从自身利益出发，依不同货物种类、货物重量等级和目的地来发布直达航班或中转航班航空运价，那些规模较大的航空货运代理人，仰仗着与航空公司的良好关系、充沛货源，向托运人或其他货运代理人提供优惠的航空运价，并直接使其航空运输费用极具竞争力。

航空运费与货物起运机场有关。在一些一线城市机场（如北京、上海、广州等），拥有众多航线和航空公司，不仅为航空货物提供了航空包机运输业务，还提供部分航空客机的货运业务，使货运机会大大增加，货运价格也极具竞争力，从而吸引了周边城市的货源。而在一些二、三线城市，虽然有国际航空航班，但航班稀少。航线单一，运价高是普遍现象，况且这些航班大多为航空客机，有限的载量会使运力矛盾十分突出，一旦旅客行李较多，优先运载行李这一行规将使航空货运代理公司顿显无能为力，航空货物被"甩载"的情况不足为奇，令出口商头痛不已。

航空运费中转机场和中转次数有关。那些临近一线城市机场的货源，托运人可以自行通过公路运输运送至机场，而那些远离一线城市机场的货源，往往采用航空中转的方式，这种方式的好处就是便捷，加之其合适运费也是托运人能够承担的。理论而言，直航运费是最高的，一次中转航班次之，数次中转航班最低。因此，从何地中转、中转次数也是托运人必须考虑的，它不仅其涉及航空运费，还与各中转地航班衔接度有关。对于具备充分衔接时间、中转次数合适的航班，托运人往往会优先考虑。

航空运费与航班类型有关。在航空运输中，有包机运输和班机运输之分。前者往往采用专门的航空全货机运送货物，具有运载量大、航空运费低、直达飞行和运输舱位可靠性强等特点，缺点是集中货源需要一定时间，通常在运输旺季包机运输比较频繁；后者则航班密度较高，有固定的开航时间、航线和停靠航站，但由于是客货混合型飞机，不仅运价较高，而且货舱容量较小，不能使大批量的货物及时出运，往往需要分期分批运输，运输舱位可靠性也就较低了。

航空运费与航线有关。有关这部分内容，在下面的任务 4.2.3 中详细叙述。

【知识链接4.10】国际航协费率区域及运价种类

国际航空运输协会（IATA）将整个世界划分为三个航空业务费率区：

一区（TC 1）为南北美洲、格陵兰等（主要为美国、加拿大、墨西哥、阿根廷、巴西、智利、巴拿马、秘鲁、委内瑞拉等国）；

二区（TC 2）为欧洲、非洲、伊朗等（主要为欧洲、非洲、中东地区等）；

三区（TC 3）为亚洲各国和澳大利亚等。

国际航空运输协会将航空运价分为：

普通货物运价（General Cargo Rate，GCR）；

指定商品运价（Special Cargo Rate 或 Specific Commodity Rate，SCR）；

货物等级运价（Commodity Classification Rate，CCR）；

集装箱货物运价（United Consignments Rate，UCR）。

任务4.2.3　选择航运线路

飞机飞行的路线称为航空交通线，简称航线。按照起飞和到达地点的归属不同，航线一般分为国际航线和国内航线。在我国，航线按起飞和到达地点的地域关系又分为干线航线和支线航线。也就是说，由两个或两个以上国家共同开辟的，主要担负国际旅客、邮件、货物运送的航线称为国际航线；连接首都北京和各省省会、直辖市或自治区首府的航线，以及连接两个或两个以上的省会、直辖市、自治区首府之间的航线称为航空干线；将省或自治区之内或之间除省会或首府以外的城市之间的航线称为航空支线。

航空航线的开发对于发展国家/地区、国家/国家、地区/地区间的政治、经济、文化有着非常重要的作用。目前，北京、上海、广州等航空港不仅是我国境内最繁忙的机场，也是拥有国际航线最多的城市，分别与巴黎、伦敦、法兰克福、阿姆斯特丹、纽约、芝加哥、蒙特利亚、东京、雅典、开罗、德黑兰、卡拉奇、新德里、曼谷、新加坡、温哥华、西雅图、旧金山、洛杉矶、墨尔本、奥克兰、迪拜、仁川、釜山等城市开通了定期航班和包机航班。此外一些二、三线城市也纷纷开通了国际航班，带动了航空客运和货运，形成内地机场与仁川、迪拜、法兰克福、阿姆斯特丹、纽约等航空运输中转站的"空中走廊"，内地的货物可以通过该"空中走廊"中转运送至境外目的地。

航空线路也直接影响着航空运价，直航运输的运价要比中转运输的运价高，因为直航运输时间要比中转运输快，从货物安全角度而言，缺少中转环节的直航运输发生货物遗失、短少的可能性大为降低。

跟单员在涉及航空运输跟单时，首先要了解所在城市的国际航线情况，弄清与哪些国家或地区城市有航线及航班时间，是民航航班还是全货机航班，积累国际航班的第一手资料；其次要了解所在城市的国内航线情况，为货物中转其他机场做好准备；最后要灵活选择直航或中转运输，节省航空运费。为了降低航空运费，有经验的跟单员还会采用联合运输方式，将陆空联运、海空联运等含有空运的联合运输方式紧密结合，巧妙利用航空枢纽来降低运输费用。例如，广东东莞、深圳地区的货物可以先用火车、汽车或船舶将货物运送至香港，然后利用香港的航空运输优势，空运至目的地或航空中转站，再通过当地代理机构，用卡车将货物运送至目的地。再如，上海附近的货物，可以先海运至韩国仁川再空运至伦敦。有资料表明①，与全海运方式比较，上述联合运输方式使整个运输时间缩短（欧洲约为二周），费用却仅为全空运的一半或 2/3。

练一练

国内 A 公司与英国某客商洽谈了一笔文具合同，合同规定卖方收到认可的信用证后 30 天内交货。5 月 15 日 A 公司收到了符合要求的信用证，信用证规定最迟在 6 月 15 日装船（海运耗时约 30 天）。在生产过程中，流水线发生局部轻微火情导致交货期延误 15 天。跟单员与英国客商洽商并达成协议，该协议规定：货物只要在原定时间内到达英国伦敦港口的前提条件下允许改变运输方式。有关各种运输方式所耗费时间、运费等信息，列表如下：

方案	运输方式及路径	抵达时间	运费
1	全空运（直飞）	当天抵达	最高
2	全空运（中转）	隔日抵达	稍高
3	海空联运（路径：从上海海运至仁川后空运中转至伦敦）	7 天抵达	便宜
4	海空联运（路径：从上海海运至迪拜后二次空运中转至伦敦）	18 天抵达	更便宜

问题：（1）如果你是航空货运代理人，根据上述信息建议 A 公司跟单员采用选择何种运输方案？为什么？

（2）是否可以采用空海运输方式？为什么？

任务 4.2.4　掌握空运跟单操作过程

航空运输是国际货物运输中的主要方式之一，尤其是临近销售旺季或对于时令性商品，采用航空运输来运送货物是非常普遍现象，跟单员不但要掌握航空运输的基本知识，还要懂得航空运输的操作过程。

途径一：认识集中托运的操作过程

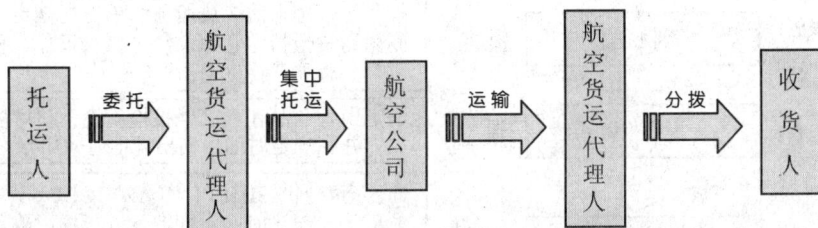

图 4.30　集中托运的工作过程

从集中托运的操作过程看，当不同托运人的各自货物需要办理航空托运时，首先，托运人应该向航空货运代理人询价，经过比较，确定具体的航空货运代理人和航空公司，并填写"国际航空货物托运书"；其次，将货物运送至航空货运代理人指定的仓库，经过丈量和过磅，按实际重量或重量确定计费重量；最后，货物获得海关放行后，装载航空飞机，待货物抵达目的空港后，目的地航空货运代理人便从航空公司提取货物，整理分拨，向每一个收货人发出"航空货物到货通知书"（见图 4.22），各收货人凭"航空货物到货通知书"和相关证明提取货物。

途径二：掌握航空运输的跟单操作技巧

以下是一个有关货物以航空运输方式的案例，通过该案例的整个操作过程，体会航空运输跟单每一步骤及相应要领，并结合本区域内的特点，举一反三。

【业务背景】2009 年 1 月，杭州萧山诺夫灯具制造有限公司（SHIPPER 1）、绍兴皇冠制衣有限公司（SHIPPER 2）和嘉兴绢花制造有限公司（SHIPPER 3）分别与香港各自客户签订了货物销售合同，贸易术语均为 CIP 伦敦。同年 2 月，上述三家公司完成了合同规定的货物生产后，分别有 150 千克/10 箱灯具、650 千克/26 箱男式衬衣和 180 千克/10 箱绢绸花需要采用航空运输去伦敦。经过比较，最终选择起运机场所在地的"上海捷运货运代理公司"办理航空运输事宜，其境外货运代理商为英弗货运代理公司。至此，这些生产商都面临了办理航空运输事务，这些事务主要涉及：选择起运机场和货物运输代理人、订舱、货物进仓和报关、运输费用结算与支付、获取航空货运单据等。

【操作指南】

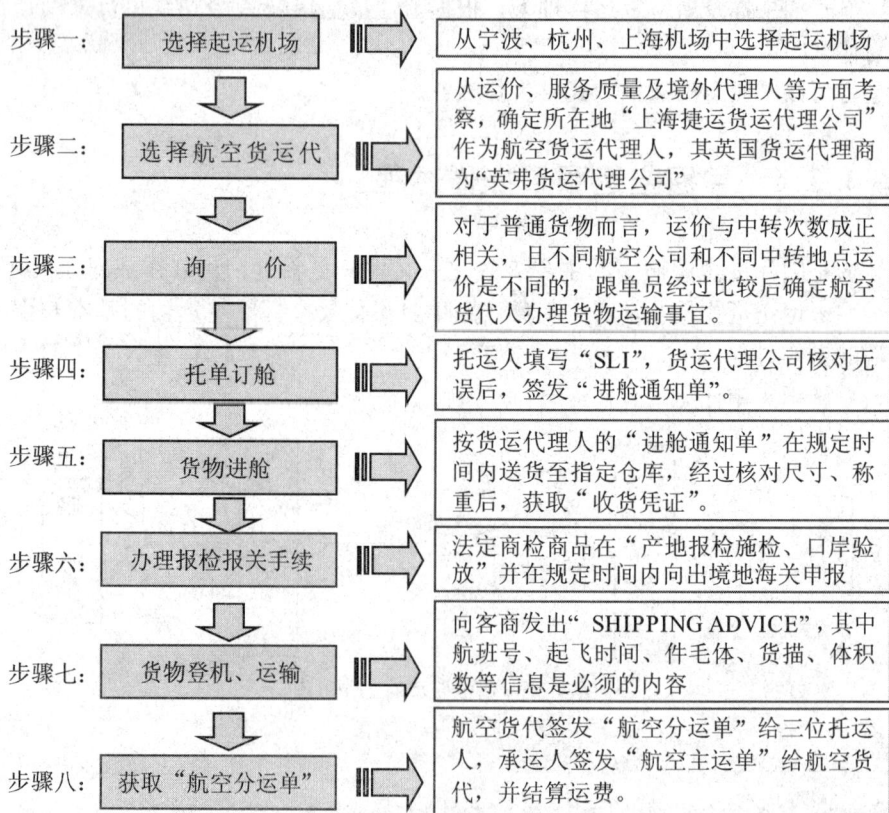

步骤一：选择起运机场	⇒	从宁波、杭州、上海机场中选择起运机场
步骤二：选择航空货运代	⇒	从运价、服务质量及境外代理人等方面考察，确定所在地"上海捷运货运代理公司"作为航空货运代理人，其英国货运代理商为"英弗货运代理公司"
步骤三：询价	⇒	对于普通货物而言，运价与中转次数成正相关，且不同航空公司和不同中转地点运价是不同的，跟单员经过比较后确定航空货代人办理货物运输事宜。
步骤四：托单订舱	⇒	托运人填写"SLI"，货运代理公司核对无误后，签发"进舱通知单"。
步骤五：货物进舱	⇒	按货运代理人的"进舱通知单"在规定时间内送货至指定仓库，经过核对尺寸、称重后，获取"收货凭证"。
步骤六：办理报检报关手续	⇒	法定商检商品在"产地报检施检、口岸验放"并在规定时间内向出境地海关申报
步骤七：货物登机、运输	⇒	向客商发出"SHIPPING ADVICE"，其中航班号、起飞时间、件毛体、货描、体积数等信息是必须的内容
步骤八：获取"航空分运单"	⇒	航空货代签发"航空分运单"给三位托运人，承运人签发"航空主运单"给航空货代，并结算运费。

练一练

上面已经展示了该批货物的主要操作过程，现请你从托运人、货运代理人、承运人等角度来寻找相关主要信息，并填入相应空行中。

（1）分析相关信息

托运人 1：_____

托运人 2：_____

托运人 3：_____

境内货运代理人：_____

境外货运代理人：_____

实际承运人：_____

（2）理解运价表并核算运费

上述三家企业围绕航班时间、航班数、运价和内陆运输便利性等因素，经比较后选择上海虹桥机场作为起运机场，并从上海捷运货运代理公司处获得了承运人英国珍纬航空公司的运价表（ALL-IN）。

上海运至伦敦运价表

SHA TO LON	CNY/KG
M	320.00
N	55.00
45	50.00
100	42.00
300	38.00
500	30.00
1000	25.00

该运价表中"M"为"起码运费"，意思为当一票普通货物的最终运输费用低于 320 元时，承运人或货运代理人直接收取 320 元，"N"重量为 45 千克以下普通货物的运价（也有用 Q 表示），"45"为≥45 千克普通货物的运价（但＜100 千克），"100"为≥100 千克普通货物的运价（但＜300 千克），"300"为≥300 千克普通货物的运价（但＜500 千克）……"1000"为 1000 千克以上普通货物的运价。

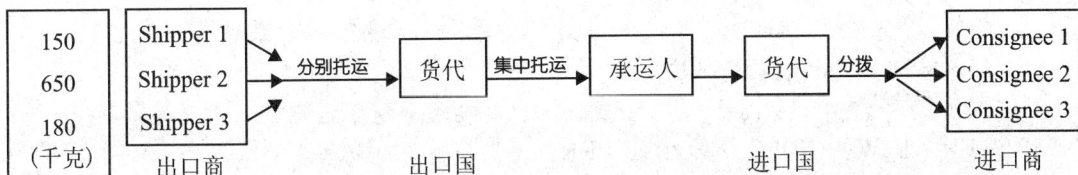

托运过程和运费计算过程如下：

SHIPPER 1： 150×42.00＝6 300.00（元）

SHIPPER 2： 650×30.00＝19 500.00（元）

SHIPPER 3： 180×42.00＝7 560.00（元）

合计：33 360.00元/980千克

但是，980千克已经接近1 000千克，而1 000千克在运价表中所示运价仅为25.00元/千克，按这种运价计算：1 000×25＝25 000（航空运输专业术语为"较高重量较低运价"）。因此，上海捷运货运代理公司实际支付运费为：25 000.00元。

上海捷运货运代理公司的利润为：8 360.00元。

需要指出的是，上述计算过程忽略了货物体积所产生的体积重量，也就是说，当货物体积折算为体积重量大于实际重量时，必须按体积重量所对应的运价来求算航空运费。

（3）获取航空运单

跟单员可以通过图4.31获知航空主运单和航空分运单的签发过程，并在了解航空运单签发知识基础上，掌握航空运单的签发人及SHIPPER、CONSIGNEE等主要栏目的正确填写。

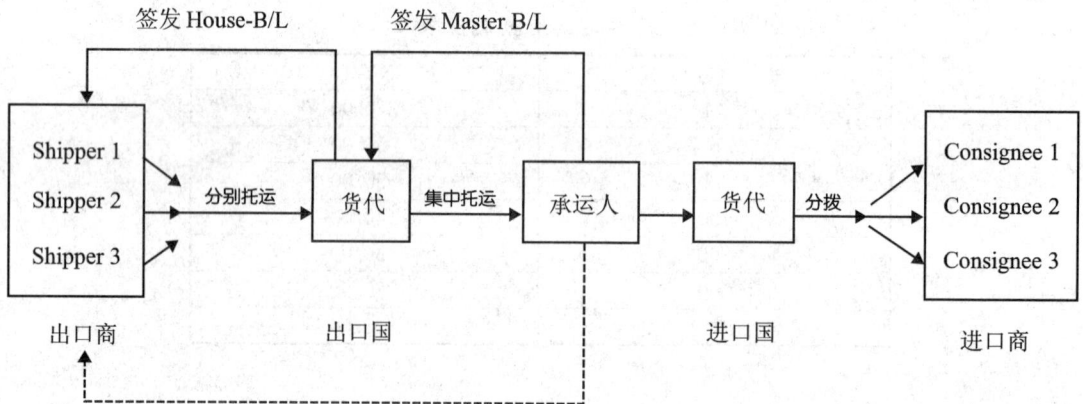

图4.31　签发航空运单

图4.31中，具备签发航空运单资格者为：上海捷运货运代理公司和英国珍纬航空公司，其中，签发HOUSE AIRWAY BILL的是上海捷运货运代理公司，签发MASTER AIRWAY BILL的是英国珍纬航空公司，具体如下：

HOUSE AIRWAY BILL中的SHIPPER：杭州萧山诺夫灯具制造有限公司

（以此公司为例，其余类推）

CONSIGNEE：英国公司

签发人：上海捷运货运代理公司

MASTER AIRWAY BILL中的SHIPPER：上海捷运货运代理公司

CONSIGNEE：英弗货运代理公司

签发人：英国珍纬航空公司

项目 4.3 其他运输方式跟单

任务 4.3.1 铁路运输跟单

铁路运输是使用铁路列车运送客和货的一种运输方式，自 19 世纪英国开通了第一条由蒸汽机头牵引的铁路以来，铁路运输业迅速发展，不仅铁路里程和铁路装备得到了极大的改善，铁路运行网络越来越合理，已经形成了西伯利亚大铁路线、北美大陆铁路线、横跨印度半岛铁路线、南美大陆铁路线和欧亚大陆桥铁路线等。但也不得不看到，利用铁路运输方式来运送货物，除了与我国接壤的周边国家外，长距离运输明显受到限制（与我国接壤的周边国家有俄罗斯、越南、朝鲜、蒙古、哈萨克斯坦等）。因此，在铁路运输跟单中，主要介绍我国与这些接壤国家的国际联运集装箱货物运输方面的跟单知识。

步骤一：认识铁路运输

铁路运输不但具有安全程度高、运输速度快、运输距离长、运输能力大、运输成本低等特点，而且具有污染小、潜能大、不受天气条件影响的优势，是陆路运输中的一种重要方式。铁路货物运输的基本知识主要涉及铁路运输定义、运输车辆及设备、专业用语及相邻国家口岸车站等。

国际集装箱铁路联运是指通过国际铁路货物联运渠道，执行《国际货协》或《集装箱运送规则》中的规则，采用国际铁路货物联运运单，使用国际标准集装箱（如 1 吨、5 吨集装箱或 20'C、40'C）办理进出口和过境货物的运输。

在该运输方式中，我国铁路系统中的运输车辆及设备的主要代号归纳如表 4.18，专业用语主要有标准轨距、换装、到发线、装货线和调车线。其中，标准轨距是指两股钢轨间距离为 1435 毫米的铁路（如我国及欧美国家的铁路），比 1435 毫米宽的轨距为"宽轨"（如俄罗斯铁路轨距为 1520 毫米、蒙古铁路轨距为 1524 毫米），比 1435 毫米窄的轨距为"窄轨"（如越南铁路轨距为 1000 毫米）。换装是指由于两个国家的轨距不同，在国境站将原车货物卸下，再装至另一宽轨或窄轨货车上的装卸过程。由于内地与香港地区的铁路轨距相同，货物可以原车通过，不需要换装。到发线是指用于接发旅客列车和货物列车的线路。调车线是指用于调车作业的线路，用于集结车辆、解编列车和停放本站作业车及其他车辆。装货线是指用于货物装卸的线路。

表 4.18   我国铁路使用的主要货运车辆及设备（代号）

序号	车辆及设备类型	具体描述与代号
1	通用货车	棚车（P）、敞车（C）、平车（N）
2	专用车辆	长大货车（D）、冷藏车（B）、水泥车（U）、家畜车（J）、罐车（G）、集装箱车（X）、特种车（T）等

目前，与我国相邻国家铁路口岸车站名称归纳如表 4.19 。

表 4.19　　　　　　　　　　　与我国相邻国家铁路口岸车站名称

序号	相邻的国家	中方口岸省份	口岸车站	是否需要换装
1	中国—哈萨克斯坦	新疆	阿拉山口	需要
2	中国—蒙古	内蒙古	二连浩特	需要
3	中、俄、蒙	内蒙古	满洲里	需要
4	中国—俄罗斯	黑龙江	绥芬河	需要
5	中国—朝鲜	辽宁	丹东	不需要
6	中国—朝鲜	吉林	图们	不需要
7	中国—越南	广西	凭祥	需要或不需要
8	中国—朝鲜	吉林	集安	不需要
9	中国—越南	云南	河口	不需要
10	中国—俄罗斯	吉林	珲春	需要

据悉，中国铁路与哈萨克斯坦铁路部门正在密切合作，加快建设霍尔果斯铁路口岸。预计 2020 年建成后，口岸运量可达 1500 万吨。

步骤二：明确国际铁路货运的运输限制

国际集装箱铁路联运对所运送货物都有明确的前提条件，跟单员可以根据货物情况，正确办理托运操作。国际货运的运输限制主要针对不准运送的货物、经事先商定后才能运输的货物、有运载条件要求的货物，详细列表 4.20。

表 4.20　　　　　　　　　　国际铁路货运的运输限制（主要部分）

序号	货物种类	限制说明
1	不准运送的货物	任一国家所禁止运送的货物或物品（如武器、弹药等军火）。
		易燃、易爆、放射性、易腐蚀等货物或物品（详见中铁《危险品货物物品名表》）。
		在同一车厢内不允许装运不同铁路目的站的两个 20′C 或不同重量的两个 20′C。
		超大、超重或危险的特殊货物，必须事先征得铁路部门同意后方可运输。
2	有运载条件要求的联运货物	文字限制：铁路工作语文为中文或俄文，凡运往越南、朝鲜、蒙古的货物必须有中文或俄文译文。
		重心标记要求：所有货物必须标明每件货物总重量，并且有不易清除的"重心"标识。
		装载限制：车辆中货物重量不能超过最大承载限制；货物的宽度也不能超过车辆最大宽度。单件货物重量不得超过 50 公斤。此外，俄罗斯规定每车装载重量普通货物不能超 60 吨，冷藏货物不能超过 40 吨，大豆、玉米等货物需要散装运输。
		国别限制：俄罗斯要求与人体接触的货物和物品，如食品、儿童用品、化妆品和用于建筑、运输、家具、家庭日用品、化纤布料/线、缝纫、合成革、皮等都要办理卫生检验检疫证书；越南要求易腐和危险货物，必须提前 7 天以详细资料通知柳州铁路局，经该局与越方商定后，发站才能凭越方铁路答复电文号和日期实施装货作业等；朝鲜要求散装货物（如煤、焦炭、铁矿石、粮食等）在国境站以重量办理交接，对于那些怕湿货物（如粮食、水泥、化肥、纸张、食品、棉花、药材和盐类等）必须使用棚车装运，对于未加包装的货物（如煤、焦炭、铁矿石等）必须使用敞车装运，不能使用稻草制品作为包装材料或防滑材料等。
3	经事先商定后才能运输的货物	单件货物超过 60 吨（越南为 20 吨）；长度超过 18 米（越南为 12 米）；需要换装的罐车装运的化学货物；危险品；特种货物；超过装载限制的货物。

步骤三：熟知铁路运输的其他规定

在国际货物铁路运输中，除了有上述限制外，还有其他一些规定或要求，如：

（1）不得装运能损坏或污染集装箱的货物以及能引起传染、有异味的货物。

（2）集装箱运输条件。使用一个车皮装运两个 $20'C$ 时，必须门对门装载，中间间隔距离不得大于 200 毫米，对于不同重量集装箱要单独编制《国际货协运单》；同一辆车内不允许放置不同车站的两个 $20'C$；同一辆车内不允许放置不同重量集装箱；每个集装箱总重不得超过集装箱标注总重；利用集装箱运送危险货物时，必须遵守《危险货物运送规则》的规定或者运输企业相关规定；运输途中需要制冷、通风或加温的货物，必须事先预订相应专用集装箱，并商请铁路部门同意后才能办理。

（3）空置集装箱回运费用。免收空置集装箱回空运输费用。

（4）集装箱的管理和经营人。中俄间和中哈间铁路国际集装箱的使用管理和费用清算由各国铁路集装箱经营人负责。中国铁路集装箱经营人为"中铁集装箱运输有限公司"，俄罗斯铁路集装箱经营人为"俄罗斯交通部优质运输服务中心"，哈萨克斯坦铁路集装箱经营人为"哈萨克斯坦铁路代理公司"。

（5）集装箱丢失报废赔偿标准。$20'C$：20500 CNY

$40'C$：32800 CNY

（6）污染集装箱赔偿标准。50 USD/20 呎的消毒和清扫费。

（7）对俄、哈、蒙的铁路集装箱运输的特殊要求。

2004 年 1 月起，中国与俄罗斯、哈萨克斯坦和蒙古国签订了国际铁路集装箱运输相互使用协议，该协议规定了 $20'C$、$40'C$ 在上述国家间可以相互使用，即中国集装箱可以运货至俄罗斯境内车站，在该车站卸货后，可装运俄罗斯货物运回中国。俄铁集装箱、哈萨克斯坦集装箱也可以同样操作执行。这样一来，既解决了铁路运输过程中集装箱数量不足的问题，也提高了铁路集装箱的利用率，为不同国家间铁路运输带来了便利。除了规定不准一国铁路向另一国铁路移交技术状态不良的集装箱外，该协议还对集装箱做出了如下规定：

①集装箱代号；中国铁路集装箱箱主代号为 TBJU，俄罗斯铁路集装箱箱主代号为 RZDU，哈萨克斯坦铁路集装箱箱主代号为 KZTU。

②集装箱尺寸规格；各方均使用 ISO 系列的国际标准 $20'C$ 和 $40'C$。

③集装箱标识；各个集装箱应该具备下列标识：

——集装箱所有者代码和集装箱号码；

——集装箱总重和自重；

——国际安全集装箱公约标牌；

——海关公约标牌；

——定期计划检查日期。

步骤四：掌握铁路运输跟单操作过程（以集装箱运输为例）

国际铁路货运业务的组织和运作，由于运输形式与海运、空运的差异很大，最显著特点就是"舱位"被"车皮"取代。此外，具体操作中除了掌握贸易术语（CIP、CPT 等）、海关、商检规则和商品知识外，还要知晓国际铁路运输的货运规则、货车规格、装载加固条件等。

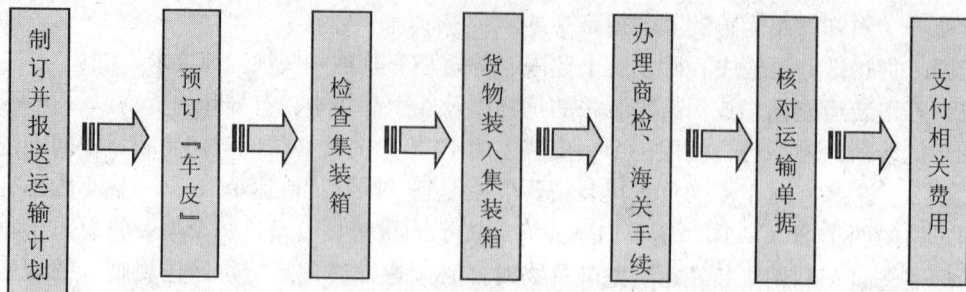

图 4.32　铁路运输跟单的工作过程

上述铁路运输跟单的过程与海运或空运方式是差不多的，主要区别是：由于铁路运输的特殊性，跟单员在制订运输计划时，要与当地火车站货运部门联系，填写国际联运委托书，并说明货物名称、装运要求、货物体积和重量、装运时间、装运车站及目地车站等。

任务 4.3.2　公路运输跟单

公路运输是以汽车为载体的运输方式。所谓公路运输，是指以公路为运输线，利用汽车等运输工具，使货物完成跨地区或跨国位移的陆路运输的基本运输方式之一。由于公路运输具有独立的运输体系，它是车站、港口和机场物资集散的重要途径。此外，边境贸易以及与我国有陆地接壤的跨境货物的运输，都是依靠公路运输完成货物的交接。基于公路运输的特殊性，跟单员在公路运输跟单过程中，必须注意公路运输的以下特性。

步骤一：认识公路运输

（1）经营许可制度

根据 2005 年 6 月实施的《国际公路运输管理规定》的规定，凡是从事国际道路运输经营活动的，除了办理"工商注册登记"和"国内道路运输经营许可证"外，还必须向所在地省级道路运输管理机构提出从事国际道路运输经营活动的申请，企业内具有完善的国际道路运输安全管理制度（如安全生产责任制、安全生产业务操作规程、安全生产监督检查制度、驾驶员和车辆安全生产管理制度等），拟聘用的从业驾驶员必须是近三年内无重大以上道路交通责任事故。

（2）行车许可证制度

行车许可证是国际道路运输经营者在相关国家境内从事国际道路运输经营时行驶的通行凭证。我国从事国际道路运输的车辆进出相关国家，应当持有相关国家的国际汽车运输行车许可证。外国从事国际道路运输的车辆进出我国，应当持有我国国际汽车运输行车许可证。行车许可证分为《国际汽车运输行车许可证》和《国际汽车运输特别行车许可证》，前者适用于在我国境内从事国际道路旅客运输经营和一般货物运输经营的外国经营者，后者适用于在我国境内从事国际道路危险货物运输经营的外国经营者。

（3）地域性

考虑到与国外公路接壤性，通过国际公路将货物运送到周边国家，大都集中在我国的内蒙古、辽宁、吉林、黑龙江、广东、广西、云南、西藏、甘肃和新疆等地，具有明显的地域性。此外，除了边境贸易外，公路运输还是人员往来的重要途径。

（4）按规定线路

从事国际公路运输的企业，必须遵守我国和相关国家的规定，按照事先确定的线路，通过规定的口岸出入境从事货物运输作业。此外，海关监管货物通过公路运输时，也必须按照事先确定的线路行驶。为了监控车辆的行驶线路，运输企业被要求安装 GPS 监控设备。

（5）遵守国际惯例以及相关国家或地区法律制度

国际公路运输涉及相关国家或地区，具有明显的国际性。因此，从业企业和人员必须在遵守国际惯例以及相关国家或地区法律的前提下从事货物运输作业。

（6）实现"门到门"运输

当货物通过航空运输、海洋运输或铁路运输至机场、码头和铁路车站后，往往需要公路运输进行"短驳"，利用公路运输的"门对门"特点，直接将货物运送至生产工厂、超市卖场或物流中转仓库，这些都是其他运输方式所无法比拟的。

步骤二：掌握公路运输跟单操作流程

从合同或订单看，当需要通过公路运输才能实现交货时，跟单员面临选择承运公司、签订运输合同、车辆证件检查、货物装车、检查"三防"设施和费用结算等各个不同的操作流程或步骤。图 4.33 是公路运输的主要流程或步骤。

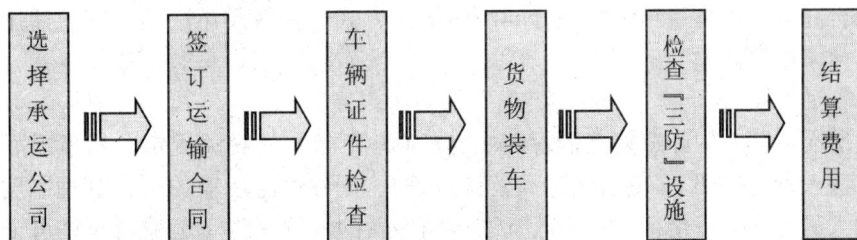

图 4.33　公路运输跟单的工作过程

（1）选择承运公司

在发达国家，公路运输网络起步早，有比较完备的公路运输体系，且在融入集装箱后，运输货物大都采用箱式汽车，运送途中对货物损伤较少，没有沿路的抛洒，是一种比较经济的运输方式。毋庸置疑，不同运输公司有不同的运输设备，因此跟单员应该根据货物特性来选择专业运输公司。比如，对于液体货物，应该选择有资质并有液体运输设备的承运公司（图 4.34）；对于 3 吨以上货物应选择相应吨位的箱式汽车承运公司（图 4.35）。

因此，跟单员在选择承运公司时，首先考虑运输资质，其次是运输专业性，再者是运输价格。

（2）签订运输合同

运输合同可以明确委托方和承运人之间的权利和职责，其中：

承运人的主要义务有：按约定的时间将货物运达目的地；不得擅自变更运输路线；保障货物在运输途中的安全；及时通知收货人按约定方法收（交）货等。

图 4.34　运送液体货物的罐式车　　　　　图 4.35　运输普通货物的厢式车

承运人的主要权利包括：收取运费及符合规定的其他费用；对逾期提货的货物收取保管费；妥善保管收货人不明或收货人拒绝受领的货物；行使货物的留置权（对不支付运费、保管费及其他有关费用的运输货物）等。

托运人的主要义务包括：如实申报货物基本情况；办理有关托运手续；完整包装货物；支付运费和其他有关费用等。

托运人的主要权利有：要求承运人按合同约定的时间安全运输到约定的地点；在承运人将货物交付收货人前，托运人可以请求承运人中止运输、返还货物、变更到货地点或将货物交给其他收货人，但由此给承运人造成的损失应予赔偿等。

在运输合同中，还有违约责任、合同纠纷解决方式、仲裁及司法诉讼管辖适用法律、双方商定的其他事项等条款。

（3）车辆证件检查

按照我国交通部《国际道路运输管理规定》（2005 年）的相关规定，从事国际道路运输经营必须有法人营业执照、《道路运输经营许可证》、国际道路运输的安全管理制度、从事危险货物运输人员的上岗资格证书、一般货物运输经营的《国际汽车运输行车许可证》和危险货物运输经营的《国际汽车运输特别行车许可证》，跟单员依据所运送货物的性质，向承办国际公路运输的运输企业索要，并察看其中的有效期和签发部门。

由于现实中，存在着"借照经营"情况，跟单员要收集相关信息，综合判断，辨别其中真伪。

（4）货物装车

在公路运输中，通常情况下，有整车和零担两种。零担货物运输，一般指一次托运量在 3 吨以下或不满一整车（这种情况有点像集装箱运输中的"拼箱"）；而整车运输则是指根据被运输物资的数量、形状等，选择合适的车辆，以车厢为单位的运输方法。

对于采用零担货物运输方式，由于有多个托运人的不同种类货物，装车时应该遵循"重不压轻、大不压小"及"货物间互不影响"的原则。为了监督货物装车过程，跟单员应该在现场监装，并拍照留存。

对于整车货物运输方式，要根据货物性质进行装货，例如：鲜活货物及冷冻食品、危险品货物、海关监管货物、化工产品和具有污染性货物等必须以整车运输方式。

（5）检查"三防"设施

防散落、防雨、防盗是公路运输中的最基本原则，也是保证运输质量的前提条件。因此在公路运输运输跟单环节中，跟单员要在装车操作完成后，仔细检查遮雨布（如油布）是否有破洞，是否扎紧，货物整体是否被遮雨布全部覆盖（即货物是否有裸露在外情况）等，预估运输途中所可能发生的情况，并制订相应的对策及方案。

（6）结算费用

公路运输费用结算，一般是以整车或零担结合货物种类、重量情况进行计算。对于整批货物运输，一般是以吨为单位，尾数不足 100 公斤时，四舍五入；零担货物运输是以公斤为单位，起码计费重量为 1 公斤，尾数不足 1 公斤时，四舍五入；轻泡货物按每立方米折算为333 公斤；所有以重量计算的运输货物，均以现场过磅为准。

一般情况下，公路运输费用采用预付的方式，即在办理公路运输手续时，托运人一次性结清运输费用，也可以按合同采用预付费用的方式，随运随结或运后结清。对于不支付运杂费，承运人可以对相应的运输货物享有留置权。此外，运输费用也可以由收货人在提货时结清运输费用。

任务 4.3.3　邮政运输跟单

邮政运输是由国家专营的运输方式。通过各国邮政部门之间的协定和公约，各国的邮件包裹可以互相传递，从而形成国际邮包运输网。由于国际邮包运输具有国际多式联运和"门到门"运输的性质，加之手续简便，费用也不高，一些货物或物品（如样品）也常被进出口商采用邮政运输方式。

邮包包括普通邮包和航空邮包两种。国际邮包运输，对邮包的重量和体积均有限制，如每包裹重量不得超过 20 公斤，长度不得超过一米，因此邮包运输只使用于量轻体小的货物或物品，如精密仪器、机器零部件、药品、金银首饰、样品及其他零星物品。

在外贸运输跟单中，跟单员常常利用邮政运输的国营、规范化运作和国际性的特点，将一些重要的样品或票据交邮政部门运送。此外，在一些邮政系统比较完善的国家，邮政运输具有一定的竞争优势，如日本、德国等。

国际上的邮政组织是万国邮政联盟（Universal Postal Union），简称"邮联"。其宗旨是组织一个国际邮政网络，通过交换邮件，扩大国际邮政业务，促进国际合作。

与航空运输的提货方式一样，当邮包抵达目的地时，收件人所在地邮政部门会发出"到件通知书"，提醒收件人在规定时间内前往指定地点凭有效证件提取邮件，故邮包运输实质上是一种"门到门"的运输方式，有一定的方便性。

邮政运输需要寄件人前往当地邮局办理邮寄手续，并支付足够的邮资，同时取得邮政包裹收据（Parcel Post Receipt）。邮政运输项下的贸易术语主要有 CIP 或 CPT。

需要指出的是，由于邮包运输往往涉及多个国家、多个环节或部门，因此在途时间跨度较长，信息反馈较慢是邮政企业亟待改善的问题之一。

项目 4.4　对特殊区域的运输跟单

任务 4.4.1　对美加出口运输跟单

按美国"反恐法"的规定，从 2004 年 2 月起，凡是去美国（包括途经美国）的货物，出口商在订舱时要填写 AMS 表（America Manifest System，美国舱单系统，见表 4.21），并由货运代理公司或承运人在运输工具装货前 24 小时（俗称"24 小时规则"）向美国海关申报，美国海关甄别后反馈给货运代理公司或承运人。这一做法，显示了美国海关加大对进口货物的监管，防备可能的恐怖袭击。一旦 AMS 发送后，美国海关认为申报内容有问题的话，则货物是不被允许装船的，否则会受到美国海关严厉处罚。

【操作步骤】对美国出口运输跟单操作步骤和要点

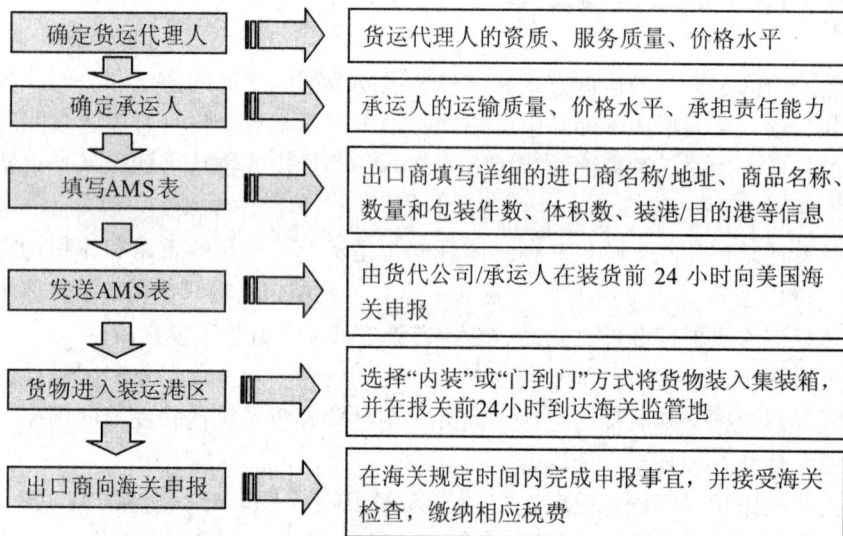

确定货运代理人	⇨	货运代理人的资质、服务质量、价格水平
确定承运人	⇨	承运人的运输质量、价格水平、承担责任能力
填写AMS表	⇨	出口商填写详细的进口商名称/地址、商品名称、数量和包装件数、体积数、装港/目的港等信息
发送AMS表	⇨	由货代公司/承运人在装货前 24 小时向美国海关申报
货物进入装运港区	⇨	选择"内装"或"门到门"方式将货物装入集装箱，并在报关前24小时到达海关监管地
出口商向海关申报	⇨	在海关规定时间内完成申报事宜，并接受海关检查，缴纳相应税费

填写 AMS 表时，跟单员必须注意以下方面事宜：

（1）出口商和进口商名称。必须填写详细的出口商和进口商名称、地址，不得填写"TO ORDER"或"TO ORDER OF SHIPPER"。

（2）货物的名称。不得使用"统称"（如服装、鞋、食品、化学品等），必须使用详细的货物名称，化学品除了提供分子式外还要提供结构式，如：TNT 炸药的分子式（主要成分）为 $C_6H_4O_7N_3$，化学名称为 2，4，6-三硝基苯酚，结构式如右图。

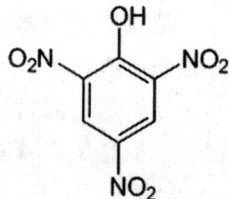

（3）计量单位。不得以"托盘"、"集装箱"等作为计量单位。

（4）货物重量和数量。在"AMS 表"中货物数量是指外包装件数和商品的具体数量，而重量则是指包装材料和商品之和的实际毛重，重量单位可以用国际单位制或美制的度量衡。

美国海关对不按要求填写或申报的人将进行处罚。

表 4.21 AMS 货物信息表

主提单号 (M-B/L)：	999-8604 5576		制表人 (SIGNED)：
分提单号 (H-B/L)：	071-20538766		刘海
真正的 SHIPPER	HANGZHOU WSL SILK SCIENCES AND TECHNIQUES CO., LTD. 47 JICHANG ROAD, HANGZHOU, CHINA 310053 TEL：0086 571 85147888		详细货名 (DESC. OF GOODS)： LADIES′ WOVEN DRESS 69% ACETATE 17% NYLON 14% POLYESTER
真正的 CONSIGNEE	PAKMOKAI USA INC. 101 QUENTIN RD. BROOKLY NY 11229 USA TEL：001 719 99861086		唛头 (MARKS)： H. P. STY. NO.： COLOUR： C/NO.：1-UP NO.： QTY.： MADE IN CHINA
真正的 NOTIFY	SAME AS CONSIGNEE		
装货港 (POL)：SHANGHAI, CHINA			
卸货港 (POD)：	收货地 (POR)：HANGZHOU		抵美前最后港口 (站)：
船名/航次： JING CHENG V. 0225E	交货地 (POD)： LOS ANGELES, USA		目的港 (站)： LOS ANGELES, USA

集装箱箱号 (C/N)	铅封号 (S/N)	箱型 (CONT. TYPE)	包装数 (PACKING)	毛重 (G. W.)	体积 (MEAS)
TEXU3100218	05089	20′C	840 CTNS	18500 KGS	26. 89 CBM

　　出口或途经美国货物除了需要填写 AMS 表以外，还有可能被要求填写 ISF 表（Importer Security Filing，见附录四），该表也被称为"10＋2 规则"，即"进口商安全申报"。其实质就是要求进口商和运送人（如船公司等）共同完成进口安全申报，其中要求美国进口商必须填写 10 项申报内容（主要有工厂的公司名称和地址、卖方的公司名称和地址、买方的公司名称和地址、货物送达的公司名称和地址、进口商的海关登记号、收货人的美国保税号码、所有货物的原产地、6 位海关关税编号、货柜的装柜地址、拼箱的公司名称和地址等），运送人填写 2 项申报内容（货物积载图和货柜状态信息等），且必须在货物装船前 24 小时，通过 AMS 或 ABI 系统将电子申报数据送入美国海关。由于 ISF 表需要进口商和承运人共同完成信息采集工作，一旦进口商将美国进口清关工作外包给货运代理公司，则该货运代理公司在出口国港口的分支机构需要出口商配合完成 ISF 表格填写，而 AMS 表则主要针对提单内容的信息采集并审核。

　　按加拿大海关规定，所有至加拿大的货物或经加拿大至第三国货物都必须在装船前 48 小时把货物资料报给承运人或货运代理人，由其在装船前 24 小时通过 ACI（Advance Commercial Information）系统向加拿大海关申报。与美国海关 AMS 申报制度一样，主要是为防止恐怖分子利用船舶对港口发动袭击，所以 ACI 和 AMS 又俗称"反恐舱单"。

　　跟单员要特别重视货物出口美加地区运输环节的操作细节，知晓"反恐舱单"操作模式，及时正确填写 AMS 和 ACI 表，圆满完成跟单工作。

任务 4.4.2　对欧洲出口运输跟单

自 2011 年起，欧盟对前往或途经欧盟港口的所有货物运输，强制执行"舱单提前申报"规则，该规则适用于全部 27 个欧盟成员国（英国、法国、德国、意大利、荷兰、比利时、卢森堡、丹麦、爱尔兰、希腊、葡萄牙、西班牙、奥地利、瑞典、芬兰、马耳他、塞浦路斯、波兰、匈牙利、捷克、斯洛伐克、斯洛文尼亚、爱沙尼亚、拉脱维亚、立陶宛、罗马尼亚、保加利亚）。就跟单操作实务而言，除了进入欧盟的货物外，在欧洲中转、过境的货物（如出口至俄罗斯、挪威、瑞士、冰岛、克罗地亚等国家的货物），承运人必须在起运港装载前 24 小时向集装箱船挂靠的欧盟内首个停靠港提交"入境摘要申报表"（Entry Summary Declaration，简称 ENS），否则其运载的货物将被禁止进入欧盟境内并处以经济处罚。

在该规则中，欧盟海关将货物安全风险等级划分为 A、B、C 三个类别，其中 A 为"不予装船"，B 为"入境港查验（在欧盟内第一个挂靠港）"，C 为"卸货港查验"。在接收 ENS 后，欧盟海关将对货物进行安全风险评估，并告知承运人货物的风险等级。

提交 ENS 所需的信息将与现有的提单确认件信息基本相同，主要有：

（1）发货人/出口商的公司名称、地址、国家、城市及邮编；

（2）收货人/进口商的公司名称、地址、国家、城市及邮编；

（3）通知人的公司名称、地址、国家、城市及邮编。

上述从事经济活动的，还必须提供 EORI[①] 号码。

（4）清晰、准确的货物描述、包装数量及类型、4～6 位 HS[②] 代码、毛重、唛头、集装箱箱号和封号，如果是危险货物还需提供联合国危规代码（见表 4.22）。

表 4.22　　　　　　　　　　　　　　入境摘要申报表

船名/航次：		提单号：		目的港：
真实发货人（SHIPPER）		名称/地址/联系方式（NAME/ADDRESS/TEL/FAX）		
真实收货人（CONSIGNEE）		名称/地址/联系方式（NAME/ADDRESS/TEL/FAX）		
真实通知人（NOTIFY PARTY）		名称/地址/联系方式（NAME/ADDRESS/TEL/FAX）		
详细英文品名及 HS CODE 编码		不能显示 PRODUCT/GOODS/ITEM/TOOLS 等笼统品名		
准确报关数据（务必与报关单一致分票报关请注明明细）		件数（包装类型）		

以"中远"为例，根据欧盟的相关规定，首挂港口主要有：HAMBURG，ROTTER-

---

① EORI 为英文 Economic Operators Registration and Identification 的缩写。

② HS Code 为 Harmonized System Code 的缩写。

DAM，ANTWERP，FELIXESTOWE，LE HAVRE，FOS，VALENCIA，BARCELONA，ALGECIRAS，TARRAGONA，GENOA，NAPLES，LA SPEZIA，TRIESTE，KOPER，PIRAEUS，MALTA，CONSTANTZA，LEMESOS。这些港口涉及德国、荷兰、比利时、英国、法国、西班牙、意大利、斯洛文尼亚、希腊、马耳他、罗马尼亚、塞浦路斯等 12 个国家。

【操作步骤】对欧盟出口中，运输跟单操作步骤和要点如下所示：

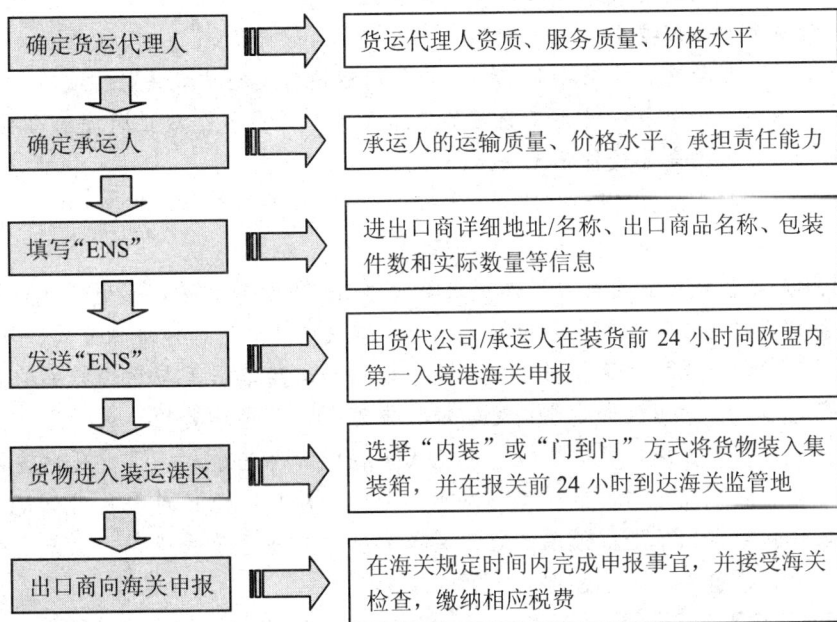

步骤	要点
确定货运代理人	货运代理人资质、服务质量、价格水平
确定承运人	承运人的运输质量、价格水平、承担责任能力
填写"ENS"	进出口商详细地址/名称、出口商品名称、包装件数和实际数量等信息
发送"ENS"	由货代公司/承运人在装货前 24 小时向欧盟内第一入境港海关申报
货物进入装运港区	选择"内装"或"门到门"方式将货物装入集装箱，并在报关前 24 小时到达海关监管地
出口商向海关申报	在海关规定时间内完成申报事宜，并接受海关检查，缴纳相应税费

在了解欧盟的上述规定后，跟单员在货物生产完成前夕，就要收集进口商的完整信息，完成"入境摘要申报表"的填写，并配合货运代理公司或承运人及时向欧洲海关提交相关信息，以免延误货期。

【知识链接 4.11】国际货运中托运人注意事项

（1）提前订舱

不同运输方式和不同货物，订舱时间要求是不同的。如海洋运输，普通货物需要提前 7～10 天向国际货运代理公司发出书面的"订舱委托书"，航空运输则需要提前 5 天；鉴于特殊货物需要租用特殊设备，则需要提前更长时间订舱。

（2）提供详细的出货资料

出货资料包括：货物体积、毛重和包装件数（也称"件毛体"），货物名称和提单上所要填写的内容（如收货人、被通知人、运输唛头）等。

（3）列明运输单据中需要加注的内容

有些信用证或合同中，除了明确要求运输单据中要列明信用证或合同号外，可能还会要求注明 full container load 等语句。

（4）及时办妥货物商检报关等相关手续

某些属于法定商检、限制性的出口货物，托运人需要提前办妥许可证和商检施检手续，并预留向口岸相应部门换取相应凭证的时间，否则货物将无法获得口岸海关放行。

（5）货物提前进入海关监管地

按海关规定，所有的出口货物，在向口岸海关申报前必须抵达海关监管地，未能提前抵达海关监管地的货物，无法办妥报关事宜。

（6）注意各种时间要求

在起运港，货物是否能够按时上船，与货物运输有关的"截关"、"截单"、"截港"和"截载"有关，跟单员一定要正确理解上述含义，并在各个截止时间前办妥各项事宜，否则一步之差都会导致货物无法上船。

【模块小结】本模块主要是针对与外贸跟单密切相关的货物运输，阐述了外贸货物运输跟单如何利用各种货物运输基本知识做好跟单工作。本模块就如何选择运输方式、货运代理人、承运人、船期、集装箱类型及装箱量计算、装箱地点和运输单据等与运输相关的各个环节进行了重点介绍，旨在使跟单员通过掌握运输过程中每个环节操作要领，灵活运用知识解决跟单过程中的问题，规范操作，规避风险，少犯或不犯低级性差错，一旦发现运输环节的差错能及时采取措施补救，以防"次生灾害"发生和蔓延。此外，还针对美欧出口特点，详细介绍其跟单实务操作特点。总之，跟单员应掌握各类有关货物运输的业务知识，运用好涉及外贸运输的各种知识，解决跟单过程中的实际问题。

【关键词或概念】运输方式（海洋运输、航空运输、陆路运输、管道运输、多式联运）运输相关人（承运人、货运代理人、托运人和收货人）　船期及船期表（内容、ETA/ETD）集装箱与装箱量计算（类型、尺寸、载重量、检查）　基本港　不知条款　加载与甩载　截载　截港　截关　截单　体积重量与实际重量　支线与干线　航空运价与运费（起码运费、较高重量较低运价）　轻泡货与重货　航空代码　运输单据（提单、航空运单、货代收据、海运单）　倒签提单　预借提单　货物交接地点（CY、CFS、DOOR）　集装箱装箱方法内装和门至门　货物交接方式（FCL/LCL）　货物电放　共用舱位　代码共享　装货通知书零运费和负运费　AMS/ISF/ENS/ACI 信息表　24 小时预申报和舱单提前申报规则　宽轨　窄轨标准轨距　换装　危险品及其分类　运输规则（维斯比规则、海牙-维斯比规则、汉堡规则、鹿特丹规则）

复习思考题

一、单项选择题

1. 以下国际港口：Amsterdam，Manila，Hong Kong 所在国家代码分别依次为（　　）。

　　A. PH，HL，CN　　　　　　　　　　　　B. HL，PH，CN

C. PH，CN，HL　　　　　　　　　　　D. HL，CN，PH

2. 运输易腐货物应采用（　　　）。

　A. 杂货船　　　　　B. 散装货船　　　　　C. 冷藏船　　　　　D. 载驳船

3. 当空运货物为重货时，一般按货物的（　　　）作为计费重量

　A. 实际毛重　　　　　　　　　　　　　B. 实际净重

　C. 体积重量　　　　　　　　　　　　　D. 较高重量较低运价的分界点重量

4. 对于航空运单，以下说法不准确的是（　　　）

　A. 是发货人与货运代理人的承运合同证明

　B. 是货运代理人所签发的收到承运货物的收据

　C. 是进口商向进境地海关申报的报关单据之一

　D. 是收货人在目的地航空港提取货物的必备凭证

5. 对于过期提单，以下说法正确的是指（　　　）。

　A. 由于错过规定的交单日期或者晚于货物到达收货人手中，该提单已经失去货权

　B. 该提单是指错过规定的交单日期或者早于货物到达目的港的提单

　C. 该提单虽然已经错过规定的交单日期或者晚于货物到达目的港，但是该提单仍然可以提货

　D. 错过规定的交单日期或者早于实际装船日期的提单

6. 某进出口公司收到国外来证中显示装运日期为"before 15th April"，该公司跟单员应该安排货物的装船日期为（　　　）。

　A. 4 月 15 日　　　　B. 4 月 13 日　　　　C. 4 月 16 日　　　　D. 4 月 18 日

二、多项选择题

1. 各种不同的航空运价和费用都具有哪些共同点？（　　　）

　A. 所报的运价是指从一个机场到另一个机场，而且适用于双向

　B. 从机场到机场的运价，包括其他额外费用

　C. 运价一般以出发地国家的货币作为计算货币币种，但是"到付"除外

　D. 航空运单中的运价是按出具运单之日所适用的运价

2. 集装箱按所装货物不同可以分为（　　　）。

　A. 干货集装箱　　　B. 散装集装箱　　　C. 框架集装箱　　　D. 门到门集装箱

3. 国际货运代理企业为货主提供服务时，应当遵循的经营方针是（　　　）。

　A. 安全　　　　　　B. 迅速　　　　　　C. 准确　　　　　　D. 节省

4. 在集装箱整箱运输中，如果承运人在签发提单中加列"S. L&C&S"批注，其正确含义是（　　　）。

　A. shipper's load,count and seal

　B. unknown clause

　C. seal no and container no

　D. said by shipper

5. 在集装箱运输中，如果提单上记载"CY/CY"，则以下就"货物交接"正确的理解是(　　　)。

A. 承运人与发货人交接在集装箱堆场

B. 承运人与收货人交接在集装箱堆场

C. 承运人与收货人、发货人交接在集装箱堆场

D. 承运人与货运代理人交接在集装箱堆场

三、思考题

跟单员小王选择货物交接地点时，认为：货物交接地点要平衡费用与风险的关系，一旦选择 CY/CY，承运人收取费用最少，承担风险也最小；同理，一旦选择 Door/Door，出口商风险最大，承运人收取费用最高。你觉得这样的想法是否正确？

四、案例分析题

1. 宁波宏发国际货运代理公司在 2009 年 8 月 11 日接到杭州宁广海外贸易公司的委托，要求帮助代理一票货物的进口清关、提货及内陆运输事宜。当集装箱到达宁波港时，发现集装箱的箱号和封号与提单上显示的不一致，同时箱内货物短少。请你以杭州宁广海外贸易公司跟单员身份来分析，此事应该由谁承担责任？

2. 某年 7 月，丹东外贸公司与乌干达客商签订出口化纤窗帘布 5 万米合同，贸易术语 CIF Kampala，Uganda，货值 2.3 万美元，运输方式为空运，付款方式为 D/P AT SIGHT。货物出运后，我方如期将单据交银行办理了托收手续，十天后，该外贸公司收到了银行通知：客商不愿意赎单，并要求丹东外贸公司联系客户。经联系，该客商不仅已经提取货物还拒绝去银行付款赎单。问：

（1）结合运输方式，若你作为丹东外贸公司的跟单员，在运输跟单过程中认为该贸易术语是否合适？应该使用何种贸易术语为宜？

（2）作为跟单员，请写出为何客商没有拿到航空运单却能够提取货物？

3. 某公司按 CFR 条件，即期不可撤销信用证以集装箱装运出口成衣 350 箱/26M³。货物交运后，该公司取得"清洁已装船"提单，在信用证规定的有效期内，及时交单议付收取了货款。20 天后，接到买方来函称：经船方、海关、港务、理货公司、保险公司、公证行共同对到货开箱验视，发现有 20 箱包装严重破损，每箱均有短少，共缺少成衣 512 件。各方均证明集装箱外表完好。为此，买方要求该公司赔偿其短少损失，并承担全部检验费用 2500 美元。请问：若你作为该公司跟单员，外方要求是否合理？为什么？

五、操作题

请你以跟单员身份，根据下列所给信息，选择一种运输方式填入空格内，使其一一对应并满足给定信息，并简单说明首选理由。（注意：如果在"首选运输方式"空格内填两种以上运输方式的，则不得分）

启运地	目的地	所运货物	数量	首选运输方式	首选理由
上海	伦敦	男式长裤	230 箱		
大连	美国	室内测距仪	5 个		
阿姆斯特丹	天津	郁金香	150 000 支		
高雄	厦门	芒果	5 000 千克		
日本	青岛	本田雅阁轿车	2 台		

六、综合操作题

【业务背景】美国客商（WRT World Enterprises Inc）经过与浙江荣达进出口公司（简

称"浙江荣达公司")洽谈后，欲从浙江荣达公司采购 Men's 100％ Cotton Y/D L/S T-Shirts Garments Washed 1800 DOZS，共有 4 个颜色（均匀分色及数量）。贸易术语为 CIF LONG BEACH，货款的支付方式为"30％ deposit with order by T/T, the balance against copy of BOL"，装运日期为"On/About MAY 5，2010"。买卖双方合同中规定了装运港为 Shanghai，目的港为 Long Beach，同时还对有关运输事宜做了如下规定："Shipment should be made by Shanghai Jingde Int'L Forwarding Co.，Ltd.　Tel：86-21-62228123，Attn：Mr. Liu"。

按照客商订单的要求，外贸跟单员设计了外箱，尺寸为 58CM×38CM×42CM，装箱率为 18 件/箱，N. W. 15 KGS/箱，G. W. 18 KGS/箱。如果你是跟单员，请仔细阅读业务背景资料和所给提单，回答以下问题：

(1) 该订单项下有多少件 T 恤？（要求列明算式）

(2) 如果损耗率 1％，外贸跟单员应该订购多少个纸箱？（要求列明算式）

(3) 外贸跟单员在配船订舱时，应该预订何种尺寸的集装箱多少个？

(4) 外贸跟单员在配船订舱时，预配了运价较低的 COSCO 船，并由 ABC FORWARD-ER CO.，LTD. 签发了 COSCO 提单（见题后所附提单样张），这样做是否符合要求？为什么？

(5) 该提单是否要背书？

(6) 该提单项下的运输费用应该由谁承担？

(7) 根据该提单和贸易术语，提货人在目的港（Long Beach）提货时是否需要支付海运费？为什么？

(8) 提货人在目的港（Long Beach）提货时，需要交几份提单？

(9) 该提单项下的装运港口和装运时间是否正确？为什么？

(10) 如果浙江荣达公司直接将承运人签发漏打"Freight Prepaid"字样的提单传真给美商，被美商发现并以提单上漏打的"Freight Prepaid"字样为由，要求浙江荣达先降价 10％ 后再支付余款。问：美商的做法是否有理？为什么？

(11) 如果买卖双方采用信用证结算，浙江荣达公司在规定时间内直接向某外资银行递交了包括漏打"Freight Prepaid"的提单的一整套议付单据，此时恰逢"金融危机"，市场销路不好，结果进口商以提单上漏打"Freight Prepaid"为由，要求浙江荣达先降价 5％ 后再去银行赎单。该进口商行为是否有理？为什么？

(12) 在计算集装箱装箱数时，外贸跟单员一般应考虑的因素主要有（　　　）。

　　A. 货柜的内尺寸　　　B. 纸箱的外尺寸　　　C. 货物的摆放方式　　　D. 纸箱内尺寸

(13) 请核对提单中的各项数据（毛重、体积、箱数、集装箱规格尺寸）是否与订单理论值对应？

(14) 该合同项下的投保手续应该由谁来办理？

(15) 该合同项下的保险单是否需要背书？

(16) 该保险单项下的货物在运输途中一旦出险，应该由谁向保险公司索赔？在哪里索赔更好？

(17) 在美国西部，除了 Long Beach 是基本港外，还有哪几个港口是基本港（至少三个）？请一一写出该港口的英文名称。

（18）根据该合同，外贸跟单员在起运港应该找谁办理海洋运输的订舱手续？

（19）外贸跟单员应该如何操作才能证明浙江荣达公司是按信用证要求办理了运输手续？

（20）该提单中"CY/CY"的中文含义是什么？该集装箱中的货物是如何交接的？（请从承运人与出口商、承运人与进口商的角度分别说明）

（21）该提单中"Shipper's load，count and seal"的中文含义是什么？类似的用语还有哪些？请一一列明后解释其中文含义。这些用语是否可用于"拼箱"方式下的提单？请说明理由。

（22）根据《UCP 600》中相关规定，该提单中的货物名称是否正确？

（23）根据该提单，进口商提货时应该找谁联系提货事宜？

（24）外贸跟单员在配船订舱时，必须遵守美国的什么规则？根据该规则，"AMS货物信息表"（参见表4.21）由谁填写？由谁向美国的哪个政府部门发送？在何时发送？

（25）请将"30% deposit with order by T/T，the balance against copy of BOL"翻译成中文。

（26）如果美国客商的地址等资料如下：RM. 2001，20/FL.，YUEXIU BLDG. 168 LOCKHART RD, WANCHAI, CA, USA，Phone：001-405-884 3701, Fax：001-405-883 0502。请你根据上述信息填写"AMS货物信息表"。（其他主要信息从提单中找）

AMS货物信息表

主提单号 M-B/L♯： 分提单号 H-B/L♯：		制表人（SIGNED）：			
SHIPPER					
CONSIGNEE					
NOTIFY					
详细货名： （DESC. OF GOODS）		唛头（MARKS）：			
装货港（POL）：	收货地（POR）：		抵美前最后港口：		
卸货港（POD）：	交货地（POD）：		目的港：		
船名/航次：					
序号	集装箱箱号 CONTAINER NO	铅封号 SEAL NO	箱 型 （CONT. TYPE）	包装数 （PACKAGE）	毛重 （G. W.）	体积 （MEAS）
1						
2						
3						
4						
5						
6						
7						

中远集装箱运输有限公司 ORIGINAL
COSCO CONTAINER LINES
PORT TO PORT OR COMBINED TRANSPORT BILL OF LADING

1.Shipper ZHEJIANG RONGDA I/E. CO., LTD. No. 370 yanan RD.,Hangzhou,China,310006	Booking No **Bill of Lading No.** **COSSHA065881** Export References

2.Consignee
 	
WRT World Enterprises Inc
	Forwarding Agent and References
	FOR DELIVERY OF GOODS PLEASE APPLY TO:
	  KENWA SHIPPING AGENT INC.
	  702 ST.ATLANTIC BLUDING SUITE 300
	  MONTERREY PARK CA 91345
	  TEL: 818 -294-8800
	  FAX: 818 -294-8822
	
	Point and Country of Origin

3. Notify Party Insert Name Address and Phone/Fax (It is agreed that no responsibility shall attach to the Carrier of this agents for Faliure to notify) SOURCE TRADE LTD., CA, USA，FAX: 01- 89897171	Also Notify Party-routing & Instructions

4. Combined Transport' Pre-Carriage by	5. Combined Transport' Place of Receipt		
6. Ocean Vessel Voy. No. **DELMAY ROYAL V.186**	**7.Port of Loading** **NINGBO**	Service Contract No	Commodity Code
8. Port of Discharge **LONG BEACH, USA**	**9.Combined Transport' Place of Delivery** **LONG BEACH, USA**	Type of Movement	

Marks & Nos. Container/Seal No.	No. of Container or Packages	Description of Goods （If Dangerous Goods, See Clause 20）	Gross Weight	Measurement
N/M	600 CARTONS	T-SHIRTS	12,000KGS	27,600.00M³
		SHIPPER'S LOAD, COUNT AND SEAL		
COSU8382875/287530 COSU 8978976/293200 CY/CY		2×20'FCL C.O.C		
			ON BOARD MAY 11，2010	

Declared Cargo Value US $	Description of Contents for Shipper's Use Only（Not part of This B/L Contract）

10. Total Number of Containers and/or Packages (in words)
Subject to Clause 7 Limitation

11. Freight & Charges	Revenue Tons	Rate	Per	Amount	Prepaid	Collect	Number of Original
FREIGHT PREPAID							**THREE（3）**

Received in external apparent good order and condition except as otherwise noted. The total number of the packages or units stuffed in the container，the description of the goods and the weights shown in this Bill of Lading are furnished by the merchants，and which the carrier has to reasonable means of checking and is not a part of this Bills of Lading contract. The carrier has issued 3 original Bills of Lading,all of this tenor and date，one of the original Bills of Lading must be surrendered and andorsed or signed against the delivery of the shipment and whereupon any other original Bills of Lading shall be void.The merchants agree to be bound by the terms and conditions of this Bill of Lading as if each had personally signed this Bill of Lading. 'Applicable Only When Document Used as a Combined Transport Bill of Lading.	Date Laden On Board Signed by: *ABC FORWARDING CO., LTD.* *AS AGENT FOR COSCO* *COTAINER LINES AS CARRIER* 刘青春

Date of Issue： MAY. 11, 2010 Place of Issue： NINGBO	Signed for the Carrier

下篇　进口跟单操作实务

模块五　认识进口流程

【模块导读】"稳定出口增长、积极扩大进口"作为"十二五"时期我国外贸政策取向，平衡进出口贸易额成为外贸工作任务之一。本模块在介绍进口贸易主要流程基础上，着重介绍国家进口相关管理规定，如企业经营资格、货物进口许可、外汇管理等，通过学习本模块，外贸跟单员能够遵循国家相关规定，在货物进口前办妥各项进口事宜，提高进口活动中运用知识解决问题的能力。

【模块目标】通过本模块学习，了解进口跟单流程，理解进口跟单在进口贸易中的作用，维护进口商利益，熟知外贸活动中各种岗位设置及各自职责，掌握外贸跟单从业者所必备的知识结构和素质要求。

＊　　　＊　　　＊

在经济全球化的今天，贸易投资自由化呼唤我国对外贸易能力的提高，这种能力主要体现在以最小成本配置生产环节，进口替代战略无疑是一种捷径，既直接满足人们对高品质生活的追求，也利用国际资源为我国经济发展服务，满足了科研、生产和营销需求。为了适应国家贸易战略的调整，近几年来，逐年下调了部分商品的进口关税，不断完善进口管理制度，进口便利化已经成为一种趋势，一个更加开放、务实的中国市场正在向全世界展示，这种背景下，进口跟单也就自然被提到重要地位。从进口实务操作层面而言，进口跟单基于了解进口贸易的基础上，以下是以 FOB 项下信用证结算的进口贸易流程。

2012 年 4 月 30 日，国务院颁布了《关于加强进口促进对外贸易平衡发展的指导意见》，提出要在保持出口稳定增长的同时，更加重视进口，适当扩大进口规模，促进对外贸易基本平衡，实现对外贸易可持续发展，并要求在财税政策、金融、优化进口环节管理和贸易便利化等方面予以积极扶植。

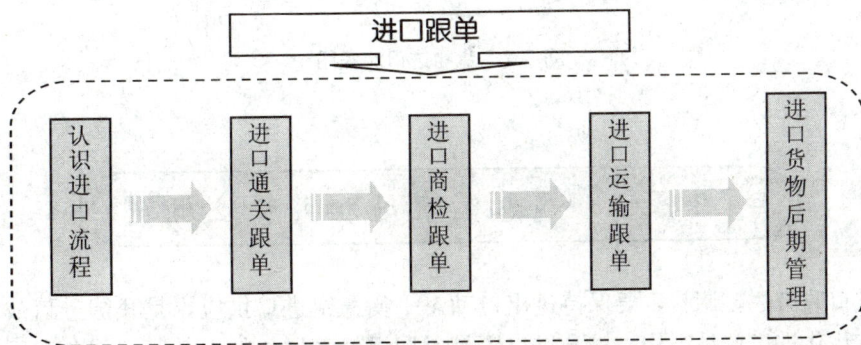

图 5.1　进口跟单项下主要工作内容

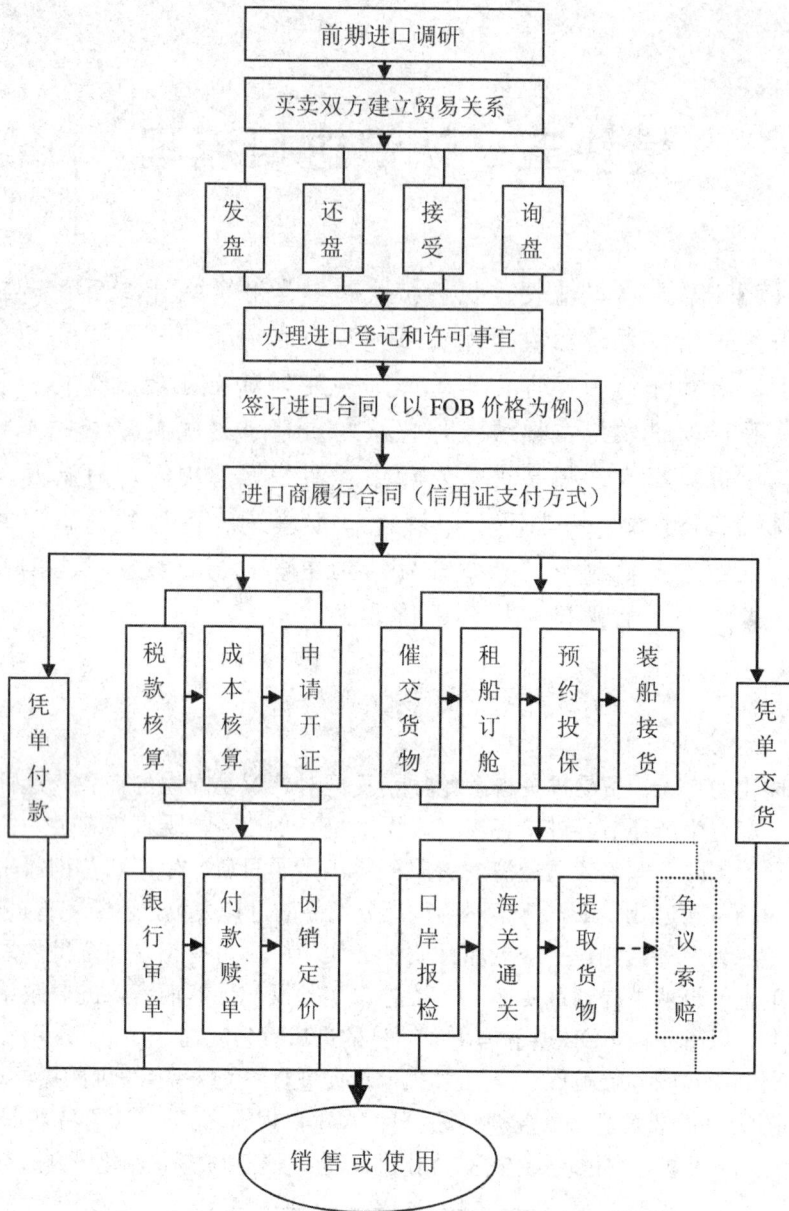

图 5.2　货物进口流程图

项目 5.1　熟悉国家的相关管理规则

　　我国进口政策战略调整，要保持进出口动态平衡稳定进口供应，是我国进口战略的核心内容，旨在优化进口产品结构，提升进口贸易对国民经济增长的贡献度。因此我国在不同时期，根据国家经济发展情况，适时调整进出口贸易政策和措施。作为一名进口跟单员，要不断注意这种政策变化，顺应并掌握进口措施。

任务 5.1.1 熟悉商品分类管理

1. 商品的分类和管理权限

在计划经济时代，我国根据各类商品在国计民生中的重要程度和需要调剂的范围大小，将商品分为一类商品、二类商品和三类商品，并实施不同的管理权限。那些关系到国计民生最重要的商品称为一类商品，如粮食、油料（油脂）、棉花、棉纱、棉布、汽油、柴油、润滑油、煤炭等；将那些关系到国计民生比较重要的商品归入二类商品，如生猪、鲜蛋、黄红麻、苎麻、蚕茧、毛、皮、毛竹、棕片、化肥、农药、铁丝、缝纫机、自行车、某些药品和中药材等；将一、二类商品以外的其他商品纳入三类产品，这类商品通常是日常生活所必需的"小商品"。在计划经济时代，上述一、二类商品主要由国家指定、为数不多的国字号企业经营，象征着国家调节和把控这类商品市场。

为了有序管理一、二、三类商品的生产、流通和经营，国家采用分类管理办法，即施行"商品分级"管理制度，一类商品由国务院管理，具体工作由国务院委托各有关部、委办理，以统购统销管理政策为主。如针对第一类商品，需要召开全国计划会议，与有关部门或地区进行衔接平衡，编制各项计划指标，并报请国务院批准后，由国家计划委员会统一下达。再如，针对第二类商品，国务院有关部、委管理只是实施一般性计划管理（如收购、调拨、进出口计划编制等）。第三类商品由省、市、自治区管理，地方自行安排。从当时情况看，实行商品分级管理制度，有利于国家有计划地组织商品流通，掌握市场主导权，有利于在中央统一计划下发挥中央和地方两方面积极性。

随着我国改革开放的深入及加入 WTO 组织，国家调整了商品的管理权限，赋予地方和企业更多的自主权，在更大程度上调动其积极性，更好地满足生产和消费的需要，具体体现为不断调整一、二类商品种类目录，逐步缩小一、二类商品种类，将原来实施计划管理范畴的商品，过渡为市场调节机制范畴的商品。截至目前，除了那些关系到国计民生的大宗性或敏感性商品（如石油、煤炭等）实施国家统一经营外，不再设置特别许可或专营。

2. 工商登记机关核准的经营范围

按照我国的相关规定，企业对外贸易必须在工商登记机关核准的经营范围内（见表 5.1）进行，否则就是超范围经营。工商登记机关将经营范围分为许可经营项目和一般经营项目。许可经营项目是指企业在申请登记前依据法律、行政法规，国务院决定应当报有关部门批准的项目，即是需要办理前、后置许可证的项目。一般经营项目是指不需批准，企业可以自主申请的项目。

综上所述，任何一家从事商品进出口贸易活动的企业，必须在工商部门核定的经营范围内进行，否则就会被认定为超范围经营。跟单员可以根据企业工商登记时的经营范围，初步判断商品经营类别是否符合要求，是否存在超范围经营。一般来说，贸易型企业（公司）的经营范围往往要比生产型企业宽广，生产型企业只能从事与本企业生产相关的原材料或商品进口、生产、加工和销售等活动。此外，不管是贸易型企业（公司）还是生产型企业，其进口贸易活动所涉及的商品种类也在一定程度上受到约束，即：任何企业不能从事国家禁止进口商品的贸易①，如军事装备、濒危动物（如犀牛角、麝香、虎骨等）、对环境有污染的固体废物等。

表 5.1　　　　　　　工商登记机关核准商务经营范围

序号	类别	经营范围
1	贸易类	五金交电、日用百货、针纺织品、洗涤用品、化妆品、食品、保健食品、营养补充食品、家居护理用品、包装材料、橡塑制品、缝纫机服装及辅料、纺织面料、纺织助剂、羽绒制品、工艺品、纸制品、床上用品、机械配件、建材、服装鞋帽、电脑软硬件、耗材、通讯器材、皮革制品、文化办公用品、照明电器、不锈钢制品、铝合金制品、化工原料及产品（除危险品）、建筑防水材料、水泥制品、保温防腐氧涂料，保温隔热材料、防水防漏材料、管道、阀门、厨房用具、钟表、眼镜、玻璃制品、钢材、电子组件、电线电缆、酒店用品、酒店设备、音响设备、卫生洁具、消防设备、照相器材、机电产品、体育用品、冶金设备、环保设备、金属材料、水泵及配件、五金轴承、紧固件、标准件、摄影器材、电镀设备、汽摩配件、工程机械设备及配件，花卉、苗木、摩托车、电动车的批发零售。
2	服务类	电脑图文设计、制作、喷绘、快递服务（除信件）、包装盒的设计及制作、产品包装开发、纸盒纸箱包装、塑料制品包装、模型制作、会务服务、数码摄影服务、计算机数码影像处理、灯光设计、企业形象策划、市场营销策划、展览展示服务、礼仪服务、景观设计制作、保洁服务、家政服务、汽车租赁、汽车装潢、知识产权代理、商标代理。
3	建筑安装类	室内装潢及设计、园林绿化、园林绿化工程施工、土建、屋顶防水、建筑装潢、房地产开发、物业管理、混凝土切割、植筋、加固、水电安装、管道维修、工程机械设备维修、楼宇清洗、外墙粉刷、石林养护、地毯清洗、中央空调清洗、工业管道清洗、地基、桩基工程施工、土建、建筑装饰工程施工、建筑工程施工、机电工程安装施工。
4	科技类	计算机软硬件开发销售，计算机、电子、生物、医药、汽车技术领域内的科技服务，生物工程及生物制品研制、开发、销售，整流器生产、开发，计算机网络工程，电脑网络软件开发。
5	咨询类	商务信息咨询、房地产信息咨询、旅游信息咨询、财务信息咨询、家政服务咨询、企业管理咨询、法律信息咨询、教育信息咨询、室内装潢设计咨询、度假信息咨询、物业管理咨询、劳务信息咨询、人才信息咨询、投资信息咨询、医疗信息咨询、医疗保健信息咨询、医疗器械信息咨询、法律信息咨询。
6	生产加工类	机械设备及配件生产加工、服装服饰加工、鞋帽加工、床上用品生产加工、纸制品加工、木制品加工、电子元器件生产加工、竹木加工、金属门窗加工、五金加工、塑料制品切割、冲压加工、混凝土加工。
7	进出口公司类	自营和代理各类商品和技术的进出口，但国家限定公司经营或禁止进出口的商品和技术除外。

---

① 详见我国的《禁止进口货物目录》。

任务 5.1.2　知晓商品进口限制

进口限制是指一国政府在一定时期内，对某种商品的进口数量或金额加以直接的限制。一旦某类商品属于进口限制范畴，进口商必须在进口前办妥进口许可事宜，并在该进口许可文件所规定的期限内，进口相应数量内的货物，否则海关将拒绝其进口。

根据《中华人民共和国货物进出口管理条例》规定，实行许可证管理的限制进口货物，进口经营者应当向国务院外经贸主管部门或者国务院有关部门（统称进口许可证管理部门）提出申请，进口许可证管理部门会在收到申请之日起 30 天内决定是否许可。进口经营者凭进口许可证管理部门发放的进口许可证，向海关办理报关验放手续。在关境，海关对所有进口货物进行查验，货证相符并缴纳相应税款的情况下予以放行。

如何确定进口货物是否需要进口许可证？以下选择途径可供参考。

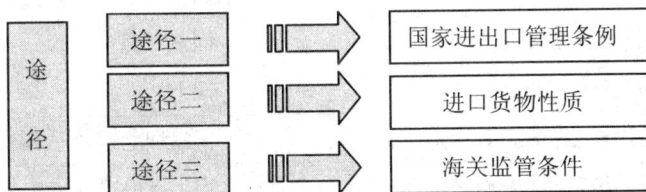

途径一：根据国家进出口管理条例

《中华人民共和国货物进出口管理条例》由国务院制定并颁布，2002 年 1 月 1 日起施行。该条例的制定旨在规范货物进出口管理，维护货物进出口秩序，促进对外贸易健康发展。因此，所有将货物进口到中华人民共和国关境内或者将货物出口到中华人民共和国关境外的贸易活动，应当遵守该条例。

从该条例内容看，将货物的进出口分为禁止进口的货物、限制进口的货物和自由进口的货物，并规定凡是属于禁止进口的货物，不得进口，属于数量限制的进口货物必须提前申领配额或许可证。在实施货物进口限制前 21 天，国家公布限制进口的货物目录。同时，基于监测货物进口情况的需要，国务院外经贸主管部门和国务院有关经济管理部门按照国务院规定的职责划分，对部分属于自由进口的货物实行自动进口许可管理，其目录也在实施前 21 天公布。

从国家有关进出口管理条例角度出发，跟单员可以从商务部及其派出机构网站查询进口商品的管理类别，如果属于进口限制类别，则应该提前领取进口许可证，如果属于禁止进口类别，则不能从事该项商品的进口。

途径二：根据进口货物性质

根据《中华人民共和国货物进出口管理条例》的相关规定，跟单员可以根据进口货物性质粗略判断是否需要申领进口许可证，如：对于那些易制毒化学品的进口化学品货物和属于军民两用的敏感物项需要申领进口许可证①，对于那些可利用的废旧固体类商品（如废铁、

---

① 上述类别被统一称为"两用物项"。

废铜、废铝和废纸等）需要申领进口许可证。此外，对于某些机电设备也需要申领进口许可证。

需要指出的是，国家相关部门从国家经济利益和安全考虑，在不同时期调整货物进口实施数量限制类别，跟单员要密切关注和跟踪进口商品类别的变化。

途径三：根据海关监管条件

为了清晰反映进口货物是否需要办理进口许可事宜，海关总署政策法规司编写了《中国海关报关实用手册》，该手册除了罗列各种法律法规、报关单填制规定外，还汇集了海关通关过程中常用监管代码及说明，将各种监管条件证件名称以数字或代码予以显示（见表5.2），根据该数字或代码，跟单员就可以迅速判断进口货物是否需要办理进口许可事宜。

表 5.2　　　　　　　　　监管证件名称代码表（仅进口部分）

数字或字母代号	许可证或批文名称	签发机关
1	进口许可证	商务部配额许可证事务局或其授权机关
2	两用物项和技术进口许可证	同上
7	自动进口许可证	同上
F	濒危物种允许进口证明书	国家濒危物种进出口管理办公室
J	金产品出口或人总行进口批件	中国人民银行
O	自动进口许可证（新旧机电产品）	商务部或地方商务主管机构、部门机电办
P	固体废物进口许可证	国家环保部
Q	进口药品通关单	国家食品药品监督管理局
S	进出口农药登记证明	农业部
W	麻醉药品进出口准许证	国家医药管理局
V	自动进口许可证（加工贸易）	商务部
T	银行调运现钞进出境许可证	国家外汇管理局和中国人民银行
X	有毒化学品环境管理放行通知单	国家环保部
Z	进口音像制品批准单或节目提取单	文化部
V	自动进口许可证（加工贸易）	商务部
e	关税配额外优惠税率进口棉花配额证	国家发改委授权机构
t	关税配额证明	商务部（进口）

从表5.2可知，该《监管证件名称代码表》由两部分组成，即监管证件代码、监管证件名称以及证件的签发机关。例如，监管证件代码"1"为进口许可证，由商务部授权机构签发。当某一商品后的监管证件代码为"1"时，则说明在一般贸易项下进口该商品需要向商务部授权机构申领进口许可证。

任务 5.1.3　知晓国家外汇管理

外汇管理是指一国政府授权国家货币金融管理当局或其他国家机关，对外汇收支、买卖、借贷、转移以及国际间的结算、外汇汇率和外汇市场等实行管制的一种措施。

1. 外汇管理机构

我国国家外汇管理局在各省、自治区、直辖市、副省级城市设有 34 个分局、2 个外汇管理部，即在各省、自治区、直辖市设立分局；在北京、重庆设立外汇管理部；在深圳市、大连市、青岛市、厦门市、宁波市设立分局。此外，国家外汇管理局还在有一定外汇业务量、符合条件的部分地区（市）、县（市）分别设立了国家外汇管理局中心支局、支局。

国家外汇管理局为副部级国家局，中国人民银行副行长为国家外汇管理局局长，为此，各地的国家外汇管理局分支机构与当地的中国人民银行分支机构合署办公。目前，我国的外汇管理模式为属地管理，即企业向所在地市级外汇管理机构办理外汇使用等事宜。

2. 进口付汇登记

企业首次进口前，必须前往属地外汇管理部门进行"进口付汇"备案，并递交相应的资料，其中资料主要有：

（1）盖有公司公章的进口付汇备案申请函（内容应包含申请备案原因及备案内容）；

（2）进口合同正本及主要条款复印件；

（3）开证申请书（如备案原因栏为"远期信用证"，则该开证申请书上应有银行加盖的业务章）；

（4）进口付汇通知单及复印件（如结算方式为非"托收"，则企业可不提供该单据）；

（5）电汇申请书（如结算方式为非"汇款"，则企业可不提供该单据）；

（6）进口货物报关单正本、复印件及 IC 卡（如备案原因不为货到汇款、信用证展期，则企业可不提供该单据及 IC 卡）；

（7）特殊备案情况下，外汇局要求提供的其他凭证或文件。

3. 实施动态分类管理

外汇管理局根据进出口企业贸易外汇收支的合规性及其与货物进出口的一致性，将企业分为 A、B、C 三类，并给予不同的管理模式。A 类企业进口付汇单证简化，可凭进口报关单、合同或发票等任何一种能够证明交易真实性的单证在银行直接办理付汇，银行办理付汇审核手续相应简化。对 B、C 类企业在贸易外汇收支单证审核、业务类型、结算方式等方面实施严格监管，B 类企业贸易外汇收支由银行实施电子数据核查，C 类企业贸易外汇收支须经外汇局逐笔登记后办理。

外汇管理局根据进出口企业在分类监管期内遵守外汇管理规定情况，进行动态调整。A 类企业违反外汇管理规定将被降级为 B 类或 C 类；B 类企业在分类监管期内合规性状况未见好转的，将延长分类监管期或被降级为 C 类；B、C 类企业在分类监管期内守法合规经营的，分类监管期满后可升级为 A 类。

4. 建立联网监测机制

外汇管理局会同海关、税务、外经贸等政府部门对进出口企业实施联网监管，在信息共享机制模式下，将现场逐笔核销贸易外汇管理方式改变为非现场总量核查。也就是说，通过货物贸易联网监测系统，全面采集企业货物进出口和贸易外汇收支逐笔数据，定期比对、评估企业货物流与资金流总体匹配情况，便利合规企业贸易外汇收支；对存在异常的企业进行重点监测，必要时实施现场核查。

项目 5.2　熟悉国际相关规定

任务 5.2.1　理解国营贸易的相关规定

企业不管是进行国内贸易还是对外贸易，都存在商品品种经营的许可限制，从这个层面解释，只有具有某些特殊资质的企业才能经营某一类别商品。这种特许经营资质实质上是一种专营的做法，也有人称之为"国营贸易"，即国家通过法律层面赋予国营贸易企业经营（从事）特定商品的进出口贸易权利，从而间接控制了企业从事某项商品进出口贸易活动，这是源于第一次世界大战后的贸易制度，持续至今，不过随着贸易自由化和便利化的发展，国际上对国营贸易企业经营（从事）特定商品有了严格限制，如《关贸总协定（GATT）》第 17 条[1]和《服务贸易总协定》第 8 条规定，允许各缔约方在国际贸易中建立或维持国营贸易，即对部分领域的货物贸易，授权特定的进出口企业经营，具体经营企业可以是国有企业，也可以是非国有企业。据此，我国的《外贸法》也增加了国家可以对部分货物的进出口实行国营贸易管理的内容。根据 WTO 和我国相关法律文件的精神，企业特许经营资质可以理解为：

（1）是否被授予特定的权利。这里的所谓"特定"的权利，是指对特定产品的进出口专营权，而特定产品的范围界定取决于 WTO 的多边贸易谈判。比如我国加入 WTO 议定书将粮食、棉花、植物油、食糖、原油、成品油、化肥和烟草等 8 大类 84 种[2]商品列为国营贸易进口范畴，不具备上述商品经营权利的企业是不得从事的。

（2）"国营贸易"是企业经营某些商品的前提条件。按《外贸法》的相关规定，要获得某些商品的经营权，就必须成为"国营贸易企业"。这种情况下，"国营贸易企业"是经营某些商品的前提条件，哪些企业可以成为"国营贸易企业"？答案是：经过合法工商注册并获得对外贸易经营权的国有企业、非国有企业等法人组织。

---

①　已经被 WTO 所认可。

②　对应于进口商品，出口商品主要有茶、大米、玉米、大豆、钨及钨制品、煤炭、原油、产品油、丝、棉花等 21 类 134 种。

【知识链接 5.1】进口国营贸易企业名录

原对外贸易经济合作部于 2001 年发布了《进口国营贸易企业名录》，该名录沿用至今。

序号	进口商品名称		进口国营贸易企业名录
1	粮食		中国粮油食品进出口（集团）有限公司
2	植物油		中国粮油食品进出口（集团）有限公司、中国土产畜产进出口总公司、中国南光进出口总公司、中谷粮油（集团）公司、华垦物资有限公司、侨建工贸投资发展有限公司
3	食糖		中国粮油食品进出口（集团）有限公司、中国出口商品基地建设总公司、中国糖业酒类集团公司、中国商业对外贸易总公司
4	烟草		中国烟草进出口（集团）公司
5	原油		中国化工进出口总公司、中国国际石油化工联合公司、中国联合石油有限责任公司、珠海振戎公司
6	成品油	汽油、柴油、煤油、石脑油、蜡油	中国化工进出口总公司、中国国际石油化工联合公司、中国联合石油有限责任公司、珠海振戎公司
		燃料油	中国化工进出口总公司、中国国际石油化工联合公司、中国联合石油有限责任公司、珠海振戎公司、中国石化国际事业公司、中艺华海进出口有限公司、中国船舶燃料供应总公司、中国水利电力物资有限公司、光大石油天然气开发投资有限公司、中国华能国际经济贸易公司、中国北京国际经济合作公司、天津机电国际贸易集团有限公司、河北省五金矿产进出口公司、山西省天利实业有限公司、辽宁省对外贸易总公司、大连金阳进出口有限公司、吉林省对外贸易进出口公司、中化黑龙江进出口公司、东方国际集团上海对外贸易有限公司、上海物资集团进出口有限公司、江苏省燃料总公司、苏州工业园区股份有限公司、浙江省金属材料公司、浙江省迪达进出口有限公司、宁波宁兴集团公司、安徽省化工进出口股份有限公司、福建省化工进出口公司、中国（福建）对外贸易中心集团、厦门建发股份有限公司、厦门国贸集团股份有限公司、江西省化工进出口公司、山东胜利股份有限公司、山东省对外贸易集团有限公司、青岛华青进出口有限公司、青岛益佳经贸实业进出口有限公司、河南粮油食品进出口集团有限责任公司、湖北省化工进出口公司、湖南省化工进出口公司、广东省物资进出口公司、广东省华广轻工实业有限公司、珠海经济特区物资总公司、广东中人企业（集团）有限公司、广州市华泰兴石油化工有限公司、深圳市永骏实业有限公司、深圳市石油公司、深圳市中油通达石油有限公司、深圳市东尔科技电讯有限公司、深圳市石化油品保税贸易有限公司、广西化工进出口公司、海南中通化工进出口有限公司、重庆对外贸易进出口公司、贵州省外贸进出口公司、云南省土产进出口公司、甘肃省进出口贸易集团公司、新疆国际实业股份有限公司、中化国际石油公司、中化广东进出口公司、中化上海进出口公司、中化浦东贸易有限公司、中化宁波公司、中化（深圳）实业有限公司、中化江苏进出口公司、中化广州进出口公司、中化山东进出口公司、中化辽宁进出口公司
7	化肥		中国化工进出口总公司、中国农业生产资料集团公司
8	棉花		中国纺织品进出口总公司、北京九达纺织集团公司、天津纺织工业供销公司、上海纺织原料公司

摘自：原对外贸易经济合作部 2001 年第 28 号公告。

任务 5.2.2　熟知国际组织的相关规定

为了有效控制木质包装传带有害生物，2002 年 3 月，国际植物保护公约（IPPC）组织制定了国际植物检疫措施标准，建议成员国家和地区对出境木质包装材料按国际标准实施除害处理，建议成员国家和地区对入境木质包装材料按国际标准实施除害处理，除了出具相应证书外，还要加贴 IPPC 标志（见图 5.4）。

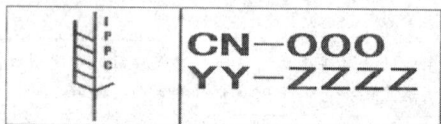

图 5.4　国际植物保护公约组织的 IPPC 标志

我国于 2006 年起实施新的进境木质包装检验规定，所有进境木质包装应由输出国或地区植物检疫机构认可的企业按中国确认的除害方法处理并施加 IPPC 标识。该规定的实施为防止林木有害生物通过进境货物木质包装传入，保护我国森林、生态环境及旅游资源起到了积极的作用。

目前，国际通行的木质包装除害方法主要有热处理和熏蒸处理两种，热处理是通过木质包装中心温度达到摄氏 56 度，处理时间 30 分钟以上，以达到杀灭有害生物的目的。熏蒸处理是利用有毒气体在密闭空间里对木质包装进行 24 小时的熏蒸，进而将木质包装内的有害生物杀死。虽然熏蒸处理费用低、易操作，但其毒性高、安全性能差，一旦熏蒸处理不规范，如擅自加大用药量和熏蒸处理后未经散毒就直接出境，甚至将熏蒸用药容器遗留在集装箱内等，可能会导致集装箱内有害气体超标。

【模块小结】本模块从认识和分析进口贸易流程入手，介绍了货物进口过程中所涉及的商品分类管理、进口限制、进口用汇、国营贸易企业和国际组织的相关规定等，这是跟单员做好进口跟单的基础，只有在知晓了国家和国际相关规定后，才能在货物进口前办妥相关手续。

【关键词或概念】自由贸易类商品　限制性贸易类商品　国营贸易制度　一类商品　二类商品　三类商品　进口国营贸易企业名录　进口许可制度

复习思考题

一、单项选择题

1. 从 2012 年 8 月 1 日起，国家外汇管理局改进货物贸易外汇服务和管理，取消了企业出口收汇核销手续，出口企业在出口报关时不用向海关提供（　　）。

　　A. 商业发票　　　　　　　　　　　B. 装箱单

　　C. 出口收汇核销单　　　　　　　　D. 出口许可证

2. 根据 WTO 和我国相关法律文件的精神，进口特殊商品需要进口企业具有（　　　）。

　　A. 一定量的流动资金　　　　　　　　B. 一定的经营场地

　　C. 一定的经营资质　　　　　　　　　D. 一定的经营时间

3. 按我国外汇管理的规定，第一次从事进口贸易的企业需要（　　　）。

　　A. 具备一定额度的外汇　　　　　　　B. 具备一定规模的外汇经营人数

　　C. 具备用汇的资质　　　　　　　　　D. 具备一定的进口贸易量

4. 我国外汇管理机构为了管理的需要，将企业分为（　　　）。

　　A. 诚实守信的企业　　　　　　　　　B. A、B、C、D 类的企业

　　C. A、B、C 类的企业　　　　　　　　D. A、B、C、D、E 类的企业

5. 监管证件名称代码为"P"的进口商品是（　　　）。

　　A. 农药　　　　　　　　　　　　　　B. 固体废物

　　C. 濒危物种　　　　　　　　　　　　D. 有毒化学品

二、多项选择题

1. 跟单员要确定某进口商品是否属于国家限制类商品，可以通过以下途径（　　　）。

　　A. 查阅《中国海关报关实用手册》中的"监管条件"

　　B. 可以根据进口商品性质进行大致判断

　　C. 可以查阅国家进出口管理条例

　　D. 直接向国家商务部咨询

2. 在计划经济时代，根据各类商品在国计民生中的重要程度和需要调剂的范围大小，我国将商品分为（　　　）。

　　A. 一类商品　　　　　　　　　　　　B. 二类商品

　　C. 三类商品　　　　　　　　　　　　D. 四类商品

3. 有关"两用物项"的说法中，正确的是（　　　）。

　　A. 可能成为制造毒化学品的进口化学品货物

　　B. 既可以用于军事也可以用于民用的货物

　　C. 就是那些用于多个领域的物质

　　D. 是国家限制进出口商品的一种称谓

4. 以下有关"国营贸易"的说法中，正确的理解是（　　　）。

　　A. 政府通过法律层面赋予企业经营（从事）特定商品的进出口贸易权利

　　B. 政府通过法律层面间接控制了企业从事某项商品进出口贸易活动的资格

　　C. 是企业经营某类商品的前提条件

　　D. 获得国营贸易资格的企业可以是国有企业，也可以是民营或其他性质的企业

5. 对我国国家外汇管理局机构的理解，正确的是（　　　）。

　　A. 国家外汇管理局为副部级机构单位

　　B. 国家外汇管理局、分局、支局是基本组织构架

　　C. 中国人民银行行长兼任国家外汇管理局局长

　　D. 一般而言，各地的国家外汇管理局分支机构与当地的中国人民银行分支机构合署办公

三、案例分析题

2009 年 6 月，山东青岛某机械设备进出口公司从日本进口挖掘机零件和挖掘机用空调设备，货物运抵青岛市后，该进出口公司向青岛检验检疫局递交报检和施检要求，并随附了合同、发票、装箱单、提单、无木质包装声明等相关单证。在施检过程中，施检人员在集装箱内发现有了 1 条疑似包装设备的木条，认为属于故意瞒报木质包装的行为，涉嫌违反《中华人民共和国动植物检疫法》的有关规定，决定予以立案调查，并对相关人员做了询问笔录，最后做出了相应行政处罚并督促该进出口公司立即销毁该木条。请用学过的知识进行分析。

模块六　进口通关跟单

【**模块导读**】海关是依据本国（或地区）的法律、行政法规行使进出口监督管理职权的国家行政机关，也是我国对外贸易管理的一道"屏障"。外贸跟单员熟知海关法律法规及工作过程，是做好进口货物通关工作的首要任务。本模块简单介绍了海关基本知识，围绕货物进口过程中外贸跟单员所扮演角色，着重阐述货物进口申报前准备、进口货物地点选择，进口单据收集等一系列具体事宜的操作过程及注意之点。

【**模块目标**】通过本模块学习，了解外贸跟单分类和外贸跟单岗位在外贸活动中的作用，熟知外贸活动中各种岗位设置及各自职责，掌握外贸跟单从业者所必备的知识结构和素质要求。

✕　✕　✲

在实际进口贸易中，进口涉及的环节多、手续复杂，需要依靠银行、海关、运输、保险、检验检疫等部门的密切配合，进口企业必须依照这些相关部门的规定，在进口前办妥相关手续。海关是进口业务中的重要监管部门，它的主要任务之一就是对进口货物实施监管。根据《海关法》规定，进口货物必须通过设有海关的地点进境，并接受海关的监管。海关依照《海

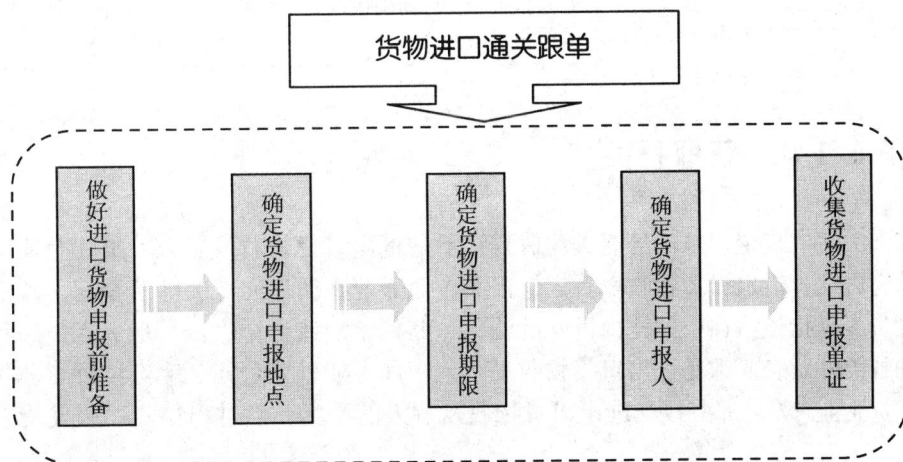

图 6.1　进口通关的主要工作内容

关法》和其他法律法规的规定，对进出境的运输工具、货物和物品，征收税费，查缉走私，编制海关统计并办理其他相应海关手续。对于进口货物，海关需要对进口商的申报资料进行审单，对所申报的进口货物进行查验、征税和放行等作业环节，对于进入保税区和加工贸易的货物，海关还有其他相应措施。本模块内容结合海关管理的相关内容，介绍货物进口通关的流程和进口通关跟单的主要工作内容。

项目 6.1　做好货物进口前申报准备

每一个从事进出口贸易的企业，除了在洽谈业务前往政府部门做好企业报备（如对外贸易经营资格备案，商检、外管、银行等部门的备案或登记、注册手续）工作外，还要在货物到达进口口岸前，做好进口申报准备，如获取报关权、选择报关代理人、收集报检、报关单据和寄送相关单据等。

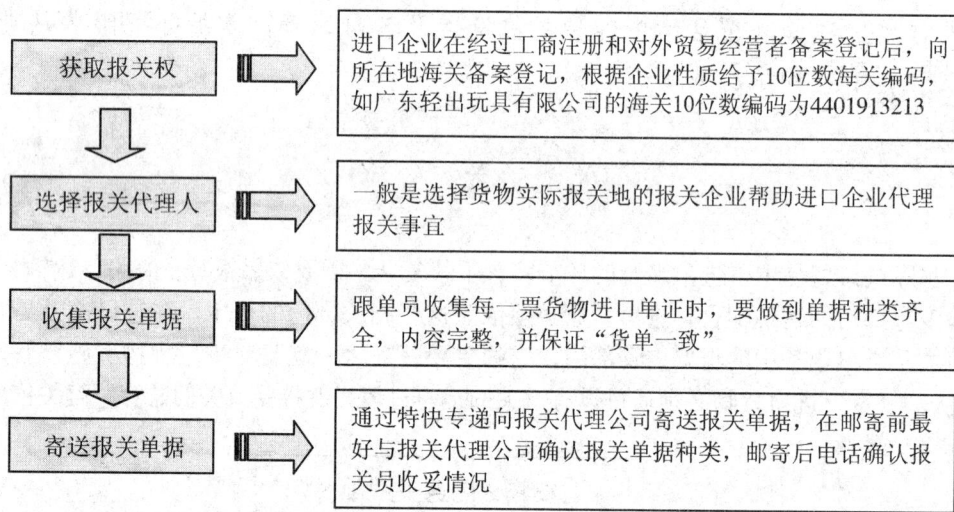

获取报关权	⇒	进口企业在经过工商注册和对外贸易经营者备案登记后，向所在地海关备案登记，根据企业性质给予10位数海关编码，如广东轻出玩具有限公司的海关10位数编码为4401913213
选择报关代理人	⇒	一般是选择货物实际报关地的报关企业帮助进口企业代理报关事宜
收集报关单据	⇒	跟单员收集每一票货物进口单证时，要做到单据种类齐全，内容完整，并保证"货单一致"
寄送报关单据	⇒	通过特快专递向报关代理公司寄送报关单据，在邮寄前最好与报关代理公司确认报关单据种类，邮寄后电话确认报关员收妥情况

任务 6.1.1　获取报关权

按《海关法》规定，依法经海关注册登记后的进出口货物收发货人、报关企业才能办理报关手续。因此，进出口货物收发货人、报关企业需要在属地向海关注册登记。其中进出口货物收发货人是指依法在中国境内设立的法人、其他组织或者个人。一般而言，那些具有进出口权的各类外贸企业都是进出口货物收发货人，如专业外贸公司、生产型外贸公司、工贸公司、三资企业[①]等。那些接受进出口货物收发货人的委托，以进出口货物收发货人的名义

---

① 境内的中外合资经营企业、中外合作经营企业、外商独资经营企业三类外商投资企业，称为三资企业。

或者以自己名义，向海关办理报关业务，从事报关服务的境内法人企业是报关企业，如专业报关企业和国际货运代理企业。报关企业本身没有进出口权，只能接受进出口收发货人委托以直接代理形式报关（即主营报关），国际货运代理企业以兼营报关形式帮助进出口收发货人向海关报关。

【知识链接 6.1】报关活动中的直接代理与间接代理

　　直接代理报关是以委托人的名义报关，代理人代理行为的法律后果直接作用于被代理人；间接代理报关是以报关企业自身的名义报关，报关企业承担其代理行为的法律后果。目前，我国各地报关企业大都采用直接代理报关，间接代理报关只适用于经营快件的国际货物运输代理企业。

代理报关的属性与法律责任

报关企业　　行为与责任	代理方式	行为属性	法律责任
报关企业代理报关	直接代理	委托代理行为	法律后果直接作用与被代理人（委托人）；报关企业亦应承担相应的责任
	间接代理	视同报关企业自己报关	法律后果直接作用与代理人；由报关企业承担委托人自己报关时应承担的相同的法律责任

任务 6.1.2　选择进口报关代理人

　　从"术业有专攻"的观点出发，收货人常常将进口货物的海关通关事务外包给第三方专业公司，以帮助其进口申报、代缴税款等进口清关事宜。目前，可以从事进口报关代理业务的公司主要有专业报关行和国际货运代理公司，前者系指经海关批准设立，办理注册登记手续，专门从事进出口货物代理报关业务，具有境内法人地位，独立核算的经济实体，一般以"×××报关行"或"×××报关服务公司"冠名，后者是指经营国际货物运输代理、国际运输工具代理等业务，并接受委托代办进出口货物的报关纳税等事宜的境内法人。为了减少代理过程中的风险，上述第三方专业公司都是以直接代理形式帮助进口收货人代理货物进口事宜。在直接代理中，进出口商委托报关行或国际货运代理公司代理货物的进出口报关，被委托方只是根据委托人提供的单证向海关申报，如果被海关发现货单不一致或其他违规行为而受到海关查处时，则进出口商应该承担责任。

　　一般而言，专门从事进出口货物代理报关业务的报关企业具有明显优势：一是娴熟海关环节的通关流程，这是快速通关的基础；二是快捷通关效率，能够迅速协调或解决通关过程中的问题；三是合理的收费，普通货物按人民币 100 元/票收取报关费①。

---

① 危险货物的报关费会比较高，如 150 元/票。

　　跟单员通过以货物申报地点、报关业务娴熟程度、报关企业规模、综合业务能力及报关企业海关类别等途径来选择进口货物报关代理人。

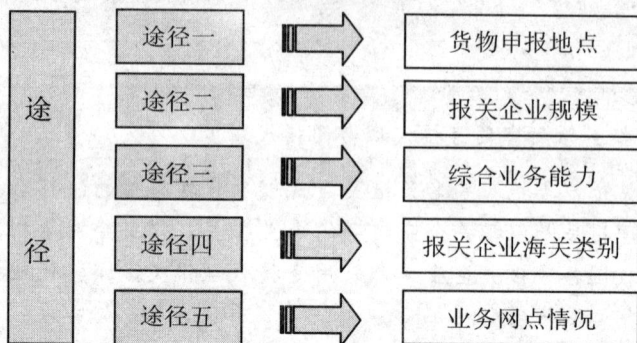

途径			
	途径一	→	货物申报地点
	途径二	→	报关企业规模
	途径三	→	综合业务能力
	途径四	→	报关企业海关类别
	途径五	→	业务网点情况

　　途径一：依据货物申报地点

　　（1）货物第一进境地申报

　　按《海关法》的相关规定，进口货物应该在运输工具进境申报之日起 14 天内，由收货人或其代理人向货物第一进境地海关申报①，也可以向第一进境地海关书面要求办理转关手续后，在货物指运地或使用地完成进口报关事宜。

　　（2）企业属地申报

　　通常情况下，进口货物需要缴纳进口关税和增值税②，有的进口货物还要缴纳消费税，上述三种或两种税额之和，往往是比较可观的一笔数字，携带现金或银行票据都会带来不便。根据海关规定，当进口货物与企业属地不一致时，进口企业必须向第一进境地海关申报，在符合相关条件后，进口商可以向属地海关办理进口手续。

　　（3）指定地点申报

　　这是一种经特殊运输方式进境货物，如经电缆、管道或其他特殊方式输送进境的货物，定期向指定的海关申报。

　　通过分析可知，进口货物申报地点可以是不同的，选择口岸海关所在地报关行或国际货运代理公司代理货物进口报关事宜是比较明智的，这些专业报关企业不仅娴熟口岸海关通关流程，还可以减少进口收货人跨区自行报关所带来的不便，提高了通关效率，防止滞报或滞纳发生，为进口企业争取许多宝贵时间。选择企业属地申报，可以为企业争取更多的时间，克服携带现金或银行票据所带来的不便。

---

①　通过管道、电缆或其他特殊方式输送进境的货物，定期向指定的海关申报。

②　少数进口商品需要缴纳消费税。

【知识链接 6.2】进口环节增值税、关税和消费税

　　要知道进口环节增值税首先要明白什么是增值税。增值税是以商品的生产、流通和劳务服务各个环节所创造的新价值为课税对象的一种流转税。我国自 1994 年起全面推行并采用国际通行的增值税制。这有利促进专业分工与协作，体现税负的公平合理，稳定国际财政收入，同时也有利于出口退税的规范操作。

　　进口环节的增值税是一种在进出口环节征收的税种，具体由海关征收。进口环节增值税的免征、减税项目由国务院规定，任何地区、部门都无权决定增值税的减免。

　　关税（Customs Duties 或 Tariff）是国家税收的重要组成部分，是由海关代表国家，按照国家制定的关税政策和公布实施的税法及进出口税则，对进出口关境的货物、物品征收的一种流转税。一般而言，进口货物或物品在进口环节需要缴纳关税，出口货物（除了高耗能、高污染和资源性外）都不征收关税。

　　消费税（Consumer tax）是以消费品或消费行为的流转额作为课税对象而征收的一种流转税。消费税的纳税人是我国境内生产、委托加工、零售或进口《中华人民共和国消费税暂行条例》规定的应税消费品的单位或个人。进口环节的消费税由海关征收，除国家另有规定外，一律不得减免。一般而言，奢侈品、高耗能的高档消费品（如小轿车、汽车轮胎、化妆品、护肤护发品、贵重首饰及珠宝玉石等）、不可再生及替代的资源类消费品（如汽油、柴油、一次性木质筷子等）和过度消费对人类身体、社会秩序、生态环境造成危害的特殊商品（如烟、酒、鞭炮、烟花等）都是被征收对象。

途径二：依据报关企业规模

表 6.1　　　　　　报关企业与报关企业跨关区分支机构注册登记许可的条件

序号	报关企业设立条件	报关企业跨关区分支机构注册条件
1	具备境内企业法人资格	在取得注册登记许可的直属海关关区外从事报关服务，应当依法设立分支机构，并且向分支机构所在地海关备案
2	法定代表人无走私记录	在备案海关关区内从事报关服务
3	无因走私违法行为被海关撤销注册许可的记录	
4	有符合从事报关服务所必需的固定经营场所和设施	有符合从事报关服务所必需的固定经营场所和设施
5	海关监管需要的其他条件等	
6	报关企业注册登记许可期限为 2 年	报关企业分支机构备案有效期为 2 年
7	每年 6 月 30 日前向注册地海关提交《报关单位注册信息年度报告》	每年 6 月 30 日前向注册地海关提交《报关单位注册信息年度报告》

注：详见海关总署第 221 号令：《中华人民共和国海关报关单位注册登记管理规定》。

2014 年 3 月，海关总署发布第 221 号令《中华人民共和国海关报关单位注册登记管理规定》，调整了报关企业注册登记和进出口货物收发货人注册登记的条件。

该规定简化了报关企业的注册条件和程序，取消了报关企业的注册资金、报关员人数要求，降低了报关企业帮助进出口货物收发货人从事报关活动的门槛，将引发报关服务市场"洗牌"。

跟单员不仅要关注海关规定变化，而且要关注报关企业的规模、从业者数量与素质、守法状况、管理制度等主要方面，选择那些具有一定规模且规范的报关企业成为本企业的合作伙伴。

途径三：依据报关企业的综合业务能力

我国对外经济与贸易的发展，带动了报关行业的发展，使得报关市场出现了前所未有的繁荣景象，但是报关行业的无序竞争（如采用低价竞争策略以获取更多报关代理业务），也给报关企业带来一些不利因素。因此跟单员除了注重报关企业自身服务质量、服务内涵、服务品质外，还要关注报关企业在国际物流市场中的核心价值以及利用海关、国检、外汇、港口等一系列资源能力，使其出色的服务质量为生产企业、外贸企业创造一流的价值。

（1）娴熟的海关通关知识

在我国外贸经济迅速发展的过程中，国家为适应国际和国内市场的变化，经常会制定一系列的政策，引导市场按照稳定、健康、持续的方向发展。报关企业必须首先领会这些政策对市场的作用，对企业的影响，在通关过程中的风险环节；其次帮助企业按照国家制定的政策和规定进行经营，并按照要求实施通关操作，避免不必要的处罚。除了进口企业和从业者要不断学习和关注海关法规、总署令和以公告形式向社会公布的一系列国家法律、法规和政策外，专业报关企业也要熟知海关法律、法规和政策变化情况，以适应海关对企业和进口货物最新的监管要求，提高进口货物通关效率，降低进口货物的通关成本。

（2）娴熟的海关通关技能

对进口商品征收关税是海关的核心工作，也是报关企业价值所在。如果报关企业娴熟于商品归类与税则、加工贸易政策、进出口商品的鼓励政策、暂时进出口政策、展会贸易政策和服务贸易政策等，就会围绕国家的政策导向，充分利用海关及相关的通关规定，帮助进口企业享受国家的相关政策，使国家的政策资源渗透至实际生产和交易过程中，降低企业的经营成本，避免不必要的处罚和风险，最终实现进口货物的快速通关，为企业提供增值服务，间接支持进口企业参与国际市场的竞争，保护国内的民族企业和新型行业，提高整个国家的经济实力。如果报关企业的报关员熟悉商品的归类，就能够熟知该归类是否需要商检，是否需要提前办理许可事宜，就会预估进口税额，提醒进口企业事先办妥相关事宜及准备足额资金。

途径四：依据报关企业的海关企业类别

为了鼓励企业守法自律，提高海关管理效能，保障进出口贸易的安全与便利，根据《中华人民共和国海关法》及其他有关法律、行政法规的规定，2008 年 4 月起实施了《中华人民共和国海关企业分类管理办法》。该办法以企业遵纪守法、经营管理状况和海关监管统计记录数据为考核指标，对所有进出口企业和报关企业进行综合考评，分别设置 AA、A、B、C、D 五个企业管理类别，并按照守法便利原则，对不同管理类别的企业，制订相应的差别化管理措施，其中 AA 类和 A 类企业给予通关便利措施，B 类企业给予常规管理措施，C 类和 D 类企业给予严密监管措施。

鉴于海关给予 AA 类和 A 类企业通关便利，可享受优先办理货物申报、查验和放行，优先安排在非工作时间和节假日办理预约通关手续、加工贸易台账"空转"，对进出口货物一般不予开箱查验，指派专人负责协调解决企业办理海关事务的疑难问题等多项便利措施，跟单员在进口跟单过程中，要避免选择管理级别较低的报关企业作为本企业的合作伙伴，尽可能寻找 AA 类和 A 类的报关企业为本企业提供通关服务，并关注这些报关企业管理类别的变化动态，及时了解其调整或变动情况。

【新闻链接】AA 类和 A 类外贸企业获得更多的通关便利[①]

杭州松下家电公司（简称"松下家电"）是一家海关企业管理 AA 类的企业，公司产品远销世界各地。该公司海外部屠先生认为用足海关给予的便利政策，能够保障货物进出口渠道畅通。他以进口原料为例，具体说明了 AA 类企业所获得"担保放行"等快速通关模式给企业带来的"实惠"。

实惠一：一定程度上缓解企业使用资金的压力。

实惠二：原材料进口通关时间大为缩短，间接提高生产效率。

实惠三：企业再也不会因原材料短缺而"等米下锅"。

实惠四：可以享受"属地申报，口岸验放"的便捷监管模式。松下家电只要向属地的杭州海关报关，上海海关直接放行，既节省报关的时间，也减小工作难度，避免因向不同海关办理免税和通关手续带来的工作协调上不便。

据悉，B 类以下企业，成为海关严密监管的对象，进口原材料不再享受"属地报关、口岸验放"，通关效率大为降低，加工贸易台账保证金也被要求全额缴纳或 50% 实转，占用了宝贵的流动资金。此外，每年的查验费用也会大幅度增加。

途径五：依据报关企业的业务网点情况

海关总署、直属海关和隶属海关是我国三级海关机构组织体系，其中直属海关下辖多个不同的口岸海关，为了方便报关企业开展代理报关活动，设立集中报关点来处理日常通关事宜（如上海航交所、宁波国际航运服务中心、天津国际贸易与航运服务中心等）。不可否认，有些海关事务需要在不同口岸海关进行协调或处理（如转关运输或海关查验货物等），如果报关企业在各个码头或港区有办事处的话，就可以迅速通过其连锁网点传递材料或迅速派员代表收货人现场处理各种突发事件，节省往返路途时间，提高了通关效率。如上海欣海报关有限公司是一家海关 AA 类的报关企业，其业务网点遍及上海、重庆、成都、天津、南京、苏州、昆山、太仓、香港、日本及美国，在上海市区、浦东新区、外高桥、浦东机场、洋山港、嘉定、青浦、闵行、浦江航交所、松江、奉贤及金山都有报关业务代理点（见图 6.2），能够提供空运、海运、转关、快件和国际邮件、物流园区、保税仓库、出口加工区和保税港区等

[①]　题材选自《中国工商时报》，内容已做修改。

常规代理报关服务，还能提供展览物品、私人物品、暂时进出口、减免税货物等特殊代理报关服务，还能提供进口企业海关注册备案、代理报检等延伸报关服务。

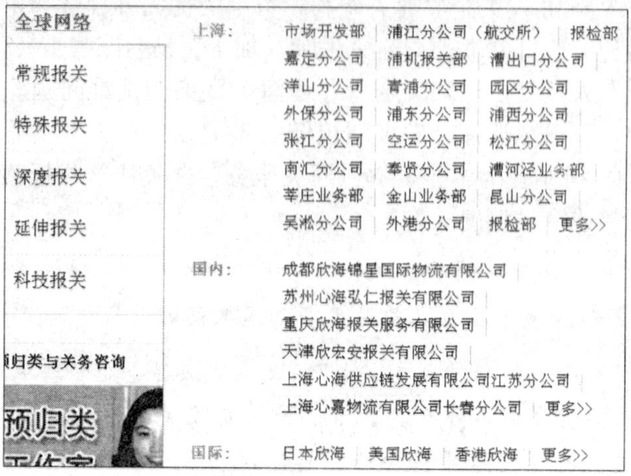

图6.2 上海欣海报关有限公司的网点分布

任务6.1.3 收集进口报关单证

跟单员在进口报关前，必须收集并整理发票、装箱单/重量单、运输单据、合同等基本单证，并通过查询由海关总署政策法规司编写、中国海关出版社出版的《中国报关实用手册》，确定进口货物是否需要提前办理进口检验检疫、进口许可等事宜。

进口货物向海关申报时，必须填写一式二份"进口货物报关单"，并随附以下单证：（1）发票；（2）装箱单/重量单；（3）运输单据；（4）进口许可证；（5）商检通关单；（6）减免税或免验的证明文件；（7）合同等。其中（1）、（2）、（3）项单证是基本单证，（4）、（5）、（6）项单证依进口商品种类或贸易方式而定，有的商品需要而有的商品是不需要的。另外，加工贸易方式下的原材料进口，需要提供加工贸易手册。（7）项单证属于预备单证，当口岸海关需要查看时，收货人必须提供。

进口货物产地证是货物的"身份证"，也是海关对进口货物按何种进口税率征税的依据。随着区域经济合作的深入发展，我国与一些国家和地区签署并生效的区域性经济自由贸易协定有14个（中国与东盟、巴基斯坦、智利、新西兰、秘鲁、新加坡、哥斯达黎加、冰岛、瑞士、澳大利亚、韩国，及内地与中国香港、澳门、台湾等），优惠贸易协定1个（亚太贸易协定），涉及26个国家和地区[①]。根据这些互惠协议，来自上述国家和地区的货物[②]可以享受优惠关税甚至零关税。因此，一旦进口货物原产于上述国家和地区，跟单员就应该提前要求出口商提供相应的产地证。

表6.2归纳了主要进口单据的提供者。

---

① 数据截至2015年6月。
② 并非所有货物都能享受优惠关税税率，具体查询《中国海关报关实用手册》。

表6.2　　　　　　　　　　主要进口单据及提供者

序号	进口单据名称	单据的提供者
1	商业发票	海外出口商
2	装箱单	海外出口商
3	运输单据	海外出口商
4	进口许可证（必要时）	进口商向属地商务部门或其他政府相关部门申领
5	加工贸易手册（必要时）	进口商向加工企业所在地海关申领
6	商检通关单（必要时）	进口商向口岸商检部门报检后申领
7	进口货物原产地证（必要时）	海外出口商
8	进口货物质量证书（必要时）	海外出口商
9	固体废物进口许可证（必要时）	进口商向国家环保部申请和商务部门领证
10	固体废物进口装船前证明	海外出口商
11	……	……

　　进口单证必须做到"证货一致"和"单货一致"。单据内容除了要真实反映进口货物实际情况外，单据签发时间必须合理并在有效期内。海关在接到收货人递交的单证后，将进行认真细致的审核，如发现内容不够翔实或不完整时，会通知收货人补充或更正。

【知识链接6.3】《中国海关实用报关手册》简介

　　这是一本由海关总署政策法规司编写、海关出版社出版的工具书，主要内容有：海关法律事务办理指南、海关最新规章及解读、进出口货物报关单填报规定、海关通关系统常用代码表及说明、十位海关商品编号、商品名称及备注、关税税率、进口环节增值税和消费税税率、海关统计计量单位、进出口监管证件代码、进出口商品暂定税率、各种最新区域或双边协定税率、进口商品从量税、复合税税率和进口关税与进口环节代征税计税常数表等。

　　该书适用于税收、进出口管理（海关监管、商检、贸易管理等），也是进出口贸易从业者的必备工具书，充分利用该书可以获取货物进口税率及是否需要检验检疫和办理进出口许可事宜等方面的信息。

　　该书每年一版，附有光盘。

任务 6.1.4 办妥进口许可事项

进口货物许可证管理，是国家对进口货物进行宏观管理的一种行政手段，其目的在于维护我国的进口秩序，保护和促进国内生产，加强进口贸易的计划管理。按我国现行的外贸管理规定，对于那些限制进口货物，进口商必须在货物进口前办妥进口许可事宜。进口许可事宜是指一国政府为了禁止、控制或统计某些进口商品的需要，规定只有从指定的政府机关申办并领取进口许可证后，商品才允许进口。在我国相关的政府部门除商务部和国家发改委外，还有中国人民银行、卫生部、信息产业部、文化部、国家林业局、新闻出版总署、环保部、民航总局等部门或机构。这些部门或机构授权各个省市自治区机构签发各种许可证书，如商务部授权各地的商务厅/局/商委或特派员办事处①负责不同种类的进口许可证审查、签发、撤销和废止等管理工作。

跟单员要特别注意，随着进口商品名称不同，进口许可证名称也不尽相同，如濒危物种进出口允许证、文物出口证书、精神药物进出口准许证、金银产品出口准许证、非军事枪药进出口批件、保密机进口许可证、进口废物批准证书、兽药进口报验证明等。这些许可证实际上都用于海关通关证明。

进口许可证分为自动许可证和非自动许可证。自动许可证不限制商品进口，其目的不是对付外来竞争，而是进行进口统计。非自动许可证是须经主管行政部门个案审批才能取得的进口许可证，主要适用于需要严格实行数量控制的商品。以下是使用进口许可证需要注意的方面：

➢ 到货口岸

每份许可证只能填写一个到货口岸，对于不同口岸到货应分别按到货口岸数量领证。

➢ 有效期

进口许可证有效期为一年，货物在有效期内没有实际进口，进口商可以向发证机关申请展期，发证机关根据规定结合进口商的实际情况，做出是否延长许可证有效期的决定。

➢ 使用次数

一般而言，许可证在使用范围、次数等方面有严格要求，如规定"一批一证"、"一关一证"和"非一批一证"等，前者是指一份许可证只能对应一批货物进口，后者则是指一份许可证只能在一个海关使用有效，不管是"一批一证"还是"一关一证"，"非一批一证"虽可以多次使用（一般为 12 次），但只能在载明的有效期内使用或修改。

➢ 贸易方式

对于同一批货物项下的不同贸易方式（如一般贸易、易货贸易、补偿贸易、进料加工、国际展览、边境贸易及协定贸易等）进口，每份许可证只能打印一种贸易方式，进口商需要分别向发证机关申领相应份数的许可证。

---

① 特派员办事处主要有广州、上海、天津、大连、海口、青岛、西安、成都、武汉、郑州、福州、南京、杭州等 16 个。

任务 6.1.5　寄送报关单据

货物到达港口前，跟单员需要按报关和商检要求收集相应单据，并审核各种单据的时效性和内容。在收齐了报关单据后，及时递交给代理报关企业。

途径一：派人直接送往报关企业

如果报关企业和委托企业处于同一城市，除了需要关注报关企业的工作时间外，不用破费多大精力就可以办妥。但是，有些报关公司地处经济开发区、港区、空港，路人稀少而不便于咨询和查找，因此有经验的跟单员，往往会事先电话联系，确定报关企业详细地址（如楼号及楼层、附近明显标志物等）、联系人/电话，预先设计行车线路，一次性快速将报关资料交到报关公司经办人手中，完成货物进口报关的关键步骤。

如果报关企业和委托企业处于不同的城市，跟单员要事先购买车票，并事先电话联系确定报关企业详细地址，设计行进路线。一般而言，在广州、上海、天津等港口城市，跟单员利用地铁作为市区内交通工具是一种明智的选择。

途径二：通过快递寄往报关企业

如果报关企业和委托企业不在同一城市，一般情况下，通过快递寄送报关单据，相关知识已经在本书出口跟单部分有所涉及，这里不再赘述。

需要提醒的是，整套报关单据除了发票、装箱单等单据外，还有运输单据，该运输单据是提取进口货物的凭证，一旦遗失后果不堪设想。因此，跟单员要谨慎选择快递公司，密切跟踪该快递递送过程和签收情况。

不管是派人直接送往报关企业还是通过快递寄往报关企业，报关单据必须做到种类齐全、内容翔实、商品归类正确。此外，跟单员还要根据海关要求，在某些单据（如商业发票、装箱单和运输单据）上加盖进口企业公章。

项目 6.2　确定货物进口申报地点

按海关法的规定，进口货物进境时必须向海关申报，符合我国的相关规定并缴纳相关税费后才能进口。依据货物的情况，向海关申报地点主要有进境地、指运地、指定地点和主管海关所在地。

任务 6.2.1　进境地申报

货物进境地是指货物进入关境的口岸，一般是进口货物接受海关监管的第一口岸。一般情况下，进口货物的收货人或其代理人应当在货物的第一进境地向海关申报，转关货物的申报。

任务 6.2.2　指运地申报

指运地是指进口货物经转关运输后到达指定地点或海关监管货物国内转运时的到达地。一般而言，指运地是进口商的属地或所在地，也是进口货物的目的地、使用地或销售地。例如一批进口货物从德国汉堡港以海运方式从上海进境到达浙江嘉兴，那么指运地就是浙江嘉兴，起运地就是汉堡。

由于进口货物的数量、性质、内在包装等其他原因，经收货人向进境地海关申请，海关同意后，进口货物也可以在设有海关的指运地申报。

任务 6.2.3　指定地点申报

经电缆、管道或其他特殊方式输送进境的货物，经营单位应当按海关要求定期向指定的海关申报并办理有关进口海关手续。

任务 6.2.4　主管海关所在地申报

主管地海关是指根据海关总署的规定，负责办理管辖地区海关业务的海关机构。一般而言，主管地海关大多为隶属海关，也是已经获得进出口权的外贸企业获得报关资格的审批海关。

以保税、特定减免税和暂准进境申报进口的货物，因故改变性质或者改变使用目的转为一般进口时，应当在货物所有人的主管海关所在地申报。

项目 6.3　确定货物进口申报期限

为了加快口岸货运和通关效率，促使进口货物收货人或其代理人及时报关，使进口货物早日投入使用或销售，加快资金周转，真正使进口货物发挥应有的效益，海关对进口货物规定了申报期限，收货人或代理人未在该规定期限内申报，将受到海关处罚。

任务 6.3.1　直接进口货物的申报

当收货人选择将进口货物直接在第一进境地海关办结海关所有手续时，按海关法的规定，该货物的报关期限为自运输工具进境之日起14日内。进口货物的收货人或其代理人超过14天期限未向海关申报，海关将征收滞报金。滞报金按日征收，计算方法为进口货物完税价格的千分之零点五。也就是说，进口货物滞报金期限的起算日期为运输工具申报进境之日起第15日，按实际滞报天数征收。即：

$$滞报金＝进口货物完税价格×0.5‰×滞报天数$$

进口货物的完税价格以外币计价的，由海关按照签发征收滞报金收据之日国家外汇管理部门公布的《人民币外汇牌价表》的买卖中间价，折合为人民币。无牌价的外币，按照国家外汇管理部门决定的汇率折合计算。滞报金的起征点为人民币 50 元，滞报金金额以元计收，不足人民币 1 元的部分免予计收。

任务 6.3.2　邮运进口货物的申报

采用邮运及快递途径的进口货物，邮政企业向收件人寄送"邮递包裹通知书"，收件人在收到邮局通知之日起的 15 日内向海关申报，否则也会受到海关处罚，即征收滞报金。滞报金起征日期为收件人邮局通知之日起的第 16 日起，按实际滞报天数与进口货物完税价格的 0.5‰之乘积计算。

任务 6.3.3　转关运输货物的申报

当进口货物收货人向企业属地所在地海关申报进口时，按海关的规定，收货人有以下几种转关方式可以选择：提前报关转关、直接转关、中转转关。

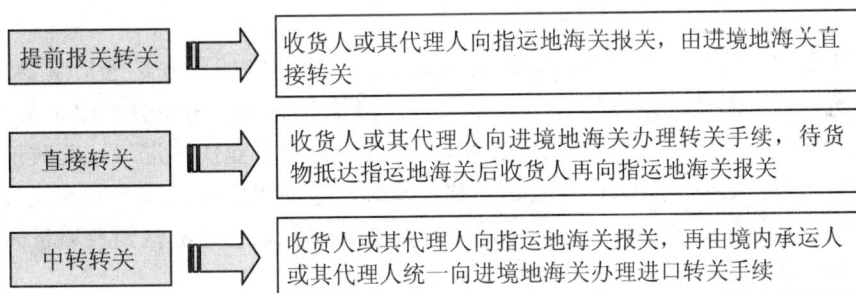

提前报关转关	⇒	收货人或其代理人向指运地海关报关，由进境地海关直接转关
直接转关	⇒	收货人或其代理人向进境地海关办理转关手续，待货物抵达指运地海关后收货人再向指运地海关报关
中转转关	⇒	收货人或其代理人向指运地海关报关，再由境内承运人或其代理人统一向进境地海关办理进口转关手续

从上述进口转关过程看，进口转关就是货物从进境地入境到指运地海关办理海关手续的全过程，从涉及的海关数量来看，至少涉及两个不同的海关，即进境地海关和指运地海关。

根据海关的规定，采用进口转关报关也有时间要求，违反时间要求会被征收滞报金，即转关运输滞报金起算日期有两个：一是运输工具申报进境之日起第 15 日；二是货物运抵指运地之日起第 15 日。两个条件只要达到一个，就要征收滞报金，如果两个条件均达到则要征收两次滞报金。

对于长期滞报或无人申报的进口货物，海关也做出具体规定：进口货物自运输工具申报进境之日起超过三个月未向海关申报的，其进口货物将由海关提取变卖处理。如果属于不宜长期保存的，海关可根据实际情况提前处理，变卖后所得价款在扣除运输、装卸、存储等费用和税后尚有余款的，自货物变卖之日起 1 年内，经收货人申请，予以发还，逾期无人申领，上缴国库。

滞报金是由于进口货物收货人或其代理人超过法定期限未向海关报关而产生的一种费用，并非罚款。如果进口货物收货人或其代理人对海关征收滞报金的决定不服，可以向做出决定的海关提出申诉，但必须先交纳滞报金。

项目6.4　确定货物进口申报人

根据海关相关规定，进口货物应该由货物进口申报人向海关申报，如何确定货物进口申报人呢？

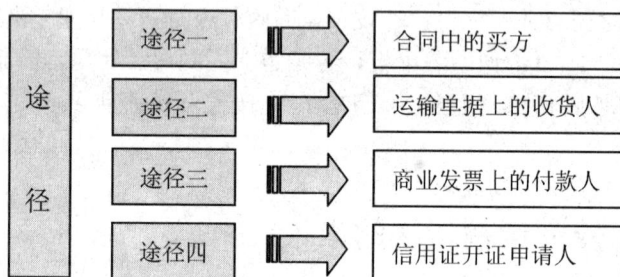

途径			
	途径一	➡	合同中的买方
	途径二	➡	运输单据上的收货人
	途径三	➡	商业发票上的付款人
	途径四	➡	信用证开证申请人

任务6.4.1　买方作为申报人

合同是买卖双方就某一特定商品交易的书面凭证，合同中的买方是进口货物的进口者，也是货物的所有者，因此也是进口环节的申报者。但是有一种情况要引起跟单员特别重视，合同中的买方在签订合同后，委托具有进出口权的其他外贸企业代理进口，此时该外贸企业是以间接代理者身份向海关报关，并缴纳税款，显然，这种代理模式属于间接代理，除了海关环节的税费由该外贸企业缴纳外，还必须办理对外支付货款、外汇核销及质量索赔等一系列进口后的善后事宜。

任务6.4.2　收货人作为申报人

任何形式的运输单据都有CONSIGNEE栏目，除了填写 TO ORDER 或 TO ORDER OF SHIPPER 等需要背书才能确定收货人外，一般都会记载明确的收货人，即实际收货人。按照海关规定，运输单据上的收货人既是进口货物的所有者，也是货物进口的法定申报人和纳税义务人。

需要提醒跟单员，如果进口运输单据为指示提单（TO ORDER 或 TO ORDER OF SHIPPER），则按提单使用惯例，该提单需要经过提单上托运人背书后才算为正确的背书。也就是说，只有以托运人为第一背书人的做法才算是"连续背书"，收货人凭这种获得连续背书的提单，向我国海关办理进口清关手续。因此跟单员收到运输单据后，要特别注意运输单据的背书是否正确。

任务 6.4.3　付款人作为申报人

商业发票是由出口商向进口商开具的货物价目清单。该商业发票除了是有买卖双方的记账依据外，还是进口商办理进口报关不可缺少的文件，同时也是进口报关交税的主要凭证。在商业发票上，付款人就是进口商。进口商向海关申报时，必须按商业发票中的商品名称、规格、价格、数量、金额、包装等要素正确填写进口报关单，并在规定时间内递交给海关，接受海关审核。

【知识链接 6.4】产地证

产地证是用以证明商品原产地的一种具有法律效力的证明文件，是货物进入国际贸易市场的"身份证"，它显示了商品的经济国籍。其主要作用为：确定进口税率待遇的依据；贸易统计；实施进口数量控制、反倾销、反补贴等外贸管制措施的依据等。根据关税优惠程度，主要有：优惠原产地证书和非优惠原产地证书（根据规则不同区分）、普遍优惠制原产地证书；一般原产地证书；区域性优惠原产地证书（根据用途不同区分）。签发机构主要有：贸促会/商会和商检局。

	名称	适用国家或地区	签发机构
普遍优惠制原产地证	普惠制产地证	我国出口至 39 个给惠国的货物	商检局
区域性经济互惠原产地证	中国—东盟（FORM E）	文莱、马来西亚、菲律宾、新加坡、泰国、越南、老挝、印度尼西亚、柬埔寨、缅甸	商检局
	中国—亚太贸易协定	孟加拉、印度、老挝、韩国、斯里兰卡（前身为"曼谷协定"）	商检局
	中国—巴基斯坦	巴基斯坦	商检局
	中国—智利（FORM F）	智利	商检局
	中国—新西兰	新西兰	商检局
	中国—秘鲁	秘鲁	商检局
	中国—哥斯达黎加	哥斯达黎加	商检局
	ECFA 原产地证书	中国台湾	商检局
	中国香港和澳门 CEPA	中国香港、澳门	商检局
	一般原产地（CO）	任何国家的货物	商检局、贸促会/商会
专用原产地证书	输欧农产品	出口至欧洲的农产品	商检局

注： 目前，世界上共有 40 个发达国家给予发展中国家普惠制待遇，这些发达国家被称为给惠国，除美国外，其余 39 个国家给予中国普惠制待遇。即：欧洲联盟 27 个成员国（英国、法国、德国、意大利、爱尔兰、比利时、荷兰、卢森堡、希腊、丹麦、西班牙、葡萄牙、瑞典、芬兰、奥地利、塞浦路斯、马耳他、捷克、爱沙尼亚、匈牙利、拉脱维亚、立陶宛、波兰、斯洛伐克、斯洛文尼亚、保加利亚、罗马尼亚），以及瑞士、列支敦士登、挪威、俄罗斯、白俄罗斯、乌克兰、哈萨克斯坦、日本、澳大利亚、新西兰、加拿大、土耳其。

任务 6.4.4　开证申请人作为申报人

当买卖双方约定以信用证方式结算时，进口商必须以合同内容为基础，在合同规定期限内，通过当地银行开出与合同条款内容基本一致的承诺付款凭证，即利用银行信用担保的信用证。从信用证操作角度而言，要求银行开立信用证的人往往被称为开证申请人；从交付信用证保证金、开证申请人与进口商的关系而言，进口商不仅是对外签订合约的买方，也是信用证开证申请人，不仅是货物的收货人，还是货物进口报关人。

【模块小结】本模块分析了货物进口过程中货物通关方面的相关规定。跟单员在货物进口前首先应熟知海关的相关规定，然后要做好货物进口通关前期工作，确定进口货物的申报地点和申报期限，从而为货物顺利及时进口打下基础。

【关键词或概念】滞报金　滞纳金　申报地点　进境地　指运地　指定地点　转关运输进口申报期限　收货人　付款人　开证申请人　买方　产地证　报关基本单证/特殊单证一关一证　一批一证　非一批一证　主管海关

复习思考题

一、单项选择题

1. 某公司进口一批电信设备，价格为 CIF 天津 50 000 美元，关税税率为 1%，外汇牌价中间为 1 美元＝7.5 元人民币，载货船于 2000 年 4 月 4 日（星期二）进境申报，4 月 19 日该公司来向海关申报。请问海关应征收多少滞报金？（　　）

　　A. 不征收　　　　　　　　　　　B. 征收 187.5 元

　　C. 征收 187 元　　　　　　　　　D. 征收 0～187.5 元间，具体由海关决定

2. 某公司以总价 CIF Shanghai 55 000.00USD 进口零件。船舶于 2004 年 7 月 2 日（周五）申报进境，7 月 19 日该公司报关。问有否滞报？滞报金是多少？（　　）
（USD：RMB=1：8.27）

　　A. 有，滞报金为 CNY 682.28 元

　　B. 有，滞报金为 CNY 682. 00 元

　　C. 有，滞报金为 CNY 6 822.75 元

　　D. 有，滞报金为 CNY68 227.5 元

3. 山东时代进出口公司对外支付进口货款时，以下做法正确的是（　　）。

　　A. 合同签署前，进口商应该前往银行开立可撤销信用证，一旦合同无法签署就可以立即撤销已经开立的信用证

　　B. 进口时，采用组合结算方式，如先预付一定比例定金，余额开立信用证

　　C. 进口货物到达后，前往银行开立信用证以规避我方风险

D. 与客商协商，尽可能采用后 T/T 形式对外支付货款

4. 根据海关的相关规定，关税税额在（　　　）以下的予以免征。

A. 10CNY
B. 10USD
C. 50USD
D. 50CNY

5. 浙江嵊州领带制造有限公司的货物需要在上海口岸各关区出口，按海关的现行规定，该公司只有获得（　　　），才能进行海关报关活动。

A. 进出口经营权
B. 报关权
C. 工商权
D. 税务缴纳权

二、多项选择题

1. 以下可以作为进口货物的海关申报人的有（　　　）。

A. 合同中的 SELLER
B. 商业发票中的付款人
C. 运输单据中的 CONSIGNEE
D. 信用证中的 APPLICANT

2. 按现行海关的规定，进口货物可以向以下海关申报：（　　　）。

A. 进口货物的第一进境地海关
B. 进口货物收货人属地海关
C. 进口货物指运地海关
D. 进口货物指定地点海关

3. 按我国现行的进出口税收管理规定，进口货物可能缴纳的税费有（　　　）。

A. 增值税
B. 关税
C. 消费税
D. 海关监管手续费

4. 海关总署出版社出版的《中华人民共和国海关报关实用手册》已经被广泛用于（　　　）。

A. 海关
B. 进出口检验检疫
C. 出口退税
D. 外经贸中进出口商品的统计

三、案例分析题

绍兴春晖纺织后整理有限公司委托浙江南北进出口公司进口面料涂层机一台，合同规定索赔期限为货到目的港后 30 天。货到目的港后（该承载涂层机的运输工具向海关申报日为 6 月 30 日，周一），浙江南北进出口公司委托宁波四海报关行办理进口报关手续，在获得海关放行后，浙江南北进出口公司立即将货物转给绍兴春晖纺织后整理有限公司，因为绍兴春晖纺织后整理有限公司的基建设施尚未完成，该设备无法安装调试。3 个月后厂房完工，机器安装完毕进行试车，发现设备运行不正常。经过属地商检机构检验，发现该机器的个别部件并非原装，断定其为翻新机。于是绍兴春晖纺织后整理有限公司要求浙江南北进出口公司对外索赔，但遭外商拒绝。为此，绍兴春晖纺织后整理有限公司遭受了巨大的经济损失。问：

（1）在绍兴春晖纺织后整理有限公司、浙江南北进出口公司和宁波四海报关行中，应该由哪个公司对外签订合同？

（2）在进口环节由谁办理进口报关手续？报检手续？（从绍兴公司、浙江南北公司中择一填入）

（3）在进口环节需要交纳哪几种税？由谁向海关纳税？

（4）这是一种什么性质的进口代理？

（5）浙江南北进出口公司与宁波四海报关行的代理关系是什么性质的代理？

（6）浙江南北进出口公司最迟应该在何时向海关报关才不会受到海关处罚？

（7）应该由谁对外索赔？

（8）假设浙江南北进出口公司的海关企业管理类别为 B，宁波四海报关行的海关企业管理类别为 C，按现行海关对企业管理办法，该票进口报关中，可能会出现什么现象？

（9）从本案整个进口过程来看，跟单员至少应该吸取几个方面的教训？

模块七　进口商检跟单

【模块导读】进口货物质量优劣不仅直接关系到进口商的利益，还关系到民众的健康和安全。本模块着重介绍了进口货物商检的基本知识，如检验地点、检验方法、检验机构及检验单证等。通过本模块学习，使进口跟单工作有序开展。

【模块目标】通过本模块了解进口货物法定检验检疫管理规定，学会依据进口货物性质来确定检验检疫模式、检验机构和检验地点，熟悉预登记备案制度、装船前检验制度，掌握特殊进口货物的检验检疫工作，为做好跟单工作打下扎实基础。

＊　　＊　　＊

在进口业务中，对货物的检验不仅是进口商保护自身权益的有效手段，同时也是维护国家和商品用户利益的重要途径。为了使进口货物顺利进入国内市场，符合国家对进口商品的质量技术标准，我国对某些涉及消费者健康和关乎国家安全的商品进行检验检疫，只有获得进口商检通关单的货物才能获准进境和销售使用。本模块结合国家的相关质量技术标准和我国进口商检要求，专门介绍进口商品管理模式、报检单证及其操作流程、进口商检跟单工作的主要内容。

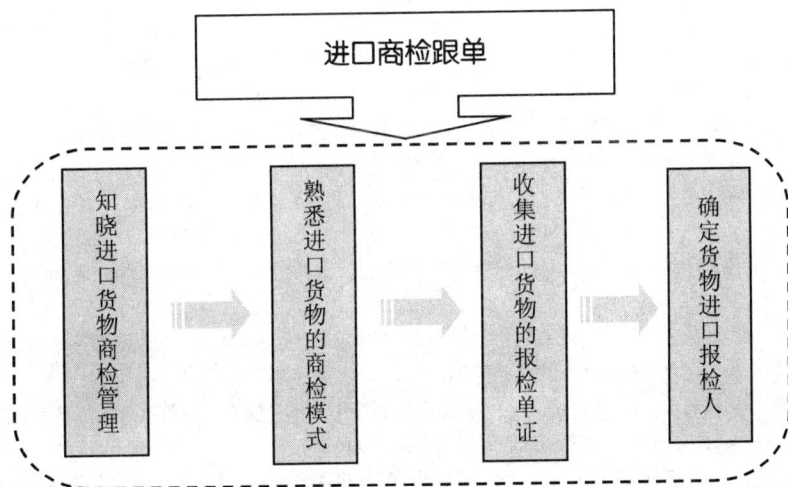

图 7.1　进口商检跟单主要工作过程

项目 7.1　知晓进口货物的商检管理

研读《中华人民共和国商检法实施条例》第二章，可以发现国家对进口商品检验有明确规定，要求所有法定检验的进口商品的收货人应当持合同、发票、装箱单、提单等必要凭证和相关批准文件，向海关报关地的出入境检验检疫机构报检；海关放行后 20 日内，收货人应当依照该条例第十八条的规定，向出入境检验检疫机构申请施检，并规定列入法定检验检疫的进口商品未经检验的，不准销售，不准使用。

一般来讲，进口商品应在口岸检验，或者按照合同和国际惯例要求的地点检验。但限于种种条件，像机械设备等这一类进口商品不可能在口岸检验，只能安装运行后才能进行检验，于是就有了"口岸报检，使用地施检"这种说法。这样的异地对进口商品进行检验的做法具有一定代表性，应密切关注报检地点与施检地点分离的情况，依据国家法律要求并结合货物性质来选择检验地点，表 7.1 归纳了一些进口货物的检验地点。

表 7.1　　　　　　　　　　　一些类别进口货物的检验地点

序号	货物名称与性质	建议检验地点
1	散装商品	卸货口岸
2	粮食、原糖、化肥、硫黄、矿砂	目的港或卸货港
3	化工原料和化工产品	目的港或卸货港
4	机械、仪器、成套设备	收货地或用货地
5	服装、鞋类	目的港或卸货港
6	……	……
7	……	……

①凡进口散装商品，或合同规定凭卸货口岸出入境检验检疫机构的品质、数量、重量等检验证书作为计算价格、结算货款的，不论是口岸公司到货，还是内地公司到货，均应在卸货口岸检验出证。

②进口粮食、原糖、化肥、硫黄、矿砂等，按照国际贸易惯例，必须在目的港承载货物的船舱内或在卸货过程中，按合同约定或标准规定的抽样方法，抽取代表性样品进行检验。

③进口的农产品、畜产品经过国内转运之后，容易使水分挥发、散失或货物腐烂变质，不能反映到货时的品质状况，应在卸货港进行检验。

④进口化工原料和化工产品，需要按批号抽样检验品质，分拨调运之后，不易按原发货批号抽取该商品的代表性样品，应在口岸抽样检验。

⑤进口的机械、仪器、成套设备，以及在卸货口岸开箱后无法重新包装的，特别是机电仪器商品的质量还要结合安装检测、调试运转过程检验，因此要在收货、用货地检验。

⑥凡由内地收货、用货的，或者在内地储存的，在国内转运途中又不易变质、变量、而包装又完好无损的进口商品，由到货地出入境检验检疫机构检验，并签发到货地出入境检验检疫机构证书。

⑦同一批进口商品、分拨收货使用，有条件的应尽可能在卸货口岸检验。如果合同约定凭随船小样检验出证，或者能够在口岸抽取代表性样品的，统统由口岸出入境检验检疫机构检验出证。在口岸确实无法检验的，又属于可以异地检验的商品，可以由到货地出入境检验检疫机构检验，由口岸出入境检验检疫机构汇总出证。假如口岸没有到货任务，可指定到货数量最多的到货地出入境检验检疫机构汇总出证。

任务 7.1.1　熟悉法定检验制度

对于那些属于法定商检的进口商品，依据我国《外贸法》和《进出口商品检验法实施条例》的规定，进口商品抵达我国关境后，由检验机构对商品的内在质量和外包装等项目进行检验。也就是说，由国家检验检疫机构运用各种检验手段（如感官检验、化学检验、仪器分析、物理测试、微生物学检验等）对进口商品的品质、规格、等级等进行评估，以确定其是否符合国家标准，是否会危及环境等。

以商品大类而言，列入国家法定商检的进口商品主要有食品、化妆品、玩具、仪器与机械设备、化工产品、服装、鞋类、农（畜）产品、可回收利用的固体废物（如废纸、废铁、废铜等）。跟单员从事这类进口商品前，必须了解国家商检的相关规定，在货物抵达我国关境前，办妥检验检疫方面的相关手续，为货物顺利进入检验检疫环节打下基础。

国家对列入法定商检的进口商品有着特殊要求，涉及备案登记、专项检测、审批和监督管理等步骤，具体如下：

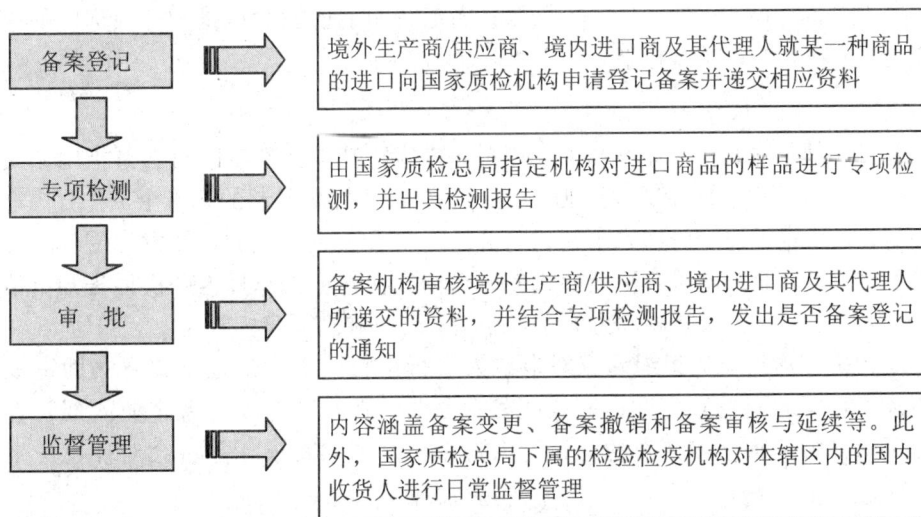

备案登记	境外生产商/供应商、境内进口商及其代理人就某一种商品的进口向国家质检机构申请登记备案并递交相应资料
专项检测	由国家质检总局指定机构对进口商品的样品进行专项检测，并出具检测报告
审　批	备案机构审核境外生产商/供应商、境内进口商及其代理人所递交的资料，并结合专项检测报告，发出是否备案登记的通知
监督管理	内容涵盖备案变更、备案撤销和备案审核与延续等。此外，国家质检总局下属的检验检疫机构对本辖区内的国内收货人进行日常监督管理

1. 备案登记

进口商品的质量直接关系到我国消费者利益、社会公共利益以及国家利益，因而从安全、卫生、环境保护、劳动保护等方面考虑，国家有关部委于 1987 年 9 月联合发布了《进口商品质量监督管理办法》，其中明确规定，国家对涉及安全、卫生、环境保护、劳动保护和检疫的商品，实行进口商品安全质量许可制度。具体而言，就是对部分商品的境外供应商和境内进口商实行备案登记制度，这种登记制度有利于稳定货源和质量，使进口商品有了溯源依据，切实落实和保障了进口商品是质量上乘并且安全的。

从我国备案登记实践来看，进口备案登记的对象是境外供货商和境内进口商或代理商，备案登记时依进口商品种类向属地直属的检验检疫机构分别递交不同内容的申请材料，这些申请材料的内容必须是真实和有效的。

根据我国的相关规定，凡是未获得国家质检总局登记的国内收货人，入境口岸检验检疫机构不受理其进口某类商品的报检申请。

另外，食品包装生产企业和进口食品包装的进口商也需要备案登记。

2. 专项检测

总的来说，进口商品检验内容主要涉及外观质量检验和内在质量检验两个方面，其中外观质量检验主要是对商品的外形、结构、花样、色泽、气味、触感、疵点、表面加工质量、表面缺陷等方面的检验，内在质量检验一般指对有效成分含量、化学成分、物理性能、机械性能、工艺质量、使用效果等项目的检验。

对进口商品进行专项检测是为了确定进口商品的配方成分及其含量、是否存在对人体或环境有危害的微量元素。以进口化妆品为例，专项检测除了检测配方成分组成、卫生化学、微生物和感官指标外，还要检测有害的重金属以及是否含有来自疯牛病疫区的高风险物质（如牛源性物质和羊源性物质等）等。再以进口机械设备为例，专项检测就是检测安全性能，旨在检验进口机械设备是否符合国家标准或合同的要求，使用过程中是否具备安全性能（如易燃、易爆、易触电、易受毒害、易受伤害等），以保证生产使用和生命财产的安全。如，进口船舶、船用设备材料、锅炉及压力容器等设备时，由船舶检验机构和劳动部门的锅炉、压力容器安全监察机构负责监督检查。

3. 审批

审批包含受理申请材料、评审和发证等具体内容。其中受理申请材料是指国家质检总局（一般是直属检验检疫机构）在收到注册登记申请书面材料之日起的若干个工作日内，做出是否受理注册登记申请的决定。如果申请材料齐全，符合法定形式的，则发出受理通知书；如果发现申请材料不齐全或不符合法定形式的，当场或在若干工作日内一次性告知申请人需要补正的全部内容，并签发补正材料通知书，申请人必须在若干日内补正。

评审是指国家质检总局组织专家对申请人进行审核。审核过程主要有书面审核和现场审核，以验证申请材料的真实性、有效性和一致性，查实国内收货人企业内部管理及质量控制措施的有效性，评估申请人的进口行为是否符合国家要求，是否会对环境产生不良影响等。

国家质检总局经过一系列严格审核后，对于合格的申请人颁发准予注册登记并发放注册登记书。

4. 监督管理

监督管理包括检验检疫机构对收货人的进口行为施行现场检查和日常监督管理两个部分：现场检查就是检查进口商的进口行为是否符合国家相关规定，是否有超范围经营，是否对环境产生危害，并对进口货物进行质量检查。日常监督管理就是按进口企业经营行为实施分类管理，对于那些缺乏诚信有不良记录的进口企业加强监督管理；对于那些存在质量问题的进口商品，督促进口企业实施召回制度，并承担相应的法律责任。同时，对那些国内企业名称、企业法人等注册内容变更或要求延续的申请进行处理。

【知识链接 7.1】国家加强对进口化妆品的管理

20世纪80年代中期至90年代中期，一些国家相继发现了疯牛病。为此，联合国粮农组织和世界卫生组织对尚未发生疯牛病的国家提出了警告，要求根据本国情况制定并实施相应的保护和预防措施。由此，为进一步规范进口化妆品管理，国家质量监督检验检疫总局、卫生部于2007年7月30日发布2007年第116号公告，决定加强对从疯牛病疫区进口化妆品的管理措施。

该公告规定，禁止进口含有来自疯牛病疫区的高风险物质的化妆品及化妆品原料。同时，卫生部和国家质量监督检验检疫总局根据风险分析结果对来自疯牛病疫区的高风险物质制订清单并适时调整。进口化妆品的进口商实施备案管理，要求进口商如实记录进口进口化妆品流向，记录保存期限不得少于2年。

任务 7.1.2　知晓预登记备案制度

凡进口食品、化妆品、机电产品、可利用的固体废旧原料、涂料、机械设备等类别商品的企业，国家要求预先备案登记，即国内收货人和境外出口商/供货商预先在我国相关部门登记备案。也就是说，只有经过备案注册的国内进口商或境外出口商才能从事上述类别商品的进口贸易活动，否则国家质量监督检验检疫总局不予受理进口检验检疫申请。

预先登记备案时境内收货人或境外出口商/供货商必须提供以下资料：

1. 境外供货商注册备案登记

（参见图 7.4）

根据国家质检总局2009年第119号总局令的要求，境外供货商必须符合以下条件：

（1）具有所在国家（地区）合法的经营资质；

（2）具有固定的办公场所；

（3）熟悉并遵守中国检验检疫、环境保护的法律法规和规章；

（4）获得ISO9001质量管理体系，RIOS体系[①]等认证；

（5）企业应当保证其产品符合与其申请注册登记废物原料种类相适应的中国有关安全、卫生和环境保护的国家技术规范的强制性要求；

（6）具有相对稳定的供货来源，并对供货来源有环保质量控制措施；

（7）近3年内未发生过重大的安全、卫生、环保质量问题；

（8）具有在互联网申请注册登记及申报装运前检验的能力，具备放射性检测设备及其他相应的基础设施和检验能力。

境外供货商注册备案登记时需要递交的材料主要有：

——注册登记申请书；

---

①　RIOS认证是一种美国回收行业协会质量管理认证体系，用以规范相关废料生产企业的收集、加工、运输等行为，确保其行为过程符合环境保护的要求。

——经公证的税务登记文件，有商业登记文件的还需提供经公证的商业登记文件；

——组织机构、部门和岗位职责的说明；

——标明尺寸的固定办公场所平面图，有加工场地的需提供加工场地平面图，能全面展现上述场地实景的视频文件或者 3 张以上照片；

——ISO9001 质量管理体系或者 RIOS 体系等认证证书彩色复印件及相关作业指导文件。提交的文字材料，须用中文或者中英文对照文本。

2. 国内收货人注册登记

（参见图 7.3）

国内收货人除了要有有效的工商执照外，还要应当符合下列条件才予以申请注册登记：

（1）具有合法的进出口贸易经营资质；

（2）具有固定的办公场所；

（3）熟悉并遵守中国检验检疫、环境保护技术规范的强制性要求和相关环境保护控制标准；

（4）建立并运行质量管理制度；

（5）具有相对稳定的供货来源和国内利用单位。

国内收货人在申请注册登记时，应当向备案登记机关提供以下材料：

——注册登记申请书；

——工商营业执照及其复印件；

——组织机构代码证书及其复印件；

——《对外贸易经营者备案注册登记证》等进出口资质许可文件及其复印件；

——质量管理体系文件；

——代理国内利用单位进口的，应当提供代理进口文件、国内利用单位组织机构代码证书（复印件）和《进口可用作原料的固体废物利用单位备案表》。

任务 7.1.3　知晓装船前检验制度

装运前检验制度是指国家对一些特殊货物在出口国装运之前进行的一种检验检疫制度，主要针对固体废物、重点旧机电等货物的进口，装运前检验一般由国家商检局认可可在出口国（地区）具有法人资格的检验机构承办进口货物的装运前检验，并对其相关业务实施监督管理。也就是说，当进口企业获得备案后，有些进口商品必须事先实施装船前检验。

装船前检验作为一项制度安排，早在关贸总协定乌拉圭回合谈判中达成了协议，有效限制了缔约各方滥用非关税措施实施贸易保护主义，促进国际贸易的健康发展。我国为了规范进口废物原料的装运前检验行为，指定一些境外机构（如中国检验认证集团南美有限公司、中国检验认证集团北美有限公司、中国检验认证集团印度有限公司、中国检验认证集团韩国有限公司、中国检验认证集团马赛有限公司）为前往中国的废物原料装运前检验机构和输华废物原料的检验，这些境外机构所负责的境外区域主要有阿根廷、巴西、乌拉圭、秘鲁、智利、玻利维亚、印度、巴基斯坦、孟加拉国、韩国。图 7.1 是一份由中国检验认证集团北美有限公司签发的"运往中国的废物原料装运前检验证书"。

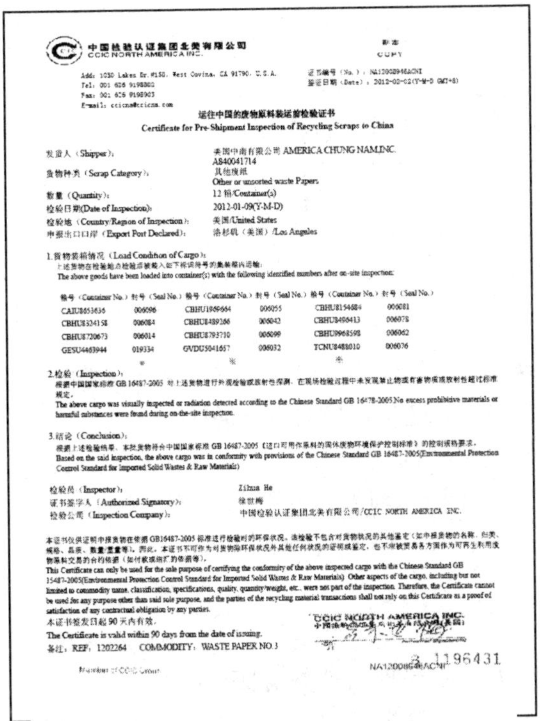

中国检验认证集团北美有限公司
CCIC NORTH AMERICA INC.

副本
COPY

Add: 1050 Lakes Dr. #150, West Covina, CA 91790, U.S.A.
Tel: 001 626 9198802
Fax: 001 626 9198903
E-mail: ccicna@ccicna.com

证书编号（No.）：NA12008946ACNI
签证日期（Date）：2012-02-02(Y-M-D GMT+8)

运往中国的废物原料装运前检验证书
Certificate for Pre-Shipment Inspection of Recycling Scraps to China

发货人（Shipper）：美国中南有限公司 AMERICA CHUNG NAM,INC.
A840041714
货物种类（Scrap Category）：其他废纸
Other or unsorted waste Papers
数量（Quantity）：12 箱/Container(s)
检验日期(Date of Inspection)：2012-01-09(Y-M-D)
检验地（Country/Region of Inspection）：美国/United States
申报出口口岸（Export Port Declared）：洛杉矶（美国）/Los Angeles

1.货物装箱情况（Load Condition of Cargo）：
上述货物在检验地点检验后被装入如下标识符号的集装箱内运输：
The above goods have been loaded into container(s) with the following identified numbers after on-site inspection:

箱号（Container No.）	封号（Seal No.）	箱号（Container No.）	封号（Seal No.）	箱号（Container No.）	封号（Seal No.）
CAIU8653636	006096	CBHU1969664	006055	CBHU8154684	006081
CBHU8324158	006084	CBHU8489266	006042	CBHU8496413	006078
CBHU8720673	006014	CBHU8793710	006099	CBHU9968598	006062
GESU4463944	019334	GVDU5041657	006032	TCNU8488010	006076
※		※		※	

2.检验（Inspection）：
根据中国国家标准 GB 16487-2005 对上述货物进行外观检验或放射性探测，在现场检验过程中未发现禁止物或有害物质或放射性超过标准规定。
The above cargo was visually inspected or radiation detected according to the Chinese Standard GB 16478-2005.No excess prohibitive materials or harmful substances were found during on-the-site inspection.

3.结论（Conclusion）：
根据上述检验结果，本批货物符合中国国家标准 GB 16487-2005《进口可用作原料的固体废物环境保护控制标准》的控制标准要求。
Based on the said inspection, the above cargo was in conformity with provisions of the Chinese Standard GB 16487-2005(Environmental Protection Control Standard for Imported Solid Wastes & Raw Materials)

检验员（Inspector）：Zihua He
证书签字人（Authorized Signatory）：徐世梅
检验公司（Inspection Company）：中国检验认证集团北美有限公司/CCIC NORTH AMERICA INC.

本证书仅供证明申报货物在依据 GB16487-2005 标准进行检验时的环保状况。该检验不包含对货物状况的其他鉴定（如申报货物的名称、归类、规格、品质、数量/重量等）。因此，本证书不可作为对货物除环保状况外其他任何状况的证明或鉴定，也不应被贸易各方用作为可再生利用废物原料交易的合约依据（如付款或结汇的依据等）。
This Certificate can only be used for the sole purpose of certifying the conformity of the above inspected cargo with the Chinese Standard GB 15487-2005(Environmental Protection Control Standard for Imported Solid Wastes & Raw Materials). Other aspects of the cargo, including but not limited to commodity name, classification, specifications, quality, quantity/weight, etc., were not part of the inspection. Therefore, the Certificate cannot be used for any purpose other than said sole purpose, and the parties of the recycling material transactions shall not rely on this Certificate as a proof of satisfaction of any contractual obligation by any parties.
本证书签发日起 90 天内有效。
The Certificate is valid within 90 days from the date of issuing.
备注：REF：1202264　COMMODITY：WASTE PAPER NO.3

CCIC NORTH AMERICA INC.

Member of CCIC Group

NA12008946ACNI　3 1196431

解释：

运往中国的废物原料装运前检验证书

货物种类：美废3号废纸

数　　量：12个集装箱

检验时间：2012年1月9日

检验地点：美国洛杉矶

出口口岸：美国洛杉矶

检验公司：中国检验认证集团北美有限公司

图 7.1　装船前检验证书（废纸）

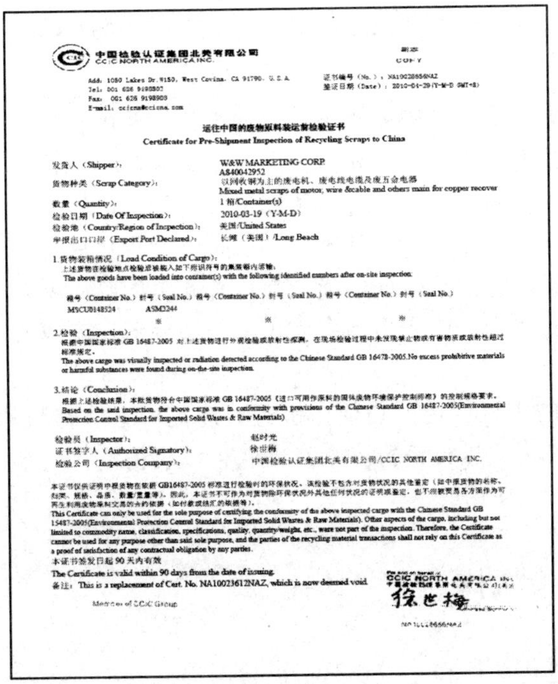

中国检验认证集团北美有限公司
CCIC NORTH AMERICA INC.

副本
COPY

Add: 1050 Lakes Dr. #150, West Covina, CA 91790, U.S.A.
Tel: 001 626 9198802
Fax: 001 626 9198903
E-mail: ccicna@ccicna.com

证书编号（No.）：NA10028656NAZ
签证日期（Date）：2010-04-29(Y-M-D GMT+8)

运往中国的废物原料装运前检验证书
Certificate for Pre-Shipment Inspection of Recycling Scraps to China

发货人（Shipper）：W&W MARKETING CORP.
A840042952
货物种类（Scrap Category）：以回收铜为主的废电机、废电线电缆及废五金电器
Mixed metal scraps of motor, wire &cable and others main for copper recover
数量（Quantity）：1 箱/Container(s)
检验日期（Date Of Inspection）：2010-03-19（Y-M-D）
检验地（Country/Region of Inspection）：美国/United States
申报出口口岸（Export Port Declared）：长滩（美国）/Long Beach

1.货物装箱情况（Load Condition of Cargo）：
上述货物在检验地点检验后被装入如下标识符号的集装箱内运输：
The above goods have been loaded into container(s) with the following identified numbers after on-site inspection:

箱号（Container No.）	封号（Seal No.）	箱号（Container No.）	封号（Seal No.）	箱号（Container No.）	封号（Seal No.）
MSCU8148524	ASM2244				
※		※		※	

2.检验（Inspection）：
根据中国国家标准 GB 16487-2005 对上述货物进行外观检验或放射性探测，在现场检验过程中未发现禁止物或有害物质或放射性超过标准规定。
The above cargo was visually inspected or radiation detected according to the Chinese Standard GB 16478-2005.No excess prohibitive materials or harmful substances were found during on-the-site inspection.

3.结论（Conclusion）：
根据上述检验结果，本批货物符合中国国家标准 GB 16487-2005《进口可用作原料的固体废物环境保护控制标准》的控制标准要求。
Based on the said inspection, the above cargo was in conformity with provisions of the Chinese Standard GB 16487-2005(Environmental Protection Control Standard for Imported Solid Wastes & Raw Materials)

检验员（Inspector）：赵时光
证书签字人（Authorized Signatory）：徐世梅
检验公司（Inspection Company）：中国检验认证集团北美有限公司/CCIC NORTH AMERICA INC.

本证书仅供证明申报货物在依据 GB16487-2005 标准进行检验时的环保状况。该检验不包含对货物状况的其他鉴定（如申报货物的名称、归类、规格、品质、数量/重量等）。因此，本证书不可作为对货物除环保状况外其他任何状况的证明或鉴定，也不应被贸易各方用作为可再生利用废物原料交易的合约依据（如付款或结汇的依据等）。
This Certificate can only be used for the sole purpose of certifying the conformity of the above inspected cargo with the Chinese Standard GB 15487-2005(Environmental Protection Control Standard for Imported Solid Wastes & Raw Materials). Other aspects of the cargo, including but not limited so commodity name, classification, specifications, quality, quantity/weight, etc., were not part of the inspection. Therefore, the Certificate cannot be used for any purpose other than said sole purpose, and the parties of the recycling material transactions shall not rely on this Certificate as a proof of satisfaction of any contractual obligation by any parties.
本证书签发日起 90 天内有效
The Certificate is valid within 90 days from the date of issuing.
备注：This is a replacement of Cert. No. NA10023612NAZ, which is now deemed void.

CCIC NORTH AMERICA INC.
徐世梅

Member of CCIC Group

解释：

运往中国的废物原料装运前检验证书

货物种类：以回收铜为主的废电机、废电线电缆及废五金电器

数　　量：1个集装箱

检验时间：2010年3月19日

检验地点：美国

出口口岸：美国长滩

检验公司：中国检验认证集团北美有限公司

图 7.2　装船前检验证书（废电机）

项目 7.2　熟悉进口货物的商检模式

任务 7.2.1　理解进口货物报检过程

1. 进境一般报检

这种作业模式是指列入法定检验检疫入境货物的货主或其代理人，持有关单证向卸货口岸检验检疫机构申请取得入境货物通关单，并对货物进行检验检疫的报检过程。

上述过程中，入境报检和施检都是由口岸检验检疫机构完成，收货人或其代理人先向口岸检验检疫机构报检、报关，在获得货物通关放行后，再向口岸检验检疫机构联系施检事宜。采用一般报检模式的进口货物，大多为本身结构简单、无须特别检测手段和设备就能检验的商品。

2. 进境流向报检

这种模式下，由法定入境检验检疫货物的收货人或其代理人持有关证单在卸货口岸向口岸检验检疫机构报检，获取入境货物通关单并通关后，由进境口岸检验检疫机构进行必要的检疫处理，货物调往目的地后再由目的地检验检疫机构进行检验检疫监管。因此，进境流向报检也被称为口岸通关后再转异地施检的报检。

进境流向报检的对象主要是指进口货物的通关地与进口货物目的地/使用地分属不同辖区。

3. 异地施检报检

这种模式下，由进口商或代理人先向口岸检验检疫机构完成进境流向报检，并由其签入境货物调离通知单，待进口货物到达目的地后，再在规定的时间内，向目的地或使用地检验检疫机构报检，并由该地检验检疫机构对进口货物施检。由于进口货物进境时，口岸检验检疫机构只是对装运货物的运输工具和外包装进行了必要的检疫处理，并未对整批货物进行检验检疫，故只有当检验检疫机构对货物实施了具体的检验检疫，确认其符合有关检验检疫要求及合同、信用证的规定，货主才能获得相应的准许进口货物销售使用的合法凭证，完成进境货物的检验检疫工作。

需要注意的是，跟单员对于列入法定商检的进口货物，必须在检验检疫机构施检完毕，并获得准许销售使用的证明文件后，才能安装使用或进行销售。未经检验检疫机构施检或未签发许可销售使用的证明文件都是不能销售或安装使用的。

任务 7.2.2　确定进口货物的施检机构

按进口货物是否需要商检来划分，有必须进行商检和不需要进行商检两种情况：前者就是法定商检，由我国政府的检验检疫机构对进口货物进行检验检疫，只有检验检疫合格后方可进入我国境内；后者被称为非法定商检，进口货物的检验工作由买卖双方自行决定。显然法定商检和非法定商检的施检机构是不相同的，前者是国家检验检疫机构，后者是进口商或指定的第三方检验机构。

1. 法定商检的进口货物

对于列入国家强制性检验检疫的进口货物而言，实施检验检疫的机构是口岸商检或使用地/目的地商检机构。这些机构所签发的检验检疫证书具有法律效力，是进口商对外索赔的主要依据，也是货物退运出境的依据。

正如前面所述，进口货物不一定都是在到港后进行商检的，像固体可回收利用的废物，在启运港装船前就要接受海外指定机构的检验，检验合格并获得证书（见图 7.1、图 7.2）才能装船。最为常见就是废纸和废金属的进口，这类货物进境时还必须再次接受检验。

2. 非法定商检的进口货物

对于不属于国家强制性检验检疫的进口货物，选择检验机构要视以下情况而定：

（1）依合同/信用证规定

这种情况下，买卖双方应该按照合同或信用证规定去做。在国际贸易实务操作中，买方有权要求自行检验或买卖双方共同检验，也可以邀请第三方检验机构进行检验。从检验结果效力看，进口商不要独自对进口商品进行检验，因为会同卖方共同检验或者第三方检验机构检验所产生结果是最有说服力的。当然买卖双方要事先就第三方检验机构检验费用的承担达成约定，以免互相扯皮。

（2）直接会同供应商对进口货物进行检验

这种情况下，进口商会同境外供应商对直接进口货物进行检验，一旦发现进口货物存在瑕疵，采用拍照或取样检验等手段获取第一手双方认可的证据，为妥善解决质量问题创造条件。

任务 7.2.3 进口货物商检和索赔

从进口商品种类而言，本部分选取了食品与化妆品、固体废物、机电产品、涂料产品的进口操作过程，并简要叙述了进口索赔。前面涉及的进口产品都是一些特殊的法定商检的商品，国家对其进口有着特殊的规定或要求，跟单员了解其进口过程中的特殊性，就能够举一反三，做好其他种类商品的进口跟单工作。

其一：特殊进口货物商检

1. 食品与化妆品进口

化妆品与食品作为与人体健康密切相关的产品，其安全性和功效性受到消费者、生产企业和政府监管部门的重视，为此，各国政府都颁布了各自的食品和化妆品管理法规，监管模式不尽相同，但主要目的都是为了保证产品安全，保护消费者健康，规范化妆品和食品生产和经营行为，促进经济贸易发展。对于食品或化妆品的进口，跟单员应该熟知以下进口流程，做好进口前的准备工作。

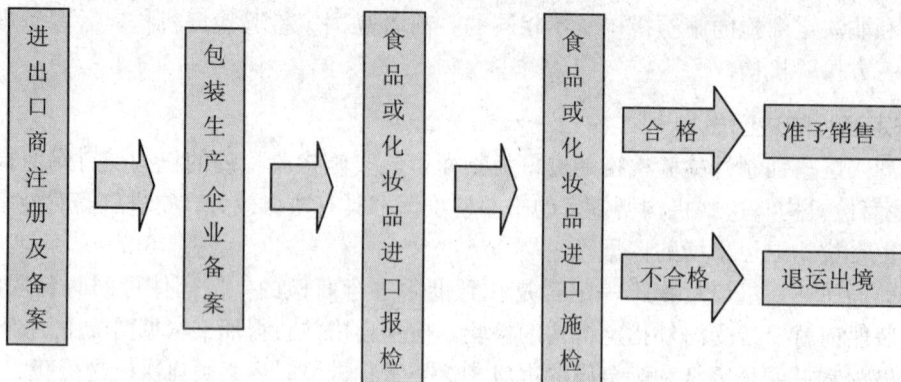

进出口商注册及备案 → 包装生产企业备案 → 食品或化妆品进口报检 → 食品或化妆品进口施检

合　格 → 准予销售

不合格 → 退运出境

（1）备案注册

向中国境内出口食品的出口商或者代理商应当向属地的国家质检总局分支机构备案，备案时需要提供企业详细信息，并对信息的真伪性负责，国家质检总局将核实这些信息，符合条件名单在国家质检总局网站可以检索。食品进口的境内进口商备案登记包括国内进口商备案和食品包装进口商备案。其中，进口食品的预包装上应当有中文标签和中文说明书，内容包括境内代理商的名称、地址、联系方式。

同样，进口化妆品收货人必须事先向国家检验检疫机构备案登记，并如实记录进口化妆品流向，记录保存期限不得少于 2 年。化妆品首次进口时，必须提供产品配方、进口化妆品的卫生批件等。

另外，根据相关要求，我国对进境预包装食品、化妆品实行标签审核制度，只有符合《进出口食品标签审核证书》、《进出口化妆品标签审核证书》和《进口化妆品卫生许可证》要求的企业才被允许从事化妆品进口业务，因此企业应提前一一办妥上述证书或许可证。

（2）报检

卫生检验是进口食品与化妆品检验的必备检验项目，旨在检验进口食品或化妆品是否符合人类食用卫生条件，保障人类健康。《中华人民共和国食品卫生法（试行）》规定："进口的食品、食品添加剂、食品容器、包装材料和食品用工具及设备，必须符合国家卫生标准和卫生管理办法的规定。进口食品或化妆品的卫生监督检验者是国家食品卫生监督检验机构。进口单位在申报检验时，应当提供输出国（地区）所使用的农药、添加剂、熏蒸剂、重金属含量等相关资料和检验报告。"

（3）施检

检疫检验机构受理报检后，按现场查验、抽样留样、实验室检验等步骤对食品与化妆品进行检验。

现场查验是基于货证相符的原则，主要查看发票、装箱单、备案登记情况、产品标签、产品外观、运输环境和存放地点的卫生状况等项目。

抽样留样则是在收货人在场情况下，分不同情况进行抽样留样的过程。对于首次进口、曾经出现过质量安全问题的、进口数量较大的采用加严抽样留样，并按序编号和排列，在填写《抽/采样凭证》后，抽样人和收货人/代理人签字确认。这一过程，为实验室检验和真实反映商品内部质量情况奠定了基础。

实验室检验是将现场提取的样品在专业的有资质的实验室中进行检测的过程。检验合格的签发《入境货物检疫检验证明》，意味着可以在我国境内销售或使用。

2. 固体废物进口

据 2011 年统计数据，我国废纸、废塑料、废五金、废钢铁、铝废碎料、铜废碎料等可用做原料的固体废物实际进口达 4000 多万吨。越来越多的企业进口固体废物作为原材料生产商品，以降低生产成本，但一些"洋垃圾"也乘虚而入，直接导致环境污染。为此，我国政府相关部门严格管理固体废物进口，落实具体进口措施。2011 年 8 月出台了《固体废物进口管理办法》（以下简称"办法"），该"办法"规定了国家环境保护行政主管部门实施统一监督管理，质量监督检验检疫部门实施装船前检验和入境检验检疫，海关凭检验检疫机构出具的《入境货物通关单》及其他必要的单证给予办理进口报关验放手续。

目前我国允许进口 13 大类固体废料，如常见的废纸、废塑料、废金属、废木料、废塑料、废纺织原料、橡胶废碎料和废旧船体等。在这些废旧货物中，国家以允许、限制和禁止形式予以区别，如将废纸中的无碳复写纸、热敏纸、沥青防潮纸、不干胶纸、浸油纸、使用过的液体包装纸（利乐包）明确列为禁止进口废料。对于那些可以弥补境内资源短缺，且根据国家经济、技术条件能够以无害化方式利用的可用做原料的固体废物，按照其加工利用过程中的污染排放强度，国家实行限制进口和自动许可进口分类管理。

本书是以可用做原料的固体废物进口为对象（如废纸、废金属、废塑料等），主要阐述其进口操作过程，跟单员应该熟知固体废物进口流程，做好进口前的准备工作。

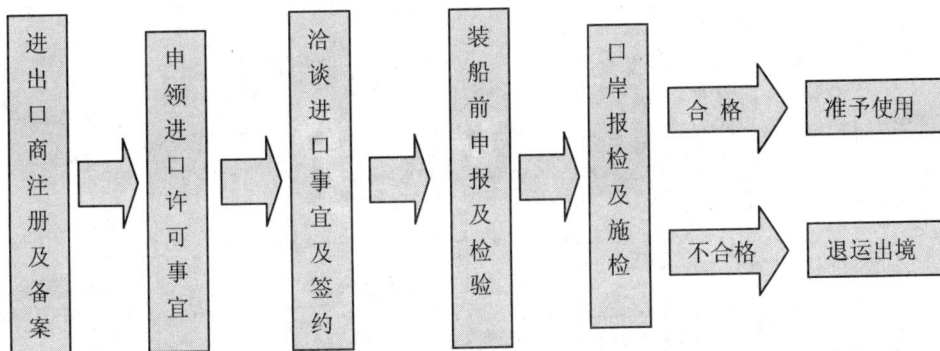

（1）备案注册

国家对进口可用做原料的固体废物的国外供货商和国内收货人实行注册登记制度，经过审核合格后发给《进口废物原料国内收货人登记证书》和《进口废物原料境外供货企业注册证书》（见图 7.3 和图 7.4）。该证书的发放机构为国务院质量监督检验检疫部门，这就是意味着向中国出口或从境外进口可用做原料的固体废物的国内收货人和境外供货企业在签订对外贸易合同前，应当先取得该登记证书和注册证书。

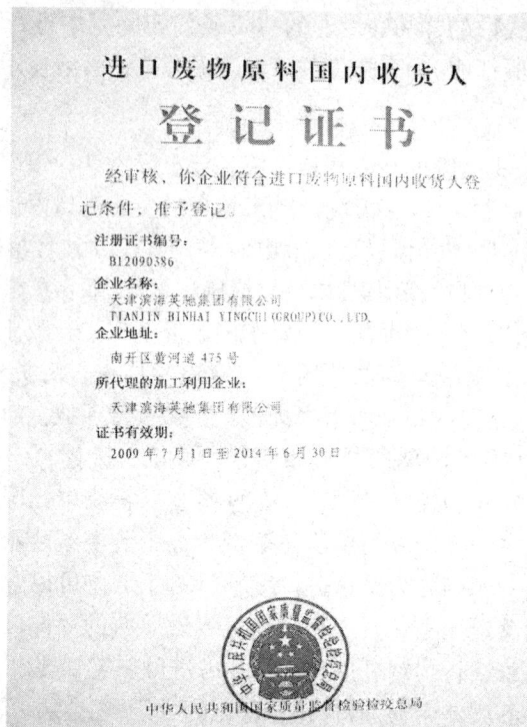

图7.3 进口废物原料国内收货人登记证书

图7.4 进口废物原料境外供货企业注册证书

　　凡是未获得国家质检局登记的国内收货人，入境口岸检验检疫机构不受理其进口废物原料的报检申请。

　　（2）进口许可

　　由于国家对于固体废物施行严格的管理措施，因此列入限制进口或者自动许可进口目录的固体废物，必须取得固体废物进口相关许可证后才能进口。同时，国家还规定，固体废物进口相关许可证实行"一证一关"[①] 管理。一般情况下固体废物进口相关许可证为"非一批一证"制，对于实行"一批一证"的，则应当在许可证备注栏内注明"一批一证"字样。对于数量大、需要多次进口的固体废物，跟单员应该申请"非一批一证"的进口许可证，并事先设定具体的进口口岸。

　　（3）洽谈进口业务（略）

　　（4）装船前检验

　　由境外指定机构进行检验并出具相应的检验证书。

　　（5）入境报检及报关

　　步骤一：进口报检

　　固体废物入境后，由境内收货人在规定时间内向入境口岸检疫检验机构办理报检手续，并接受施检（检疫检验），经过检疫检验机构检验合格者签发《入境货物通关单》。

　　步骤二："就近口岸"报关

　　固体废物入境报关应该遵循"就近口岸"报关的原则，选择固体废物利用企业所在地海关报关（一般为隶属海关），从而降低监管风险。例如，坐落于浙江台州地区的企业必须首选台州海关报关，而不能在杭州海关报关。同时，为了进一步规范废物进口口岸，对于不具备废物进口监管条件的口岸，不再作为固体废物进口口岸。按现行的规定，废物进口企业原则上需在进口固体废物加工利用地所在口岸报关进口。根据该规定，目前浙江省辖区内企业首选浙江省内口岸报关，省外原则上只有上海口岸可以报关。

　　（6）监督管理

　　国家检疫检验机构对国内进口商和境外供应商进行日常监督管理，如年审年检（证书有效期为 3 年）、注册信息的变更等事宜，并对进口的固体废物原料实施 90 天全数检查，如果发现货证不符、质量监控体系存在缺陷等行为予以处罚，并记录在案，作为日常考核的依据。

　　《固体废物管理办法》对环保测评、固体废物原料进口许可证管理与固体废物原料使用等方面做出了明确规定。如固体废物原料进口企业每季度需要提交一次环保指标的监测季度报告，一旦未完成此项操作，环保部门在审查时将直接进行处罚；固体废物原料进口企业不得以出售、出租、出借等形式转让废物进口许可证；进口的固体废物原料只能在进口许可证载明的企业作为原料使用，禁止企业间相互借用。此外，进口固体废物原料的运输单据中，禁止将"TO ORDER"作为运输单据的抬头。

　　基于上述诸多规定，跟单员要自觉遵守，诚实守信，建立固体废物原料进口和使用情况

---

　　① "一证一关"是指固体废物进口许可证只能在一个海关报关使用；"一批一证"是指固体废物进口许可证在有效期内一次报关使用有效；"非一批一证"是指固体废物进口相关许可证在有效期内可以多次报关使用，由海关逐批签注核减进口数量，最后一批进口时，允许溢装数量不超过实际余额的 3%。

台账，杜绝出借、转让和出售固体废物原料进口许可证，及出借或借入进口废物原料。

3. 机电产品进口

所谓机电产品（含旧机电产品）是指机械设备、电气设备、交通运输工具、电子产品、电器产品、仪器仪表、金属制品等及其零部件、元器件。进口机电产品的最高行政主管部门国家商务部，规定机电产品进口应当符合我国有关安全、卫生和环境保护等法律、行政法规和技术标准等的规定。

由于机电产品涵盖面很广，从是否使用而言，有新的也有旧的机电产品，从具体种类而言，汽车、锅炉、家用电器、成套设备等都是机电产品。本部分则依据国家的相关规定，针对旧机电产品进口，简单阐述跟单操作流程，主要有旧机电产品备案、装运前预检验、到货检验和监督管理等。

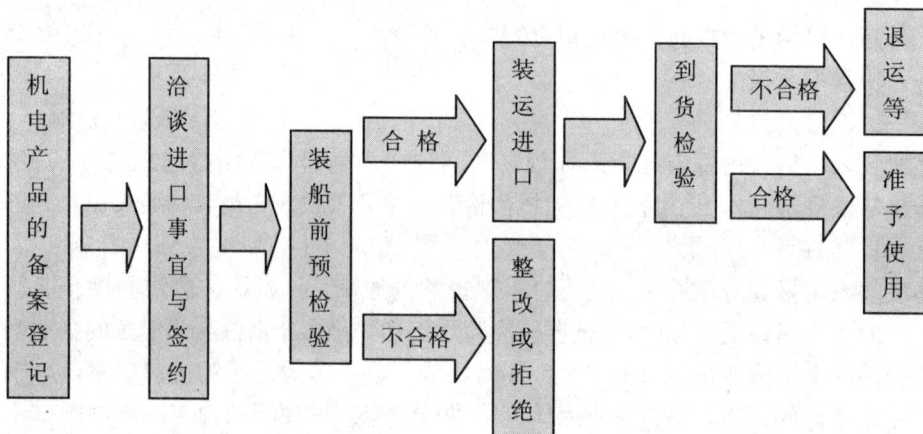

为进一步加强和规范进口旧机电产品的检验监督管理工作，保证进口旧机电产品的安全质量，根据《中华人民共和国进出口商品检验法》，国家质量监督检验检疫总局制定了《进口旧机电产品检验监督程序规定》，该规定于 2003 年 10 月实施。

（1）产品备案登记

产品备案登记是指国家允许进口的旧机电产品的收货人或其代理人在合同签署之前，向国家质检总局或者进口旧机电产品的收货人所在地直属出入境检验检疫局申请货物登记备案，并办理有关手续。进口商或申请人应当如实填写《进口旧机电产品备案申请书》，说明进口旧机电产品的名称、规格、型号、数量、金额、产地、制造日期、用途、使用地点等，并按照有关要求提供其他相关资料。上述资料直接递交所在地直属检验检疫局，初审合格后报送国家质检总局。

（2）装运前预检验

装运前预检验是指进口旧机电产品在起运港装运之前，由检验检疫机构或者经国家质检总局认可的装运前预检验机构依据我国国家技术规范的强制性要求，对旧机电产品的安全、卫生、环境保护项目所进行的初步评价。装运前预检验结束后 7 个工作日内，装运前预检验实施机构应当出具《装运前预检验报告》，明确对进口旧机电产品的安全、卫生、环境保护等项目的初步评价意见。

（3）到货检验

到货检验是指进口旧机电产品入境后由检验检疫机构按照国家技术规范的强制性要求进行的合格评定活动。

——报检。进口旧机电产品运抵口岸后，收货人或者其代理人应当持正本的《免预检验证明书》或者《备案书》、《装运前预检验报告》和《装运前预检验证书》以及其他必要单证办理进口报检手续。

——施检。口岸检验检疫机构受理报检后，核查单证，必要时口岸检验检疫机构按照规定实施现场查验，符合要求的签发《入境货物通关单》，并在《入境货物通关单》上注明为旧机电产品。

对于分批装运的进口旧机电产品，口岸检验检疫机构是在进口旧机电备案证明文件正本附页和有效清单上办理核销。未核销完毕的，留存复印件并将正本返回报检人，全部核销完毕后将正本收回。

需异地实施检验的，进口旧机电产品的收货人或其代理人应当在货到使用地 6 个工作日内，持有关报检资料向货物使用地检验检疫机构申报检验，货物使用地检验检疫机构应当及时安排检验。

对判为不合格的进口旧机电产品，由检验检疫机构出具入境货物检验检疫证书，并责令收货人退货、销毁或者按照有关规定处理。

（4）监督管理

监督管理是指检验检疫机构对进口旧机电产品的收用货单位销售、使用旧机电产品活动全过程的管理。也就是说，检验检疫机构对进口旧机电产品销售、使用过程中安全、卫生和环境保护项目的监测，并对收用货单位销售、使用进口旧机电产品的活动实施监督管理。当进口旧机电产品在使用过程中造成严重安全、卫生和环保事故的，国家质检总局可以责令停止使用，通报有关部门处理，并按照有关风险预警及快速反应管理规定，停止相同和类似进口旧机电产品备案。

4. 涂料进口

为了统一和加强对《商品名称及编码协调制度》中编码为 3208 和 3209 项下的进口涂料产品的检验监管工作，国家质检总局出台了针对进口涂料检验工作的《进口涂料检验监督管理办法》等管理规定，并于 2002 年 5 月 20 日起实施。其主要工作流程如下：

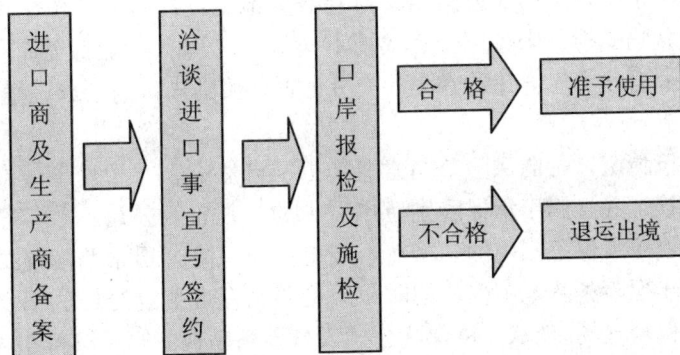

进口商及生产商备案 → 洽谈进口事宜与签约 → 口岸报检及施检 → 合格 → 准予使用

不合格 → 退运出境

（1）登记备案

该规定要求涂料生产商、进口商或代理商事先在涂料进口前 2 个月向备案机关备案，随附涂料生产商有关产品中有害物质含量符合中国相关法律法规的声明、涂料产品的基本组成成分和标志等资料，国家质监总局指定涂料专项检验室进行检测。

备案时应该递交以下资料：

①《进口涂料备案申请表》；

② 备案申请人的《企业法人营业执照》复印件（加盖印章），需分装的进口涂料的分装厂商《企业法人营业执照》复印件（加盖印章）；

③ 进口涂料生产商对其产品中有害物质含量符合中华人民共和国国家技术规范要求的声明；

④ 关于进口涂料产品的基本组成成份、品牌、型号、产地、外观、标签及标记、分装厂商和地点、分装产品标签等有关材料（以中文文本为准）；

⑤ 其他需要提供的材料。

（2）进口检验

当涂料进口并到达口岸时，由检验检疫机构对已经备案的进口涂料在专项检测实验室进行专项检测，一方面核查实际进口涂料是否符合当初备案资料，即进行符合性检查，如品名、品牌、型号、生产厂商、产地、标签等；另一方面是实测进口产品中是否含有有害物质或含量是否符合中国相关法律法规。对于检验合格的进口涂料，检验检疫机构签发入境货物检验检疫证明，对于专项检测不合格的进口涂料，检验检疫机构出具检验检疫证书，收货人须将其退运出境或者按照有关部门要求妥善处理，同时报国家质检总局。

其二：进口索赔

进口索赔是跟单员智慧的集中体现，做事认真仔细，有条不紊是索赔工作的基础，因此，跟单员可以按以下步骤进行：

1. 确定索赔对象

跟单员在进口索赔中要初步判断造成损失的原因，分别向卖方、船方或保险公司有关责任方提出索赔。

（1）卖方

跟单员遇到以下情况，可向卖方索赔：原装数量不足；货物的品质、规格与合同规定不符；包装不良致使货物受损；未按期交货或拒不交货等。其中，延期交货或拒不交货属于违反国际公约，进口商必须有卖方违约在先的充分证据，否则进口商会面临尴尬或违约的风险。

（2）保险公司

跟单员遇到以下情况，可向保险公司索赔：由于自然灾害、意外事故或运输中其他事故的发生致使货物受损，并且属于承保险别范围以内的；凡轮船公司不予赔偿、金额不足抵补损失的部分，并且属于承保范围内的。当然，跟单员向保险公司索赔的前提条件是已经购买保险且损失内容属于保险条款范围内，同时跟单员要在发现货物受损的第一时间通知保险公司或其代理人，并保持现场/现状，待保险公司人员现场勘查完毕并取得相关书面证明，为向保险公司索赔打下基础。

（3）承运人或货运代理人

跟单员遇到以下情况，可向承运人或货运代理人索赔：原装数量少于提单所载数量；清洁的运输单据下货物发生货损货差，且属于承运人或货运代理人过失所致（如装卸操作不当、货物置放/固定不当等）；货物所受的损失，根据租船合约有关条款应由船方或货运代理人承担责任等。

2. 确定索赔单证

对外提出索赔需要按不同索赔对象而提供相应单证。向卖方索赔时，需要提供合同、商检局签发的检验证书、公证报告、检验证书、破损证明、运输单据、装箱单、发票、银行通知和索赔函等；向承运人索赔时，需要提供公证报告、破损证明或相关机构会签证明、运输单据或提货单、商业发票、商检证书、承运人要求的其他证明文件等；向保险公司索赔时，需要提供保险单或保险凭证正本、运输单据正本、发票、装箱单、重量证明书、公证报告、船公司签发的事故证明或破损证明书、磅码单、修理费用及其估价单、海难报告等。

3. 确定索赔金额

除了受损商品的价值（商业发票金额）外，跟单员在核算索赔金额时可以将处理本次损失所产生的相关费用——计算在内，这些相关费用主要指商品检验费、装卸费、银行手续费、仓储费、利息、内陆交通费等。

4. 在规定时限内索赔

进口索赔必须在一定时限内提出方可有效，如果超过了索赔时限，则索赔方就算自动放弃要求索赔的权利。因此，对外索赔必须在合同规定的索赔有效期限内或国际惯例规定时间内提出。

向卖方索赔，首先视合同。如果有以下明确条款：In case of quality discrepancy, claim should be lodged by the Buyers within 30 days after the arrival of the goods at the port of destination，while for quantity discrepancy, claim should be lodged by the Buyers within 15 days after the arrival of the goods at the port of destination（译文：凡属品质异议须于货到目的口岸之日起 30 天内提出，凡属数量异议须于货到目的口岸之日起 15 天内提出），则跟单员的品质索赔必须在货物到港之日起 30 天内向卖方主张权利，数量索赔必须在货物到港之日起 15 天内向卖方主张权利。另外，根据《联合国国际货物销售合同公约》的相关规定：买方必须在发现或理应发现不符情况后一段合理时间内通知卖方，否则就会丧失索赔的权利；但无论如何，最长的索赔时效为买方收到货物之日起不超过 2 年。如果进口商品内在品质检验工作可能需要更长时间，跟单员还要提前向卖方要求延长索赔期限。

按照中国人民保险公司关于海洋货物运输保险条款的有关规定，被保险人发现保险货物受损后，应立即通知当地的理赔、检验代理人进行检验。中国人民保险公司规定的索赔时效为 2 年，即从被保险货物在最后卸货港全部卸离海轮后起算，最多不超过 2 年。

根据《海牙规则》的规定，托运人或收货人在收取货物时，如果发现货物灭失或损坏，应在提货日起 3 天之内，向承运人提出索赔的书面通知。如果在提货时，双方已对货物进行了联合检验，托运人或收货人则无须再发出上述索赔通知，有关索赔依据可事后补送。如果货主的索赔未被受理，则诉讼的时效为货物交付之日起算 1 年之内。

现在将以上四个步骤的内容集中简化为表 7.2。

表 7.2 货损货差情况、索赔对象及时间限制

情况/现象	索赔对象	时间限制
原装数量不足、货物品质规格与合同规定不符、包装不良致使货物受损、未按期交货或拒不交货	境外出口商	合同规定时间：2 年
原装数量少于提单所载数量、运输单据是清洁的但货物有残缺情况、货损货差	承运人或货运代理人	1 年
自然灾害、意外事故或运输中其他事故的发生致使货损货差	承运人或货运代理人或保险人	2 年（视保险条款）

项目 7.3 收集进口货物的报检单证

对于属于法定商检的进口商品而言，报检单证是进口商品详细信息的真实反映，也是我国商检部门对进口商品进行检验检疫的必备手续。因此，跟单员在运输工具抵达关境口岸前，必须收集报检所需的相应单据。

任务 7.3.1 依据进口商品特性

总体而言，报检所需的通用单据有：入境货物报检单、外贸合同、商业发票、运输单据、装箱单、入境货物报检委托书，这些单据是常规单据，也就是说，不论何种货物进口，上述单据是必备的，当然还要填写《入境货物报检单》。但是，随着进口货物特性的不同，还会需要提供一些特殊的单据，如针对固体可回收的废旧原材料类商品进口，需要提供装船前检验检疫证书；针对水果类商品进口，需要提供检验检疫证书；针对原木类的商品（含木质包装）进口，需要提供熏蒸证书；针对非木质包装的进口货物，需要提供非木质包装声明；针对食品类的商品进口，需要提供食品成分种类及比例和注册登记证等。以下是不同的进口商品所需的单证名称，这些种类的单证也正是我国商检机构要求的。

（1）旧机电产品入境时，应该提供与进口旧机电产品相符的进口许可证明。

（2）对于实施安全质量许可、卫生注册、强制性产品认证、民用商品验证或其他须审批审核的货物，应提交相关有效的审批文件。

（3）因科研需要而进口禁止类入境货物的，需要提供质检总局签发的特许审批证明。

（4）来自日、韩、美、欧盟的进口货物，应按规定提交有关包装情况的证书或申明。

（5）食品和化妆品，需要提交《进出口食品/化妆品标签审核证书》或《标签审核受理证明》。

（6）入境旅客、交通员工携带的伴侣动物，需要提交《进境动物检疫审批单》和《预防接种证明》。

（7）动植物及其产品过境时，应该提交《分配单》和输出国/地区官方签发的《检疫证书》，如是动物，还要提供国家质检总局签发的《动植物过境许可证》。

（8）入境动植物及其产品报检时，应该提交输出国/地区官方签发的《检疫证书》，需要办理入境审批的还要提供《入境动植物检疫许可证》。

（9）申请残损鉴定的进口货物，应该提供理货残损单、铁路商务记录、空运事故记录、海事报告等能够证明货损情况的单证或文件。

（10）进口废物时，应该提供《进口废物批准证书》、《废物利用风险报告》和《装运前检验合格证》及进口商和出口商的注册证明书。

（11）对于需要检验进口商品品质的，则要提供《国外品质证书》或《质量保证书》、《产品使用说明书》及有关标准和技术资料；如果被检商品属于凭样品成交的，还应附交样品；如果是以品级或公量计价结算的，则应该同时申请重量鉴定。

（12）针对进口商品的重量或数量检验，则应提供《重量明细单》或《数量明细单》和《理货清单》。

（13）货物经收、用货部门验收或其他单位检测的，随附《收验报告》或《检测结果》和《重量明细单》。

任务 7.3.2　向境外出口商索要

列入法定商检的进口货物委托报检时，除了需要填写报检委托书和报检申请单外，还要随附以下单证：（1）发票；（2）装箱单/重量单；（3）运输单据；（4）合同（5）非木质包装声明；（6）装船前检验证书等。其中（1）、（2）、（3）、（4）项单证是基本单证，（5）、（6）项单证依进口商品种类而定，有的商品需要，有的商品是不需要。此外，商检机构认为需要其他单证，收货人必须提供。表 7.3 归纳并罗列了报检时需要提供的进口单据名称及提供者。

表 7.3　　　　　　　　　进口的主要单据名称及提供者

序号	进口单据名称	单据的提供者
1	商业发票	海外出口商
2	装箱单	海外出口商
3	运输单据	海外出口商
4	进口货物原产地证（必要时）	海外出口商
5	进口货物质量证书（必要时）	海外出口商
6	固体废物进口许可证（必要时）	进口商向国家环保局申请和商务部门领证
7	固体废物进口装船前证明	海外出口商
8	进口废物原料国内收货人登记证书	进口商
9	进口废物原料境外供货企业注册证书	进口商
10	非木质包装声明书（必要时）	海外出口商
11	熏蒸证明书（必要时）	海外出口商
12	……	……

进口货物的报检单证必须做到"证货一致"和"单货一致"，单据内容除了要真实反映进口货物实际情况外，单据签发时间必须合理并在效期内。商检机构在接到收货人递交的单证后，将认真细致审核，如发现内容不够翔实或不完整时，会通知收货人补充或更正。

项目 7.4　熟悉我国的 3C 认证

任务 7.4.1　知晓 3C 认证制度

1. 3C 认证制度简介

这是对涉及人类健康和安全，动植物生命和健康，以及环境保护和公共安全的产品，依照法律法规实施的一种产品评价和强制性认证制度。我国规定，对列入《中华人民共和国实施强制性产品认证的产品目录》（以下简称《认证目录》）中的产品包括家用电器、汽车、安全玻璃、医疗器械、电线电缆、装饰装修产品、玩具等 22 大类 159 种产品，这些产品只有通过 CCC 认证并加贴 CCC 标志才能在市场上销售。CCC 认证，是英文 China Compulsory Certification 的缩写，简称"3C 认证"。总的来说，该规定要求进口产品必须符合国家标准和相关技术规范，不危及消费者的人身健康和安全，不危及环境、国家安全。也就是说，列入《认证目录》中的进口产品受到强制性的检测并各项指标符合标准后方可入境和销售及使用。2002 年 5 月、2004 年 5 月和 2005 年 10 月公布并实施了三批《认证目录》，意味着只要列入该目录的进口商品，未获得强制性产品认证证书和未加施"CCC"认证的产品，不得进口和销售。2007 年 6 月起，国家将玩具产品也列入强制性产品认证之列。

当然也有例外情况，国家质检总局和国家认证认可委员会认为以下情况无需或可申请免于办理 3C 认证：

情况一：

（1）外国驻华使领馆、办事机构、入境人员从境外带入境内的自用物品（不含从出国人员服务公司购买的物品）；

（2）政府间援助、赠送的物品；

（3）展览品（非展销品）；

（4）特殊用途（军事等目的）的产品。

情况二：

（1）为科研、测试需要进口和生产的产品；

（2）以整机全数出口为目的而用进料或来料加工方式进口的零部件；

（3）根据外贸合同，专供出口的产品（不包括该产品有部分返销国内或内销的）；

（4）为考核技术引进生产线需要进口的零部件；

（5）直接为最终用户维修目的而进口和生产的产品；为已停止生产的产品提供的维修零部件；

（6）其他特殊情况的产品。

对于情况二，进口商需要向中国国家认证认可监督管理委员会提出申请，并提交证明符合免办条件的证明材料、责任担保书、产品符合性声明（包括型式试验报告）等，经批准获得《免办强制性产品认证证明》后，可出厂销售、进口和在经营性活动中使用。

2. 产品认证范围

以第一批列入实施强制性产品认证的产品目录为例，归纳如表 7.4。

表 7.4 实施强制性产品认证的产品目录（第一批）

类别	大类名称	相关产品（简化后）
1	电线电缆（共 5 种）	电线组件，矿用橡套软电缆，交流额定电压 3kV 及以下铁路机车车辆用电线电缆，额定电压 450/750V 及以下橡皮绝缘电线电缆，额定电压 450/750V 及以下聚氯乙烯绝缘电线电缆
2	电路开关及保护或连接用电器装置（共 6 种）	器具耦合器（家用和类似用途、工业用），插头插座（家用和类似用途、工业用），热熔断体，小型熔断器的管状熔断体，家用和类似用途固定式电气装置的开关，家用和类似用途固定式电气装置电器附件外壳
3	低压电器（共 9 种）	漏电保护器、断路器（含 RCCB、RCBO、MCB）、熔断器、低压开关（隔离器、隔离开关、熔断器组合电器），其他电路保护装置（保护器类：限流器、电路保护装置、过流保护器、热保护器、过载继电器、低压机电式接触器、电动机启动器），继电器（36V＜电压£1000V），其他开关（电器开关、真空开关、压力开关、接近开关、脚踏开关、热敏开关、液位开关、按钮开关、限位开关、微动开关、倒顺开关、温度开关、行程开关、转换开关、自动转换开关、刀开关），其他装置（接触器、电动机起动器、信号灯、辅助触头组件、主令控制器、交流半导体电动机控制器和起动器），低压成套开关设备
4	小功率电动机（共 1 种）	小功率电动机
5	电动工具（共 16 种）	电钻（含冲击电钻）、电动螺丝刀和冲击扳手、电动砂轮机、砂光机、圆锯、电锤（含电镐）、不易燃液体电喷枪、电剪刀（含双刃电剪刀、电冲剪）、攻丝机、往复锯（含曲线锯、刀锯）、插入式混凝土振动器、电链锯、电刨、电动修枝剪和电动草剪、电木铣和修边机、电动石材切割机（含大理石切割机）
6	电焊机（共 15 种）	小型交流弧焊机、交流弧焊机、直流弧焊机、TIG 弧焊机、MIG/MAG 弧焊机、埋弧焊机、等离子弧切割机、等离子弧焊机、弧焊变压器防触电装置、焊接电缆耦合装置、电阻焊机、焊机送丝装置、TIG 焊焊炬、MIG/MAG 焊焊枪、电焊钳
7	家用和类似用途设备（共 18 种）	家用电冰箱、食品冷冻箱、电风扇、空调器、电动机（含压缩机）、家用电动洗衣机、电热水器、室内加热器、电熨斗、真空吸尘器、皮肤及毛发护理器具、电磁灶、电烤箱、微波炉、电动食品加工器具、电灶、灶台、烤炉和类似器具、吸油烟机、液体加热器和冷热饮水机、电饭锅
8	音视频设备类（不包括广播级音响设备和汽车音响设备）（共 16 种）	总输出功率在 500W（有效值）以下的单扬声器和多扬声器有源音箱、音频功率放大器、调谐器，各种广播波段的收音机，各类载体形式的音视频录制、播放及处理设备（包括各类光盘磁带等载体形式）及以上设备的组合，为音视频设备配套的电源适配器，各种成像方式的彩色电视接收机、监视器（不包括汽车用电视接收机）、黑白电视接收机及其他单色的电视接收机、显像（示）管、录像机、卫星电视广播接收机、电子琴、天线放大器，声音和电视信号的电缆分配系统设备与部件
9	信息技术设备（共 12 种）	

类别	大类名称	相关产品（简化后）
10	照明设备（共2种）（不包括电压低于36V的照明设备）	灯具、镇流器
11	电信终端设备（共9种）	调制解调器（音频调制解调器、基带调制解调器、DSL调制解调器，含卡），传真机（传真机、电话语音传真卡、多功能传真一体机），固定电话终端（普通电话机、主叫号码显示电话机、卡式管理电话机、录音电话机、投币电话机、智能卡式电话机、IC卡公用电话机、免提电话机、数字电话机、电话机附加装置），无绳电话终端（模拟无绳电话机、数字无绳电话机），集团电话（集团电话、电话会议总机），移动用户终端［模拟移动电话机、GSM数字蜂窝移动台（手持机和其他终端设备）CDMA数字蜂窝移动台（手持机和其他终端设备）］，ISDN终端［网络终端设备（NT1、NT1＋）、终端适配器（卡）TA］，数据终端（存储转发传真/语音卡、POS终端、接口转换器、网络集线器、其他数据终端），多媒体终端（可视电话、会议电视终端、信息点播终端、其他多媒体终端）
12	机动车辆及安全附件（共4种）	汽车、摩托车、汽车摩托车零部件
13	机动车辆轮胎（共3种）	汽车轮胎、摩托车轮胎
14	安全玻璃（共3种）	
15	农机产品（共1种）	植物保护机械［背负式喷雾机（器）、背负式喷粉机（器）、背负式喷雾喷粉机］
16	乳胶制品（共1种）	橡胶避孕套
17	医疗器械产品（共7种）	医用X射线诊断设备、血液透析装置、空心纤维透析器、血液净化装置的体外循环管道、心电图机、植入式心脏起搏器、人工心肺机
18	消防产品（共3种）	火灾报警设备（点型感烟火灾报警探测器、点型感温火灾报警探测器、火灾报警控制器、消防联动控制设备、手动火灾报警按钮），消防水带，喷水灭火设备（洒水喷头、湿式报警阀、水流指示器、消防用压力开关）
19	安全技术防范产品（共1种）	入侵探测器（室内用微波多普勒探测器、主动红外入侵探测器、室内用被动红外探测器、微波与被动红外复合入侵探测器）

任务7.4.2　掌握3C认证流程

3C认证流程及模式为：型式试验＋初始工厂审查＋获证后监督。其中有许多步骤，且每个步骤有着不同要求和操作细节。因此，跟单员需认真了解认证流程，掌握其中的操作要领。即使进口产品通过3C认证并加贴"CCC"标志，也必须一直跟踪进口产品的使用过程，收集使用者/消费者的意见，及时反馈给境外供应商/生产商，这是一种产品认证后的管理。

| 产品认证申请 | ⇒ | 通过中国质量认证中心网站www.cqc.com.cn注册，提交相应书面资料，并缴纳相应费用 |

| 选取和送样品 | ⇒ | 送试验样品到认证中心指定实验室做专门测试 |

| 型式试验 | ⇒ | 认证中心指定实验室对所送样品进行检测或试验，并出具试验报告及相关文件 |

| 工厂现场审查 | ⇒ | 由认证中心安排具有资质的审核人员对生产工厂进行检查，主要是检查生产工厂的质量保证能力及生产产品一致性的审核 |

| 签发认证结果 | ⇒ | 各项审核都通过后，认证机构出具并颁发证书 |

| 相关产品加贴3C标签 | ⇒ | 相关产品在进口前施加认证标志（境外生产）
相关产品在出厂前施加认证标志（境内生产） |

| 年度跟踪检查 | ⇒ | 这是对获得3C认证的产品的持续性和有效性进行监督的过程，以确保质量、产品一致性，检查形式为抽样检测 |

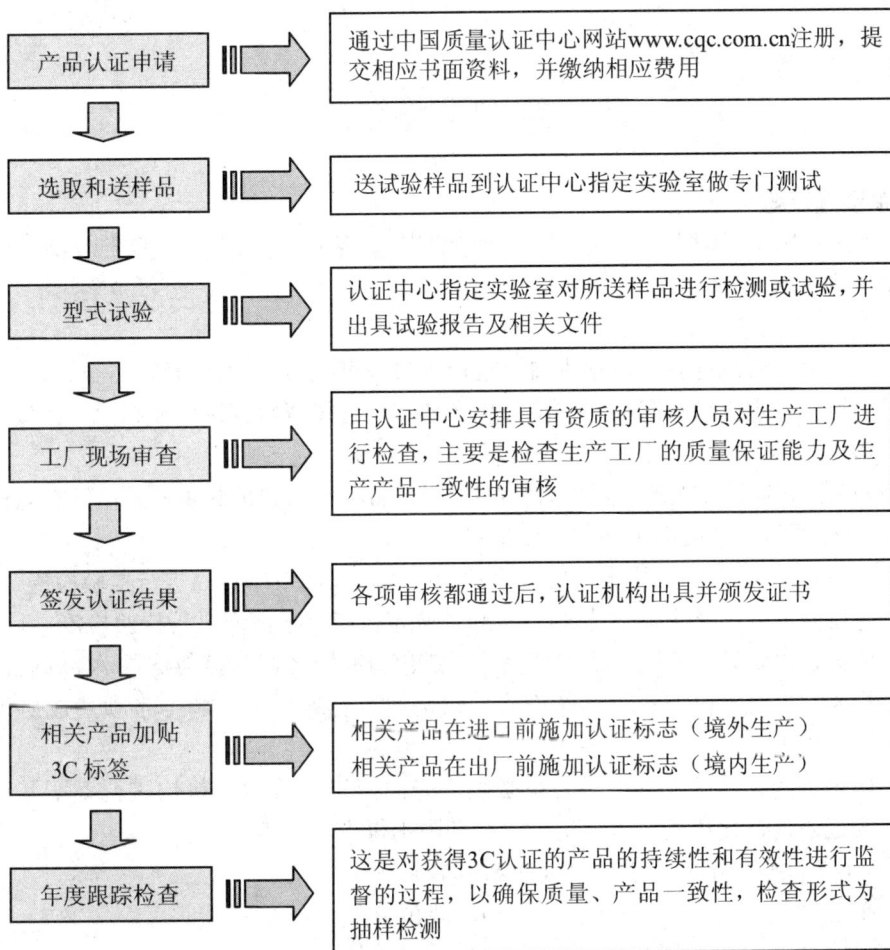

　　至此，本书下篇所涉及的进口跟单操作核心内容基本完成。毋庸置疑，由于受到国家对国际贸易宏观政策调控影响，有一些业务具体政策经常会发生变化，导致相关业务流程变更。跟单员对这种变更，不仅需要在第一时间去了解与掌握，还要及时向公司管理层汇报，同时向公司内其他同事宣读传达，搞好团队内部协作，以减少跟单工作中的差错。

　　【模块小结】本模块主要结合我国对进口货物检验检疫方面的规定，从进口货物法定检验检疫、进口前的预登记备案制度和装船前检验制度出发，分别阐述了进口废物原料、进口化妆品和食品、进口机电产品和进口涂料等的进口操作流程，检验机构确定，报检单证收集以及进口索赔事宜等跟单员所涉及的主要工作。

　　【关键词或概念】进口一般报检　进口流向报检　异地施检报检　法定检验检疫制度　预登记备案制度　装船前检验制度　一批一证　一关一证　非一批一证　监督管理制度　进口废物原料国内收货人登记证书　进口废物原料境外供货企业注册证书　3C认证模式及工作流程　索赔　理赔　索赔单证　索赔对象　索赔时间　索赔金额

复习思考题

一、单项选择题

1. 上海医保进出口有限公司拟进口一批境外某国 WSL 公司生产的保健食品,该公司的跟单员正确的操作应该是 (　　　)。

    A. 向上海海关申请进口许可证

    B. 向国家质检总局直接申报进口,获得进口许可证后,对外洽谈

    C. 上海医保进出口有限公司将境外生产商和本公司资料报国家质检总局备案

    D. 境外某国 WSL 公司将本公司资料报国家质检总局备案

2. 山东济南美孚进出口有限公司拟进口法国 A 品牌香水和护肤霜,采用航空运输经青岛机场入境,该公司的跟单员不正确的操作是 (　　　)。

    A. 进口商可以选择法国 A 品牌香水和护肤霜在入境口岸青岛进行检验检疫

    B. 进口商可以选择法国 A 品牌香水和护肤霜在使用地济南进行检验检疫

    C. 依据自由贸易的原则,山东济南美孚进出口有限公司直接与法国 A 品牌公司洽谈,只要双方就支付方式、运输方式、价格和贸易术语、包装等事项达成协议,就可以直接进口

    D. 山东济南美孚进出口有限公司必须事先向国家检验检疫机构进行备案登记,并如实记录进口化妆品流向,记录保存期限不得少于 2 年

3. 在以下单证中,不属于进口报检的基本单证是 (　　　)。

    A. 商业发票　　　　　　　　　　B. 装箱单

    C. 运输单据　　　　　　　　　　D. 质保书及合同

4. 杭州四海纸业有限公司拟从日本进口废纸以降低生产成本,该公司获得的《进口废物批准证书》应该由 (　　　) 签发。

    A. 国家环境保护部　　　　　　　B. 商务部许可证事务局

    C. 海关总署　　　　　　　　　　D. 国家质检总局

5. (　　　) 是限制性固体废物进口的国家主管部门。

    A. 国家质检总局　　　　　　　　B. 国家环境保护部

    C. 海关总署　　　　　　　　　　D. 商务部许可证事务局

二、多项选择题

1. 宁波文博进出口公司需要进口废铜作为生产原材料,以下是跟单员小王操作内容,其中正确的是 (　　　)。

    A. 该商品属于进口法定商检商品,入境时必须向口岸商检机构办理报检手续

    B. 在进口该商品前,宁波文博进出口公司、境外出口商都应该事先在国家质检总局备案注册

    C. 按照我国的相关规定,该商品在装船前需要获得境外指定机构的"装船前检验"

    D. 该商品检验合格后,宁波文博进出口公司对外支付货款(从防范风险的角度)

2. 进口检验检疫证书的法律效用主要体现在以下（　　　）方面。

    A. 进口货物对外索赔的重要依据　　B. 海关征收或减免税的有效凭证

    C. 海外出口商履行合同的证明　　　　D. 收货人支付货款的有效凭证

3. 对一票来自法国的进口货物而言，可以作为货物品质检验机构的是（　　　）。

    A. 广州海关　　　　　　　　　　B. 广东省进出口商品质量检验检疫局

    C. SGS　　　　　　　　　　　　D. BV

4. 有一票原产于美国的纸箱包装的化妆品，跟单员小李经过查询获知该商品属于法定商检商品，于是他从以下单证中选择一些作为进口检验时递交之用，其中不正确有（　　　）。

①商业发票　②装箱单　③报关单　④入境货物报检单　⑤非木质包装声明书　⑥海运提单　⑦备案登记证明书　⑧《进出口食品/化妆品标签审核证书》　⑨《标签审核受理证明》

    A. ①②③④⑤⑥　　　　　　　　B. ①②④⑤⑥

    C. ①②③④⑤⑥⑦⑧　　　　　　D. ①②④⑤⑥⑦⑧

5. 我国对某些类别进口商品的管理制度，主要包括（　　　）。

    A. 法定检验检疫制度　　　　　　B. 预登记备案制度

    C. 商品进口前的预试用制度　　　D. 装船前预检制度

三、案例分析题

浙江富阳地区位于上海、杭州、宁波的交汇点，紧邻杭州，是历史上著名的纸业生产基地，拥有若干个造纸工业园区，聚集了众多家造纸企业。2011 年 11 月底，某造纸工业园区内的富阳胜利纸业有限公司和富阳南方纸业有限公司同时向美国东部供应商采购了 1# 美废各 100 吨。由于资金周转原因，富阳南方纸业有限公司没有及时汇出定金，从而延误了船期。当富阳胜利纸业有限公司的 5 个集装箱到达工厂时，隔壁的富阳南方纸业有限公司发生了原材料"断粮"情况，富阳南方纸业的跟单员小王就找到胜利纸业的跟单员小李，要求借用 1 个集装箱的废纸用于生产。问：富阳胜利纸业跟单员小李是否可以出借？请简要说明理由。

【知识链接 7.2】 **废纸的分类简介**

废纸是一种重要的回收利用的原材料，主要来源于印刷厂、纸制品加工厂、商店、工厂、学校和家庭。由于纸张品种繁多和来源不同，质量差别很大，相互混杂在一起就会降低了废纸的使用档次，并在使用过程中出现一些意想不到的问题，故需要分拣归类。世界各国的分类不尽相同，主要有美国废纸、欧洲废纸及日本废纸。

联合国粮农组织将废纸分为四大类：新闻纸和书籍废纸、纸板箱废纸、高质量废纸、其他废纸。

日本将废纸分为 9 类：上等白纸卡、特白中白马尼拉纸、有色道林纸、证券纸、牛皮纸、报纸、杂志纸、瓦楞箱板、硬纸板。

美国将废纸分为 3 大类：纸浆代用品、可净化的废纸、普通废纸。

德国将废纸分为低级、中级、高级、保强废纸 4 大类。

英国将废纸分为 11 类：不含机械浆的白色未印刷废纸、不含机械浆的白色已印刷废纸、含机械浆的白色和轻度印刷废纸、不含机械浆的有色废纸、含机械浆的重度印刷废纸、有色牛皮纸和马尼拉纸、新的牛皮纸挂面纸、容器废纸、混合废纸、有色卡纸、含杂质废纸。

我国则是将工业用废纸分为国内废纸和进口废纸，前者主要有旧瓦楞纸箱、书刊杂志纸、旧报纸、纸箱厂的边角料、印刷厂的白纸切边、水泥袋、混合废纸及杂废纸等；后者主要是美国废纸、欧洲废纸和日本废纸等。

模块八　进口运输跟单

【模块导读】从表象而言，货物进口或出口只是在货物流动方向上存在着差异，因此可以运用出口运输跟单相关知识来解决进口货物运输中出现的问题。然而事实上，进口运输与出口运输还是存在着差异，区别并利用相关知识来做好进口跟单运输工作是本模块的重点。

【模块目标】通过本模块学习，了解进口货物运输方面的知识，学会依据进口货物性质、运输时间周期、运输安全性和运输对象承受运费能力，来选择运输方式、货物的交接方式与地点、运输单据和承运人。

＊　　＊　　＊

在进口操作实务中，贸易术语选择是进口货物运输由谁办理的前提。进口运输可以由境外进口商办理，也可以由进口商办理，前者是 CIF/CFR/CIP/CPT 贸易术语，后者是 FOB/FCA 等贸易术语。无论是由谁办理运输，跟单员都应该熟悉运输方式、运输线路，掌握货物交接地点，依据合同和货物性质选择合适的运输方式、承运人和运输单据，规避运输风险，节省运输费用，降低进口成本，为圆满完成进口运输跟单工作打下基础。

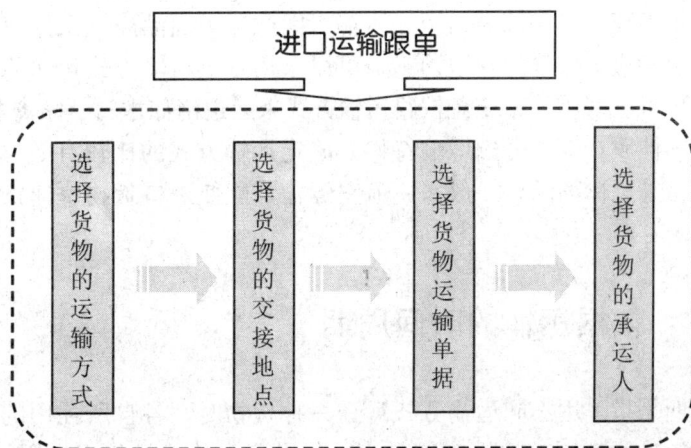

图 8.1　进口运输跟单主要工作过程

项目 8.1　进口货物的运输方式选择

就贸易本身而言，人们对于运输方式的关心主要体现在以下几个方面：被运输货物的性质、运输时间周期、运输的安全性、运输的可得性、运输对象的数量、运输对象承受运费的能力等。应兼顾各方因素，选择合适的运输方式。

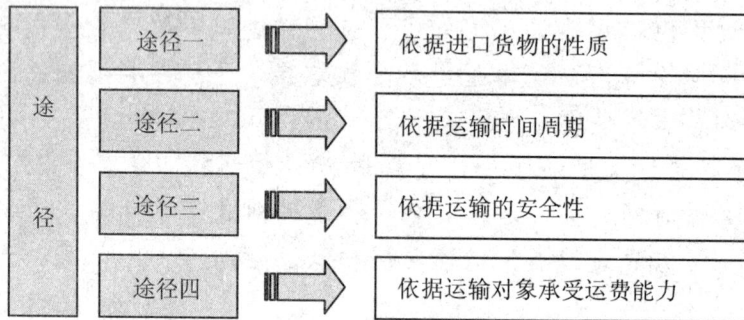

途径　| 途径一　➡️　依据进口货物的性质
途径二　➡️　依据运输时间周期
途径三　➡️　依据运输的安全性
途径四　➡️　依据运输对象承受运费能力

任务 8.1.1　依据进口货物的性质

进口货物的物理性质主要是指外观、熔点、沸点、硬度、可燃性和水溶性等指标。本部分知识主要是围绕进口货物物理性质来选择运输方式，这是一种科学而实用的方法。从分析和归纳海关总署公布的进口货物种类可知，随着我国经济的不断发展，进口货物种类不断变化，近一两年进口主要以粮食、原油及成品油、塑料和橡胶材料、木材及其制成品、纺织用合成纤维、钢材及其金属制品、机电产品和高新技术产品等大宗商品为主，这类进口货物数量大、体积大、单价不高，且大都为长距离运输，因此这类商品应该采用海洋运输方式，以降低其运输成本。当然边境接壤的周边国家，可以采用管道运输方式运送原油、天然气等液体或气体类商品，也可以采用公路或者铁路运输方式来运送诸如木材、家禽畜牧等相应产品，这种结合运送货物的性质，综合考虑运输特性是确定运输方式的比较有效方法。再如，那些鲜活易腐或精密仪器等进口商品，一般采用航空运输，能使进口货物快速抵达目的地，减少货物的自然消耗。

任务 8.1.2　依据运输的时间周期

运输的时间周期是指采用不同运输方式运送一种货物时，各自所耗用的运输时间。从运输方式而言，航空运输所耗用的运输时间最少，但是每次的载量相当有限，不适宜批量多、体积大的进口货物运输；海洋运输所耗用的运输时间最长，但是每次的载量相当可观，尤其是第六代集装箱船，至少可以承运 10000TEU，如此运输容量使单位运输成本大为降低，但由于其停靠港口数量的增加必然导致运输时间延长；就铁路运输而言，其运输能力要明显高于公路运输，对于那些体积和重量较大的机械设备、谷物粮食制品、煤炭和木材等进口货物，只要是来自与我国疆域陆路接壤的国家，就可以采用铁路运输；此外，对于产自与我国疆域陆路接壤国家的原油、天然气等能源性产品，大多采用管道运输方式，这是基于管道运输"一次投资，终身受益"和进口货物为液体或气体的特点所决定。

鉴于此，跟单员选择运输方式时，应该综合考虑进口货物原产地、数量/体积/重量和货物特性，并结合运输时间要求和运输费用，做出最终抉择。当被选择的运输方式能够迅速将进口货物从境外发货地运送至境内到货地时，所消耗时间越少且运输费用较为低廉，则说明运输方式选择是正确的。

任务 8.1.3 依据运输的安全性

早在 1994 年就有人[1]以相同的里程情况，比较和研究了美国、日本、德国、英国、法国、印度等国家以及我国铁路与航空运输方式项下的运输事故率后得出结论，航空运输是最安全的。上述比较是基于运输活动本身的安全性，而运输过程中，运输对象安全性也是跟单员要考虑的，运输方式的安全性是指对运输对象的被损率和安全性进行考量，运输对象被损率越高，安全性也就越差，这是一个正相关性的问题。

项目 8.2 进口货物的交接地点

任务 8.2.1 依据合同中的贸易术语

经过 6 次修改后的国际商会第 715 号出版物——《国际贸易术语解释通则》，将国际贸易术语划分为 11 种，统一了货物交接过程中有关费用、责任和义务及风险划分等问题，扩大了贸易术语的适应范围，从单一的国际贸易扩展至国际贸易和国内贸易同时适用。跟单员可根据跟单过程的实际情况，结合 11 种国际贸易术语来灵活确定交货地点。表 8.1 是 11 种国际贸易术语所对应的交货地点，及简要操作建议。

需要说明的是，合理选择交货地点是风险意识的具体体现。也就是说，货物交接地点就是风险转移之地，卖方完成交货的同时风险也随之转移至买方。具体而言，《2010 通则》项下的 EXW 术语，交货地点是在境外卖方工厂、仓库所在地，风险转移点也在该交货地；FCA、CPT、CIP 术语的交货地点是在境外指定出口国内地或港口，风险转移点也在该交货地；FAS 也是在境外指定出口国内地或港口交货；FOB、CFR、CIF 术语的交货地点是境外指定装运港船上，此处也是风险转移点；DAT 术语的交货地点在中国境内指定地点，风险转移是在将货物卸下并交给买方那一刻起；DAP 和 DDP 术语的交货地点是在中国境内指定地点，此时不用卸货直接交给买方处置即算完成交货。

---

① 王自东："空中比地面安全——三种客运方式的安全性比较研究"，《航空史研究》，1994 年第 1 期。

表 8.1   11 种贸易术语、交货地点和操作建议

类别	贸易术语	交货地点	操作建议（进口商视角）
任何运输方式	EXW	卖方工厂、仓库所在地（境外）	不予考虑
	FCA	出口国内地或港口（境外）	考虑
	DAT	目的地或目的港的集散站（进口国）	优先考虑
	DAP	同上	优先考虑
	DDP	同上	优先考虑
	CPT	出口国内地或港口	可以考虑
	CIP	出口国内地或港口	可以考虑
水运方式	FAS	装运港交货（境外）	考虑
	FOB	装运港船上交货（境外）	考虑
	CFR	出口国内地或港口船上（境外）	可以考虑
	CIF	出口国内地或港口船上（境外）	可以考虑

从以上分析可知，如何运用两大类 11 种贸易术语，选择合适的交货地点，规避潜在的风险，不仅是外贸业务员需要研究的问题，也是跟单员在进口运输跟单中要综合考虑的因素。

任务 8.2.2   依据运输单据

站在承运人的角度，承运人为了规避自身风险，在运输单据上显示交货地点和交货方式，这样做除了核算运输费用的需要外，还是承运人与货运代理人、承运人与收货人、货运代理人与收货人划分交货前后费用及风险承担的依据。在运输单据上，常常用到交付货物地点主要有 CY、CFS 和 DOOR，其中 CY 是班轮运输中集装箱货物交接的地点，通常是指整箱状态下，承运人与托运人或货运代理人交接集装箱货物的地点，CFS 则是拼箱状态下，托运人与货运代理人交接集装箱货物的地点。至于交接方式是指整箱交接还是拆箱交接，从提取集装箱货物速度而言，整箱交接方式要明显快于拼箱方式，因为少了拆箱、分拨货物的过程。因此，跟单员在进口跟单中，要尽量选择整箱装运货物，避免货物在拆箱、分拨过程中被损坏。

项目 8.3   进口货物的运输单据选择

众所周知，进口只是出口的反向而已，与上篇出口跟单中模块四的"外贸运输跟单"一样，跟单员也涉及进口货物的运输单据选择事宜，只要理解上篇模块四中的相应内容，选择进口货物的运输单据也就变成"小菜一碟"了。从防范进口风险的角度而言，进口商与货运代理公司勾结，利用不真实运输单据欺诈进口商的案例时有见诸媒体，成为学者、业内人士进行风险教育的话题。跟单员首先要认识到选择合适的运输单据，对于进口贸易的重要性，其次是采用合适手段来选择运输单据。

在进口贸易中，选择合适的运输单据能够有效防止被欺诈。一般而言，海运方式项下，接受承运人提单或者由进口方熟知的货运代理人安排运输能够有效地将欺诈企图扼杀在萌芽之中，切实维护自身利益。例如，如果选择 FOB 或 FCA 术语，则安排运输的话语权就会归进口商，自然签发何种运输单据就是由进口方决定了；同样，如果选择 CFR 或 CIF 术语，则安排运输的话语权就会归出口商，进口商将很难左右进口商的行为。

任务 8.3.1　利用合同或信用证约定运输单据

从履行合同角度而言，买卖双方应该按约定行事。作为进口商，除了关注进口货物质量以外，还要关注进口货物能否安全运回目的地和顺利提取。如果在商洽合同条款时，就将我方有关运输单据方面的要求作为合同条款的一部分，则不仅赢得了主动权，也为规避风险打下了基础。万一商洽合同条款时遗漏了，还可以在设置信用证条款中予以补救，因为信用证是独立于合同之外具有约束性的文件，进口商可以信用证附加条款中增加运输单据种类的约束性条款。如 "None of following is acceptable：B/L of the third party as a shipper，short form，forwarder and NVOCC"，这样的约定要求出口商必须遵守该条款，递交承运人的运输单据，否则就会陷入"单证不符"或未履行合同的境地，进口商则处于付款的主导地位。

任务 8.3.2　利用贸易术语掌控运输单据签发权

上面已经提及贸易术语是安排运输和控制运输单据的基础，一旦合同或信用证采用 FOB 或 FCA 贸易术语时，进口商就可以在进口国寻找合适的货运代理人，间接控制了运输单据签发权，维护了自身的合法权益。

另外，根据《2010 通则》的规定，采用 FOB 或 FCA 术语应该由进口商派船接货，出口商只要将货物交给指定承运人或货运代理人，就算履行了合同。据此分析，在整个运输委托过程中，只要是 FOB 或 FCA 等类似术语，进口商不仅掌握了运输控制权，也间接掌握了运输单据的签发权。

项目 8.4　进口货物的承运人选择

与出口贸易一样，境外采购的货物需要依靠承运人才能运回境内，自然也会遇到选择承运人和承运进口货物的事宜，这样的情况大多发生在 FOB 或 FCA 等术语下。按《国际贸易术语解释通则》的规定，上述贸易术语应该由进口商安排运输，并在装船前将承运人的详细信息通知出口商。以下是进口货物承运人的选择路径，供参考。

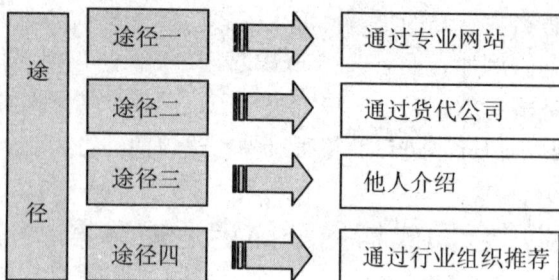

不论航空还是海运，中国作为正在崛起的新兴市场，被许多承运人看好未来发展前景，纷纷开辟了世界各国/地区与中国的航线，不仅将中国生产的商品运输至世界各地市场，同时也承接前来中国的货运业务。

任务 8.4.1　通过专业网站

在网络发达的今天，许多与国际货物运输相关的公司都会建立自己的官方网站，如承运人、国际货运代理人、港务、检验检疫机构、货物仓储等。在以出口为主的时代，为了醒目显示公司具备进口货运业务，都会在网站首页专门设立进口专栏，提供了全面、准确、方便的进口船期查询系统，例如中国航贸网、锦程物流网、环球运费网和中国国际海运网等。这些专业网站不仅有专门的联系电话或邮箱及联系人，还会介绍进口运输相关知识，使初涉进口事宜的外贸跟单员多了一个学习机会。跟单员只要通过访问浏览相关信息，归类比较后，再向相关承运人或货运代理人电话咨询或直接上门接洽。不过，跟单员要注意网站信息的时效性，不能被过时的不全面信息所迷惑。

任务 8.4.2　通过国际货运代理公司

在我国港口、机场枢纽地带及城市周边有许多从事国际货运代理的公司，主要业务范围涵盖出口货运代理和进口货运代理，提供进出口清关、报检、仓储、内陆运输级配送等，这些货运代理公司与各个航线上的不同承运人有着紧密合作关系，从货物运输操作实务而言，国际货运代理人是连接托运人与承运人之间的"桥梁"。货运代理人不光帮助承运人揽货，还利用自身在境外的代理点与进口商交接货物。从揽货的角度而言，在同一条航线上，国际货运代理人有着众多的承运人，占据着运输信息的优势，如运输价格、运输舱位、运输时间和港口信息等。通过比较进口商可以获得质量较高或者有利于自身的信息，为进口货物顺利抵达，实现企业的可持续发展奠定了基础。从交接货物的角度而言，进口货物往往是远隔千山万水，受到地理位置和交通条件限制，进口商极少亲自前往境外与出口商交接货物。因此，国际货运代理人就可以利用自身境外代理优势，弥补了进口商的缺憾，帮助进口商接受货物，安排运输。

如何寻找合适的国际货运代理人呢？首先，考察国际货运代理人在境外是否有分支机构？其次，考察国际货运代理人在境外哪些城市有代理机构？最后，核算本次进口货物运输及代理费用成本（一般而言，相同货物或集装箱在运输费用方面，进口明显低于出口）。此外，国际货运质量优劣直接关系到进口货物的安全，因此跟单员除了比较各个承运人的优势航线外，还要通过其他途径了解承运人是否具备管理优势，是否能够查询实时货物运输信息等。需要提醒跟单员的是，国际货运货代公司通过网站所发布船期信息大多为合作或代理过的承运人船期信息，难免会有不全面或来不及更新的情况，需要通过甄别，摒弃那些过时和不全面的信息。最后，跟单员还要考虑承运人能否基本满足收货人所提出的额外条件，如免费使用一定时间的集装箱，使出口商或进口商有充沛时间完成装卸作业等。

任务 8.4.3　经他人介绍

在任务 4.1 和 4.2 中，阐述了通过国际货运代理公司、专业网站等途径寻找承运人的方法，这种方法虽然可行，但貌似有点大海捞针的感觉，或许通过他人介绍来得更直接或快捷，跟单员不妨试下述方法。

1. 专业从事进口贸易公司员工推荐

随着我国专业从事进口贸易公司的增加，从业人员在进口操作中会积累越来越多的经验和体会，在闲暇之余有些员工会将自己进口运输操作的经验在其微博、博客或专业网站相关板块上与他人共享，并推荐一些口碑较好的承运人。跟单员可以经过搜索、归类录档、梳理、综合分析等步骤，建立相同航线、不同承运人的信息资料库，杜绝"书到用时方恨少"的情况发生。

2. 境外出口商推荐

从进出口贸易关系人角度而言，中国的进口就是境外国家或地区的出口，这些出口商将货物出口仓储、运输外包给所在城市、港口、机场枢纽的国际货运代理公司，这些国际货运代理公司帮助出口商完成理货、出口清关、仓储及内陆运输等事宜，长期的合作使彼此了解并形成默契，只要境外出口商将出口计划预先告知货运代理公司，货运代理公司就会帮助预订舱位等出口后续运输工作。因此，跟单员可以通过境外出口商的推荐，为进口承运人的选择打下基础。不得不承认，境外出口商推荐的承运人大多为合作多年的工作伙伴，其严谨的工作态度和作风是为进口货物提供优质运输服务的首要保证。据此，跟单员对于出口商所推荐的承运人，经过必要的考察也可以予以考虑。

【模块小结】本模块主要介绍了进口运输跟单相关知识，如运输方式选择、进口货物的交接地点、运输单据选择和承运人选择等，围绕合同或信用证并结合国际惯例，提醒外贸跟单员从事进口运输时，不仅要将出口运输跟单知识举一反三，并且结合进口货物特性、到货时间要求和安全性等方面来做好进口货物运输工作，降低乃至杜绝意外费用和风险产生，使进口货物安全及时抵达收货人。

【关键词或概念】贸易术语　2010 通则　安全性　时间周期　货物性质　连续背书

复习思考题

一、单项选择题

1. 浙江嘉兴某公司从上海港进口一批货物，在上海港海关办理进口转关手续，货物由转关运输货物承运人按照海关要求运至浙江嘉兴并在嘉兴海关报关进口，以下说法正确的是（　　）。

　　A. 由于货物在浙江嘉兴报关，所以嘉兴海关为进境地海关

　　B. 由于货物在浙江嘉兴报关，所以浙江嘉兴为货物的指运地

　　C. 由于货物在上海海关转关，所以按转关通关制度的规定上海为货物启运地

　　D. 由于货物在上海海关转关，所以按转关通关制度的规定嘉兴为货物启运地

2. 山东济南某外贸公司进口一批货物，货物从青岛进境，该公司在运输工具申报进境第20天向青岛海关办理转关运输手续，并于货物运抵济南后的第6天向济南海关正式申报。以下说法正确的是（　　）。

　　A. 未在规定期限向货物进境地济南海关申报，所以要受到济南海关的处罚

　　B. 未在规定期限向货物进境地青岛海关办理转关运输手续，所以要受到海关的处罚

　　C. 未在规定期限向货物指运地济南海关申报，所以要受到济南海关的处罚

　　D. 既未在规定期限办理转关运输手续，又未在规定期间正式报关，所以要受到海关的处罚

3. 对于信用证条款：None of B/L of the third party as a shipper, short form, forwarder or NVOCC is acceptable, 以下正确的理解是（　　）。

　　A. 简式提单、货代提单、无船承运人和第三方作为托运人提单都可以接受

　　B. 简式提单、货代提单、无船承运人提单都是不可以接受

　　C. 简式提单、货代提单、无船承运人和第三方作为托运人提单都是不可以接受

　　D. 简式提单、货代提单、无船承运人和第三方作为托运人提单可以接受也可以不接受

4. 依据《2010通则》的规定，进口货物的交接地点最宜选择（　　）。

　　A. 出口国港口或机场　　　　　　　　B. 进口国港口或机场

　　C. 第三国港口或机场　　　　　　　　D. 中转地港口或机场

5. 在海运提单、海运单和货代收据中，比较适宜进口货物的运输单据是（　　）

　　A. 海运提单　　　　　　　　　　　　B. 海运单

　　C. 货代收据　　　　　　　　　　　　D. 倒签提单

二、多项选择题

1. 为了寻找合适的进口货物运输的承运人，跟单员可以选择以下哪些途径？（　　）

　　A. 进口商推荐　　　　　　　　　　　B. 国际货运代理公司推荐

　　C. 商业银行推荐　　　　　　　　　　D. 国际商会推荐

2. 以下说法中，理解正确的是（　　）。

　　A. 对外进口成交中，应该尽量争取CIF或CFR术语

B. 对外进口货物承运人选择，将是否能够满足进口商或出口商一些特殊要求作为考虑因素之一

C. 对于一票海运方式的进口货物，跟单员应该选择货代提单以方便进口提货

D. 在进口贸易中，跟单员应该选择"电放货物"形式以使进口商早日提取货物

3. 从香港运往广州的进口货物（香水）1000 公斤，跟单员可以采用的运输方式有（　　　　）。

    A. 海洋运输　　　　　　　　　B. 公路运输

    C. 铁路运输　　　　　　　　　D. 多式联运

4. 从中亚一些国家进口石油或天然气等能源类货物，可以采用的运输方式有（　　　　）。

    A. 海洋运输　　　　　　　　　B. 铁路运输

    C. 管道运输　　　　　　　　　D. 航空运输

5. 以下说法或理解中正确的有（　　　　）。

    A.《2010 通则》正式实施，标志着《2000 通则》完成历史使命

    B. 以运输方式来对贸易术语的归类是《2010 通则》的特点

    C. 贸易术语数量上的变化是《2010 通则》的特点

    D.《2010 通则》取消了货物交接"船舷"的说法

三、翻译题

1. Inspection：The buyer shall be entitled to apply for inspection within 30 days after the arrival of the goods at destination port and the original inspection certificate should be issued by CIQ.

2. other clauses：

    1）Full sets of fumigation certificate issued by authorized organization

    2）Beneficiary certificate certifying that there is "IPPC" stamp on wood material packing.

    3）Full set of certificate of origin issued by authorized organization.

3. In case of quality discrepancy, claim should be filed by the Buyer within 30 days after the arrival of the goods at port of destination, while for quantity discrepancy, claim should be filed by the Buyer within 15 days after the arrival of the goods at port of destination.

四、案例分析题

2008 年 7 月南京某公司出口一批货物至马来西亚，合同规定采用信用证结算方式。7 月底，外商如期开立了信用证，信用证中要求受益人提供产地证 FORM E。南京公司将货物出口后，缮制了相应议付单据并连同 FORM E 递交银行。10 天后收到开证行的拒付通知，称：产地证 FORM E 签章为 FORM A 专用章，非 FORM E 所用。问：

（1）开证行的拒付是否有理，请简要说明理由；

（2）我方应该如何应对？

附录一：集装箱装箱单

CONTAINER LOAD PLAN

装 箱 单

③

外 代 新 华 货 运
CLNB
Shipping Agent's Copy
船代联

SHIPPER'S/PACKER'S DECLARAT-ONS:We hereby declaer that the container has been thoroughly cleaned without any evidence of cargoes of previous shipment prior to vanning and cargoes has been properly stuffed and secured.

Reefer Temperature Required. 冷藏温度		°C.	°F.				
CLASS 等级	IMDG Page 危规页码	UN NO. 联合国编号	Flashpoint 闪点				
Ship's Name./voy No. 船名/航次							
	Port of Loading 装港	Port of Discharge 卸港	Place of Delivery 交货地				
Container No. 箱号	Bill of Lading No. 提单号	Packages & Packing 件数与包装	Gross Weight 毛 重	Measurements 尺 码		Description of Goods 货 名	Marks & Numbers 唛 头
Seal No. 封号		Front 前 Door 门					
Cont. Size 箱型 20' 40' 45'	Cont. Type. 箱类 GP=普通箱 TK=油罐箱 RF=冷藏箱 PF=平板箱 OT=开顶箱 HC=高箱 FR=框架箱 HT=挂衣箱						
ISO Code For Container Size/Type. 箱型/箱类ISO标准代码		Total Packages 总件数	Total Cargo Wt 总货重	Total Meas. 总尺码	Remarks: 备注		
Packer's Name/Address. 装箱人名称/地址							
TEL. NP. 电话号码							
Packing Date. 装箱日期	Received By Drayman 驾驶员签收及车号	Cont. Tare Wt 集装箱皮重	Cgo/cont Total Wt 货/箱总重量				
Packed By:装箱人签名	Received By Terminals/Date Of Receipt 码头/收箱签收和收箱日期						

附录二：货物电放保函

电放保函

LETTER OF GUARANTEE

致：　　××××有限公司

船名（VES）：

航次（VOY）：

提单号（B/L No）：

装货港（POL）：　　　　　　卸货港（POD）：　　　　　　目的港（DES）：

我司（发货人名称）＿＿＿＿＿＿＿＿＿＿＿＿＿＿＿＿＿＿＿＿＿＿现请求贵司为以上货物办理电放手续，将货物电放给我司指定的收货人（Consignee）：其英文名称为＿＿。我司放弃凭正本提单提货权利并缴回全部正本提单。

我司愿意承担由此而产生的一切责任、风险和费用。

备注：本保函适用中国法律并接受中国海事法院管辖

担保人：

（发货人公章）

附录三：进口货物提货单

金 龙 国 际 船 务 代 理 有 限 公 司
JINLONG INTERNATIONAL SHIPPING AGENCY CO., LTD.

进 口 集 装 箱 货 物 提 货 单

港区场站

船档号 NO：0865236

收货人名称			收货人开户银行与账号		
船名	航次	起运港	目的港		预计到达时间
提单号	交付条款	卸货地点	进库场日期		第一程运输
标记与集装箱号	货　名	集装箱数或件数	重量（KGS）		体积（M³）

船代公司重要提示：	收货人章	海关章
1. 本提货单中有关船、货内容按照提单的相关显示填制。 2. 请当场核查本提货单内容错误之处，否则本公司不承担由此产生的责任和损失：（Error and Omission Expected） 3. 本提货单仅为向承运人或承运人委托的雇佣人或替承运人保管货物订立合同的人提货的凭证，不得买卖转让：（Non-negotiable） 4. 在本提货单下，承运代理人及雇佣人的任何行为，均应故视为代表承运人的行为，均应享受承运人享有的免责、责任限制和其他任何抗辩理由：（Himalaya Clause） 5. 货主不按时携单造成的损失，责任自负。 6. 本提货单中的中文译文仅供参考。 7. 本提单所列到达日期系预报日期，不作为申报进境计算滞报金，滞箱费起算之日的凭据。 **金龙国际船务代理有限公司** （盖章有效） 年　　月　　日	1	2
	检验检疫章	
	3	4
注意事项： 1. 本提货单需要盖有船代放货章和海关放行章后方始有效。凡属法定检验检疫的进口商品，必须向检验检疫机构申报。 2. 提货人到码头公司办理提货手续时，应出示单位证明或经办人身份证明，提货人如非本提货单记名收货人时，还应当出示提货单记名单记名收货人开具的证明，以表明其为有授权提货的人。 3. 货物超过港存期，码头公司可以按《上海港口货物疏运管理条例》的有关规定处理，在规定期间无人提取的货物，按《海关法》和国家有关规定处理。	5	6

附录四：ISF（进口商安全申报表）

Union Cargo
嘉信通国际货运

IMPORTER SECURITY FILING (ISF)
INFORMATION SHEET

Items 1-7 to completed by shipper & verified by ISF Filer. (zip codes are necessary)

(1) SELLER NAME AND ADDRESS	(2) BUYER NAME AND ADDRESS
(3) CONSOLIDATOR(STUFFER) NAME AND ADDRESS	(4) CONTAINER STUFFING LOCATION NAME AND ADDRESS

"Per ISF Rule, HTSUS, Country of Origin and manufacturer must be linked to one and another at the line item level. Add additional sheets for additional HTSUS number." 24Hrs before arrival for correction

(5) COMMODITY HTSUS NUMBER(S) AND DESCRIPTION	(6) COUNTRY OF ORIGIN	(7) MANUFACTURER NAME AND ADDRESS

To be completed for forwarder. (* use information transmitted via AMS)

House B/L# *	Master B/L# *	Vessel Name	Voyage No.
Date of Departure	Port of Departure	Container Number(s)	Last Load Date

Items 8-10 to be completed at destination by ISF Filer/Importer

(8) Importer of Departure	(9) Consignee No.	(10) Ship to Name & Address

Per 10+2 Rule drafted as part of the Act of 2006 with proposed rule published in January 2008, it is the U. S. importer's responsibility to obtain, provide of file the following information with US Customs 24 hours prior to loading on a vessel bond for U. S. Failure to report this information of reporting of false information will result in a $5000.00 fine for each violation. The U. S. importer is responsible for any fines incurred.

I, _____ here authorize Axiom Trade, Inc to file the ISF on my behalf. I state that the above information mentioned appears to be true and genuine to the best of my knowledge.

_____   _____
Printed Name   Name of Company

_____   _____
Signature   Date

WE ARE PROUD MEMBERS OF C-TPAI

附录五：特殊的运输标志

ABC CLOTHING SHIPPING INSTRUCTIONS

SHIPPING MARKS
(TO BE PRINTED ON BOTH SIDES OF CARTONS)

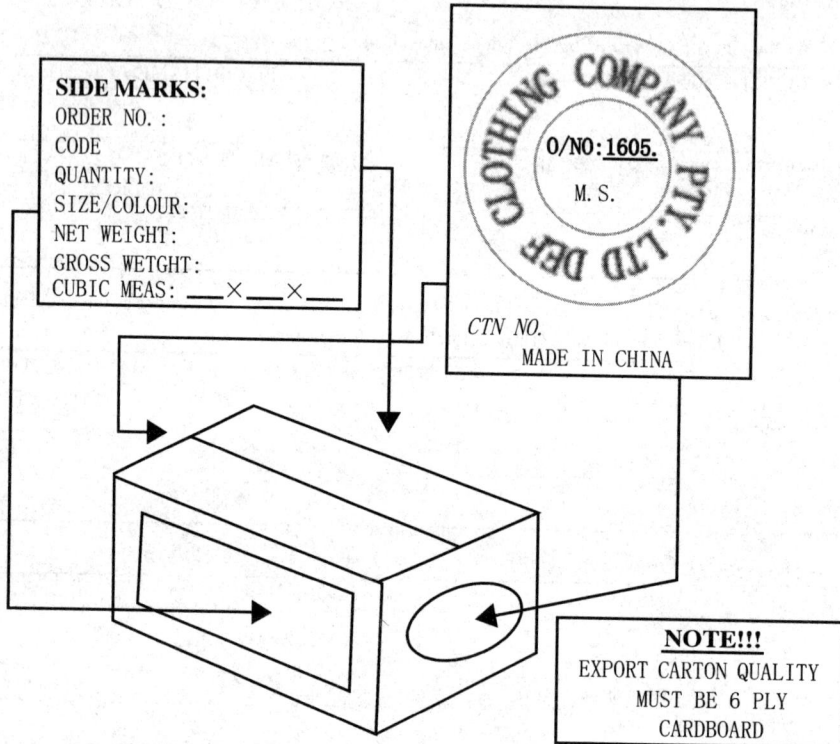

SIDE MARKS:
ORDER NO. :
CODE
QUANTITY:
SIZE/COLOUR:
NET WEIGHT:
GROSS WETGHT:
CUBIC MEAS: ＿＿×＿＿×＿＿

CLOTHING COMPANY PTY. LTD DEP CLOTHING

O/NO: 1605.

M. S.

CTN NO.

MADE IN CHINA

NOTE!!!
EXPORT CARTON QUALITY
MUST BE 6 PLY
CARDBOARD

SPECLAL INSTRUCTIONS:
#PACK THIS STYLE IN TISSUE PAPER PLEASE!!
NO METAL STRAPPING TO BE USED ON OR AROUND CARTON
IF YOU CAN CONSOLIDATE SHIPMENT INTO ONE CARTON-ASK ME
FIRST!!

附录六：出境货物通关单

中华人民共和国出入境检验检疫

出境货物通关单

编号：310070204004182000

1. 发货人 上海佳都塑胶有限公司 ***	5. 标记及号码 N/M
2. 收货人 *** ***	

3. 合同/信用证号 AD-393 /***	4. 输往国家或地区 澳大利亚	
6. 运输工具名称及号码 船舶 ***	7. 发货日期 2004.04.20	8. 集装箱规格及数量 ***

9. 货物名称及规格 丁腈手套 *** （以下空白）	10. H.S. 编码 40151900 *** （以下空白）	11. 申报总值 *1350美元 *** （以下空白）	12. 数/重量、包装数量及种类 *25000双 *50纸箱 （以下空白）

13. 证明

上述货物业经检验检疫，请海关予以放行。

本通关单有效期至 二〇〇四 年 六月 十X日

签字： 日期： 2004 年 X月 X日

检验检疫专用章
(20)

14. 备注

レ 1481447

① 货物通关 印刷流水号：01481447 {2-2(2000.1.1)}

附录七：出境货物运输包装性能检验结果单

中华人民共和国出入境检验检疫
出境货物运输包装性能检验结果单

编号 430100309003154

申请人	深圳大桥纸箱有限公司				
包装容器 名称及规格	纸箱 71×59×51.5 CM		包装容器 标记及批号	un	4G/Y17/S/09 CN/33000006 PI:005
包装容器数量	**100	生产日期	自 2009 年 5 月 1 日至 2009 年 5 月 1 日		
拟装货物名称	乒乓球		状态	固态	比重 ___***

检验依据	《国际海运危险货物规则》 《水路运输危险货物包装检验安全规范—性能检验》	拟装货物类别 （划"×"）	[X]危险货物 □一般货物
		联合国编号	***
		运输方式	江、海运输

检验结果

测 试 项 目		跌 落	堆 码
试 样 数 量		5 件	3 件
测试 条件	压力/高度	1.2m	8m
	温度	23℃	23℃
	湿度	50%	50%
	时间	24h	24h
测 试 结 果		合格	合格

注：用与拟装物物理性质相似的物质跌落

按《国际海运危险货物规则》《水路运输危险货物包装检验安全规范—性能检验》对样品进行性能检测结果表明，该包装符合Ⅱ类包装要求。

签字： 日期： 2009 年 5 月 15 日

包装使用人	深圳胜利体育用品有限公司
本单有效期	截止于 2009 年 5 月 15 日

检验检疫专用章
(9)

分批使用核销栏	日期	使用数量	结余数量	核销人	日期	使用数量	结余数量	核销人

说明：1. 当合同或信用证要求包装检验证书时，可凭本结果单向出境所在地检验检疫机关申请检验证书。

2. 包装容器使用人向检验检疫机关申请包装使用鉴定时，须将本结果单交检验检疫机关核实。

B 0674475

[3-2(2000.1.1)]